JN494853

활동을 통한

성격심리학의 이해

| 김춘경 · 김숙희 · 최은주 · 류미향 · 조민규 · 장효은 공저 |

Personality Psychology

학지사

머.리.말

"열 길 물속은 알아도 한 길 사람 속은 모른다."는 말과 같이 내 마음은 물론이고 다른 사람의 마음을 아는 것은 쉽지 않다. 많은 사람이 가끔씩 "내가 어떤 사람인가?" "이런 내가 정상인가?" "나도 내가 누군지 잘 모르겠어." " 내 성격이 왜 이렇게 생겨 먹었는지 모르겠어."라고 말한다. 또한 타인에 대해서도 "저 사람의 속은 알다가도 모르겠어." "진짜 저 사람의 속뜻은 무엇일까?" "왜 이런 일을 그 사람은 이런 식으로 접근하거나 해결하지? 정말 이해하기 힘들어." 등의 말을 하며 답답해하거나 안타까워하는 경우도 많다. 이와 같이 우리는 자신뿐만 아니라 타인에 대해서도 잘 아는 것 같지만 오히려 잘 모르는 경우가 많다. 병리적 성격을 지닌 사람에 대해서는 더더욱 그런 사람들을 어떻게 이해하고 상대해야 할지 난감한 경우가 많다.

이 책은 그동안 〈성격의 재발견〉이라는 교양과목을 통해서 학생들에게 전달한 성격심리학 이론을 중심으로 이러한 궁금증과 어려움을 해결하는 데 조금이라도 도움을 주기 위해 집필하였다.

이 책에서는 성격이론에 대한 무거운 이론보다는 주요 성격심리학자들이 제시한 핵심 주제들을 먼저 간단히 소개한 다음, 독자들이 스스로 그 내용을 자신의 것으로 내면화하여 습득할 수 있는 활동들을 제시하였다.

이 책의 내용은 제1장은 성격심리학의 개요로 성격의 정의 및 성격이해의 중요성, 성격이론에 대한 관점들을 제시하였고, 제2장부터 제17장까지는 프로이트를 시작으로, 융, 아들러, 에릭슨, 클라인, 코헛, 볼비, 스키너, 밴듀라, 매슬로, 로저스, 번, 엘리스, 벡, 켈리, 올포트의 성격심리 이론을 살펴보았다. 그리고 각 장은 같은 형식으로 전개되는데, 먼저 성격이론가의 생애, 각 성격이론이 주요 개념들, 성격이론가들이 생각하는 성격 형성과정 및 건강한 성격 특성, 그리고 앞서 설명한 대로 독자들이 자신 및 타인의 성격을 이해하고 탐색, 통찰할 수 있는 다양한 활동지들을 제시하였다. 마지막 제18장에는 부적응적인 성격장애들에 대해 설명하였다.

이 책의 1장은 공동으로 집필하였고, 제2장, 제6장, 제7장은 김숙희, 제3장, 제13장은 김춘경, 제5장, 제11장, 제16장, 제17장은 류미향, 제4장, 제9장 제10장은 최은주, 제8장, 제12장은 장효은, 제14장, 제15장 제18장은 조민규가 집필하였다.

부디 이 책이 자신과 타인을 이해하고 통찰하는 데 도움이 되어, 자신은 물론 타인과 행복하고 건강한 생활을 하는 데 도움이 되길 바란다.

마지막으로, 상담학 관련 좋은 책과 자료를 출판하는 데 열정적이신 학지사의 김진환 사장님과 박용호 전무님, 김순호 편집부 이사님께 이 자리를 빌려 다시 한번 감사드린다. 그리고 이 책이 좋은 책이 되도록 꼼꼼하게 원고를 검토해 주시고 아름다운 디자인에 신경을 써 주신 이세희 선생님을 비롯한 편집부 여러분께 감사의 마음을 전한다.

2018년 9월
저자 일동

차례

제3장 … 융의 성격이론

제4장 … 아들러의 성격이론

제5장 … 에릭슨의 성격이론

제6장 … 클라인의 성격이론

제7장 … 코헛의 성격이론

제8장 … 볼비의 성격이론

제9장 … 스키너의 성격이론

제10장 … 밴듀라의 성격이론

제11장 … 매슬로의 성격이론

제12장 … 로저스의 성격이론

제13장 … 번의 성격이론

제14장 … 엘리스의 성격이론

제15장 … 벡의 성격이론

제16장 … 켈리의 성격이론

제17장 … 올포트의 성격이론

제18장 … 성격장애

제1장

성격이해의 기초

1. 성격의 정의

우리는 흔히 새로운 사람에 대해 알고자 할 때 "그 사람 성격 어때?"라고 지인에게 물어본다. 그 질문 안에는 그 사람이 밝은지 어두운지, 평소 말을 많이 하는지 적게 하는지, 일을 잘하는지 못하는지, 유머가 있는지 없는지 등 수많은 요소들이 함축되어 있다. "성격 어때?"라는 짧은 질문에 상대방은 "사람이 재미있고 같이 있으면 즐겁고 말도 잘하는데 일 처리는 좀 못해."라고 답하거나 "융통성 없고 일은 좀 못해도 착한 사람이야."와 같은 수많은 대답이 나올 수 있다. '성격(personality)'이란 무엇일까? 'personality'는 가면 혹은 탈이라는 뜻의 라틴어 'persona'를 어원으로 한다(노안영, 강영신, 2018). 고대 그리스에서는 연극배우가 가면을 쓰고 연기를 했는데 이때 관객들은 연극배우가 쓴 가면을 보고 그 배우의 역할을 알 수 있었다.

즉, 성격이란 남에게 보이는 사회적인 얼굴, 공적인 자리에서 나타나는 특성을 의미한다. "그 사람 정말 대담해. 세상에 무서운 게 없는 사람이야."라고 누군가의 성격에 대해서 이야기할 때, 사실은 그 사람도 남들은 모르지만 자신은 정말 무서워하는 부분이 분명히 있을 것이고, 대담한 척 보이지만 때로는 겁이 날 때도 많을 것이다. 하지만 우리는 그 사람이 보이는 표면상의 행동을 보고 '대담한 사람'으로 규정짓는다. 그 사람의 진정한 속내를 찬찬히 살펴보지 않고 공적인 자리에서 나타내는 사회적인 얼굴에 대해 평하는 것이다. 성격이란 한 개인의 겉으로 드러나는 가면의 모습을 의미하는 것으로 우리는 흔히 그 사람의 말과 행동 등의 눈에 보이는 모습들을 통해 그의 성격을 규정짓는다. 진정한 속내를 찬찬히 살펴보지 않기 때문에 우리는 몇십 년을 살아도 자신의 성격이 어떠한지 잘 모르기도 하고, 가장 친한 친구나 주변 사람들에 의해 의외의 모습을 발견하기도 한다.

우리가 쓰고 있는 성격(性格)의 '성(性)'은 사람의 타고난 성품 또는 사람이나 사물의 본질이나 본바탕을 뜻하며, '격(格)'은 인품, 모양, 지위를 의미하는 동시에 환경이나 사정에 자연스럽게 어울리는 분수나 품위를 의미한다. 성격과 유사한 개념으로 'character'라는 용어가 있는데, character는 일반적으로 가치 판단을 통해 긍정적이라고 평가되는 개인적 성향을 뜻하는 것으로서 '성품(性品)'(또는 인품, 품성)이라고 번역되고 있다. 요즘 우리 사회에서 관심을 모으고 있는 인성교육은 영어로 'character education'이다. 개인의 독특성을 강조한 'individuality'는 '개성' 또는 '개체성'으로 번역되고 있다. 이 밖에도 'trait'는 특질, 'tendency'는 경향성 또는 성향, 'characteristics'는 특징, 'habit'은 습관으로 번역되고 있다(권석만, 2015). 성격과 관련된 여러 가지 이론이나 실제를 다루는 이 책을 읽기 위해서는 성격과 관련된 이러한 용어의 구별이 필요하다.

성격에 대해서는 뉴턴(Newton)의 운동법칙이나 라부아지에(Lavoisier)의 질량보존의 법칙처럼 몇 마디로 명확한 정의를 내릴 수 없다. 공통점이 많고 비슷한 특성이 많아 보이는 사람들도 완전히 동일한 성격을 가지고 있지 않기 때문에 성격에 대해 한마디로 정의하기란 쉽지 않다. 학자들마다 내린 다양한 성격의 정의는 다음과 같다.

카텔(Cattell, 1950)은 성격이란 '특정 상황에서의 개인의 행동을 예측 가능하게 하는 특성과 관련되는 것'이라고 정의하였고, 올포트(Allport, 1961)는 성격을 '개인의 특유한 행동과 사고를 결정하는 심리 · 신체적 체계인 개인 내의 역동적 조직'이라고 정의하였다. 미셸(Mischel, 1976)은 성격을 '개인이 경험하는 상황에 대해 적응특성을 나타내는 것으로 생각과 감정을 포함하는 타인과 구별되는 행동패턴'이라고 정의하였으며, 펄빈과 존(Pervin & John, 1996)은 성격을 '다양한 상황에서 한 개인을 타인과 구별해 줄 수 있는 개인적인 생각, 감정 및 행동양식'이라고 정의하였다. 리치맨(Rychman, 2013)은 성격을 '개인이 가지고 있는 역동적이고 구조화된 특성으로 다양한 환경에서 사고와 행동에 특별한 영향을 주는 것'이라고 정의하였다.

인간의 성격을 바라보는 다양한 관점에 따라서도 성격에 대한 정의가 달라진다. 정신역동적 관점을 지닌 학자들은 성격을 자기 내면의 자아구조들 간의 역동으로 정의하고, 인간의 본성을 내적 요소들 간의 갈등과 협력으로 설명하였다. 심리사회적 관점을 지닌 학자들은 성격을 타인과의 관계를 통해 설명하고자 하였다. 인본주의적 관점을 지닌 학자들은 모든 사람이 더 나은 자신이 되기 위한 성장잠재력을 가지고 태어난다고 보면서 성격에 대해 한 개인이 경험을 통해 자신의 특성이라고 받아들이는 모든 것이라고 설명하였다. 인지적 관점을 지닌 학자들은 성격을 인지도식 혹은 신념체계와 연관 지어 설명하였고, 행동 및 사회학습적 관점을 지닌 학자들은 성격을 강화와 처벌 혹은 관찰학습을 통해 형성되는 행동들로 정의하였다. 성향적 관점을 지닌 학자들은 성격을 개인이 가진 특질로 설명하였다.

또한 인간의 성격을 설명할 때에 정신분석이론에서는 현재 행동은 과거의 외상이나 경험에 의한 것으로 보고 과거를 매우 중시하며, 인간중심이론은 지금-여기(Here & Now)의 현재를 가장 중요하다고 보고, 개인심리이론에서는 인간에게 있어서 미래의 목적이 중요하다고 보기 때문에 미래를 중시한다.

성격에 대한 다양한 정의들이 많이 있지만, 성격의 복잡성을 모두 포괄하는 이론은 없다. 어떤 이론이 A라는 사람의 성격을 이해하는 데에는 도움이 되지만 B라는 사람의 성격을 이해하는 데에는 큰 도움이 되지 않기도 한다. 학자들은 성격의 전체적인 복잡성을 모두 담아낼 수 있는 대이론을 만들기 위해 과거부터 현재까지도 많은 연구를 하고 있지만 하나의 완벽한 이론은 나오지 않았으며, 이에 학자들은 다양한 관점의 이론을 통합하여 포괄적으로 이해하는 것이 중요하다고 이야기하고 있다. 따라서 한 가지 성격이론으로 인간 전체를 설명하는 완벽한 성격이론이 존재하지 않기 때문에 우리는 다양한 이론을 함께 보면서 자신과 타인의 성격을 설명하고, 이해해야 한다.

우리는 "같은 뱃속에서 나왔는데 왜 저렇게 다른지 모르겠어." "애가 태어날 때부터 너무 까다로웠어." "부모가 양육을 똑바로 안 해서 그래." "쟤는 어릴 때부터 성격이 그랬어."와 같은 말들을 쉽게 접하고, 흔히 내뱉는다. 똑같은 부모 밑에서 자란 자녀들은 왜 성격이 다를까? 어떤 아이는 왜 태어날 때부터 까다로운 성질을 보일까? 아이의 성격 형성에 미치는 부모의 영향은 어떠할까? 어릴 때 정해진 성격은 한 개인의 전 생애 동안 영향을 미칠까?와 같은 궁금증은 오래전부터 많은 사람들의 관심사였으며, 성격이론가들의 주요 연구 과제였다. 이러한 궁금증에 대해 많은 학자들은 저마다의 의견을 제시하였다.

먼저 인간 본성을 긍정적으로 보는 낙관론적 학자들이 있고, 부정적으로 보는 비관론적 학자들이 있다. 예를 들면, 인간중심이론에서는 인간을 지지적이고 촉진적인 환경만 주어진다면 자기 스스로 성장하려는 힘을 가진 매우 긍정적인 존재로 보았다. 자기 스스로 자신을 건설적인 방향으로 성취해 나가고자 하는 잠재력인 실현경향성을 선천적으로 가지고 태어난다는 것이다. 반면 정신분석이론에서는 인간 본능, 특히 성 본능의 지배를 받는 존재로 보았으며, 죽음의 본능인 타나토스에 의해 생득적으로 공격적 욕구를 가진다고 보아 인간 본성에 대해 부정적인 입장을 취하고 있다. 이와 달리 행동주의 학자들은 성선설, 성악설에 대해 둘 다 맞지 않다고 주장하며 조건형성과 강화의 학습법칙에 의해 인간을 선하게도 악하게도 만들 수 있다고 주장하였다.

인간 본성에 대한 또 다른 관점에서는, 인간의 성격이 생득적인 요인인 유전에 의해 더 많은 영향을 받는다고 보는 유전론적 학자들이 있고, 생득적인 요인보다는 성장하면서 경험하게 되는 환경의 영향을 더 많이 받는다고 보는 입장인 환경론적 학자들이 있다. 정신분석이론은 인간이 출생과 동시에 원초아(id)라고 불리는 본능을 가지고 태어난다고 보고 생득적인 부분을 강조하였고(Carver, & Scheier, 2012), 행동주의 이론은 인간의 모든 행동이 행동에 수반되는 강화와 처벌에 따라 학습된다고 보고 환경의 역할을 강조하였다.

유전이나 환경 등의 영향을 초월하는 자유론적 입장을 가진 학자와 유전적 특성이나 외부 환경 등의 영향을 초월할 수 없다고 보는 결정론적 입장을 가진 학자들이 있다. 개인심리학 이론에서는 인간을 유전과 환경을 뛰어넘는 창조적인 존재라고 가정하고(김완일, 김옥란, 2016), 인간중심이론에서는 인간이 자신의 운명을 스스로 선택할 수 있다고 보고 있다. 정신분석이론에서는 6세 이전의 경험에 의해 인간의 성격이 결정된다고 보았고, 행동주의 이론에서는 환경에 의해서 인간의 성격이 결정된다고 보았다.

과거에는 양극단에서 서로의 입장을 주장하며 논쟁하기도 하였지만, 현재 많은 학자들은 상반되는 특징들이 서로 상호작용하면서 인간 성격 형성에 영향을 미친다고 주장한다. 즉, 인간의 성격은 생득적으로 타고난 부분도 있으면서 환경의 영향을 받기도 하고, 유전적 특성이나 외부 환경 등의 영향을 일부 받기도 하지만 초월하여 자신만의 특성을 나타내기도 한다는 것이다.

성격에 대한 수많은 정의와 다양한 관점들에도 불구하고 각각의 이론에서 나타내는 성격에 대한 공통적인 요소들이 있다. 첫째, 성격은 겉으로 드러나는 행동을 관찰함으로써 알 수 있는 것이며, 둘째, 성격은 타인과 구별되는 개인만의 독특성을 의미한다. 셋째, 성격은 특정한 상황에서 나타나는 독특한 행동 패턴이 어떠한 상황에서도 비교적 일관되게 나타나는 일관성의 개념을 내포한다. 따라서 수많은 행동 속에 포함된 일관된 속성을 성격이라고 할 수 있다. 넷째, 성격은 단기간에 나타나는 행동이 아니라 안정성을 포함하는 개념이다. 시간과 상황에 대한 변화에도 일관성 있게 나타나야 할 뿐만 아니라 상호작용을 하는 상대방의 변화에도 상관없이 일관적, 지속적으로 나타나는 안정성을 포함한다. 다섯째, 성격은 부분적인 측면으로 이해하는 것이 아니라 전체적인 맥락에서 보다 잘 이해될 수 있다. 즉, 성격에 대해 생득적인 부분으로만 이해하려 해서도 안 되고, 부모의 양육환경 부분으로만 이해하려 해서도 안 되며, 생득적인 부분과 자라면서 받은 부모의 양육행동 등 모든 부분을 고려하여 이해하여야 한다(김완일, 김옥란, 2016).

2. 성격이해의 중요성

한 사람의 성격을 이해한다는 것은 어떤 의미일까? 권석만(2017)은 한 사람의 성격을 이해한다는 것은 미래의 다양한 상황에서 그 사람이 어떻게 생각하고 반응할지를 상당 부분 예측할 수 있다는 것을 의미한다고 보았다. 몇 가지 예를 통해서 성격을 이해하는 것이 왜 필요하고 중요한 것인지에 대해 생각해 보도록 하자.

사례 1

40대 여성 K씨는 세 살 아래인 남동생을 믿음직한 사람이라고 여기고 인간적으로 신뢰하지만, 왠지 같이 있으면 약간은 불편하기도 하고 마음은 그렇지 않은데 다정하게 말하는 것을 어려워했다. 동생에게 불편을 주는 일은 절대로 하지 않으려 하고 집안일로 중요한 선택을 해야 할 때는 항상 동생의 결정에 따른다. 다른 사람들과의 관계에서도 늘 양보를 하는 편이고 거절을 잘 못한다. 그래서 어떤 사람은 그러한 K의 성격을 이용해서 자신이 원하는 것을 다 요구하며 K씨를 곤란에 빠지게 하고 아주 화나게 하기도 한다.

K씨의 어린 시절을 돌이켜보면 집안에서 모든 것을 남동생에게 양보하는 것이 당연한 것으로 여겼다. 반면 집 밖, 학교에서는 남자 아이들에게 지지 않으려고 공부든, 운동이든 열심히 했고, 반에서 남자 아이가 1등을 하면 기분이 언짢아지고 다음에는 '우리 여자들이 더 잘하자'라고 친구들을 모아 다짐을 하곤 했었다. 남자 아이들에게 그러한 마음이 드는 것을 그 당시에는 자랑으로 여겼다.

근래에 초기 기억을 떠올리며 학창시절 왜 그랬는지 그 이유를 짐작하게 되었다. 그녀가 초기 기억 작업을 할 때 엄마가 남동생을 업고 다정히 말을 걸고 있었고, 그 옆에서 어린 K는 손등을 쪽쪽 빠는 모습이 떠올랐다. 종갓집 맏며느리인 그녀의 엄마는 결혼 후 5년 만에 K씨를 낳아 사랑을 많이 주었다. 그러나 아들을 낳으면서 모든 관심을 K의 남동생인 아들에게만 집중하고, 아직 어린 K에게는 늘 양보를 요구했었다.

이제 그녀는 무조건적 양보보다는 서로 좋도록 타협을 하는 방법을 생각하게 되었고, 싫은 것을 싫다고 거절을 정확하게 하려고 애쓰고 있다. 또한 자신에게 지나치게 요구적이거나 자신 앞에서는 친절하면서 뒤에서는 해를 가하는 사람에 대해 거리를 두는 힘도 생겼다. 자신이 모든 사람으로부터 사랑받거나 인정받을 필요도 없고, 속으로는 싫으면서 억지로 받아들이는 것은 자기 자신에 대한 학대라는 것도 알게 되었다. 무엇보다도 소중한 것은 타인이 아니라 자기 자신이며 그래야만 다른 건강한 사람과 건강한 관계를 맺을 수 있다는 체험도 했다.

한편 어린 시절, 유난스러운 남아선호 집안 환경에서 살아온 남동생 또한 온 집안의 관심을 받은 대상자이었기 때문에 굉장히 부담스럽게 책임을 떠맡고 있고 현재도 그렇게 살고 있음을 안타깝게 여기며 연민을 가지게 되었다.

사례 2

중년기 여성 B씨는 자신의 삶을 돌아보았을 때, 누군가에게 기대고 의지하려는 성격적 경향이 자신의 삶에 크고 작은, 때로는 결정적인 영향을 주었다는 생각을 한다. 특히, 고등학교 진로 선택 때 자신의 성향에 맞는 문과를 오랜 고민 끝에 선택했지만, 담임선생님의 권유로 포기해버린 일이 있다. 그 시절 B씨에게 담임선생님은 의지하고 싶은 대상이면서 공허한 내면의 결핍을 채워 주는 존재였다.

B씨는 자신의 의존적 성향이 사랑의 결핍에서 온 것임을 중년기에 이르러서야 깨달았다. B씨는 유년기를 자신의 삶에서 가장 암울했던 시기로 기억하는데, 할머니와 삼촌, 부모님과 형제자매들로 이루어진 대가족 속에서 2남 2녀 중 셋째였던 B씨는 늘 외로움과 소외감을 느꼈다. 어른들의 사랑과 관심은 장녀, 장남, 막내에게로 쏟아졌고, 셋째였던 자신은 그들의 관심 밖인 것 같았다. 조금씩 성장해 가는 동안에도 가족 내의 이런 분위기는 별 변화가 없었고, B씨는 자신이 느끼는 외로움과 소외감을 학업에서의 높은 성취로 보상해 보려고 했다. 그리고 자연히 이러한 성취를 돕고 격려하는 대상에게 전적인 신뢰를 보내며 의지했다.

고등학교 때 담임선생님이 바로 그런 대상이었다. B씨는 대학 전공 선택도 그 선생님의 의견을 전폭 수용하여 결정했다. 그러나 대학 진학 후 B씨는 전공 선택이 잘못된 것을 깨닫고 우울한 대학 시절을 보내며, 공허하고 황폐한 내면을 채워 주는 무언가를 찾아 헤맸다. 긴 방황은 30대 초반 결혼을 함으로써 끝나는 듯했다. 자신을 아이처럼 생각하고 뭔가 아버지 같은 느낌이 들면서 마냥 의지해도 좋을 것 같은 남자와의 결혼은 긴 방황에 종지부를 찍을 것으로 생각했다. 그러나 결혼생활은 곧 실패로 끝났고, 남편과 헤어져 어린 아들을 양육하며 살던 B씨는 어느 날 누군가로부터 자신이 아들에게 의지하는 것 같다는 말을 듣고 충격을 받았다. 자신의 의존적 성향이 아들에게도 나타난 것 같아서 두려웠다.

사실 B씨는 그녀의 어머니로부터 "너는 의지하는 성격이 있어서……."라는 말을 듣곤 했지만, 그다지 중요하거나 심각하게 받아들이지 않으며 살아왔다. 뒤늦게 성격이 인생의 지형에 큰 영향을 끼침을 깨달은 B씨는 다행히도 신앙의 대상으로서 자신이 섬기는 하느님께 자신의 의존적 성향을 투사하게 되었고, 내면의 결핍감 역시 신과의 사랑으로 충족시키게 되었다.

자신의 성격을 정확히 이해하지 못한 채 세상을 살아갈 때에는 자신의 인생에서 보다 더 나은 길은 어디인지, 자기가 진정으로 원하는 것은 무엇인지에 대한 답을 찾기가 어렵다. 이에 조금 더 나은 현실을 마주할 방법을 찾기 위해 타로카드나 사주 등을 보면서 무속인에게 자신의 미래를 묻고, 자신의 앞날을 점쳐 달라고 하기도 한다. 성격심리학은 한 개인의 성격에 대해 과학적인 방법으로 접근하고자 노력하는 학문으로 인간을 이해하기 위해 보다 명확하고 실질적이며 구체적인 근거들을 연구하는 학문이다. 즉, 성격을 공부하고 이해한다는 것은 자기 이해를 높여 자신의 부정적인 행동은 개선시키고, 긍정적인 행동은 증진시켜 보다 나은 삶을 도모하려는 것이다.

성격에 대한 지금까지의 많은 이론들은 개인의 부적응 증상이 어떻게 시작되고, 왜 시작되며, 해결 방안은 무엇인지에 대해 다양한 접근 방법을 통해 오랫동안 연구된 학문이다. 인간은 누구나 더 나은 자신이 되고 싶고, 더 멋진 사람이 되고 싶은 욕망을 가졌다. 이 욕망을 충족시키기 위한 가장 기본이자 핵심은 자신의 '성격'에 대한 이해라고 할 수 있다. 자신의 성격에 대한 이해가 높은 사람이라면 살면서 마주하는 수많은 선택의 순간, 가령 결혼할 배우자를 정하는 순간과 같은 중요한 선택의 순간에서도 자신에 대한 이해가 부족한 사람보다 훨씬 만족스러운 선택을 할 수 있다. 성격을 이해하는 것은 인간에 대한 이해이고, 인간에 대한 이해는 곧 세상과 삶에 대한 다양한 철학적 물음과 답을 낳는 행위로서 자신의 삶을 보다 깊고 풍요롭게 해 준다.

행복한 삶을 지향하는 현대인이라면 "나는 어떤 사람인가?"라는 물음에서 시작하는 자기 탐색의 과정을 거치게 될 텐데 이때 성격의 이해가 필요하다. 다중지능이론을 주장한 가드너(Gardner, 2011)는 언어지능, 논리수학지능, 공간지능, 신체운동지능, 음악지능, 대인관계지능, 자기이해지능, 자연탐구지능 중 다양한 분야의 성공한 사람들의 공통점으로 자기이해지능이 높다는 것을 보고하였다.

또 다른 사례를 통해 '성격'을 이해하는 것의 필요성과 중요성에 대해 생각해 보도록 하자.

사례 3

P씨는 소개팅을 통해 C씨를 만나게 되었고, 첫 만남부터 서로에게 호감을 보였던 그들의 관계는 몇 번의 만남 후 연인으로 발전하였다. P씨와 C씨는 목소리만 들어도 하루 종일 힘이 나고, 서로를 만날 생각에 3~4시간 전부터 설레곤 하였다. 하지만 시간이 지날수록 P씨는 C씨와 하루의 대부분을 함께 있고 싶어 했고, C씨의 일상에 하나둘 간섭하기 시작했다. C씨는 조금씩 P씨와 함께 하는 시간들이 부담스러웠고 자신만의 시간을 만들기 위해 점차 거짓말하는 횟수가 늘어갔다. P씨는 C씨의 행동이 서운했고, 자신만 많이 사랑하는 것 같아 속상함이 커지자 C씨의 조그마한 행동에도 화가 나기 시작했다. C씨는 무슨 행동을 해도 P씨에게 눈치가 보였고, 끊임없이 반복되는 싸움에 지쳐 갔다. P씨와 C씨는 끝내 이별을 선택하게 되었고, 연인과의 관계에서 이러한 패턴이 반복되는 것 같아 자신감이 떨어지고 위축되었다.

사례 4

J씨는 두 아들을 키우고 있다. 현재는 둘 다 대학을 졸업하고 자신들이 좋아하는 일을 하고 살지만 자랄 때는 20개월밖에 차이가 나지 않는 두 아들의 성격이 너무도 많이 달랐다.

두 아이가 초등학교 저학년 때 일이다. J씨 가족은 한 달에 한 번씩 중증장애인 시설에 가서 봉사활동을 하곤 했는데, 어느 날 두 아이에게 그 시설 잔디밭 풀 뽑기가 배당되었다. 잔디밭에 있는 풀은 잎 모양이나 색깔이 잔디와 거의 유사하지만 잔디보다는 약간 부드러운 특징을 지니고 있었고 어린아이들에게 그것을 구별하는 것이 쉽지 않았다.

어쨌든 아이들은 자신이 배당받은 과제를 완수하러 갔다. 한참 후에 두 아이가 과제를 해결하는 것을 바라본 J씨는 깜짝 놀랐다. 두 아이가 너무 다르게 행동하고 있었기 때문이다. 큰아들은 잔디와 풀을 하나하나 비교하면서 조심성 있게 풀을 가려 뽑아내고 있었고, 둘째는 풀과 비슷하다고 생각되는 곳에 가서 발로 짓뭉개고 있었다. 성격이 다르니 문제해결 방법도 달랐다.

사실 그 일이 있기 전까지 J씨는 두 아이에게 항상 똑같은 취미 활동이나 스포츠 활동을 시켰었다. 그런데 그 후로는 학원도 다른 곳을 보내고 과외 활동도 다른 것을 권했다. 현재 두 아이는 자신이 좋아하는 분야에서 만족하면서 자신의 일을 하고 있다. 한 아이는 바이오 엔지니어링 전공 분야에서 일하고(첫째일까요? 둘째일까요?), 또 한 아이는 체육 전공 분야에서 일하고 있다(첫째일까요? 둘째일까요?).

성격을 이해한다는 것은 대인관계에서 발생하는 갈등을 이해하고 문제를 해결하는 데 도움을 줄 수 있다. 또한 가장 가까운 관계이자 가장 편한 관계인 부모–자녀 관계에서 반복되는 다툼을 줄일 수 있고, 설레는 마음으로 시작한 연애에서 언성을 높이며 싸우고 헤어지는 일에 대한 대처방안을 생각해 볼 수 있고, 한평생 함께 살자고 두 손 꼭 잡고 사람들 앞에서 맹세한 신혼부부가 하루가 멀다 하고 싸우는 일들을 예방하고 해결해 나갈 수 있다.

인간은 태어나는 순간부터 타인의 도움 없이는 아무것도 할 수 없는 사회적 존재다. 배가 고파도, 어딘가로 이동하고 싶어도 보호자의 도움 없이는 아무것도 할 수가 없다. 적어도 1년이 지나야 두 발로 걸어 다닐 수 있고, 2년여가 지나야 자신의 욕구를 말로 표현할 수 있다. 인간은 태어나는 순간부터 늘 누군가와 함께 생활해야 함을 의미한다. 동물들은 태어나자마자 네발로 기어 다닐 수 있고, 어미가 젖을 주기보다 자신이 직접 찾아가 젖을 먹고, 아직은 미숙하여 어미의 보호가 있어야 하지만 인간이 태어나는 순간부터 받는 양육자의 보호와는 다른 차원임을 알 수 있다.

매슬로(Maslow, 1971)는 인간의 욕구를 생리적 욕구, 안전의 욕구, 사회적 욕구, 존경의 욕구, 자아실현의 욕구로 구분하였다. 5단계의 욕구 중 3단계에 해당하는 사회적 욕구는 소속감을 통해서 충족할 수 있다. 가족 내의 소속감, 친구들과의 소속감, 직장에서의 소속감 등 타인과의 관계를 통해서 사회적 욕구를 충족시켜야만 더 높은 단계로의 발전이 이루어질 수 있고 최종 단계인 자아실현의 욕구를 추구하게 된다고 보았다. 아들러(Adler, 1966)는 인간은 사회와 결속되어 있을 때 안정감을 갖게 된다고 보았고, 소속감을 느낄 때 자신의 문제에 직면하고 용기를 가지고 문제를 다룰 수 있게 된다고 보았다. 또한 아들러는 밀림에서 혼자 사는 인간을 상상해 보라고 이야기하면서, 다른 어떤 생명체보다 생존에 부적합할 것이고 따라서 인간 생존을 위해서 가장 좋은 방법은 공동체 안에 있는 것이라고 주장하였다(김춘경, 이수연, 이윤주, 정종진, 최웅용, 2016).

이처럼 인간은 태어나는 순간부터 죽음에 이르는 순간까지 끊임없이 타인과 상호작용하며 지내게 된다. 여기서 인간관계는 한 개인에게 있어 행복의 가장 큰 원천이 되기도 하고 불행의 가장 큰 원천이 되기도 한다. 인간관계를 행복의 가장 큰 원천으로 만들기 위해서는 자신의 성격을 정확히 이해하고, 타인의 성격을 파악할 줄 알아야 한다. 또한 삶을 살아가는 과정은 상처를 입고 치유해 가는 과정과 다를 바 없는데, 자신과 타인에 대해 성격적인 면에서 이해하게 되면 상처의 수용과 극복도 좀 더 수월하고 그 무게도 덜어진다. 성격이해를 통한 자신과 타인에 대한 사랑과 존중의 태도는 세상 속에서 조화로운 관계를 형성하게 하며, 동시에 자신의 고유성을 지키고 발휘해 나가게 한다.

3. 성격이론에 대한 관점

많은 성격이론가들은 인간을 바라보는 관점에 따라 다양한 이론을 제시하였다. 이에 이 책에서는 인간의 성격을 여러 관점에서 탐구해 보고자 한다. 모두 여섯 가지 관점으로 나누어 볼 수 있는데 개인 내면의 힘에 대한 관심과 내적 힘의 역동에 초점을 두고 성격을 연구한 정신역동적 관점과 타인과의 관계를 통해 성격을 연구한 심리사회적 관점, 진정한 자기를 찾고 자신의 완성을 향해 나아가는 경향에 관심을 두고 성격을 연구한 인본주의적 관점, 개인의 신념체계와 사고과정을 연구한 인지적 관점, 관찰 가능한 행동을 연구한 행동 및 사회학습적 관점, 개인의 안정된 특성들에 관심을 가지고 성격을 연구한 성향적 관점으로 나누어 보았다.

정신역동적 관점 이론가들은 인간의 정신 구조를 분석하고자 하였고, 정신 구조들 간의 갈등과 협력을 통해 성격이 형성된다고 보았다. 이 책에서는 정신역동적 관점 이론가로 프로이트(Freud), 융(Jung), 아들러(Adler)의 이론을 중점적으로 살펴보았다. 프로이트는 성격이 원초아, 자아, 초자아로 구성되어 있으며, 세 가지 구성요소의 역동이 한 개인의 성격이 된다고 보았다. 또한 인간의 성격은 리비도가 집중되는 신체 부위에 따라 구강기, 항문기, 남근기, 잠복기, 성기기의 5단계로 발달한다고 보았다. 융은 성격을 생득적으로 가지고 태어나며, 무의식 속에 있는 자기와 후천적 경험을 통해 획득되는 자아의 일치로 보았고, 따라서 성격 발달은 자기를 실현하는 과정이라고 정의하였다. 아들러는 무의식보다는 의식에 초점을 두고 인간을 움직이는 힘은 의식 속에 있다고 보며, 인간 행동을 유발하는 근원적인 에너지에 관심을 두고 있다.

심리사회적 관점 이론가들은 인간의 성격을 타인과 맺는 관계를 통해 파악하고자 하였으며, 이에 타인과 상호작용하는 방식에 관심을 가졌다. 이 책에서는 심리사회적 관점 이론가로 에릭슨(Erikson), 볼비(Bowlby), 클라인(Klein), 코헛(Kohut), 번(Berne)의 이론을 중점적으로 살펴보았다. 에릭슨은 성격을 자아와 환경의 상호작용을 통해서 이루어지는 여덟 가지 발달단계에서의 과업 성취 과정에서 형성되는 특성으로 보았다. 즉, 매 단계마다 자아가 환경과의 상호작용을 통해서 성취해야 하는 과업을 성공적으로 성취할 때 건강한 성격을 형성한다고 보았다. 볼비는 아이와 주 양육자 사이에 형성되는 정서적 유대감인 애착을 통해서 개인의 성격이 형성되고, 내적 작동모델을 통해 개인의 전 생애 동안 지속된다고 보았다. 클라인은 성격 발달을 편집적 자리와 우울적 자리 개념으로 설명하며 내적 대상관계의 중요성을 강조하였다. 코헛은 사람들 간의 상호작용 속에서 이루어지는 자기의 발달로 성격 형성을 설명하였다. 번은 성격이 세 가지 자아 상태인 어버이 자아, 어른 자아, 어린이 자아로 구성되어 있으며, 부모의 양육태도가 개인의 성격 형성에 강한 영향을 미친다고 보았다.

인본주의적 관점 이론가들은 성격을 매 순간 경험하는 장면에서 자신의 것으로 받아들인 특성 혹은 일종의 욕구나 동기로 보았다(김완일, 김옥란, 2016). 이 책에서는 인본주의적 관점 이론가로 매슬로(Maslow)와 로저스(Rogers)의 이론을 중점적으로 살펴보았다. 매슬로는 성격을 다섯 단계의 욕구로 설명하였으며, 각 단계의 욕구가 성공적으로 충족될 때에 건강한 성격을 형성한다고 보았다. 로저스는 자기실현 경향성과 타인으로부터 받는 긍정적 관심에 대한 욕구가 서로 갈등하는 과정에서 자기와 유기체적 경험 간의 상호작용을 통해 성격이 형성된다고 보았다.

인지적 관점 이론가들은 인지가 개인의 행동과 정서를 이끈다고 보고 인지의 중요성을 강조하였으며, 개인의 신념체계와 사고과정을 성격으로 보았다. 이 책에서는 인지적 관점 이론가로 엘리스(Ellis)와 벡(Beck)의 이론을 중점적으로 살펴보았다. 엘리스는 성격을 개인의 신념체계로 보았으며, 사건을 어떻게 생각하는가에 따라 행동과 감정이 달라진다고 보았다. 따라서 비합리적인 신념이 아닌 합리적 신념을 가질수록 건강한 성격을 형성할 수 있다고 하였다. 벡은 성격을 사고과정으로 보았으며, 심리적 장애를 가진 사람일수록 왜곡된 자동적 사고를 가지고 있다고 보았다.

행동 및 사회학습적 관점 이론가들은 관찰할 수 있는 인간의 외적 행동을 주로 연구하였고, 강화 및 처벌을 통해 인간의 행동을 형성할 수 있다고 보았다. 후기 학습이론가들은 인간의 성격에 대해서 행동뿐만 아니라 인지적 요소도 함께 설명하고자 하였다. 이 책에서는 학습이론가로 스키너(Skinner)와 밴듀라(Bandura)의 이론을 중점적으로 살펴보았다. 스키너는 인간의 성격을 내면적인 부분으로 설명하기보다는, 눈으로 관찰 가능한 행동만을 연구하여 어떤 상황에서 비롯되는 행동과 행동에 대한 결과를 강조하였다. 밴듀라 또한 성격의 개념과 발달을 설명하지 않았으며, 인간의 행동이 타인의 행동을 모방함으로써 학습된다는 것을 발견하여 관찰학습을 통해 행동이 나타난다고 보았다.

성향적 관점 이론가들은 인간에게 공통적으로 존재하는 성격 특성이 어떤 요인들로 구성되어 있고, 이러한 요인들이 몇 가지로 구성되어 있는지에 많은 관심을 가졌다. 성향적 관점 이론은 성격을 기본적 요소인 특성으로 나누어 분석하고 각각의 정도를 양적으로 측정하고 각 특질의 조합을 통해 개인의 성격을 기술하려는 이론이다. 여기서 특질이란 개인이 타인과 차이가 있어 구별할 수 있는 지속적이고 일관적인 특징을 일컫는다. 올포트와 오드버트(Allport & Odbert, 1936)는 Webster 영어대사전에서 성격을 기술하는 18,000개의 용어들을 분류하여 총 4,504개의 성격 특성 용어를 만들었다. 켈리는 구성개념 이론을 제시하면서, 인간은 자신이 접하는 세상을 과학자처럼 조직화하고 해석하는 구성개념을 가지고 있다고 보았다. 자신만의 구성개념을 통해 삶 속에서 일어나는 다양한 사건들을 예언하고 통제한다고 본 것이다. 대다수의 성격이론이 인간의 문제 증상을 치료하는 데 관심을 둔 반면 성향적 관점의 이론들은 단지 인간의 성격을 파악하는 것에만 관심을 두었다는 특징이 있다. 이 책에서는 성향적 관점 이론가로 올포트(Allport)와 켈리(Kelly)의 이론을 중점적으로 살펴보았다.

4. 활동

다양한 성격이론을 접하기 전 나에 대해 고민하는 시간을 먼저 가져 봅시다.

1) '성격심리학'을 통해 어떤 것을 탐색해 보고 싶나요?

....

....

....

2) 성격에 대해 알고 싶은 이유는 무엇인가요?

....

....

....

3) '아버지' '어머니' '나'에 대해 떠오르는 긍정적 · 부정적 단어를 적어 봅시다.

활기 넘치는 민감한 조용한 순수한 유머러스한 사랑스러운

낙천적인 재미있는 포근한 현명한 재치 있는 조용한

당돌한 친화력이 좋은 창의적인 천하무적의 집중력이 높은 목표지향적인

건강한 민첩한 인내심 있는 순발력 있는 인정이 많은 사려 깊은

겸손한 자신감 있는 여유로운 화사한 완벽한 명랑한

호기심 많은 새침한 귀여운 감성적인 계획적인 배려심 깊은

부지런한 모범적인 용기 있는 주도적인 열정적인 믿을 수 있는

우아한 눈부신 정직한 논리적인 의지적인 이성적인

에너지 넘치는 봉사하는 카리스마 조화로운 적극적인 자애로운

까다로운 책임감 있는 ……

아버지에 대한 긍정적 단어	어머니에 대한 긍정적 단어	나에 대한 긍정적 단어
아버지에 대한 부정적 단어	**어머니에 대한 부정적 단어**	**나에 대한 부정적 단어**

(1) '나'에 대해 떠오르는 긍정적, 부정적 단어들 중 그러한 성격이 형성되게 된 사건 및 상황들에 대해 적어 봅시다.

	단어	상황	느낀 감정
긍정적 단어			
긍정적 단어			
긍정적 단어			
부정적 단어			
부정적 단어			
부정적 단어			

(2) 나의 성격 형성에 영향을 미친 상황들을 기초로 발달 단계별 생애 곡선을 그려 봅시다.

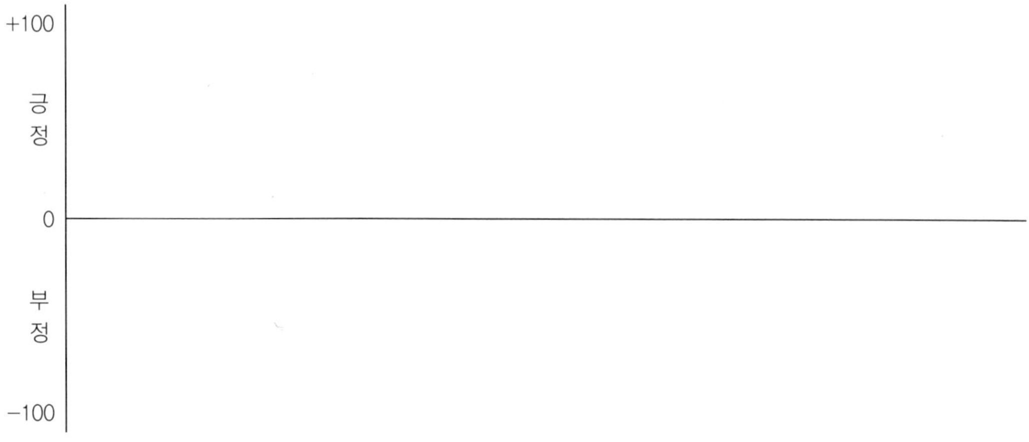

4) 성격 케이크를 그리면서 나의 성격을 파악해 봅시다.

(1) 현재 떠오르는 자신의 성격적 특성을 5~10가지를 적어 봅시다.

(2) 성격적 특성 5~10가지를 아래 그림에 케이크로 나누어 봅시다. (성격의 비중을 케이크의 크기로 표시해 봅시다.)

[예시]

[나의 성격 케이크]

(3) 자신의 성격 중 가장 마음에 드는 조각은 무엇인가요?

(4) 자신의 성격 중 마음에 들지 않는 조각은 무엇인가요?

(5) 마음에 들지 않는 조각이 만들어지게 된 사건은 무엇인가요?

(6) 마음에 들지 않는 조각을 어떻게 변화시키고 싶은가요?

제2장

프로이트의 성격이론

"나는 내가 존재하지 않는 곳에서 생각한다.
그러므로 나는 내가 생각하지 않는 곳에서 존재한다."
"원하는 것이 곧 행위는 아니며,
행동한다고 해서 곧 원한다는 것도 아니다."
-S. Freud-

프로이트(Sigmund Freud)는 인간 행동의 근원적인 동기는 원초적인 본능이며 인간이 의식하는 것은 단지 빙산의 일각일 뿐이라고 한다. 그는 이렇게 그 당시 대부분의 사람들이 이해하던 인간관과는 매우 다른 낯선 모습을 제시하며 인간 이해의 새로운 장을 열어 주었다. 그는 다양한 정신장애를 지닌 환자들을 치료한 경험을 근간으로 인간이 무의식적인 힘에 움직이는 존재라는 것을 핵심으로 이 이론을 주장했다. 그에 의해 시작된 정신분석이론은 오늘날 개인의 성격뿐만 아니라 정신병리, 심리치료, 예술, 문학, 문화 등에 걸쳐 광범위하게 현상을 설명하는 심층심리이론이 되었다. 그러한 의미에서 프로이트는 20세기를 마감하는 「타임」지의 표지 인물로 선정되기도 했다.

1. 프로이트의 생애

프로이트(Sigmund Freud, 1856~1939)

프로이트는 지금은 체코 공화국의 도시 프리보르(Pribor)가 된 모라비아(Moravia)에서 1856년 중산층 유대인 가정에서 태어났다. 프로이트가 태어난 후 곧 그의 가족은 비엔나로 이주했고 거기서 프로이트는 생애 대부분을 지냈다. 그의 아버지 제이컵 프로이트(Jacob Freud)는 그의 어머니에 비해 상당히 나이가 많았고 프로이트가 태어났을 때는 이미 이전 결혼에서 태어난 두 명의 이복형이 있었다. 프로이트는 그의 어머니와 아버지가 낳은 8남매 중 맏이였다. 그는 지적인 명석함과 강한 자신감 때문에 어머니의 편애를 받았으며 그 자신도 그것을 알고 있었다. 한번은 여동생이 치는 피아노 소리로 집중이 어렵다고 말하자, 어머니는 여동생의 피아노 레슨을 중단시킨 적도 있다(Gay, 1989). 어머니의 총애는 프로이트에게 긍정적인 영향과 부정적인 영향 둘 다를 끼쳤다. "어머니의 유난스러운 사랑을 받고 있다는 것을 알고 있는 사람은 특별한 자기 신뢰와 흔들리지 않는 낙관주의의 삶을 살아갈 수 있다. 그런 점들은 실제 삶의 성공을 가져다주기도 한다."는 프로이트의 말처럼, 어머니의 특별한 사랑을 받은 경험은 세상의 많은 비난을 견디어 나갈 수 있게 해 주는 자신에 대한 믿음과 자부심의 터전이 되었던 것으로 보인다. 부정적인 측면은, 어머니의 사랑을 계속 독점하기 위해 끊임없이 좋은 모습을 보여 주어야 한다는 강박적인 불안을 가지게 된 것이다. 또한 타협을 모르는 고집스럽고 자기애적인 성향도 어머니와의 관계에서 형성된 것으로 볼 수 있다(최영민, 2017).

소년 프로이트는 위대한 장군이나 고위 관료가 되고 싶었으나, 유대인인 프로이트가 이런 분야에서 성공할 가능성은 매우 제한적이어서 그는 의학으로 진로를 수정했다. 그리고 1886년, 그는 긴 약혼 끝에 마르타 버네이스(Martha Bernays)와 결혼해 6명의 자녀를 두었다.

프로이트와 어머니와의 관계는 비교적 괜찮았으나 아버지와의 관계는 여러 가지 감정이 복잡하게 얽혀 있었다. 1897년, 아버지가 사망하였을 때 프로이트는 심한 죄책감으로 우울증과 불안에 사로잡혔다. 이러한 자신의 문제를 이해하기 위해 자기분석을 하기 시작했는데, 그것이 정신분석의 토대가 된 작업이었다(권석만, 2015). 아버지와 관련된 죄책감과 거세불안을 지칭하기 위하여 그는 '오이디푸스 콤플렉스'라는 용어를 도입하였고, 그의 일생은 이를 극복하는 과정처럼 보이기도 한다.

또한 프로이트는 자신의 진료현장에서 환자가 안고 있는 문제의 심리적 근원을 밝히기 위해 여러 가지 탐색을 했는데, 그러한 작업에 매우 결정적 역할을 한 것은 자유연상이었다. 그리고 무의식적인 사고와 소망을 드러내는 것이 꿈이라고 여겨 분석을 시도하였는데, 그러한 작업을 집대성한 것이 1900년에 출판한 『꿈의 해석(The Interpretation of Dream)』으로 그의 가장 중요한 업적이라고 할 수 있다. 이 후 프로이트는 더 이상 환자의 치료에만 자신의 관심을 국한시키지 않고, 마음의 기본적인 구조와 기능하는 원리들에 대한 개념적 모형을 발전시키기 시작했다.

프로이트 스스로가 자신의 삶의 이야기와 정신분석의 역사는 밀접하게 뒤엉켜 있다고 『자서전적 연구(An Autobiographical Study)』(1935) 후기에서 밝혔듯이, 그의 이론은 개인적 경험과 밀접한 관련이 있다. 특히, 반유대이즘은 프로이트의 삶에 지속적으로 영향을 끼쳤다. 어린 시절, 한 기독교인이 프로이트 아버지의 모자를 시궁창에 던졌는데, 아버지가 이에 맞서지 못하는 장면을 목격한 어린 프로이트는 몹시 실망했었다. 이 사건으로 그는 '비천한 유대인'이 되지 않기로 결심했다고 이야기한 적이 있다(Gay, 1989). 이 결심을 그는 일생 동안 저버리지 않았다고 한다. 죽음 본능에 대한 견해도 그의 삶에서 비롯되었다. 그는 신체적으로 건강하지 못한 편이었고 30대에는 심장병으로 인해 죽을 고비를 여러 번 넘겼다. 그로 인해 그의 성격은 전반적으로 우울하고 비관적이었으며 죽음에 대해 이성적으로 준비하려 했다. 심한 흡연으로 인한 구강암으로 서른세 번의 턱 수술을 받으며 극심한 고통을 겪었지만 아스피린 외에는 진통제를 먹지 않고 정신을 유지하려고 애쓰며 병과 죽음에 용기 있게 대면했다. 의사들의 권유에도 금연하지 않았는데, 시가를 입에 문 그의 모습은 자신의 성격이론의 심리성적 발달 단계에서 구순기에 고착된 모습을 상징적으로 보여 준다고 이후의 학자들이 말하기도 한다. 또한 암이 깊어질수록 그의 딸 안나 프로이트(Anna Freud)와 밀착되어 떨어질 수 없는 관계가 되어 그의 핵심적인 이론 중의 하나인 오이디푸스 콤플렉스를 설명하는 모습을 보여 주며 삶과 이론을 연결하는 또 하나의 고리가 된다.

밖에서의 그는 박해를 받았던 유대인이었지만 가족 내에서 그 자신은 관심의 초점이었다. 그의 이런 이중적인 지위는 이후의 삶에서도 반복되었는데 자신의 사상이 적대적인 반응을 받을 때에도 그를 둘러싼 충성스런 동료집단의 보호를 받았다. 그는 자신이 수장이고 동료들은 추종자의 자리를 지켜야 한다고 기대했다. 이런 기대로 말미암아 그는 자신이 가장 큰 희망을 걸었던 이들과의 결별을 그들이 변절한 것으로 받아들일 수밖에 없었다.

암으로 고생하던 노년기에 나치 정권에 의해서 그의 연구는 금지되고 저서는 불태워졌다. 프랑스와 영국의 유명한 지인들이 그의 가족을 위해 엄청난 액수의 돈을 지불한 뒤 프로이트는 가장 가까운 가족만 데리고 오스트리아를 떠나 런던으로 망명할 수 있었다. 1년 뒤 1938년, 그는 런던에서 사망했다.

사람들의 프로이트에 대한 평가는 여러 관점이 있지만 그는 생애 마지막까지 정신분석학계에서 지배력을 유지했으며 반복되는 비판과 논박, 수정에도 불구하고 20세기에 그만큼 큰 영향력을 끼친 인물은 없다고 해도 과언이 아니다.

2. 주요 개념

1) 본능

프로이트는 우리가 본능이라고 부르는 것을 독일어 trieb으로 기술했는데 이는 신체 내부로부터 발생하는 긴장 혹은 자극으로 생각할 수 있다. 신체적 욕구가 있으면 충동이 생기는데, 이것을 처리하는 데는 다양한 방법이 있다. 즉, 충동을 만족시키거나 억제하거나 좀 더 수용 가능한 형태로 바꾸거나 혹은 그 존재 자체를 부인할 수 있다. 이와 같이 우리가 충동을 다루기 위해 선택하는 습관적인 패턴이 우리의 성격을 형성한다.

프로이트는 본능을 에로스(eros)라고 부르는 삶의 본능과 타나토스(thanatos)라고 부르는 죽음의 본능으로 분류했다. 삶의 본능은 개인과 종(種)의 생존과 관련이 있고 음식, 물, 공기, 성에 대한 욕구를 포함한다. 에로스의 심리적 에너지는 리비도(libido)라고 불린다. 프로이트에 따르면 삶의 본능 중 가장 중요한 것은 성(性)이다. 또한 그는 1920년 자신의 저서 『쾌락의 원칙을 넘어서(Beyond the Pleasure Principle)』를 통하여 모든 살아 있는 것은 쇠퇴하고 죽는다는 것을 언급하면서 죽음과 파괴 역시 선천적인 본능이라고 추론했다. 타나토스에 대한 논의는 에로스에 대한 논의만큼 충분히 논의하지 않았고 단지 하나의 죽음의 본능, 공격성에 대해서만 논의를 했다. 성욕과 공격욕은 서로 충돌하여 갈등을 일으키기도 해서, 유아가 어머니의 젖을 빨면서 씹거나 깨무는 것은 이 두 가지 욕망이 함께 작동하는 결과로 사랑과 미움 그리고 애착과 공격을 함께 표현하는 행위로 이해될 수 있다(권석만, 2015).

2) 성격의 구조

프로이트는 정신의 기본 구조에 대해 두 개의 모형을 제시했다. 1900년에 발표한 『꿈의 해석』에서 인간의 정신세계를 의식, 전의식, 무의식으로 구분하는 지형학적 모델을 제시했고, 1923년에 발표한 『자아와 원초아(ego and superego)』에서는 지형학적 모델을 삼원구조이론(tripartitie theory of personality)으로 발전시켜 원초아, 자아, 초자아라는 세 가지 심리적 구조를 제안했다.

(1) 성격의 지형학적 모델: 무의식의 세계

프로이트는 히스테리 환자들을 치료하면서 환자 자신도 알지 못하는 무의식의 세계가 존재하며 그 속에서 일어나는 심리적 활동이 증상의 원인임을 발견하였다.

그는 이것을 체계적인 이론으로 정리한 후 거대한 빙산에 비유하며 제시했는데, 이것이 지형학적 모델이다. 이 모델에 따르면 인간의 정신세계는 의식(conscious), 전의식(preconscious), 무의식(unconscious)의 세 가지 수준의 의식으로 이루어져 있다. 거대한 빙산에서 물 위에 떠 있는 작은 부분이 의식 수준이고, 파도에 의해 물 표면에 나타났다 잠겼다 하는 부분이 전의식 수준, 그리고 물속에 잠겨 있는 부분이 무의식 수준이다. 첫 번째의 의식 수준에는 항상 자각하고 있는 지각, 사고, 정서 경험이 포함되어 있다. 두 번째의 전의식 수준에는 우리가 주의를 기울인다면 손쉽게 의식화될 수 있는 기억과 경험이 포함되어 있으며, 무의식의 내용을 의식으로 연결하는 다리 역할을 한다. 세 번째 수준은 무의식으로, 우리가 의식하지 못하는 정신의 일부이며, 특별한 상황 외에는 의식화될 수 없는 경험이 포함되어 있다. 여기의 내용은 수용할 수 없는 성적 욕구, 부도덕한 충동, 수치스러운 경험, 폭력적 동기 등 중대한 외상적 경험이나 사회적으로 수용될 수 없는 사고와 욕망을 지니고 있어 의식에 떠오르면 불안을 일으킨다(권석만, 2017).

프로이트는 성격의 지형학적 모델에서 무의식의 중요성을 강조하였다. 무의식에 존재하는 심리적 요인에 의해서 정신장애가 유발되고, 인간 행동의 대부분이 그

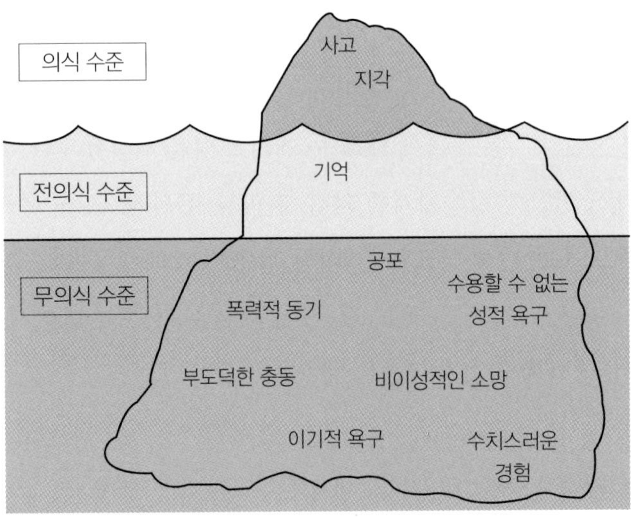

[그림 2-1] **마음의 지형학적 모델**

출처: 권석만(2015). 현대 성격심리학.

것에 의해 결정된다는 것이다. 또한 이 무의식 영역에서 인간의 본질적인 추진력, 정열, 억압된 관념 및 감정 등을 찾으려고 했다. 무의식은 주로 원초아(id)와 초자아(superego)로 구성되어 있으며, 방어기제(defense mechanism)와 신경증을 유발하는 원인이 된다.

(2) 성격의 삼원구조이론

프로이트는 정교한 성격이론을 개발하기 위해 끊임없이 노력하여 말년에 이르러는 성격의 삼원구조이론을 제시했다. 이 이론에서 그는 원초아(id), 자아(ego), 초자아(superego)의 세 가지 심리구조로 구성된 모델을 제안했다.

① 원초아

원초아(id)는 인간이 태어날 때부터 존재하는 순수한 본능적 에너지로서 충동적 행동을 유발하는 성격의 원초적인 요소다. 무의식 내에 존재하기 때문에 우리의 통제를 벗어나며 현실적 여건을 고려하지 않고 즉각적으로 충족시키려는 쾌락의 원리(pleasure principle)에 따라 작동한다. 원초아가 본능을 충족시키는 방법에는 반사행동과 소망 충족 두 가지가 있다. 반사행동(reflex action)은 원초아가 즉각적인 신체적 활동을 통해 만족감을 추구하는 것이다. 반사행동을 하는 것이 불가능하거나 실현 불가능하다면 원초아는 소망 충족(wish fulfillment)을 시도한다. 예를 들어, 배고픈 아기가 불쾌감을 느끼면 반사적으로 우는 행동 등으로 욕구를 충족시키려고 할 것이고, 즉각적으로 충족되지 않으면 엄마의 가슴이나 젖병의 심상을 만들어 낼 것이다. 그런 심상을 갖는 경험이 소망 충족이다. 이러한 초기의 심리적 과정을 일차 과정 사고(primary process thinking)라고 부른다. 아기들은 자라면서 젖을 떼야 하고 배변 훈련을 받아야 하고 항상 분노를 발산할 수 없으며 자신이 원하는 모든 대상을 가질 수는 없다. 이러한 충족되지 못하는 욕구들은 무의식 속으로 억압될 수밖에 없다. 프로이트에 의하면 억압된 것은 언제든 되돌아오고자 하여 의식적인 삶에 영향을 미친다고 한다(이재창, 정진선, 문미란, 2009).

② 자아

자아(ego)는 환경에 대한 현실적인 적응을 담당하는 심리적 구조와 기능을 의미한다. 자아는 현실의 원리(reality principle)에 따라 작동하기 때문에 현실 여건을 고려하여 판단하고 욕구 충족을 지연하며 행동을 통제한다. 이러한 자아는 생후 6~8개월부터 발달하기 시작하여 2~3세가 되어야 기능을 제대로 수행한다. 자아는 감정조절, 만족지연, 좌절인내 등의 기능을 하며 현실적이고 합리적인 이성적인 사고과정을 나타내는데, 이를 이차 과정 사고(secondary process thinking)라고 한다(권석만, 2017).

③ 초자아

초자아(superego)는 자아 중 마지막으로 발달하며 무엇이 옳고 그른 것인가를 판단하는 데 관여하는 성격의 도덕적 부분을 말한다. 부모는 어린 자녀를 키우면서 사회의 도덕과 윤리 규범에 따라 아이의 행동에 대해서 칭찬을 하기도 하고 처벌을 하

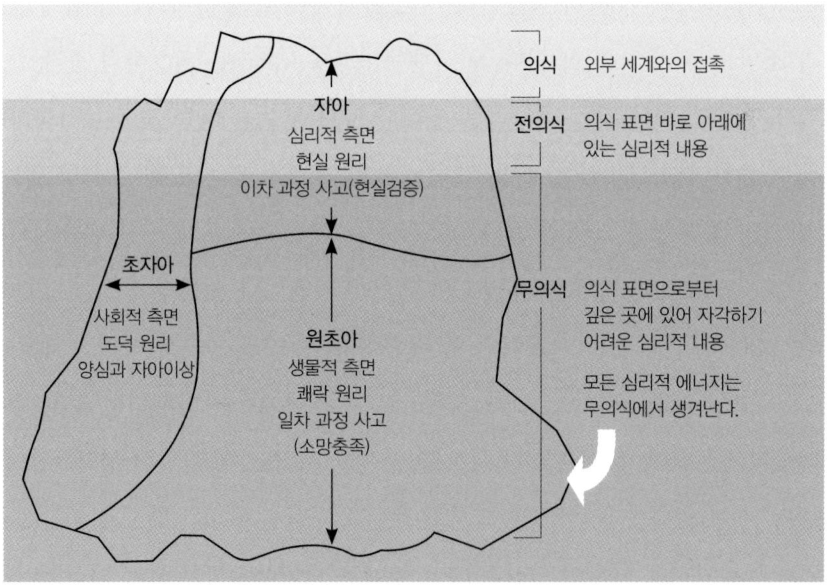

[그림 2-2] **성격의 삼원구조 모델**

출처: 권석만(2017). 인간 이해를 위한 성격심리학.

기도 한다. 이러한 경험이 반복되면서 아이는 부모의 칭찬과 처벌에 일정한 규칙이 있음을 알게 되고, 이를 자신의 심리적 세계 속에 내재화하게 된다(권석만, 2015). 초자아의 발달 초기에는 이처럼 부모의 도덕적 권위에 동화함으로써 발달하기 시작하지만, 점차로 다양하게 학습된 사회적 규범이나 가치관의 내면화(internalization)를 통해서 원초아와 대립하고 자아와도 대립하면서 발달한다. 초자아는 도덕적 원리(moral principle)를 추구하여 도덕이나 가치에 위배되는 원초아의 충동을 견제하고 자아의 현실적 목표들을 도덕적이며 이상적인 목표로 유도하려고 한다. 이러한 초자아에는 두 가지 측면, 즉 양심(conscience)과 자아이상(ego-ideal)이 있다. 양심은 잘못된 행위에 대하여 처벌이나 비난을 받은 경험에서 가치체계가 내면화된 것으로 우리가 하지 말아야 하는 것에 대한 지식을 갖고 있다. 양심은 죄책감, 수치심, 난처함을 느끼는 옳지 않은 어떤 일을 할 때 우리를 처벌하는 기능을 한다(Miserandino, 2011). 자아이상은 잘한 행위에 대하여 칭찬이나 보상을 받은 경험을 기초로 이상적인 자아상을 형성하게 되어 이를 추구하게 되는 것으로 우리가 옳은 일을 했을 때 자부심을 통해서 스스로에게 보상하는 기능을 한다.

3) 불안과 방어기제

프로이트의 성격 삼원구조이론에서 자아는 원초아와 초자아를 중재하는 성격의 중심 구조로서 이들을 잘 조절해야만 하지만 현실을 고려해야 한다. 원초아의 욕구와 초자아, 현실 사이에 자아가 균형을 잡기 위한 노력이 버거워지면 개체에는 불안이 발생한다.

프로이트는 1926년 『억압, 증상과 불안(Depression Symptoms and Anxiety)』에서 자아가 느끼는 불안을 현실 불안, 신경증적 불안, 도덕적 불안의 세 가지 유형으로 구분했다. 첫 번째 유형은 가장 단순한 현실 불안(reality anxiety)이다. 이는 세상의 위협에 대한 불안으로 개한테 물릴 것 같거나, 차에 부딪칠 것 같거나, 시험에 떨어질 것 같다고 느낄 때 경험하게 된다. 이는 현실의 위험요소를 제거함으로써 해소될 수 있다. 다른 두 가지 불안은 개체의 내부에서 발생하는 불안으로 원초아, 자아,

초자아 간의 갈등에서 발생하는데, 두 번째 유형인 신경증적 불안(neurotic anxiety)은 원초아의 충동을 조절하지 못함으로써 강렬한 욕망과 감정을 통제할 수 없을 것 같을 때 느끼는 불안이다. 원초아의 충동이 표현되는 것에 대한 두려움이 아니라 그것이 표현됨으로써 받게 될 처벌에 대한 불안이다. 개체의 내부에서 발생하므로 신경증적 불안은 현실 불안보다 다루기 어렵다. 세 번째 유형은 도덕적 불안(moral anxiety)이다. 자아가 초자아와의 갈등으로 인해서 도덕적 규범이나 부모가 소중하게 여기는 가치를 어기거나 어기려고 할 때 느끼는 불안이다. 도덕적 불안은 죄책감이나 수치심으로 느껴진다. 도덕적 불안의 주요 원천은 사회의 처벌 위협이 아니라 개인의 내부에 있는 양심이다. 신경증적 불안과 마찬가지로 도덕적 불안도 다루기 어렵다. 인간은 원초아에서 벗어나는 것도 매우 어렵지만 양심으로부터도 멀리 도망갈 수가 없기 때문이다(김교현, 2015).

불안이 발생했을 때 자아는 두 가지 방법 중 하나로 반응한다. 첫째, 자아는 합리적으로 문제를 해결하기 위해 대처 노력을 증가시킨다. 이 방법은 현실 불안을 다룰 때 적합하다. 둘째, 자아는 무의식적으로 방어기제를 사용한다. 방어기제(defense mechanism)는 내면적 갈등으로 인한 불안을 감소시키기 위해서 자아가 발달시키는 기능이다. 사실 프로이트는 억압, 부인, 투사 등과 같은 기본적인 방어기제만을 소개했고, 프로이트 학파의 방어기제 대부분은 그의 딸인 심리학자 안나 프로이트(Anna Freud)에 의해서 제시되었다. 그녀는 아버지의 업적으로부터 10개의 방어기제를 찾아서 1936년 『자아와 방어기제(The Ego and the Mechanisms of Defense)』라는 저서에서 발표했다(권석만, 2017).

① 억압

수용하기 힘든 원초적 욕구나 불쾌한 경험이 의식에 떠오르지 못하도록 무의식 속에 눌러 두는 것으로 모든 방어기제의 기초가 되는 보편적이고 일차적인 방어기제이며 불안의 원천이다. 억압(repression)으로 인해서 자아는 위협적인 충동, 감정, 소원, 환상, 기억 등이 의식화되는 것을 막아 준다. 억압은 무의식적인 성적, 공격적 충동의 표현을 완전히 차단하여 개인에게 충동이 불쾌한 것으로 남아 있는 한 이를 의식하지 못하게 하기 때문에 긴장이 감소되지 않는다. 프로이트에 따르면, 5세 이전에 발생한 성적 학대와 같은 외상경험은 무의식에 눌러 저장되며 외상기억의 과도한 억압은 히스테리 반응을 초래한다.

② 투사

억압 다음으로 많이 사용하는 방어기제다. 용납할 수 없는 자신의 감정, 충동, 태도, 행동을 무의식적으로 타인이나 환경 탓으로 돌리는 과정으로, 자신이 수용할 수 없는 측면을 다른 누군가에게로 돌리는 것이다. 받아들일 수 없는 감정이나 욕구를 자기 자신의 것으로 의식하기에는 마음이 괴로우므로 주관을 객관화하여 자기 감정을 남에게 뒤집어씌움으로써 불안을 해소하려는 기제다. 예를 들어, 직장상사에게 적개심을 지닌 부하직원은 자신의 적개심을 상사에게 투사(projection)하여 그가 자신을 미워한다고 인식한다.

③ 반동형성

받아들이기 어려운 심리상태와 반대의 행동이나 태도를 강조함으로써 불안이나 공포로부터 벗어나려는 기제다. 반동형성(reaction formation)은 받아들여질 수 없는 충동을 억압한 후 그 충동과 반대적 행동을 의식적 차원에서 표현하는 것이다. 반동형성은 자신의 욕구충동을 다른 사람에게 노출시키고 싶지 않기 때문에 이를 감추려고 한 나머지 너무나도 극단적인 반대쪽으로 기울어진 방어기제다. 예를 들어, 남편에 대한 증오심을 지닌 한 여성은 반대로 사랑과 헌신의 행동을 나타내면서 불쾌감을 회피하는 동시에 결혼생활 파탄의 위협을 피할 수 있게 된다.

④ 합리화

자아가 자기 행동을 의식에서 용납할 수 있는 그럴 듯한 이유나 가장 이치에 맞고 지적으로 합당하며 윤리에 어긋나지 않는 이유를 만들어 정당화하고 변호하는 방어기제다. 사람들은 자존심이 손상받을 위협에 처하면 무의식적으로 자신의 자존심을 보호하려하기 때문에 합리화(rationalization)를 많이 사용한다. 예를 들면, 이솝

우화 〈여우와 신포도〉에서 여우가 따먹고 싶었지만 자신의 손이 닿지 않는 포도를 "저건 신포도야."라고 말하는 것이다.

⑤ 승화

승화(sublimation)는 방어기제 중 가장 효율적이고 창조적인 기제다. 본능적 욕구나 참기 어려운 충동 에너지를 사회적으로 수용할 수 있는 방식으로 표현하는 것이다. 예를 들어, 성적 욕망을 예술로 승화시키거나 공격성을 스포츠로 승화시키기도 한다.

⑥ 동일시

동일시(identification)는 상대방이나 타인의 어떤 행동이나 성격 및 태도 등을 자기 것으로 만들기 위해서 동일시하는 대상의 어떤 측면을 자기 이미지로 귀속시키는 것이다(Sandler & Rosenblatt, 1962). 자기 이외의 사람이나 집단에게 바라는 태도를 자기의 태도로 만들기 위해서 일치된 행동을 취하는 기제다. 전 생애를 통해 동일시는 다른 사람에게 우리 자신을 열어놓고 그들이 우리에게 영향을 미치고 변하도록 돕게 하는 방식이다.

⑦ 주지화

주지화(intellectualization)는 정서적인 주제를 이성적인 주제로 전환하여 추상적으로 다룸으로써 불안을 회피하려는 것이다. 주지화를 사용하는 사람은 감당하기 어려운 정서적 측면으로부터 자신을 분리시키고, 논리와 설명, 지적인 분석 등을 통하여 문제에 접근하고자 하는 태도를 보인다. 주지화는 프로이트의 딸이자 그의 이론을 계승 발전시킨 안나 프로이트가 주로 사용했던 방어기제라고 한다. 남편이 말기 암인 것을 알게 된 아내가 그로 인해 받은 정신적 충격이나 슬픔 등에 대해서 이야기하고 감정을 표현하기보다는 병의 증상이나 생존율, 진행과정 등 관련된 의학적 정보와 분석에 더욱 몰두하고 불안이나 두려움 같은 정서로부터 자신을 분리시키는 것이 그 예다.

⑧ 대치

대치(displacement)는 자신의 감정이나 욕구를 위험한 사람이나 대상에게 표출하지 않고 보다 안전한 것에 돌려 대리적으로 충족하는 것을 말한다. 예를 들어, '종로에서 뺨 맞고 한강에 가서 눈 흘긴다.'라는 말처럼 직장상사에게 야단을 맞은 사람이 상사에게 대들지 못하고 부하직원에게 짜증을 내는 경우다.

⑨ 퇴행

퇴행(regression)은 현실적인 상황에 비추어 해결이 어렵고, 이로 인하여 욕구불만이나 스트레스를 받게 될 때, 그 상황을 피하기 위해서 현재의 성장시기보다 어린 시절의 행동으로 되돌아가는 것이다. 예를 들면, 대소변을 잘 가리던 아이가 동생이 태어나자 이불에 오줌을 싸는 경우로 현실 생활에서 만족을 얻지 못할 때, 쾌락의 원리 아래에서 행동했던 더 어린 시절로 되돌아가는 기제다.

⑩ 부인

부인(denial)은 자신의 감각이나 사고 또는 감정을 심하게 왜곡하거나 인식하지 못함으로써 고통스런 현실을 부정하는 것이다. 예를 들어, 사랑하는 아들을 잃은 엄마가 아들의 죽음을 받아들이지 못하는 경우다.

읽을거리

학령기 전기에서부터 학령기, 성인 초기에서 성인 후기에 이르기까지 원초적 방어기제인 부인(denial)은 줄어드는 반면, 좀 더 성숙한 방어기제인 투사(projection)와 동일시(identification)는 증가한다.

대개의 정신분석학자들은 원시적이고 미성숙한 방어기제와 좀 더 복잡하고 성숙한 방어기제가 있다는 데 동의한다(McAdams, 2006). Cramer는 미성숙한 방어기제는 인생 초반기에 생겨났다가 금방 없어지고, 성숙한 방어기제는 후반기에 생겨난다고 주장했다. 그녀는 부인, 투사, 동일시 등 세 가지 방어기제를 중점적으로 보았다. 이 중 가장 원시적인 방어기제가 부인이며, 불안감을 자아내는 일을 인정하지 않으려는 태도다. 이보다 성숙한 방어기제가 투사로, 좋고 나쁨의 기준이 내면화되어 나쁜 것들이 바깥으로 투사될 수 있는 기준을 필요로 한다. 따라서 투사의 사용은 양심의 발전 이후에 일어나게 된다. 가장 성숙한 방어기제 중 하나가 동일시로 이는 중요한 타인들에 대한 지속적인 정신적 표현을 만들어 내는 과정을 의미한다. 동일시 과정은 다양한 사람들 간의 차이점에 대한 이해를 바탕으로 이루어질 수 있기 때문에 청소년들 사이에서 효과적인 방법으로 작용하고 인생 후반에서도 마찬가지다(Blos, 1979; McAdams, 2006 재인용).

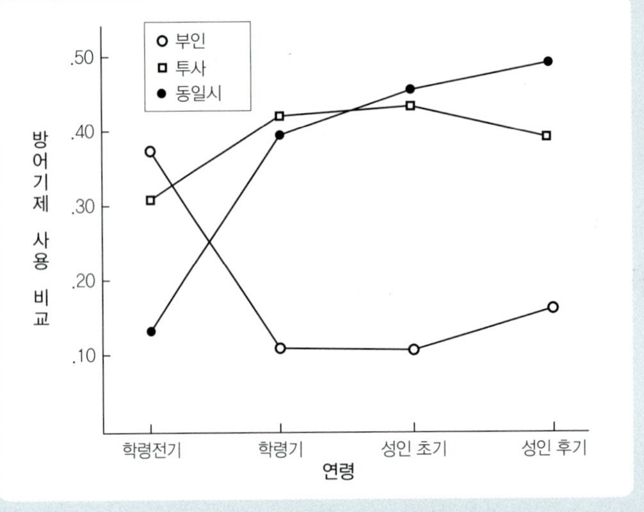

[그림 2-3] 네 집단에서의 방어기제

출처: Cramer, P. (1987); McAdams, D. P. (2006). 재인용.

3. 성격의 형성과정: 심리성적 단계

프로이트는 정신과 의사로서의 임상경험으로 환자들의 무의식에 존재하는 어린 시절의 경험이 성격 형성에 중요한 영향을 미친다는 것을 깨닫게 되었다. 특히, 프로이트는 유아도 성욕이 있다고 주장하면서 아동이 자라면서 쾌락과 만족감을 추구하는 신체 부위가 달라지는데 이러한 욕구 충족 경험이 성격 형성에 중요하게 영향을 끼친다고 보았다. 입, 항문, 성기는 인간이 태어나면서부터 쾌락과 만족감을 주고 부모와의 상호작용이 일어나는 중요한 기관이라는 점에 착안하여 신체 부위에 초점을 맞춘 심리성적 발달 이론(theory of psychosexual development)을 제시하였다(권석만, 2017). 그의 심리성적 발달 이론은 다섯 개의 발달 단계로 이루어져 있으며, 각 단계마다 그 단계에서의 욕구가 적절하게 충족되어야 한다. 욕구가 지나치게 좌절되거나 지나치게 충족되면, 다음 단계로의 계속적인 발달이 진전되지 못하고 그 단계에 그냥 머물러 있으려는 경향이 나타나는데 이를 고착(fixation)이라 한다. 이는 성격 형성에 영향을 끼쳐 성인이 된 후에도 그 단계의 쾌락과 만족을 추구하는 성격 특성을 나타내게 된다. 또한 발달이 진행된 경우라도 어떤 어려움이나 좌절이 닥쳤을 때 욕구 충족이 쉬웠던 전 단계로 되돌아가려는 경향이 생기기도 하는데 이를 퇴행(regression)이라고 한다.

1) 구순기

구강기(oral stage)라고도 하며 출생 직후부터 대략 18개월까지 시기에 해당된다. 리비도가 입 주변에 몰려 있는 이 시기에는 주로 빨거나 먹는 행위를 통한 쾌감에 집중한다. 구순기 초기에는 빨기나 삼키는 행위로, 치아가 생기는 구순기 후기에는 깨물기와 게걸스럽게 먹는 행위로 쾌감을 충족시키며 외부 대상과 상호작용하면서 느끼게 되는 만족감과 좌절감이 성격에 영향을 준다.

이 시기에 욕구가 과도하게 좌절되면 구강기 공격 성격(oral aggressive personality)을 형성하여 공격적이고 비판적이며, 냉소적이고 논쟁적인 모습을 나타낼 수 있고, 욕구가 과잉 충족되면 구강기 수용 성격(oral receptive personalty)을 형성하게 되어 다른 사람을 쉽게 믿고 의존적이며, 요구가 많은 성격 특성을 나타낼 수 있다(권석만, 2015). 또한 엄지손가락 빨기, 손톱 물어뜯기, 음주나 흡연 등 구강과 관련된 습관적 행동을 나타내는 경우와 수다스러운 성격, 대화 중 항상 남의 아픈 부분을 꼬집어 내어 상대방의 감정을 상하게 하는 성격, 먹는 것으로 기분을 풀고 싶어 하는 성격 등도 구순기 고착 성격의 일면이라고 한다(이재창, 정진선, 문미란, 2009). 반면 욕구 충족이 적절하면 자신감 있고 외부세계에 신뢰감을 지닌 안정적인 성격으로 성장한다.

2) 항문기

항문기(anal stage)는 대략 18개월에서 만 3세에 해당되는 시기로서 리비도가 항문 괄약근의 조정에 집중하게 된다. 이 시기의 아동은 배변을 참거나 배설하면서 긴장감과 배설의 쾌감을 얻는다. 보통 대소변 훈련을 하는 시기로서 아동은 이제 모든 것을 하고 싶은 대로 하는 것이 아니라 부모의 통제를 받고 사회의 기대를 반드시 지켜야 하는 갈등을 경험하게 된다. 아동이 부모의 통제와 감시에 어떻게 반응하느냐가 성인기 성격을 결정할 수가 있다. 항문기에 욕구가 지나치게 좌절되면, 완벽주의적인 청결과 질서에 집착하며 인색한 항문기 보유 성격(anal retentive personality)이 나타날 수 있다. 이러한 성격을 지닌 성인은 융통성이 없고, 강박적이고, 타인의 기대에 따라서 살아간다. 이들은 변비와 같은 신체적 문제가 있을 수 있고, 인색하고, 지나치게 조직화되어 있고, 고집스럽고 완벽주의적인 사람이 되는 것과 같이 상징적인 항문기 보유 행동을 보일 수도 있다(Miserandino, 2011). 반대로 적절한 좌절 없이 과도하게 충족되면, 감정적이고 분노를 잘 느끼며 무질서한 항문 폭발적 성격(anal expulsive personality)이 나타날 수 있다(권석만, 2017).

3) 남근기

남근기(phallic stage)는 만 3세에서 만 6세 사이의 시기로 리비도가 항문에서 성기로 옮겨 간다. 남자 아동은 자신의 남근에 많은 관심을 가지게 되고 여자 아동은 음핵을 통해 쾌감을 느끼려는 성향이 나타난다. 프로이트는 이 시기를 성격 발달에 있어서 각별히 중요하다고 생각했다. 또한 부모와의 삼각관계 속에서 복잡한 심리적 갈등을 경험하는 시기라고 보았다. 이 시기의 아동은 성기에 대한 관심이 이성 부모에게로 확산되어 아동은 이성 부모에게 유혹적인 행동을 보이며, 애정을 독점하려고 노력하는 동시에 동성 부모를 경쟁자로 인식하게 된다. 남자 아이가 어머니의 사랑을 얻기 위하여 경쟁자 아버지와 삼각관계를 경험하는 복잡한 심리적 갈등을 프로이트는 오이디푸스 콤플렉스(oedipus complex)라고 명명했다. 이는 프로이트가 자신도 모르게 아버지를 죽이고 어머니와 결혼한 그리스 신화에서 영감을 얻어 차용해 온 것이다.

오이디푸스 위기를 겪으며 어머니를 독점하려는 남자 아이는 아버지에 의해 남근이 잘릴지도 모른다는 거세불안(castration anxiety)을 느끼는데, 이 불안을 감소시키기 위해 어머니에 대한 성적인 욕망과 아버지에 대한 적대감을 억압하고 아버지를 동일시하여 남성다움을 발달시킨다. 아버지와 동일시함으로써 자신이 아버지인 것처럼 상상하게 되고 아버지의 초자아를 내면화하고 그의 도덕성을 받아들인다(권석만, 2015). 만일, 오이디푸스 콤플렉스가 제대로 해결되지 못하고 아버지와 동일시가 제대로 이루어지지 못한다면 이 단계에 고착될 것이다. 이 시기에 고착된 남성은 지나치게 과장된 남성성을 과시하는 남근기 성격(phallic character)이 된다. 이들은 자동차, 트럭, 큰 기계류에 대한 열망과 같은 남근을 상징하는 취미를 가짐으로써 자신의 남성미를 입증하려고 노력한다(Miserandino, 2011).

여자 아이의 경우에도 아버지의 애정을 독점하려 하면서 어머니를 경쟁자로 인식하게 되는 유사한 현상이 나타나며 남근을 부러워하는 남근 선망(penis envy)이 생긴다. 프로이트는 여자 아이는 아버지와 동일시를 하지 않기 때문에, 여성은 초자아를 발달시킬 방법이 없어 남성에 비해 도덕성이 결핍되어 있다고 주장했다. 이 주장은 그 후의 많은 여성학자들의 거센 비난을 받았다. 이 시기에 고착된 여성은 과장된 여성성과 경박하고, 남자를 유혹하고, 난잡한 성행위와 같은 행동을 특징적으로 지니는 히스테리 성격이 된다고 한다. 그렇게 함으로써 자신에게 결여된 남근을 얻으려 하거나 남성을 모욕하고 하찮게 여김으로써 그들에게 상징적 거세를 행한다고 해석하기도 한다(Miserandino, 2011).

요약하자면, 오이디푸스 콤플렉스는 이성의 부모에 대한 애착으로 인하여 동성의 부모를 미워하고 적대시함으로써 조성되는 억압된 불안과 공포의 복합적 상태를 말한다. 오이디푸스 위기의 원만한 극복은 건강한 성 정체감 형성, 초자아와 자아의 발달, 건강한 이성관계를 맺을 수 있는 능력의 발달이라는 긍정적인 결과를 낳게 된다. 프로이트는 정신분석에서 오이디푸스 콤플렉스를 가장 중요시하였으며, 특히 신경증적 장애, 성격장애 같은 정신질환도 오이디푸스 콤플렉스가 해소되지 못한 상태에서 오는 무의식적 갈등 때문이라고 보았다.

4) 잠복기

잠복기(latency stage)는 6세부터 사춘기 이전까지를 말하며 초등학교 재학 시기와 대략 일치한다. 이 시기는 오이디푸스 콤플렉스를 극복하고 성적 욕망의 표출이나 갈등이 뚜렷하게 나타나지 않는 평온한 시기라고 볼 수 있다. 성적인 에너지는 잠시 잠복해 있고 지적 활동이나 운동 등 집 밖에서의 사회적 활동에 많은 에너지를 투입하며, 특히 친구 교제, 취미 활동, 운동 등에 관심을 쏟게 된다.

프로이트는 이 시기를 앞의 세 단계보다 중요하게 생각하지 않았지만 오늘날에는 아동의 신체적 · 인지적 · 사회적 · 정서적 발달에 있어서 중요한 시기라고 여기고 있다. 이 시기에 좌절을 경험하게 되면 열등감이 형성되고 소극적이고 회피적인 성격 특성을 나타낼 수 있다.

5) 성기기

성기기(genital stsge)는 사춘기 이후 또는 청소년기 이후 전 생애 걸쳐 계속되는 시기로서 육체적인 성숙과 더불어 성적인 면에서 성인으로 발달하는 시기다. 리비도가 다시 성기로 돌아와 성감대가 전신에 퍼져 있지 않고 성기에 집중되며 이성에 대한 관심이 커진다.

이 시기에 이르면 이성에 대해 진정한 관심을 가지고 성숙한 사랑을 할 수 있다. 이 단계에 이르기까지 순조롭게 발달한 사람은 이타적이고 원숙한 성격을 지니게 된다. 이상적인 성기기적 성격 발달을 위해서는 근면을 배워야 하고 즉각적인 만족을 지연시킬 줄 알아야 하며, 책임감이 있어야 한다.

또한 이 시기는 부모로부터 심리적 독립과 자기 정체성을 확립해야 하는 시기다.

그런데 성기기 이전의 발달 단계에서 해결되지 않은 의존적 감정과 오이디푸스적 갈등이 다시 나타날 수 있다. 청소년기의 혼란은 이러한 요인들로도 설명될 수 있다. 그는 성기기를 통해 성격 형성이 완결된다고 보았다.

읽을거리

〈오이디푸스 왕 이야기〉

옛날에 테베라는 나라가 있었는데, 그 나라 왕 라이오스는 이오카스테와 결혼했다. 아내가 임신을 하자 라이오스 왕은 장차 태어날 아이의 미래가 어떻게 될 것인가를 알아보기 위해 신탁을 알아보았다. 그런데 신탁은 아들이 태어나는데, 그 아들은 장성하면 아버지를 죽이고 어머니와 결혼한다는 것이었다. 라이오스 왕은 그런 비극을 막기 위해 아들이 태어나자마자 양치기를 시켜 아기를 나무에 매달아 죽여 버리라고 명령하였다. 그리고는 왕은 아들을 죽였다는 죄책감으로 국정을 돌보지 않고 부하들과 방랑의 길을 떠났다. 그런데 아기를 죽이라는 명령을 받았던 양치기는 죽이기에는 너무 가엾고 그렇다고 왕명을 거역하기에는 두려워서, 아기를 나무에 매달아 죽이라 했지 목을 매달아 죽이라는 구체적인 언급은 없었던 점에 착안하여 다리를 묶어 나뭇가지에 매달아 놓고 돌아와 시키는 대로 하였다고 보고하였다. 마침 지나가던 이웃 나라 양치기가 나무에 매달려 죽어가는 아기를 발견하여 구했고, 아이의 이름을 부은 발이라는 뜻을 가진 '오이디푸스'라고 지었다. 그 양치기는 코린토스라는 나라 사람으로 그 아기를 데리고 가서 자기 나라 왕에게 알렸다. 마침 코린토스의 왕은 자식이 없었으므로 그 아기를 양자로 삼았다. 그리하여 오이디푸스는 코린토스의 왕자로 잘 자라게 되었다.

청년이 된 오이디푸스는 자신의 운명에 대한 호기심으로 신탁을 해 보았다. 그런데 놀랍게도 자신이 아버지를 죽이고 어머니와 결혼한다는 것이었다. 코린토스의 왕과 왕비를 친부모로 알고 있던 오이디푸스는 그런 비극을 막기 위해 영원히 왕국을 떠날 결심으로 방랑길에 오른다.

어느 좁다란 산길에서 이륜마차를 타고 가던 오이디푸스는 마침 사냥을 하고 있던 남자들의 이륜마차와 마주쳤다. 그들과 오이디푸스가 서로 길을 비키라고 하다가 시비가 붙어 오이디푸스는 그중 우두머리를 포함한 3명을 죽였고, 한 사람은 도망갔다.

그 후 오이디푸스는 테베 왕국으로 들어갔고, 거기서 사람들을 괴롭히는 스핑크스라는 괴물을 지혜로 물리쳤다. 테베인들은 이 무서운 스핑크스가 없어진 것을 기뻐하며, 오이디푸스를 테베의 왕으로 옹립하고, 남편이 사냥 길에 죽어 혼자가 된 왕비 이오카스테와 짝을

> 맺게 했다. 오이디푸스와 이오카스테는 행복하게 살았다.
>
> 부모의 내력에 대해 아무것도 알지 못하는 오이디푸스는 이로써 자기 아버지를 살해하고 제 어머니의 남편 노릇을 하는 자식이 되었다. 이 무서운 사실은 어느 누구에 의해서도 밝혀지지 않은 채 긴 세월이 흘렀다.
>
> 그런데 테베에 오랫동안 역질과 기근이 들었다. 사람들은 왜 그런 일이 생기는지 신의 뜻을 읽어 보려 했다. 그리고 신탁으로 오이디푸스가 두 가지 큰 죄를 지은 엄청난 죄인임을 알게 되었다. 또한 그 옛날 좁은 길에서 시비가 붙었을 때 살아서 도망갔던 시종이 돌아와서 현재의 왕을 알아보고 현재의 왕 오이디푸스가 라이오스 왕을 죽였음을 증언해 주었다. 이오카스테는 이 사실을 알게 되자 스스로 목숨을 끊었고, 오이디푸스는 미쳐 버렸다. 그는 스스로 자신의 눈을 파내어 장님이 되어 테베를 떠났다. 오이디푸스는 비참한 방랑 생활을 계속하다가 그 불행한 삶을 끝냈다.

4. 건강한 성격의 특성

정신분석이론의 관점에서 건강한 성격을 지닌 사람은 초자아가 지나치게 가혹하거나 특별히 약하지 않도록 초자아 조절을 적절히 하며 자아가 강화되어 있다. 원초아는 변화시킬 수 없고 그 힘을 관리하거나 일정한 거리를 두고 다가오지 못하게 할 수 있을 뿐이므로 자아는 현실의 제약을 고려하면서 초자아가 요구하는 품위를 손상시키지 않는 범위 내에서 원초아를 만족시킬 수 있는 방법을 생각해 내야 한다. 프로이트는 이렇게 설명한다.

> "원초아와 자아의 관계는 말과 기수의 관계에 비유할 수 있을 것이다. 말은 이동하는 에너지를 제공하고, 반면 기수는 목표를 결정하고 힘센 동물의 운동을 인도하는 특권을 갖고 있다. 하지만 자신이 원하는 길을 따라가려는 고집스러운 말을 끌어야 하는 기수에게 이상적이지 않는 상황이 곧 자아와 원초아 간에는 너무나 흔히 발생하는 것이다(Freud, 1933/1990)."

이처럼 원초아, 자아, 초자아의 세 가지 성격구조는 추구하는 바가 다르다. 원초아는 본능적 욕구를 직접적으로 충족시키려 하고 자아는 현실에 비추어 이를 저지하려 한다. 초자아는 원초아와 자아가 이상과 도덕에 위배되는 행위를 하는지 항상 감시한다. 이러한 갈등이 심리적 문제의 근원이 된다. 자아가 원초아와 초자아와 조화를 이루면서 적당하게 초자아로부터 자유롭게 되는 것이 건전한 성격의 형성과 적응을 위해서 필요하다. 건강한 성격은 자아와 원초아, 초자아 간에 균형을 잘 이루었을 때, 그리고 자아가 성격구조들 간의 갈등을 중재하고 조정하는 역할을 잘 수행할 때 형성될 수 있다. 또한 프로이트에 따르면 심리성적 발달 단계를 성공적으로 거친 사람들은 사랑하고 일할 수 있는 심리적으로 건강한 사람이 된다고 한다.

5. 성격이론의 적용

1) 초기 기억(Early Memories)

프로이트는 여러분이 기억할 수 있는 최초의 기억이 현재 여러분이 안고 있는 문제와 관련이 있다고 합니다. 당신의 가장 어릴 때의 기억을 떠올려 그것이 당신의 성격 형성에 어떻게 영향을 끼쳤는지 탐색해 봅시다.

* 가장 편안한 자세로 앉아 조용히 눈을 감습니다. 호흡을 가다듬어 고요히 한 후 자신의 어린 시절로 여행을 떠난다는 생각으로 초기 기억을 떠올려 봅니다. 초등학교 들어가기 전 기억들 몇 가지가 떠올랐으면 눈을 뜨고 적어 봅니다. 사건뿐만 아니라 그 사건의 기억과 함께 느껴지는 감정도 자세히 적어 봅시다.

....

....

....

....

2) 정신분석 성격이론에서는 여러 가지 방어기제(억압, 투사, 반동형성, 합리화, 승화, 동일시, 주지화, 대치, 퇴행, 부인 등)를 제시합니다. 이들 중 심리적으로 고통스러울 때 또는 불안할 때 여러분이 사용했던(또는 하고 있는) 방어기제에는 어떤 것이 있었는지(또는 있는지) 살펴봅시다.

....

....

....

....

(1) 만약 앞에서 사용한 방어기제 대신에 다른 방법을 쓴다면 어떤 방법이 문제를 대처하는 데 있어 건강하고 더 적절한 자세였을까요?

....

....

....

....

3) 다음 그림을 약 5분 동안 말없이 바라봅니다. 떠오르는 느낌을 집단원들과 나누어 봅시다.

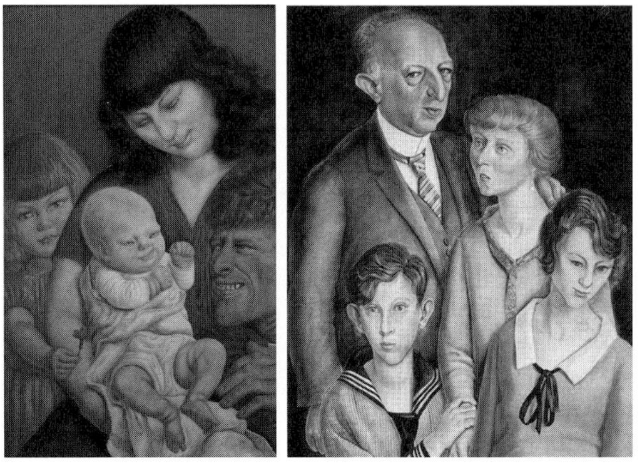

Otto Dix의 〈Family〉

(1) 앞의 그림들은 화가 오토 딕스(Otto Dix)가 그린 〈가족(Family)〉이라는 동명의 작품들입니다. 작가가 그림을 그리며 의도했는지 아닌지 알 수 없지만, 이 그림들은 프로이트의 오이디푸스 콤플렉스를 잘 나타내어 주고 있습니다. 어떠한 점이 그러한지 생각해 봅시다.

....

....

....

....

....

(2) 당신의 삶 속에서도 앞의 그림과 유사한 장면이 있었는지 나누어 봅시다.
(사진이나 기억 등)

....

....

....

....

....

4) 나보다 윗사람이라고 생각되는 사람들(나이, 지위 등)에게 어떤 감정이 느껴집니까? 그러한 감정을 부모님에게서 느꼈던 감정과 비교해 봅시다.

....

....

....

....

....

제3장

융의 성격이론

"우리 심리는 자연의 일부이며, 그 수수께끼는 자연만큼 무한하다."
"어떤 나무도 그 뿌리가 지옥에 닿지 않으면 천국까지 자랄 수 없다."
−C. G. Jung−

융(Carl Gustav Jung)은 인간 내면에서 작동하는 다양한 심리 내적 원형 또는 부분들을 의식과 무의식 세계에서 찾아내고, 그 부분들이 통합되어 자기실현을 이루는 개성화 과정을 상세히 밝혀 주었다. 융의 성격이론은 그 자신이 직접 경험하고 체득한 것을 기초로 하여 정립한 것으로 실제적이며 현실적이다. 융은 한 인간이 살면서 형성한 개인의 삶의 역사뿐 아니라, 오랜 기간 인류의 역사 속에서 지속적으로 전수되어 내려온 인간의 원형적 정신세계의 유물을 다루면서 인간의 정신세계를 깊이 있게 이해하려고 노력하였다. 광범위하고 모호할 수도 있는 성격이론이지만, 융 자신이 체험을 통해 실증적으로 정립한 이론이기에 우리도 그의 이론을 통해 깊은 내면세계를 체험해 볼 수 있을 것이다.

1. 융의 생애

융(Carl Gustav Jung, 1875~1961)

융은 1875년 7월 26일 스위스 동북부에 있는 작은 마을 캐스빌에서 태어나 독실한 기독교 가정에서 자랐다. 융의 아버지 요한 파울 아힐레스(Johann Paul Achilles)는 개신교 목사였고, 융에게 여섯 살 때부터 라틴어를 가르친 고전학자이자 동양학자였다. 어머니 에밀 프라이스베르크(Emile Preiswerk)는 목사의 딸이었고, 그녀의 남자 형제들 5명도 목사였다. 융의 아동기와 청소년기는 불행했다. 융 스스로도 자신이 문제 있는 부모 밑에서 외롭게 지냈고, 어린 시절이 불행했다고 기술했다. 융의 손위 형제 3명은 융이 어릴 적에 모두 죽었고, 융이 아홉 살 때 그의 여동생이 태어났다. 융의 어머니는 정서적으로 불안정했던 분으로 괴팍하고 우울한 성격을 지니고 있었고, 정신병원에 입원치료를 받아야 해서 융이 어렸을 때 융과 수개월 떨어져 지내기도 했다. 융의 아버지는 밖에서는 존경받는 목사님이었지만, 집에서는 쉽게 화를 내고, 실패자라는 생각에 빠져 지냈다고 한다. 융의 조부가 괴테(Goethe)의 사생아였다는 말도 있지만, 확인된 바는 없다. 융의 어머니는 어릴 적부터 융에게 괴테의 『파우스트』를 소개했고, 융은 괴테의 『파우스트』에서 많은 영감을 받았다. 위니컷(Winnicott)은 융이 그린 그림을 보고 그가 아동기 정신분열병으로 고생하였고, 성인이 되어 정신분열은 치유되었지만, 평생에 걸쳐 '자기'에 대한 의문을 갖게 되었다고 분석한 적이 있다. 실제로 융은 네다섯 살 무렵 18세기에서 온 나이 든 남자를 자신의 일부로 인식하여, 네다섯 살이었던 자기를 제1인격, 18세기 남자를 제2인격이라고 불렀다. 이것이 그의 첫 번째 분열적 경험이었고, 이 경험이 융의 집단무의식에 관한 이론을 발전시키는 계기가 되었다.

융은 학교에서도 행복하지 않았다. 12세 때 스위스 바젤(Basel)에 있는 기숙학교에 들어가지만 기절을 해서 보도블록에 머리를 부딪쳤고 정신을 잃게 되는 사건이 있었다. 그런 경험이 한 번도 아니고, 학교에 가야 할 때마다 기절하는 사건이 일어나서 결국에는 학교에 더 이상 다닐 수 없게 되었다. 첫 번째 기절발작이 일어났을 때, 융은 '더 이상 학교에 갈 필요가 없다'고 말하는 내면의 소리를 들었다고 한다. 학교에 안 가고 집에서 6개월간 머물면서, 아버지에게 라틴어 문법을 배우게 되는데, 그 과정에서도 세 번이나 정신을 잃었다. 이 사건들은 나중에 융이 신경증을 이해하는 데 도움이 되었던 사건들이다. 학교를 쉬면서 융은 자연을 탐구하고, 희곡, 시, 역사, 철학 분야에 관한 독서에 몰입하였다.

집에 있던 아들을 걱정하던 아버지의 권유로 융은 다시 김나지움(중 · 고등학교)에 가서 열심히 공부를 하였다. 고교시절에 융은 고고학과 신학에 관심을 가졌고, 철학 서적을 많이 읽었는데, 특히 쇼펜하우어(Schopenhauer)와 칸트(Kant)를 좋아했다. 김나지움을 마치고 대학에 들어가려고 전공을 선택할 때 다시 제1인격과 제2인격 간의 내적 갈등을 체험하였다. '수학도 제대로 못하면서 자신감조차 부족한 학생'이 융의 제1인격이고, '위대한 권위자로서 영향력 있는 강한 남자'가 융의 제2인격이었다. 융은 내면에서 이 두 인격이 지속적으로 갈등하며 꿈에서도 제2인격이 다양한 모습을 나타내는 것을 느꼈다고 한다. 그 후 1895년 바젤(Basel) 대학교 의과대학에 들어간 융은 대학 시절에 신비한 현상을 많이 경험했다. 먼저 친구 아버지의 서재에서 우연히 심령현상에 관한 소책자를 접하고 심령현상에 사로잡히게 되었다. 또 어느 여름 휴일에 융은 자신의 공부방에서 책을 읽고, 그의 어머니는 옆 방 식당에서 뜨개질을 하고 있을 때, 가보로 내려오던 70년 된 식탁이 날카롭게 찢어질 듯한 소리를 내면서 가장자리부터 한가운데로 쫙 갈라진 사건이 있었다. 그리고 2주 후, 어머니, 여동생, 하녀가 식당에 있을 때 아무런 이유도 없이 식당에 있던 찬장 주변에서 매우 날카로운 소리가 나는 것을 듣고 당황해하고 있었다. 이때 융이 집에 들어와 그 주변을 자세히 살펴보고 나서, 찬장 안에 있던 빵 칼이 산산 조각나 있던 것을 발견했던 일도 있었다. 그리고 또 2, 3주가 지나 융은 그의 사촌인 헬레네 프라이스베르크(Helene Preiswerk)를 영매로 하는 강신술 모임에 친척들과 함께 참여하였다. 거기서 융은 그 소녀가 손을 테이블 위에 얹었을 때 테이블이 저절로 움직여서 한쪽으로 기우는 것을 보았다. 그때 융은 이 모든 사건들이 그 영매와 관련이 있을지도 모른다는 추측을 하며 의과대학 시절 동안 그 영매의 강신술 회합에 계속 참여하였다. 이때부터 융은 심령에 대해 더 큰 관심을 가지게 되었고, 이러한 경험들은 분석심리학의 내용이 형성되는 기초가 되었다.

1900년에 융은 바젤(Basel) 대학교에서 의학학위를 받은 후, 취리히(Zürich) 대학교에서 정신분열증 연구로 유명한 브로일러(E. Bleuler) 교수 밑에서 조교생활을 하였다. 1903년에는 「신비 현상이라고 하는 심리학과 병리학에 대해서(On the Psychology and Pathology of So-Called Occult Phenomena)」라는 논문으로 박사학위를 받았다. 같은 해 엠마 라우쉔바흐(Emma Raushcenbach)와 결혼하였고, 그 둘 사이에서 다섯 명(아들 1명, 딸 4명)의 자녀가 태어났다.

융의 생애에서 가장 큰 사건 중 하나는 프로이트(S. Freud)와의 만남과 결별일 것이다. 융은 1900년 발표된 프로이트의 『꿈의 해석(The Interpretation of Dream)』을 읽고, 정신분석학에 관심을 가지게 되었다. 자신의 논문과 편지를 프로이트에게 보내면서 프로이트와 교류하기 시작했다. 서신 교류 후 1907년에 융은 프로이트를 만나기 위해 비엔나로 가서 13시간 동안 오랜 대화를 나누었다. 그 감격적인 만남 이후 프로이트는 융을 자신의 후계자 또는 정신분석학의 왕자로 여기게 되었고 그들은 서로를 존중하며 의지하게 되었다. 1909년 프로이트는 융과 함께 미국에 가서 클라크(Clark) 대학교에서 강연도 했다. 프로이트는 학문적 아들로 생각했던 융을 1911년에 국제정신분석학회 회장으로 임명하였다. 이때 프로이트는 융에게 성욕설을 포기하지 말 것을 약속하라고 하면서 성욕설을 하나의 도그마(Dogma)로 만들어 지켜야 한다고 말하였다. 융은 도그마란 말에서 프로이트의 개인적인 권력욕과 그의 이론이 일방적이고 협소하다고 느끼게 되었다. 1912년에 『무의식의 심리학(Psychology of the Unconscious)』을 발표하면서, 자신의 이론이 프로이트와는 다르다는 사실을 공식적으로 밝혔고, 마침내 1913년에 두 사람은 결별하였다. 융은 1914년에 국제정신분석학회의 회장직을 사임하였고, 몇 달 후 학회에서 완전히 탈퇴했다. 그때부터 융은 자신의 이론을 분석심리학(analytical psychology)이라 칭하고, 자신의 이론을 발전시켜 나갔다.

프로이트와의 결별은 융에게 매우 큰 충격이었다. 융은 1913년부터 1919년까지 6년간 내적 혼란으로 고통을 받으면서 세상과 결별하고 자신의 내면세계를 탐색하는 작업에 몰두하였다. 그 당시 융은 무시무시하고 매우 상징적인 꿈을 꾸기 시작했으며, 깨어 있는 동안에도 무서운 시각적 체험을 하였다. 예를 들면, 그는 알프스가 점점 커지고 거대한 노란색 파도가 수천 명의 사람들을 휩쓸어 바다를 핏빛으로 만드는 환상을 보았다. 그다음 해에 제1차 세계 대전이 일어났으므로, 그는 자신이 본 환상이 자신을 초월한 어떤 사건들에 대한 메시지를 전달해 주는 것으로 믿었다.

융은 자신이 정신병 수준에까지 이르렀음을 깨달았으나, 자신의 무의식, 즉 내부로부터 솟아나 그를 부르는 모든 것에 자신을 맡기기로 결심했다. 이것이 그에게 일어나는 일들을 이해할 수 있는 유일한 방법이라고 생각했다. 그래서 그는 점차 더 깊은 심연으로 빠져 들어가 심리 내적 여행을 시작했다. 그는 태고의 상징과 심상들을 보았으며, 아득한 옛날로부터 온 악마, 유령, 묘한 형상들과도 이야기를 나누었다. 그가 이러한 낯설고 두려운 내적 여행을 끝까지 감당할 수 있었던 것은 가족의 지지와 전문가로 쌓아 온 그의 기량이 있었기 때문이다. 융은 그것들이 없었더라면 내부에서 솟아나는 심상들로 인해 틀림없이 완전히 미쳐 버렸을 것이라고 말했다(Jung, 1961). 그런 내적 여행을 시작한 지 약 4년 후, 그는 서서히 자신의 내적 의문의 목표를 발견하기 시작하면서 존재의 전체성이나 통일성을 찾을 수 있는 만다라 작업을 시작했다. 만다라 작업을 하면서 융은 자신의 혼란과 방황의 균열이 새로운 개인적 통합에 이르는 데 필요한 내적 여행이었음을 이해하기 시작했다.

융은 무의식과 그 상징들에 대한 탐구를 자신의 남은 평생의 과업으로 여겼다. 그는 계속해서 꿈과 환상을 탐색했고, 여러 문화의 신화와 예술을 폭넓게 연구하면서 이들 속에 감춰져 있는 보편적이고 무의식적인 갈망과 긴장의 표현을 발견하고자 노력하였다. 이 시기에 융은 아프리카의 튀니지와 알제리, 케냐와 우간다 등을 여행하면서 원초적 삶을 살고 있는 원주민들의 심리를 통해 원형적 세계를 경험할 수 있었다. 그 여정은 융이 자아와 무의식의 관계를 정립하는 데 도움이 되었다. 융은 취리히 호숫가에 자신이 직접 탑을 짓고 그곳에서 사색을 즐기며 조각과 건축 작업을 통해 무의식의 역동을 경험했다. 63세에 인도를 여행하면서 명상과 요가를 연구한 융은 정신과 신체의 관계를 심리치료에 적용했다. 말년에는 분석심리학의 배경을 연금술의 원리를 통해 증명해 보이고자 했다(Jung, 1953; 박종수, 2013). 융은 생애 마지막을 개인치료, 여행, 독서, 공부를 하면서, 꾸준히 자기분석 및 자기반성을 하였고, 방대한 양의 저서를 출판하였다. 융은 1961년 6월 6일 스위스의 퀴스나흐트(Küsnacht)의 자택에서 사망하였다.

2. 주요 개념

1) 성격의 구조

일반적으로 인간은 영, 혼, 육의 다양한 요소로 형성되어 있다고 생각한다. 융은 인간의 정신을 3개의 하위체계, 즉 자아, 개인무의식, 집단무의식으로 구성되어 있다고 설명한다.

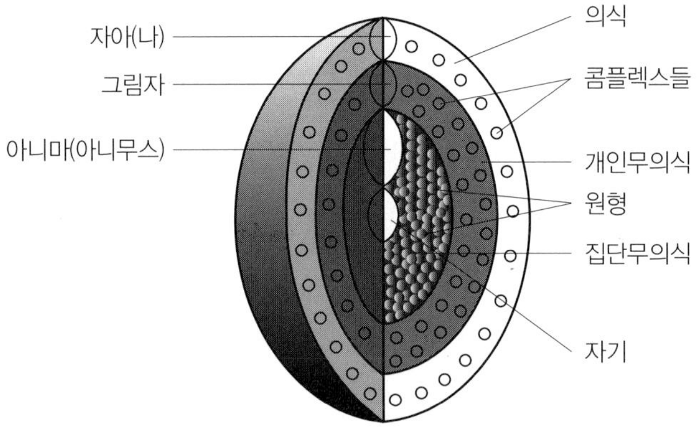

[그림 3-1] **마음의 구조**

출처: 이부영(1999). 그림자.

(1) 자아

자아는 의식 영역의 중심으로 사람이 경험하는 것, 지각, 기억, 사고, 관념, 느낌, 감정 등을 의식하고 그 의식을 지배하는 곳이다. 자아는 살면서 경험하는 여러 가지 자극들을 선별하여 의식하는 역할을 하는데, 주변에서 들어오는 모든 자극을 다 의식하지 않고 위험하거나 해로운 자극, 무의미하거나 무가치한 자극들을 걸러 내거나 억압시키는 역할을 한다.

융은 무의식을 심층적으로 연구하고 발전시킨 학자다. 그는 융은 무의식을 개인무의식과 집단무의식으로 나눠서 서로 다른 기능과 역할을 하는 무의식 세계를 설명하였다.

(2) 개인무의식

개인의 삶의 과정에서 의식 영역에 들어가지 못하고 억압되거나 억제된 것들은 개인무의식에 저장된다. 개인무의식에는 개인의 삶에서 이미 한 번은 의식되었던 것이지만 중요하지 않아서 의식에 도달할 수 없는 무가치한 기억들, 의식하기에는 너무 위협적이거나 해로운 것이어서 자아에 의해 억압이나 억제된 기억, 환상, 소망, 욕구, 외상들로 채워져 있다. 융이 말하는 개인무의식은 프로이트가 말한 무의식과 유사한 것으로 볼 수 있다. 융은 의식되지 않은 인격의 어두운 면을 그림자(shadow)라고 하였는데, 그림자는 개인무의식 영역에 들어 있다. 융의 주요한 개념인 콤플렉스(complex)는 의식 영역에도 있지만 개인무의식 영역에 많이 들어 있다. 콤플렉스는 어떤 것에 강하게 집착하는 특성을 가지고 있다. 융은 콤플렉스를 해롭거나 병리적인 것으로 보지 않고, 정상적인 건전한 콤플렉스도 있다고 하였다(Jacobi, 1959). 콤플렉스가 문제되는 것은 우리가 콤플렉스에 대해 모르거나, 그것을 무시할 때다(Jacobi, 1959). 콤플렉스가 오래도록 의식화되지 않고 무의식에 있게 되면, 콤플렉스는 에너지를 더욱 강화하고 자동적으로 의식을 자극하여 여러 가지 의식의 흐름을 훼방할 뿐 아니라 신경증적 장애를 일으키기도 한다(Jaffe, 1962). 열등 콤플렉스를 가지고 있는 사람은 열등감 또는 권력에 사로잡혀 있게 되고, 이에 대한 집착은 그 사람의 행동에 크게 영향을 미친다. 콤플렉스가 자신의 삶의 주요 활동, 동기, 가치, 세계관, 타인관 등을 결정하는 주요 요인임에도 불구하고, 정작 본인은 자신이 콤플렉스에 의해 지배당하고 있다는 사실을 인식하지 못한다. 콤플렉스는 다른 정신 요소처럼 자율적 인격이 되어 우리를 지배한다(박종수, 2013; Casement, 2001; Jung, 1968).

(3) 집단무의식

집단무의식에는 사람들이 역사와 문화를 통해 공유해 온 모든 정신적 자료, 즉 인류의 보편적인 종교적 · 심령적 · 신화적 상징들과 경험들이 저장되어 있다. 융은 인간을 긴 역사적 산물로, 생물학적인 유전인자뿐 아니라 문화적 · 정신적 유산을 선조로부터 물려받은 존재로 보았다. 개인의 삶의 경험에서 의식되지 못한 것이 개인무의식에 저장되어 있듯이, 오래전 인류의 역사를 따라 전수되어 온 인류 공동체의 집단적 경험이 집단무의식에 저장되어 있다고 보았다. 여기에 저장된 것들은 인간이 의식적으로 기억하거나 상상하지 못하는 것으로 인간 안에 보편적인 경향성을 띤 소인으로 존재하고 있다. 집단무의식은 지각과 정서 및 행동에 대한 생득적인 정신적 소인, 즉 원형을 포함하고 있는 것으로 직접적으로 의식화되지는 않지만, 신화와 문화, 종교와 예술 그리고 일상적 삶에 스며들어 인간의 정신적 삶에 지대한 영향을 끼치고 있다는 것이 융의 주장이다.

프로이트의 무의식 개념을 크게 확장시킨 융의 집단무의식 개념은 분석심리학의 핵심이다. 그 기능과 역할은 개인무의식과는 전혀 다르다. 개인의 경험과 관련된 그림자의 영역이 개인무의식이라면, 집단무의식은 원형들(archetypes)의 영역이다. 집단무의식은 개인적 경험과는 달리 모든 개인에게 똑같이 작동하는 행동의 원형(archetype)을 가지고 있다. 그것은 모든 인간에게 동일하며 모든 사람에게 존재하는 초개인적 성질을 지닌 보편적 정신의 토대를 이루고 있다(이죽내, 1997; 이부영, 1999; 박종수, 2013).

2) 원형들

융은 보편적인 형태와 경험들, 그리고 사람들의 꿈속에 종종 나타나는 상들(images)을 원형(Archetypes)이라고 명명했다. 케이스먼트(Casement, 2001)는 내용은 없고, 형태만 가지고 있는 원형은 정신의 선천적인 부분이라고 하였고, 원형의 흔적을 운반하는 것이 정신이라고 했다. 원형은 인간의 속성으로 어머니, 아버지, 부부로서의 부모, 형제자매와 친구들, 자녀들 등의 사람들과의 관계를 맺기 위해 선천적으로 타고난 심리적 준비다. 또한 탄생, 부모로부터의 독립, 성적 돌발 상황의 발생, 결혼 혹은 짝을 만듦, 부모가 되는 것, 순수성의 상실, 죽어야 할 운명과 죽음의 인식과 같이 인간이 살면서 경험하게 되는 것을 준비하게 하는 요소들이다. 원형은 인간의 심리 발달을 위한 DNA와 같은 것이며 개별적 인간 경험의 근간이 된다. 성격 발달에 중요한 역할을 하는 원형으로는 페르소나(persona), 그림자(shadow), 아니무스(animus), 아니마(anima), 자기(self) 등이 있다.

(1) 페르소나

페르소나는 그리스시대에 연극배우가 자신이 맡은 역할을 표현하기 위해서 쓰던 가면을 의미하는 것으로, 외부 세계와 관계를 맺는 데 사용하는 개인적인 인격이다. 우리는 모두 다양한 외부 세계와 관계를 맺고 살면서 다양한 역할을 맡고 있다. 각 상황마다 우리가 해야 할 역할과 우리에게 기대되는 역할이 다르다. 학교에서는 학생으로, 가정에서 부모 혹은 자녀로, 친구 사이에서는 친구로, 또는 공동체의 한 일원으로서 다양한 역할을 하면서 산다. 친구 사이에서 하는 행동과 교사나 이웃 어른들에게 하는 행동은 다른 경우가 많다. 상황에 따라 주어진 역할을 제대로 수행하지 못하면 사회생활에 적응하는 데 어려움을 겪을 것이다. 한 사람이 주어진 상황에 적응하기 위해 사용하는 다양한 역할 가면인 페르소나는 적응의 원형이고, 상황에 따라 바뀔 수 있는 유연성과 융통성의 특성을 지니고 있다.

배우가 주어진 역할을 하기 위해서 연기를 하는 것처럼 우리도 우리에게 주어진 역할을 하기 위해서, 우리 자신이 아닌 다른 것을 표현하기 위해서 또는 우리를 숨기기 위해서 페르소나를 사용한다. 페르소나는 현실세계에 적응해서 사는 데 필요하고 유용한 것이지만, 경우에 따라서는 해롭게 작용할 수도 있다. 개인이 외부에서 기대하는 역할에 너무 몰입하여 본래 자신의 본성을 잃고 자기에게 주어진 역할에 지나치게 자신을 동일시하게 되면 진정한 자기로부터 멀어지게 되고, 자신을 잃게 되는 경우가 생긴다. 페르소나가 너무 팽창하게 되어 진정한 자기를 무시하게 되면, 심리적 공허감과 허무감에 빠지게 된다. 자신의 역할을 충실히 수행하는 것은 중요하다. 그러나 주어진 역할에만 몰두하여 진정한 자신의 내적 본성을 가꾸어 나가는 것을 소홀히 하게 되면 심리적으로 어려움을 겪게 된다.

(2) 그림자

그림자는 자아에 알려져 있지 않는 부정적인 자기상의 속성이다. 나의 모습으로 또는 나의 것으로 인정하고 싶지 않아서 부끄러워하고 회피하고 숨기고 싶어 하는 나의 어두운 인격이다. 의식될 기회를 잃어버려서 미분화된 채로 무의식 영역에 남아 있는 원시적 심리상태라고도 한다. 사람들 중에는 종종 자신의 그림자의 존재를 부인하고 자신이 '인격자'임을 자처하는 사람이 있다. 이런 사람을 이부영(1999)은 위선자이거나 이중인격자, 또는 각종 신경증을 일으킬 조건을 가진 자라고 하였다. 무의식에 있는 그림자는 일반적으로 투사를 통해 경험되거나 꿈이나 환상 속에서 인격화되어 나타난다. 투사란 우리가 의식으로부터 밀어내어서, 아직 의식화시키지 않은 것을 타인의 탓으로 돌리는 것이다. 예를 들어, 우리 자신이 가지고 있는 출세욕, 성공, 성욕 등을 제대로 나의 욕망으로 이해하지 않고 그런 욕망을 타인에게 투사하여 타인을 과도히 비난하거나 칭찬하는 경우가 있다. 어떤 비열한 일을 행한 사람에게 가혹하고 잔인하게 공격이나 비난을 하는 경우에 그 사람이 한 비열한 일은 어쩌면 나 자신이 비밀리에 하고 싶었던 일일 수도 있다. 혹독하고 잔인하게 타인을 비난하는 것은 아마 내 자신에게 있는 그런 속성을 인식하지 않으려는 몸부림일 수도 있다. 이와 같이 나의 그림자 안에 억압되어 있는 욕망을 의식화하여 처리하지 않으면 현실에서 엉뚱한 투사적 행동을 할 수 있다. 가정이나 집단에서 희생양을 만드는 것도 '그림자를 투사'한 결과라 할 수 있다. 타인에게 책임을 전가하는 투사의 문제는 개인의 인격 성장을 방해하고 인격을 소진시키는 결과를 낳는다.

사람이 자신의 마음을 모르면 모를수록, 투사가 많이 일어나서 세상과 다른 사람들을 제대로 판단하지 못하고, 남을 오해하거나 항상 남의 탓이라고 타인을 비난하게 된다. 또는 순진하게 아무나 쉽게 믿었다가 실망하게 된다. 융은 성숙한 사람이 되기 위해서는 투사를 중지하고 밖으로 나가있는 자기의 내적 분신을 되찾아 와야 한다고 하였다(Jaffe, 1962).

그림자는 꿈이나 환상에서 동성의 인물로 상징화되어 나타난다. 꿈에 등장하는 동성의 인물은 실제 현실세계에서 만나는 어떤 사람이 아니라, 나의 그림자의 모습일 수 있다. 그림자를 설명하는 가장 대표적인 예는 지킬 박사와 하이드의 관계 또는 파우스트와 메피스토펠레스의 관계다. 이들은 같은 사람의 두 얼굴인데, 서로 반대편을 향하고 있어 상대편을 인식하지 못하지만 같은 사람의 양면을 대변하는 인물이다. 남자가 꾼 꿈에서 흉악한 살인범이 또는 여자가 꾼 꿈에서 문란한 창녀가 등장한다면 이들은 실제의 어떤 다른 인물이 아니라, 이들에게 투사된 인정하기 싫은 자신의 그림자의 모습일 수 있다. 이들을 타인으로 거부하거나 외면할 것이 아니라, 나의 내면의 부정적 인격으로 인정하고, 그것이 보내고 있는 메시지를 파악하는 작업을 해야 한다. 이러한 작업이 내면세계의 무의식을 의식화하는 기초 작업이다.

융의 모든 개념이 긍정과 부정 또는 빛과 어둠의 양상이 함께 공존하는 것과 같이, 그림자도 모두 부정적인 것은 아니다. 그림자가 수용되고 동화된다면, 그림자는 자발성, 통찰력, 창의성의 원천이 될 수 있다. 그러나 그림자가 계속해서 억압당하게 되면 그 사람은 본능적인 지혜인 자기로부터 차단당하여 무기력하고 활력 없는 생활을 하게 된다. 따라서 긍정적이거나 부정적이거나 그림자와 대면하는 것은 중요하다. 그래야 자아는 그림자에 압도당하지 않고, 그림자의 힘을 조절하여 부정적인 면과 긍정적인 면을 균등하게 표현할 수 있게 되며, 그럴 때 사람은 생기 있고 활기차고 열정적인 생활을 할 수 있게 된다.

(3) 아니마/아니무스

페르소나가 사회에 적응하기 위해 작동하는 외적 인격이라면, 아니마(Anima)와 아니무스(Animus)는 의식과 무의식을 연결하는 내적 인격이다(박종수, 2013). 융에 따르면, 모든 인간은 생물학적으로나 심리학적으로 양성적 잠재성을 지니고 있다. 융은 중세에 있었던 "모든 남자는 자기 내부에 여자 하나를 데리고 다닌다."라는 말을 인용하면서 모든 남성 내부에 있는 여성적 요소를 '아니마'라고 하였다(Jung, 1968). 모든 여성 내부에 있는 남성적 요소는 '아니무스'다. 사람에게 있어서 한쪽 성이 우세하면 나머지 성은 열등하게 된다. 그래서 남성의 무의식에는 여성성의 정신 원리(아니마)가 열등한 상태로 존재하고, 여성의 무의식에는 남성성의 정신 원리(아니무스)가 열등한 상태로 존재한다. 무의식적 인격인 아니마는 여성성의 원리가 지배적인 정서성, 관계 맺는 능력, 창조와 생명, 수용성 및 양보, 어둠과 에워쌈, 집단적이고 미분화된 것 등으로 특징지어진다. 아니무스는 남성성의 원리가 지배적인 추진력, 창조성과 주도성, 빛과 열, 관통, 자극과 분할, 분리와 분화의 원리, 속박과 훈육, 판단과 책임, 공격성과 열정 등의 특징을 지니고 있다. 이들 두 원리는 서로 상반되는 것이 아니라 서로를 보완한다(이죽내, 1997; 정종진, 2016).

남성이 아니마와 긍정적 관계를 맺지 못하게 되면, 그 남성은 메마르고, 추상적이며 고립되고 건조한 생활을 하게 된다. 남성이 아니마에 사로잡히게 되면, 그 남자는 기분에 따라 흔들리며 위축되고 고립된 생활을 하게 된다. 반면, 여성이 아니무스와 긍정적 관계를 맺지 못하게 되면, 그 여성은 논쟁적이고 독단적이고, 편견과 선입견에 기초한 행동을 하게 된다. 아니무스와 긍정적인 관계를 맺은 여성은 논리적이고 힘이 있고, 식별하고 분별하는 능력, 판단하고 행동하는 능력이 있으며 책임감도 강한 특성을 보인다.

내적 인격은 투사와 꿈, 환상을 통해 나타나는데, 그림자와 달리 동성이 아닌 이성에 투사되어 나타난다. 아니마는 여성 이미지로 나타나고, 아니무스는 남성 이미지로 나타난다. 예를 들어, 남성의 꿈에 창녀가 나타난다거나, 여성의 꿈에 남성 흉악범이 나타나는 경우는 그것이 현실세계에 있는 그 누군가가 아니라, 내면세계의 자신의 아니마와 아니무스를 나타내는 것이고, 그 자신의 내면세계의 상태를 알려주려는 의미를 지니고 있다.

사람들은 원형을 통해 이성을 이해할 수 있게 된다. 즉, 남성은 그의 아니마 덕분에 여성의 성격을 이해할 수 있게 되고, 여성은 아니무스 덕분에 남성의 성격을 이해할 수 있게 된다. 융은 사람들이 모두 자신의 양성적 본성을 표출할 것을 강조한다. 어느 한쪽의 성격만 주도적으로 표출되고, 나머지 성격이 발달하지 못하고 묻혀 있게 되면, 온전한 성격이 형성되지 못해 성격의 일부가 억제되어 불균형을 이루게 되기 때문이다. 남성은 '전체적인' 존재가 되기 위해서 그의 아니마를 발달시켜야 하고, 여성은 '전체적인' 존재가 되기 위해 그의 아니무스를 발달시켜야 한다(Thibaudier, 2011). 정신의 모든 측면이 조화롭고 균형 잡히게 발달되어야 건강한 성격 형성이 가능하다.

(4) 자기

자기는 정신의 중심에 위치해 있는 원형이며, 의식과 무의식 전체의 중심이 되며, 의식과 무의식 과정을 하나로 통합시키는 역할을 한다. 자기는 개인무의식의 차원뿐만 아니라 집단적인 또는 객관적인 차원을 포함한다. 자기는 우리의 소유물이 아니며 우리 자신으로부터 온 것도 아닌, 그 자체의 독립성과 자율성을 지니고 있는 것이다. 그래서 자기를 내면의 신(神) 또는 내면의 원형적 지혜, 생명의 원형으로 부른다. 이죽내(1997)는 고대의 영원한 지혜의 내적 구현으로 나스카피(Naskapi) 인디언의 '위대한 사람(Great Man)'이 바로 자기를 나타낸다고 하였다.

자기는 전적으로 의식적이지도 전적으로 무의식적이지도 않은, 모든 것이 그 주위를 둘러싸고 있는 중심점 또는 중심축이다. 그것은 정신 전체를 위한 생명의 원천이다. 자기는 더 크고 더 권위 있는 존재로서 자아와 관계를 맺는다. 자아가 자기의 접근에 대해 협조적으로 반응하면, 우리는 모든 존재의 중심과 연결되어 있다는 느낌을 가지게 된다. 자기는 우리 자신의 가장 깊은 영역에 있을 뿐만 아니라 우리 자신을 훨씬 초월하는 그 무엇, 우리 자신 너머의 실제의 중심을 가리킨다.

융은 정신적인 영역을 초월하는 것을 자기라고 하였다. 융은 프로이트와 결별하고 힘들어했던 1916~1918년 사이에 자기를 경험했다. 2년 동안 융은 심한 스트레스 상황에서 정신이 분열되는 것을 막아 주고 정신을 초월하여 그 너머까지 도달하는 경험을 하였고 융은 그러한 경험을 가능케 한 것을 자기라고 불렀다.

융에 의하면 자기는 진정한 '대극의 복합체'며 모순적이고 양면적인 성질을 가지고 있다. 예를 들어, 자기는 남자이면서 여자이고, 늙으면서 젊은 것이며, 힘이 넘치면서 무기력한 것, 신성하면서 악마 같은 것이다. 이러하기에 자기는 대극의 특성을 모두 지닌 복합체이며 마음 또는 정신의 전체성이다. 정신의 전체성을 드러내는 대리물은 대극의 긴장을 균형 맞추고 상대화시키며 중재하려고 하는 원형적인 욕구로 나타난다. 융은 자기를 무의식을 조직화하는 원리라고 하였다.

자기는 원형적 특성을 지니고 있고, 꿈이나 동화, 신화 속에서 왕, 영웅, 예언자,

도사, 구세주, 부처 등으로 나타나거나, 진귀한 보물과 보석, 원, 사각, 십자가 등과 같은 전체성의 상징들을 통해 나타난다. 자기는 선과 악, 음과 양, 영웅과 대적 등 상반된 요소가 함께 작용하는 대극의 합일로 묘사된다. 모든 사람은 다 자기를 가지고 있는데 많은 사람들이 자기의 존재를 의식하지 못하고 내면의 참 자기, 참 지혜를 찾지도 만나지도 못하고 살아간다. 융 심리학의 목표는 자기가 의식화되어 정신의 모든 측면이 통일성, 통합성, 전체성을 이루는 것이다.

자기를 인식하고 실현하는 것은 매우 어렵고 오랜 기간의 인내와 훈련이 필요하다. 온전한 자기인식은 인간이 이루어야 할 최종 목표이고, 사람들이 그 목표를 이루기 위해 노력하게 하는 삶의 동기로서 작용한다. 만일 우리가 자기의 존재를 의식하지 않으려고 계속해서 무의식 상태에만 놔두고, 자기가 보내는 메시지들을 알아차리지 못하게 되면 전인적 인격 발달을 이룰 수 없게 되고, 우리의 자아도 결국 패배의 길을 걷게 된다(Casement, 2001).

융은 자신의 임상경험을 통해서 신경증이나 정신병으로 고통 받는 환자들의 절반이 삶의 의미를 느끼지 못하는 데 그 원인이 있다는 결론에 도달했다. 그에게 있어서 치유란 초월적인 것과의 연결을 되살려내는 것이다. 초월적인 요소만이 우리를 신경증에 끌려가지 않게 하고 우리가 가야 할 길을 가기에 충분한 의미를 주기 때문이다. 병리란 생명의 중심으로부터 떨어져 나간 것을 의미하며, 치유란 이 중심과 다시 연결되는 것을 의미한다.

3) 개성화

융의 심리학은 원형에 기초해 있다. 그 원형은 대극의 합일을 자극하여 깊은 내면의 자기 속에서 의식과 무의식을 통합하여 전체가 되게 한다. 그 전체를 이루는 과정이 개성화 과정이고 그것의 실현이 개성화다. 융의 위대한 관찰은 바로 정신현상의 대극의 원리를 발견한 것이다.

각 개인의 성격은 궁극적으로 개성화를 이루어야 한다. 개성화는 다른 사람과 구별할 수 있는 자기만의 독특한 개별적 존재가 되는 것, 자기답게 되는 것이라 할 수 있는데, 이를 자기화 또는 자기실현이라고도 한다(Jung, 1961; 1968). 개성화는 타고난 자율적인 과정으로 진행된다. 이는 신체가 성장하는 것과 같이 개인의 마음도 충분히 분화하여 균형 잡히고 통일된 인격으로 발달하도록 타고났기 때문이다. 융은 인간뿐 아니라 모든 생물에 무의식적으로 진행되는 자연적 개성화 과정이 내재되어 있다고 보고, 그것이 모든 생물로 하여금 목표지향적 발전을 가능케 하는 길이라고 하였다(이죽내, 1997). 개성화되어 가는 과정은 내면의 무의식을 의식화하는 단계를 밟아 나가야 하는데, 각 단계들은 내면의 더 큰 존재인 자기가 원형들을 하나씩 부를 때 그 부름에 응답해 나가는 과정이다. 한 단계씩 살펴보면 다음과 같다(Casement, 2001).

- 첫째 단계: 우리는 우리에게 '사회적 관습과의 무의식적인 동일시로부터 벗어나라'는 자기의 소리를 듣게 된다. 외부 세계와 관계를 맺는 페르소나와 의식세계의 중심인 자아의 욕심과 집착을 내려놓는 것은 페르소나의 사회적 팽창 또는 잘못된 은폐로부터 내면의 자기를 해방시키는 첫 단계 작업이다.
- 둘째 단계: 우리는 우리가 부인하고 거부한 우리 자신의 어두운 부분들(그림자)을 인식하고 그와 화해하라는 자기의 소리를 듣게 된다. 이것은 마치 사도 바울이 "내가 원하는 바 선은 행하지 아니하고 도리어 원하지 아니하는 바 악을 행하는도다."(롬 7:19)라고 탄식했을 때의 경험과도 같다.
- 셋째 단계: 우리는 우리의 의식적인 성 정체성과는 반대되는 성적 요소와의 통합을 이루도록 부름을 받는다(아니마/아니무스). 반대되는 성적인 요소들은 성적으로 그리고 영적으로 우리로 하여금 신비스러운 전체 정신의 중심과 대화할 수 있게 해 준다. 이 부름은 우리 존재의 모든 부분들을 하나의 살아 있는 전체로 통합해 냄으로써 보다 생명력이 넘치는 고유한 존재로서 삶을 살아가라는 초대다. 융은 이 전체 과정을 개성화라고 불렀다. 내면에 있는 각각의 원형들(부분들)과 전체가 통합될 때 정신은 건강하게 제 기능을 잘 발휘할 수 있게 된다.

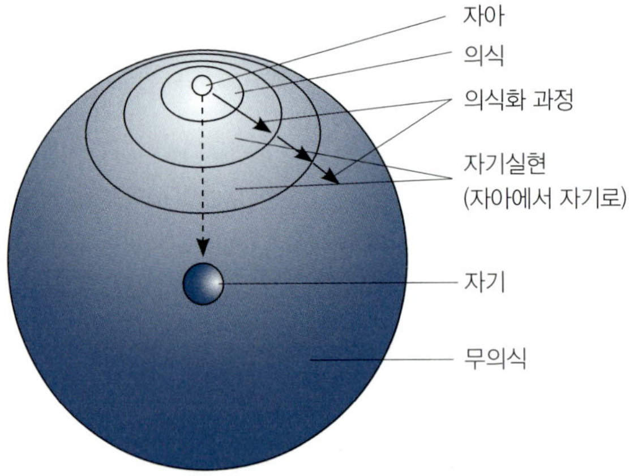

[그림 3-2] **자기실현-무의식의 의식화를 통한 의식의 확대화**

출처: 이부영(1999). 그림자.

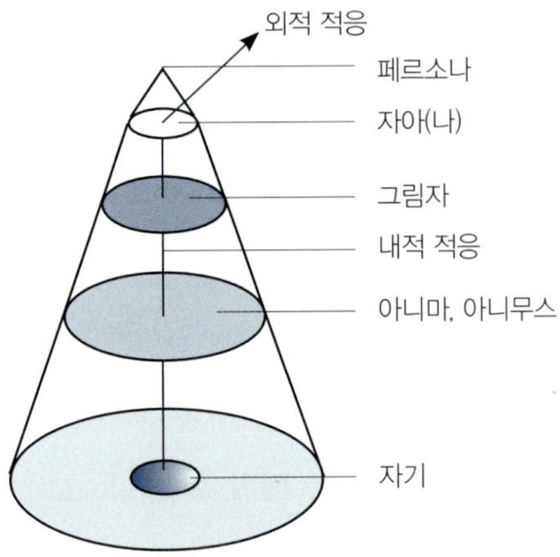

[그림 3-3] **자기실현-무의식의 의식화 과정**

출처: 이부영(1999). 그림자.

4) 성격유형론

자아가 발달하는 영아기 때부터 세상을 보는 태도와 세상을 인식하는 의식의 여러 가지 심리적 기능이 분화되기 시작한다. 태도유형은 선천적으로 타고나는 것으로 외향적 태도와 내향적 태도가 있다. 의식의 상당한 부분이 외향성(extraversion)의 태도와 내향성(introversion)의 태도에 의해서 결정된다. **외향적인 사람**은 주체보다 객체를 중요시하고, 객관적 현실의 외부 세계를 지향하는 태도를 지닌 사람으로, 대인관계가 솔직하고, 사교적이며, 타인들과의 진실한 교제를 즐기는 경향이 있다. 반면에 **내향적인 사람**은 객체보다 주체를 중요시하는 사람으로 내적 · 주관적인 삶에 방향을 두며, 내성적이고 위축되어 있고 부끄러워하는 경향이 있다. 이 두 가지의 태도는 외부 대 내부의 상반된 방향을 나타내고 있고, 사람들은 그 어느 한쪽으로 더 기우는 성향을 가지고 있다. 모든 사람이 외향적이고 내향적인 태도를 모두 가지고 있지만, 이들 태도 중 어느 한쪽의 태도가 더 우세하여 그들의 행동과 의식을 지배한다. 우세한 쪽의 태도가 의식의 부분으로 존재하면, 다른 쪽의 태도는 의식의 부분에 잘 나타나지 않고 개인무의식 부분에 존재하면서 영향력을 미친다.

10여 년 동안 융은 태도의 성격 차원으로 추가할 수 있는 또 다른 개념을 찾는 노력을 하였다. 고심 끝에 구상해 낸 것이 사고, 감정, 감각, 직관이라는 네 가지 심리적 기능(psychological functions)이다(Scharf, 2011). 심리적 기능 역시 우리 주변의 세계와 내부의 세계, 즉 우리의 외적 세계와 내적 세계를 지각하고 반응하는 방식이다. 융은 외향적인 사람들이 또는 내향적인 사람들이 모두 같지 않다는 점을 지적하면서 그 사람들의 다름을 설명하는 요인이 합리적 또는 비합리적 기능이라고 하였다. **합리적인 기능**에는 사고(thinking)와 감정(feeling) 기능이 있고, **비합리적인 기능**에는 감각(sensing)과 직관(intuiting) 기능이 있다. 사고와 감정은 서로 반대의 기능이지만, 이 둘 모두는 경험에 대해 판단하고 평가하고, 경험을 조직하고 분류하는 합리적인 지적 기능을 사용한다. 감각과 직관도 실제로는 정반대의 기능이지만, 이 둘은 모두 이성을 사용하지 않는 공통점을 가지고 있다. 감각은 감각기관을 통해서 현실을 경험하는 것이고, 반면에 직관은 육감이나 일종의 비감각적인 경험을 토대로 하고 있다.

앞서 태도유형에서 한 가지의 태도가 좀 더 우세하고 지배적이었던 것과 같이 심리적 기능도 한 가지 기능만이 의식 영역에서 지배적이고, 나머지 기능은 개인무의식 부분에 있게 된다. 태도유형이 생래적인 경향이 있다면, 심리적 기능은 후천적인 경향으로 사회적응을 해 가는 과정에서 불가피하게 네 가지 기능 중 하나가 우월하게 발달하고(우월기능), 다른 기능들은 열등하게 개인무의식에 남게 된다(이죽내, 1997). 합리적 기능과 비합리적 기능의 상반성 때문에 그 두 가지 기능 중에 어느 한쪽 기능만이 한 사람에게 있어서 지배적으로 작동하게 된다. 언제 어느 때나 사고와 감정 중에서 그리고 감각과 직관 중에서 어느 하나만이 우세하다(Stokes, 2000). 두 가지의 태도와 네 가지의 기능이 상호작용하여 여덟 가지의 심리적 유형(psychological types)이 형성된다(Schultz & Schultz, 2013).

- 내향적–사고형
- 내향적–감정형
- 내향적–감각형
- 내향적–직관형
- 외향적–사고형
- 외향적–감정형
- 외향적–감각형
- 외향적–직관형

외향적이거나 내향적인 사람은 네 가지의 기능들 중에서 어느 한 가지의 기능에 의해 지배를 받을 수 있다. 예컨대, 외향적인 사람은 감각형으로, 내향적인 사람은 사고형의 기능을 수행할 수 있다. 융의 성격유형이론은 마이어스와 브리그스(Myers

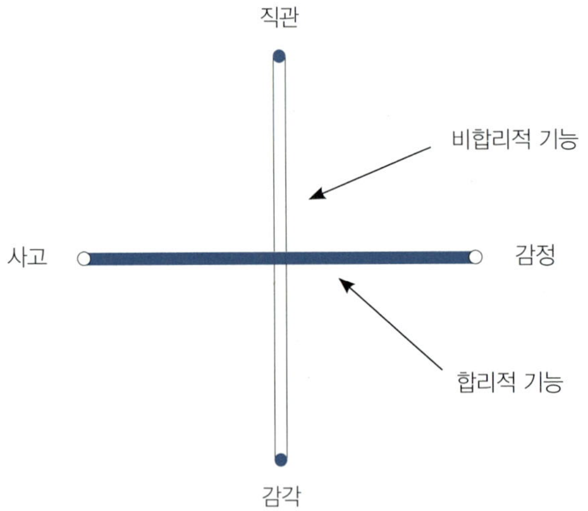

[그림 3-4] 정신의 네 가지 기능과 합리: 비합리의 묶음

출처: 이부영(1999). 그림자.

& Briggs)가 개발한 MBTI 성격유형검사의 이론적 근거가 되어 더욱 유명하게 되었다. 현재 MBTI는 사람마다 다른 성격의 차이를 잘 이해할 수 있게 돕는 유용한 성격유형검사 도구로 많이 활용되고 있다.

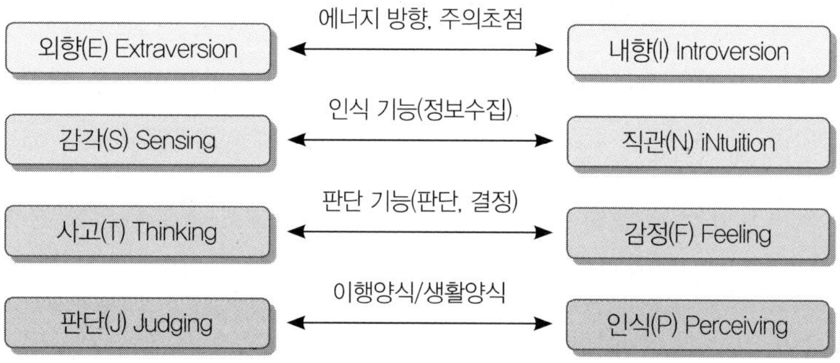

[그림 3-5] 네 가지의 선호 경향

출처: www.mbti.co.kr

ISTJ 소금형 한번 시작한 일은 끝까지 해 내는 성격	ISFJ 권력형 성실하고 온화하여 협조를 잘하는 사람	ESTP 활동가형 친구, 운동, 음식 등 다양함을 선호	ESFP 사교형 분위기를 고조시키는 우호적인 성격
INFJ 예언자형 사람에 관한 뛰어난 통찰력을 가진 사람	INTJ 과학자형 전체를 조합하여 비전을 제시하는 사람	ENFP 스파크형 열정적으로 새 관계를 만드는 사람	ENTP 발명가형 풍부한 상상력으로 새로운 것에 도전
ISTP 백과사전형 논리적이고 뛰어난 상황 적응력	ISFP 성인군자형 따뜻한 감성을 가지고 있는 겸손한 사람	ESTJ 사업가형 사무적, 실용적, 현실적인 스타일	ESFJ 친선도모형 친절, 현실감을 바탕으로 타인에게 봉사
INFP 잔다르크형 이상적인 세상을 만들어 가는 사람	INTP 아이디어형 비평적인 관점을 가진 뛰어난 전략가	ENFJ 언변능숙형 타인의 성장을 도모하고 협동하는 사람	ENTJ 지도자형 비전을 갖고 타인을 활력적으로 인도

[그림 3-6] MBTI 16가지 성격유형

3. 성격의 형성과정

개인은 끊임없이 성장하고, 발달하고, 확장하고, 개선하며, 앞으로 나아가고자 노력하는 존재다. 융은 인간을 항상 지금 이 순간보다 더 좋아지고 나아지려는 희망을 갖고 있는 존재로 보았다(Schultz & Schultz, 2013). 성격의 발달과정은 개성화가 진행되는 과정이라 할 수 있다. 융은 인생의 발달과정을 아침에 해가 떠서 지는 태양의 진행과정에 비유하여 인생을 2단계로 나누었다. 정오를 기점으로 오전을 인생의 전반기, 오후를 인생의 후반기라고 하였다.

인생의 전반기는 태어나서부터 35~40세까지이고, 그 이후 중년기부터가 인생의 후반기다. 태양이 떠오르는 오전과 태양이 하강하는 오후가 다르듯이, 인생의 전반기와 후반기는 삶의 목적과 과제가 다르다. 인생의 전반기의 삶의 목적과 과제는 외적 세계에 적응하기 위해 페르소나와 자아를 강화하고, 집단화하는 데 있다. 반면 인생의 후반기는 자신의 내면세계에 적응하기 위해 무의식의 내용을 의식화하여 자기를 강화하고 자기를 실현해야 하는 시기로, 개성화를 이루는 것이 삶의 목적이다.

개성화 작업은 인생 후반기의 과제인데, 인생 전반기에 자아강화가 없이는 인생 후반기에 수행해야 하는 무의식의 막강한 힘을 의식화할 수 있는 능력이 떨어지므로 자아강화는 개성화 과정에서 꼭 필요한 전제 조건이 된다. 개성화 과정에서 필연적으로 만나게 되는 무의식의 영역에 있는 강력한 세력들에 직면하여 자신을 안전하게 지킬 수 있는 충분한 자아의 힘을 가지고 있어야 한다. 무의식의 세력들을 조심스럽게 다루지 않으면 우울증에 빠지거나 정신병적인 상태에 이를 수 있다. 인생의 전반기에는 아동기와 청년기가 포함되고, 후반기에는 중년기와 노년기가 포함된다. 여기서는 인간의 성격의 발달이 어떻게 진행되는지를 각 단계별로 살펴보자.

1) 아동기

출생한 영아는 아직 자연의 상태인 집단무의식의 상태로 심리학적으로는 분화되지 않은 상태로 존재한다. 시간이 지남에 따라 자아가 생기면서 분화가 일어나고 페르소나가 발달하게 된다. 아동기는 전적으로 부모에게 의존하는 시기로, 아동들은 본능적 에너지에 의해 살아가며, 부모의 정신적 영향력 아래 지내게 된다. 아동기 부모는 자녀의 에너지의 방향을 잘 안내하여야 한다. 그래야 아동이 혼란스럽거나 무질서하지 않으면서 부모에게서 점차 분리되어 가고 자신의 자아를 발달시킬 수 있게 된다. 또한 부모는 교육을 통해 사회적 존재로 성장해 나가도록 돕는 역할을 해야 한다.

2) 청년기

청년기는 신체적, 생리적, 심리·사회적 변화가 강력하게 일어나는 시기로 융은 청년기를 '정신적 탄생기'라고 했다. 이 시기의 청년들은 사회생활에 적응해야 하는 중대한 과제를 수행해 나가는 과정에서 자아를 강화시켜 나가게 된다. 이 시기에 직면하는 여러 가지 문제들에 잘 대처하기 위해서, 자신들의 주 기능을 바탕으로 세상에 대처할 수 있는 효과적인 페르소나를 발달시켜야만 한다(Scharf, 2011). 사회에 잘 적응하게 되면 자아가 강화되고 큰 어려움 없이 청소년기를 보내게 되는데, 페르소나가 너무 약하게 되면 아동기 환상에 집착하여 어른이 되기를 거부하는 경우가 생겨서 심리·정서적으로 많은 어려움을 겪게 된다.

3) 중년기

인생의 후반기의 시작인 중년기는 35세에서 40세 후반에 시작되고, 융이 가장 관심을 많이 가진 단계다. 융 자신이 이 시기에 정신적 위기를 겪었고, 임상 현장에서 인생의 공허와 무의미감으로 우울증을 호소하는 많은 중년기 환자들을 만났기 때문이다. 일반적으로 남자들은 40세 전후에, 여자들은 35세 전후로 조금 일찍 우울증을 겪는다고 한다. 융(1953)은 수많은 고약한 신경증들이 인생의 오후가 시작되는 시점에 발병한다고 하였다. 그것은 일종의 두 번째 사춘기, 또 다른 '폭풍과 스트레스' 시기며 드물지 않게 열정적인 폭풍우를 동반하는 '위험한 나이'다. 중년기는 지금까지 외부 성취를 지향하며 사용했던 삶의 에너지가 방향을 바꿔서 내면에 있는 새로운 정신적 가치를 지향하는 것으로 변화되는 시기다. 융의 중년기 환자들은 대부분 성공한 사람들이었다. 이들은 성공하기 위해서 젊었을 때 외향적이고 사회적응적인 삶에 지나치게 몰두하느라 내면의 정신적 영역이 큰 공백으로 남아 있어서, 인생의 허무함과 무의미함을 더 많이 느끼고 신경증상까지 앓게 된 것이다.

융은 중년기에 발병하는 신경증을 부정적인 것으로만 보지 않고, 긍정적인 신호로 받아들였다. 신경증이 생긴 것은 정신이 의식과 무의식 사이에 균형이 깨졌고, 좀 더 균형을 맞출 필요가 있음을 알려 주는 신호다. 신경증이라는 신호가 있었기에 내면적 자기를 실현하는 일에 관심을 가지게 되고, 개성화를 이루는 작업을 통해 치유의 길로 나아갈 수 있게 된다. 그래서 중년기의 신경증은 구조를 요청하는 긍정적 신호다. 융은 중년기를 외부 활동보다는 내면적 자기를 실현하는 것에 관심을 가져야 할 시기라고 하였다.

4) 노년기

노년기는 지금까지 살아온 자신의 삶을 돌아보면서 삶의 경험을 이해하고 반성하며, 인생의 의미를 통해 삶의 지혜를 축적하는 시기이자 죽음을 준비하는 단계다. 융은 인간의 심리적 발달이 노년기에도 계속된다고 하였는데, 노년기에 속한 사람들이 더 많은 시간을 무의식 세계를 탐색하는 데 보낸다고 믿었기 때문이다. 그는 노년기를 개성화 과정이 계속해서 진행되면서 더 깊은 내면 인격의 통합과 초월의 능력이 발휘되는 시기라고 하였다. 융(1960)은 나이가 많아질수록 자신의 삶의 경험을 이해하고, 그 경험의 의미를 찾는 데 시간을 바쳐야 한다고 주장했다.

4. 건강한 성격의 특성

융은 인생의 전반기와 후반기 삶의 과제와 목표가 다르기 때문에, 삶의 단계에 따라 신경증을 측정하는 척도도 다르다고 하였다. 인생의 전반기에 속한 사람들은 자신이 설정한 목표를 향해 나아가지 못하고 후퇴하거나 머뭇거리게 되면 신경증에 시달리게 되지만, 인생 후반기에 속한 사람들은 지금까지 이룩한 삶을 유지하면서 점차 삶의 확장을 축소하지 못하고, 지속적으로 인생 전반기의 삶의 자세를 고집하면 신경증에 시달리게 된다고 하였다(이죽내, 2005). 인생 전반기의 신경증 환자는 삶을 두려워하고, 인생 후반기의 신경증 환자는 죽음을 두려워한다(Jung, 1973; 이죽내, 2005). 발달 단계별 과제를 잘 수행하여 개성화를 이룬 인간이 건강한 인간이라 할 수 있다. 개성화를 이룬 사람들이 지닌 건강한 성격 특성은 다음과 같이 요약해 볼 수 있다(정종진, 2016).

첫째, 개성화된 사람은 의식과 무의식 수준에서 모두 자기 자신을 잘 이해하고 있다(자각).

둘째, 개성화된 사람은 자기탐색의 시기에 자기에게 드러나는 것을 받아들이고, 자신의 본성(장점과 단점, 성스러운 면과 사악한 면)을 수용한다. 상황에 따라 각기 다른 페르소나를 쓰지만, 그것은 단지 사회적 편의를 위해서다. 자신이 갖가지 역할을 수행하고 있다는 것을 알고 있지만, 그러한 역할과 진정한 자기를 혼동하지 않는다(자기수용).

셋째, 개성화된 사람의 성격은 모든 측면에서 통합되고 조화를 이루기 때문에 성격의 모든 측면이 표출될 수 있고, 어떤 한 가지 기능이나 태도가 지배적이지 않게 된다(자기통합).

넷째, 개성화된 사람은 자기 자신을 있는 그대로 나타내고, 솔직한 생각과 기분을 표출한다(자기표현).

다섯째, 개성화된 사람은 모든 인류 경험의 저장소인 집단무의식에 대해 대단히 개방적이고, 인간 상황을 보다 잘 인식하고 관대함을 가지고 있다. 우리 모두에게 영향을 미치는 인류의 유산으로부터 전해지는 힘을 인식하기 때문에 다른 사람들이 행동을 보다 깊이 통찰할 수 있으며, 인류에 대하여 보다 많은 연민의 정을 느낀다(인간 본성의 수용과 관용).

여섯째, 개성화된 사람은 의식 속에 무의식적 · 비이성적 요소들을 끌어들일 수 있다. 그들은 꿈과 환상에 주목하며, 한편으로는 이성과 논리를 사용하면서 무의식의 힘으로 그러한 의식의 과정을 조정하고, 초자연적이며 영혼적인 현상에 관심을 갖고 수용한다(미지와 신비의 수용).

일곱째, 개성화된 사람은 성격의 어느 한 측면, 즉 태도나 기능 혹은 원형의 어떤 측면에 지배를 받지 않는다. 따라서 그들은 어떤 특정한 심리적 유형으로 분류하기 어렵다(보편적 성격).

5. 성격이론의 적용

1) 페르소나 작업

내 삶에서 내가 중요하게 생각하는 역할 세 가지와 그 역할을 잘 수행하기 위해서 내가 사용하는 주요한 페르소나를 적어 봅시다.

________________ ....

....

________________ ....

....

________________ ....

....

내가 사용하고 있는 페르소나들을 보면서 어떤 느낌이 드는가? 친밀하고 편안하고 만족스러운가? 왠지 불편하고 나 같지가 않은가? 나의 진짜 모습과 거리감이 느껴지는가? 이런 것들에 대한 생각을 적어 봅시다.

....

....

....

....

....

2) 그림자 작업

(1) 내가 유난히 싫어하는 사람 2명의 이름을 그 사람의 특징과 함께 적어 봅시다.

__________ ....

....

__________ ....

....

위에 적은 특징들이 유난히 싫은 이유는 무엇인가에 대해 적어 봅시다.

....

....

....

....

....

앞에 적은 특징들이 나의 것, 나의 내면의 그림자일 수도 있다. 그런 특징들이 나의 것이라고 했을 때 어떤 느낌이 드는가? 그 사실을 수용할 수 있겠는가? 나의 삶에서 드러난 그러한 특징들과 관련된 상황을 찾아보자. 그때의 나의 행동과 생각, 그 상황의 결말 등에 대해 적어 봅시다.

(2) 그림자의 특성을 이해하는 데 도움이 되는 〈블랙스완〉 또는 〈지킬박사와 하이드 씨〉 영화를 보고 조원들끼리 함께 토론해 봅시다.

3) 아니마/아니무스 작업

내가 나의 성(性)에 대해서 가지고 있는 어떤 생각에 대해 적어 봅시다.

나는 어떠한 '이성(異性)적 특질'을 가지고 있고, 이러한 이성적 특질은 삶에서 어떻게 표현되고 있는지, 나의 이성적 특질에 대해서 어떤 느낌과 생각을 가지고 있는지에 대해 적어 봅시다.

나의 이성관과 이성과의 관계 맺음에 대해 적어 봅시다.

4) 성격유형검사

인터넷 http://mbti. net에서 성격유형검사를 실시해 보고, 본인의 성격유형의 특성과 심리적 기능에 대해 탐색해 봅시다.

....

....

....

....

....

나와 다른 심리적 유형을 가진 사람들을 어떻게 생각하였는가? 성격이 다른 것과 틀린 것의 차이를 그 예를 들어 토론해 봅시다.

....

....

....

....

나의 심리적 열등기능은 무엇인가? 심리적 열등기능으로 인해 겪은 어려움과 그것을 극복하는 방법에 대해 적고 토론해 봅시다.

....

....

....

....

제4장

아들러의 성격이론

"누구에게나 열등감은 있다.
이는 우리가 어떤 환경에 처해 있든지
각자의 행동을 결정하는 중요한 요소다."
"우리가 삶에서 이루고자 하는 목표를 확실하게 정했을 경우에만
미래에 어떤 일이 일어날지 예측해 볼 수 있다."
"삶이란 끊임없이 도전을 만나는 일이다.
평생 계속되는 도전에 용기를 내는 것이야말로 삶의 본질이다."
-A. Adler-

아들러(Alfred Adler)는 인간을 사회적 관계 속에서 자신이 선택한 목표와 가치를 추구하는 미래지향적이고 완전성을 지향하는 목표론적 존재로 보고 있다. 인간은 자신의 목표를 향해 일정한 삶의 양식을 따라 살아가는 역동적이고 통합적인 존재로 모든 경험을 개인적이고 주관적인 방식으로 해석하는 창조적 존재다. 그러므로 개인의 성격은 한 개인과 주변 세계의 맥락 속에서 이해되어야 한다. 개인이 자기 주변 세계에 대해 어떤 심리적 입장을 가지고 있고 어떻게 행동하는가의 문제이기도 하다. 또한 개인의 모든 행동은 목표에 의해 결정되며 목표는 그의 세계관과 관련 있고 행복 방식을 결정한다고 할 수 있다. 개인의 어떤 행동의 목표는 유전이나 환경의 산물이 아니라 개인에 의해 자유롭고 창의적으로 선택된 산물이며 불완전하게 이해될지라도 개인의 행동 방향을 결정한다는 것이다. 그러므로 행동 이면의 목표를 안다면 우리는 그가 어떤 사람인지 알 수 있게 된다.

1. 아들러의 생애

아들러(Alfred Adler, 1870~1937)

아들러는 1870년 오스트리아 비엔나(Vienna)에서 곡물상을 하던 레오폴트 아들러(Leopold Adler)의 6남매 중 둘째로 태어났다. 그는 아동기에 매우 병약하여 후두경련과 구루병을 앓았고 바로 아래 동생이 죽어가는 사건을 겪음으로써 죽음에 대한 문제해결이 마음의 과제로 남아 있었다. 동생이 죽은 다음 해에는 자신도 폐렴이 극심하여 의사로부터 회복 가망이 없다는 말을 듣게 되었고, 이때부터 마음속으로 의사가 되려는 꿈을 키우게 되었다. 아들러의 허약함은 부모에게 응석을 부리게 하였고 이에 그의 부모는 아들에게 모든 일을 스스로 해결하도록 교육시키며 도움을 주기 위해 노력하였다.

아들러는 매우 평범한 학생이었다. 수학시험에 낙제하여 재수강을 하기도 하고 상급학교 진학을 포기하기를 제안 받았으며 교사로부터 구두제공 기술을 배울 것을 권유받았다. 이때 아버지는 아들러가 학업을 계속할 수 있도록 격려해 주었고 분발하도록 지도하였다. 우수한 성적으로 고등학교를 졸업한 이후에는 심리학, 철학, 정치학, 경제, 사회학 등 다방면에 관심이 있었지만, 의과대학 진학시험을 통과한 후에는 비엔나에서 의학을 공부하였다. 19세기 말 무렵 그의 삶에 중요한 만남이 있었는데 그중 한 가지는 사상의 자유를 찾아서 제정 러시아 정부를 떠나 오스트리아로 유학 온 라이사 엡슈타인(Raissa Epstein)을 만나 교제 끝에 결혼에 이르게 된 일이고, 다른 하나는 프로이트(Sigmund Freud)를 만난 일이었다. 아들러는 프로이트에게서 많은 지지를 받았지만 처음부터 프로이트와는 많은 점에서 견해를 달리하고 있었다. 1970년대에 발간된 그의 저서 『기관성 열등에 관한 연구(Study of Organ Inferiority)』는 다소 프로이트적 경향을 띠고 있기는 하지만, 프로이트와 다른 새로운 견해가 많이 담겨 있다. 아들러가 특히 반박한 대목은 성충동의 학설을 정신적 생활의 기본 요소로서 노이로제 환자나 정상적인 사람 모두에게 적용시킨다는 부분이었다. 아들러는 성욕보다는 사랑과 사회적 요인을 더 중시하였고 성욕과 쾌감을 인간의 행복을 정당화시키기 위한 도구로 사용하는 원칙을 인정하지 않았다. 인간이란 서로 사랑을 주고받는 존재로 누구든지 공동체의 구속력에서 벗어날 수 없다고 보고 공동체와 관련해서 발달하고 공동체 활동은 출생과 함께 시작된다고 하였다. 아이가 젖을 빠는 행위도 사디즘적인 행위가 아니라 최초의 협력으로 보았다.

반면 프로이트는 이러한 아들러의 주장이 공허하고 과학적 근거가 부족하다고 비난하였다. 이에 아들러는 1912년 『신경증적 성격(The Neurotic Constitution)』을 발간하면서 인간의 근본적인 동기를 성적 충동이나 리비도가 아닌 권력 추구 또는 완전성의 추구로 대체하였다. 아들러가 프로이트의 도움을 많이 받았음을 부인할 수 없지만, 1912년 결국 프로이트의 이론을 거부하고 분파하여 개인심리학(Individual Psychology)을 창시하게 되었다.

그 후 제1차 세계 대전 기간 동안에는 비엔나 군대에서 정신과 업무를 수행하였고, 1920년대 들어서는 아동과 교육 분야로 관심을 돌렸다. 1922년에는 세계 최초라고 할 수 있는 아동 생활지도 클리닉을 창설하였고, 뒤이어 많은 공립학교에서 아동 클리닉이 설립 · 운영되었으며, 1934년까지 28개의 아동 클리닉이 창립되었다. 아동상담소에서 아들러는 부모교육, 부모상담, 교사교육, 집단상담 프로그램의 새로운 장을 마련하였고 유럽에까지 확산시키게 되었다.

개인심리학의 영향은 자녀교육, 결혼과 학교상담, 가족치료, 인간관계 개선, 부모교육 등 많은 실용적인 분야에 미치고 있다. 학문적으로도 로저스(C. Rogers)의 인간 중심, 프랭클(V. Frankle)의 실존주의, 엘리스(A. Ellis)의 합리적 정서이론, 번(E. Berne)의 교류분석, 글래서(W. Glasser)의 현실치료, 인지행동치료 분야 등에 큰 영향을 미쳤다. 특히, 아들러의 사회적 영향을 강조하는 특성과 성격의 통일성을 강조하는 점, 인간의 창조적 힘과 미래의 목적에 초점을 둔 점 등은 다른 분야에서도 실용적으로 활용되고 있다. 아들러의 저서들은 주로 1920년과 1933년 사이에 저작되었고, 1937년에 스코틀랜드(Scotland) 애버딘(Aberdeen)에서 강연 여행 중 사망하였다. 주요 저서들로 『신경증적 성격(The Neurotic Constitution)』(1912), 『개인심리학의 실제(The Practice Individual Psychology)』(1920), 『삶의 과학(The Science of Living)』

(1929), 『인간 본성의 이해(Understanding of Human Nature)』(1927), 『신경증의 문제(The Problem of Neurosis)』(1929), 『문제 아동(The Problem Child)』(1930), 『인생이 당신에게 의미하는 것(What Life Should Mean to You)』(1931), 『사회적 관심(Social Interest)』(1933) 등이 있다.

2. 주요 개념

1) 창조적 자아

인간은 유전과 환경을 능가하는 힘, 즉 창조력을 갖고 있기 때문에 무한한 가능성을 가지고 목표를 향해 도전하는 존재다. 인간은 사회적 환경 속에서 자신의 인생목표를 추구하는 창조적인 존재이며 인간의 독특성은 이 창조적 힘의 차이에 달려 있다고 볼 수 있다. 아들러는 인간의 행동을 형성하는 요인으로 환경과 유전을 부인하지는 않는다. 개인이 무엇을 소지하고 있느냐가 중요한 것이 아니라 그것을 어떻게 사용하느냐가 중요하며 개인들은 유전과 경험이라는 자원을 사용하여 성격을 형성해 간다고 본다. 개인마다 이를 이용하는 방법이 다르기 때문에 개인 간의 성격적 차이가 나타난다는 것이다. 자신의 경험에 스스로 의미를 부여하고 삶에 부여한 의미에 따라서 삶의 태도와 방식을 달리한다. 그러므로 단순하게 반응하는 유기체적인 존재 이상으로 개인에게 주어진 환경보다 개인이 그 환경을 어떻게 느끼고 해석하는가가 중요해진다.

아들러는 "아이는 선택한 목표대로 정해진 노선을 따라서 발달하려고 노력한다." (Adler, 1929, p. 34; 김필진, 2007 재인용)라고 기술하였다. 창조적 자아는 개인의 인생목표와 그 목표를 추구하는 방법을 결정하며 사회적 관심을 발달시킨다. 개인이 지닌 창조력은 지각, 기억, 상상, 환상, 꿈에도 영향을 주어 각 개인을 자주적인 사람이 되도록 만든다.

여기에서 아들러는 유연한 결정론의 입장을 취한다. 유연한 결정론은 원인이 아니라 영향을 강조하는 것이며 주어진 것이 아니라 개연성과 가능성에 대해서 말하는 것이다. 삶이 부과한 제한 내에서 선택할 자유가 있고 선택의 자유는 무제한적인 선택을 의미하지는 않는다. 이러한 점을 감안하여 개인의 주관적인 인식과 선택, 책임이 강조된다. 어떠한 상황이나 경험이든지 개인이 어떻게 주관적으로 인식하고 의미를 부여하며 대응하느냐에 따라 그 결과가 달라지기 때문이다. 아들러는 "모든 경험은 여러 가지 해석을 낳을 수 있다. 두 사람이 비슷한 경험에서 동일한 결론을 끌어낼 수 없다는 것을 알게 될 것이다."라고 했고 현실은 주관적이며 개인적이라는 점을 강조한다(Watts & Pietrzak, 2000; 김춘경 외, 2016 재인용). 따라서 중요한 것은 위기 그 자체가 아니라 개인이 위기를 적극적으로 대처하는지 여부와 성장과 발전의 기회로 삼을지에 대한 결과의 차이다. 개인의 선택과 행동은 어느 정도는 유전과 환경에 의해 영향을 받지만, 보편적으로 스스로 환경을 조성하며 결정을 내리는 것이다.

아들러는 "나는 개인의 행동이 그의 생각에서 비롯된다고 믿는다. 왜냐하면 우리의 인식은 실제 사실이 아니라 단지 그 사실들에 대한 주관적인 이미지를 받아들이기 때문이다."(Adler, 1964, p. 64, 김필진, 2007 재인용)라고 기술하고 있다. 예를 들어, 아이가 아버지에게 '달과 중국 중에 어느 것이 우리와 더 가까운가요?'라고 질문했을 때 아버지는 사실적인 것에 근거하여 '중국'이라고 대답하자 아이는 강하게 반대한다. 아이의 생각은 달은 볼 수 있지만 중국은 결코 볼 수 없기 때문에 달이 더 가깝다는 것이다(Mosak & Maniacci, 1999).

개인은 각자 세계와 그 안에 살고 있는 것에 대한 인지지도를 가지고 있고, 이 지도에 따라 사건의 위치를 정한다. 우리가 주의를 기울이거나 무시하는 것은 그것들이 우리가 가진 인지지도의 형태에 맞는가에 따라 각자의 생활양식을 창조한다.

2) 생활양식

생활양식은 개인이 사고하고 느끼고 행동하는 이유와 삶의 목적, 자아개념, 가치, 태도 등 개인의 독특성을 설명하는 원리가 되어 아들러 이론의 핵심이 된다. 생활양식은 인생의 초기에 개인의 경험을 조직하고 이해하고 그것을 예언하고 통제하기 위해서 발달시켜 온 개인의 인지 조직도다(김춘경 외, 2016). 유전과 환경의 영향을 받지만, 생활양식은 궁극적으로 개인의 창조물로서 환경에 대한 개인의 독특한 해석이다.

아들러는 인류의 진화론적 관점에서 인간의 모든 노력을 물질적 · 정신적 완성을 위한 분투로 보고 있다. 각 개인은 스스로를 삶의 시작 단계에서부터 완성의 단계로 나아가기 위해 자유롭게 움직임의 법칙을 채택하며, 환경에서 받은 인상들뿐만 아니라 자신의 타고난 능력과 결함까지 상당히 넓게 이용한다. 이 움직임의 법칙은 개인에 따라서 그 속도와 리듬, 방향이 다 다르고, 자기 자신과 성취 불가능한 이상을 비교하면서 언제나 열등감에 사로잡혀 지내는 가운데 이 열등감의 자극을 끊임없이 받게 된다(Adler, 1933).

개인심리학 이론에서 생활양식은 각 개인의 열등감의 강도와 자신의 우월 목표에 부여하는 의미, 그리고 사회적 감정의 정도, 가족관계 요인 등이 서로 연결되어 있다. 이러한 상태를 보다 면밀히 들여다보면 이 요소들이 모두 사회적 감정의 본질과 범위에 영향을 미치고 있다는 사실을 알게 된다.

그러므로 개인 심리학이 생활양식을 발견하기 위해 동원하는 기법은 먼저 삶의 문제들과 이 문제를 해결하는 방법에 관한 지식을 전제로 하고 있다. 문제해결 방법은 어느 정도의 사회적 감정과 전반적인 삶과의 밀접한 연결 및 다른 사람들과 함께 어울리고 협력하는 능력을 반드시 요구하기 때문이다. 만약, 이 능력이 부족하다면, 그 사람에겐 열등감이 다양한 모습으로 나타나고 그 영향 또한 다양하게 나타날 것이다.

개인의 생활양식을 알기 위해서는 어린 시절 초기의 기억과 가족의 서열에서 아이가 차지한 위치, 어린 시절에 저지른 잘못, 꿈, 그리고 마음의 병을 야기한 외부적 요인의 본질 등에서 다른 사람들과의 관계에 대한 심상들을 종합적으로 이해함으로써 알 수 있다.

또한, 아들러는 생활양식을 활동성과 사회적 관심의 높고 낮음에 따라 네 가지의 유형으로 나누어 설명하였다(김춘경 외, 2016). 첫째, 지배형의 사람은 활동성이 높고 사회적 관심이 낮은 것으로 인생 전반에 걸쳐 초기 어린 시절부터 두드러지게 지배적인 태도를 보이는 사람들이다. 이러한 태도는 그들의 모든 관계에서 나타난다(Adler, 1929). 지배형에 속하는 사람으로 알코올 중독자, 약물 중독자, 비행을 일으키는 사람, 독재자, 가학성애자 등이 포함된다고 기술하였다. 이들은 다른 사람에게 상처를 주기 위해서 타인이나 자신을 공격할 수 있다. 활동적일수록 더 직접적으로 공격적일 것이고 상처를 주거나 착취를 통해 자신의 우월성을 성취하는 것이다.

둘째, 기생형 유형의 사람들은 활동성이 낮고 사회적 관심도 낮다. 아들러는 이 유형을 가장 빈도가 높은 유형으로 생각하였다. 타인으로부터 모든 것을 기대하지만 아무것도 되돌려주지 않는다. 대인관계는 수동적이고 다른 사람들이 자신을 돕도록 설득하려 할 것이고 지배형처럼 타인과 협동할 수 있는 어떠한 능력도 가지고 있지 못하다.

셋째, 회피형 유형의 사람들은 사회적 관심이 결핍되어 있으며 활동성이 낮은 사람들로 삶의 문제들을 해결하기 위해 열심히 노력하기보다는 회피한다. 자기 확신이 없어서 자신과 타인 사이에 분열을 만들어 낸다. 아들러는 이런 집단에 전형적으로 신경증 환자와 정신증 환자들이 속하고 현실세계로부터 자신을 전적으로 후퇴시킬 수 있는 사람들이다.

넷째, 사회적으로 유용한 유형의 사람들은 건강한 사람들로 활동성이 높고 사회적 관심도 높다. 그들의 활동은 타인에게 도움이 되는 것으로 인류의 이익을 위해, 협동하고자 한다. 사회적 관심은 인류의 진화과정에서 유용하며 정상적이고 매우 깊이 내재되어 있다고 기술하고 있다.

3) 가상적 목표

아들러는 사람이 살아가는 방식, 행동, 관점에는 그 사람이 설정한 목적이 관여되어 있다고 하였다. 그것은 어린아이의 내면에서도 이미 희미하게 윤곽을 형성한 채, 움직이고 있으며 전체적 발전 속에서 방향을 제시하고 있다고 할 수 있다. 각 개인에게 다른 사람과 구별되는 통일적 성격을 형성해 주며 이끌어 가는 힘이다.

"인간의 정신생활은 목표에 의해 결정된다. 인간의 사고, 감정, 의지, 꿈들이 현재에 지속적인 목표를 향하여 결정되고 지속되고 수정되고 지향되지 않는다면 어떠한 사람도 생각하고 느끼고 의지를 갖고 꿈꿀 수 없다"(Adler, 1927, p. 29).

인용문에서 알 수 있듯이 아들러는 인과론보다 목적론에 초점을 두었다. 아들러는 아이가 추구하는 행동은 구체적이든 포괄적이든 어떤 목표를 지향하고 있고, 우리의 현재 생활을 안내한다고 말했다(Lundin, 1989).

"우리는 자주 사람들이 사적인 목표에 있어서 얼마나 다를 수 있는지를 발견한다. 목표는 비록 개인이 깨닫지 못한다 할지라도 신중하게 흔들림 없이 모든 심리적 표현 형태를 주도한다. 개인이 그러한 목표를 알았을 때 자신의 성격을 이해할 수 있는데 왜냐하면 그는 생의 과제에 대해 목표가 갖는 참조체계를 알기 때문이다"(Ansbacher & Ansbacher, 1956, p. 196).

목표의 선택은 유전 또는 환경의 산물이 아니고 자유롭고 창의적인 선택의 산물이며 그 선택은 4세, 5세경의 인생 초기에 이루어진다. 비록 그 목표가 직접 지각되지 않고 불완전하게 이해된다 할지라도 개인의 활동 방향을 결정한다. 예를 들면, 밤에 오줌을 싸는 아이의 경우 어떤 아이는 엄마의 관심을 받기 위해서 오줌을 쌀 수도 있고, 다른 아이는 엄마와 힘 겨루기를 하기 위해 오줌을 싸는 경우도 있다. 또 다른 아이는 부모를 괴롭히기 위해 오줌을 싼다는 진단을 받기도 한다.

아들러는 최종 목표에 허구 개념을 결합시켜 허구적 목표 또는 지침이 되는 허구(guiding fiction)라고 기술하였다. 목표를 허구적인 것으로 기술함에 있어서 아들러는 주관적 미래의 개념을 내포하고 있었다. 미래 목표는 반드시 현재의 의식 속에 존재하는 것은 아닐 수도 있고 무의식적 개념을 포함하고 있다. 목표가 무엇인지 정확히 알지 못한다. 개인이 독자적인 힘으로 일을 처리하기 위해서 고안해 낸 방식으로서 목표 자체가 하나의 보상이 될 수도 있음을 의미한다(Ansbacher & Ansbacher, 1956).

다음은 허구적 최종 목표에 대한 몇 가지 주요한 내용들을 안스바허와 안스바허(Ansbacher & Ansbacher, 1956)가 요약한 것이다.

- 허구적 목표의 원리는 심리적 사건의 내적, 주관적, 인과관계의 원리를 나타내고 있다.
- 개인이 목표를 만들지만 대부분 알지 못한다. 아들러는 최종 목표가 개인에 의해 개별적으로 만들어지거나 보통 이해되지 않는다고 믿었다고 설명하였다.
- 목표는 성격 통합의 원리가 되고 성격이 작용하는 데 기본적인 지배 원리가 된다.
- 목표는 또한 개인이 현실세계를 지향하는 데 초점이 된다.
- 목표는 개인의 열등감에 대한 보상의 한 측면이다. 개인 혼자 힘으로 할 수 있는 하나의 장치가 되며 실제로 두 가지의 보상적 기능을 갖는다. 하나는 목표 자체가 하나의 보상일 수 있고 다른 하나는 열등감이 있을 때 목표를 가짐으로써 긍정적인 감정을 허용한다고 할 수 있다.

아들러는 인간의 성격에 대해 목적론적 접근을 취하고 있고 미래의 목표를 설정하는 것은 개인에게 중요한 의미를 갖는다. 장기적인 목표는 아마 더욱 허구적일 가능성이 있다. 허구적 목표는 현실과 동떨어진 것처럼 보이지만 인간의 노력에 박차를 가하는 행위에 대해 궁극적인 설명을 해 준다. 더 심각한 문제는 그들이 현실적이든 허구적이든 어떠한 목표도 갖지 못할 때 나타난다(Lundin, 1989).

4) 사회적 관심

아들러는 인간을 하나의 통합된 전체로서 생각하면서 개인은 보다 더 큰 가족, 종족, 공동체, 모든 문명사회와 관련되어 있는 것으로 보았다. 오직 사회생활을 통해서 생존할 수 있다. 아들러는 『인간 본성의 이해(Understanding of Human Nature)』라는 책에서 다음과 같이 기술하였다(Adler, 1927).

> "사회생활은 필수적인 것이 되었다. 왜냐하면 공동생활을 통해서 그리고 모든 사람을 집단에 부속시키는 노동의 분담을 통하여 인간은 생존을 계속할 수 있기 때문이다. 단지 노동의 분담만이 인간으로 하여금 자신의 모든 소유물을 지키는 데 필요한 방어와 공격용 도구를 사용할 수 있게 한다"(Adler, 1927, p. 36).

아들러가 사용한 공동체감(Gemeinschaftsgefühl)이라는 독일어는 영어로 번역하는 데에는 약간의 어려움이 있다. 이 용어는 사회적 느낌(social feeling), 공동체감(commnuity feeling), 공공의 의도(communal intention), 공동체적 관심(community interest), 사회적 관심(social interest) 등 다양하게 번역되었다.

아들러는 사회적 관심은 사회적 상황에 반응하려는 타고난 성향으로서 개인의 기본적인 인간성의 일부이며, 우월성의 추구가 때때로 포함되기도 한다고 보았다. 비록 타고난 것이지만 잠재되어 있기 때문에 사회적 맥락 속에서 개발되어야 한다고 보고 사회적 관심이 발달할 수 있는 첫 번째 가능성은 어머니와 함께 하는 것이다. 아이의 최초의 인간관계는 어머니가 자녀를 돌보고 양육하는 타인지향적 성향에서 나타나는 타인에 대한 관심과 배려를 의미한다. 다음으로 아버지와 가족구성원들도 중요한 의미를 가지고 그 후에는 학교와 공동체가 관여한다.

사회적 관심은 긍정적인 사회적 적응의 주요 준거가 된다(노안영 외, 2001). 아들러가 지적하였듯이 '사회적 관심은 아이들의 정상성의 척도다. 우리가 유심히 지켜보아야 할 준거는 아동이나 개인이 유지하고 있는 사회적 관심의 정도다'(Ansbacher & Ansbacher, 1956, p. 154).

사회적 관심의 정도는 사람이 주어진 상황에 자신을 얼마나 잘 연관시킬 수 있는가를 나타내는 기능이다. 사회적 관심은 개인의 지적 기능의 중요한 일부로 상식적인 수준에서 문제를 해결하는 것과 관련이 있다. 부적응적인 사람들과 심리적인 문제를 가지고 있는 사람들은 다양한 이유로 사회적 관심이 단절되거나 발달의 방해를 받았다고 볼 수 있다. 예를 들면 신경증 환자, 정신병 환자, 범죄자, 알코올 중독자, 문제행동의 아동들이다. 이러한 사람들은 직업, 우정, 성적 행동의 문제들을 다른 사람들과 협동에 의해 해결하지 못하며 그들의 관심은 자신을 넘어서지 못한다.

그들의 목적은 항상 개인적인 성공이나 우월성으로 어떤 성공을 한다면 그 성취는 자신에게 한정되어 있다. 그들은 타인의 삶에 공헌할 수 있는 데에 아무런 의미도 부여하지 않는다. 또한, 타인에게 거의 관심이 없다는 것이다.

아이들은 일찍부터 잘 조형된 행동양식들을 보여 주는데 그것들은 성장해 감에 따라 확연해지며 거의 고정된 방향으로 진행되어 감을 알 수 있다. 아이의 심리적 활동은 그들의 사회적 관계에 의해 점점 더 각인되어 발달하고 누군가와 친밀해지고자 하여 사랑을 갈구하며 어른과 가까워지려고 노력하는 초기 행동에서 공동체의식이 발달된다(Adler, 1927). 이러한 공동체의식은 어떤 경우에는 일반적으로 아이의 전 생애를 통해서 유지되며 변화하고 제한되기도 한다. 또한 가족을 넘어 동료, 민족, 인류애로까지 외연이 확장된다. 또는 이러한 경계를 넘어 동물이나 식물, 생명이 없는 존재들, 온 우주에 이르기까지 확대될 수도 있다.

5) 열등감

열등감은 개인이 잘 적응하지 못하거나 적응하기 위한 준비가 되어 있지 않아서 자신이 해결할 수 없다는 것을 표현하는 것으로 어떤 문제에 부딪혔을 때 나타난다. 아들러는 어린아이가 어른에 비해 작고 신체적으로나 지적으로 약할 때 열등감을 느끼는 것과 같이 태어날 때부터 열등감을 가지고 있고 어느 정도는 우리 모두에게 공통적으로 존재하고 있다고 보았다. 더 나아가 어리석거나 매력적이지 못한, 좋지 않은 심리적인 부분으로 확장되며 결국 열등감으로 인해 우리는 더 나아지기를 원하고 있다. 누구라도 열등감을 오랫동안 계속 갖고 있기를 원치 않으며 그런 감정을 제거하려고 하는 것이다. 열등감은 항상 긴장을 자아내는 것이기 때문에 우월감을 향해 나아가는 보조적 운동성과 같다. 그러나 우월감을 향한 움직임이 언제나 그 문제를 해결하는 방향으로 향하는 것은 아닐 수 있다. 잘못된 방향, 즉 자기의 활동 범위를 한정하려고 함으로써 성공을 향해 전진하기보다는 패배를 피하는 일에 몰두할 경우도 있을 것이고, 난관에 부딪치게 되면, 망설이게 되며 꼼짝도 하지 않거나 뒷걸음질 치는 모습마저도 보일 수 있을 것이다.

동물원에 구경 간 세 명의 아이들이 나타내는 각각의 반응에서 예증해 볼 수 있다. 그들 이 사자 우리 앞에 섰을 때, 첫 번째 아이는 어머니의 치맛자락을 붙들고 "집에 가고 싶어요."라고 말했다. 두 번째 아이는, 그곳에 선 채로 얼굴이 창백해지고 벌벌 떨면서 "나는 조금도 무섭지 않아."라고 말했다. 세 번째 아이는 물끄러미 사자를 노려보며 "침을 뱉어 줄까?"라고 어머니에게 말했다. 여기에서 우리는, 사실은 세 아이가 모두 열등감을 갖고 있다는 사실을 알 수 있다. 그러나 그들 각자는 자신의 감정을 자기의 생활양식과 일치하는 자신의 독특한 방법으로 표현했을 뿐이다(Adler, 1931).

만약, 어떤 이가 '인생은 위험으로 꽉 차 있고 그런 위험을 만나는 기회를 피해야만 한다.'라는 태도를 끊임없이 유지한다면, 그 사람은 방 안에 틀어박혀 있거나 침대에 웅크리고 앉은 채로 있게 될 것이다. 위험으로부터 몸을 사리는 행동 중에서 가장 극적인 표현은 자살이다. 여기서 당사자는 인생의 많은 문제들 앞에서 모든 것을 포기하고, 자기의 상황을 개선하기 위해서 어떠한 행동도 할 수 없다는 자기의 확신을 표현한 것이다.

누구나 어떤 문제에 부딪히면 스스로 시험해 보고, 자기의 목적에 가장 효과적이라고 생각한 방법을 택할 것이다. 때때로 어떤 한 가지 방법에 불만을 느낀다면, 다른 방법을 시도할지도 모른다. 그러나 어느 경우든 상황을 개선하기 위한 노력은 하지 않고 우월감만을 획득하려고 한다면, 부끄러움, 죄책감, 창피함 같이 표면으로 드러나는 열등감을 발견할 수 있을 것이다.

아들러의 견해로 보면 학교에서 '소외되는' 아이들, 직업을 갖지 못한 사람들, 혹은 결혼 문제로 고민해 온 사람들, 같은 행위를 반복하지 않으면 안 되는 강박신경증 환자들, 낮에 하는 일에 진절머리가 나는 불면증 환자들은 모두 열등감을 갖고 있는데, 그 열등감은 그들이 인생의 문제를 해결하기 위해 나아가는 것을 포기한 것이라고 설명하고 있다. 열등감이 너무 심해져 미래의 삶을 제대로 준비할 수 없으리라는 공포로 변하면 보상을 추구하는 노력 속에 위험이 자라게 된다(Adler, 1927).

열등감이라는 것이 그 자체로서 문제가 되는 것이 아니라 열등감을 대하는 태도가 어떠한지가 더 중요하다. 열등감의 극복은 인류가 자기 자신을 개선하려는 많은 노력의 결과로 자기의 생활을 개선하여 세계에 대해 보다 많이 알고, 그것을 보다 잘 통제할 수 있기 위한 여러 가지 노력의 결과다.

6) 우월추구

우월이라는 목표는 개개인에게 있어서 매우 개인적이며 독창적인 것이다. 그것은 그 사람이 인생에 부여한 의미와 관련 있다. 아들러는 인생의 의미가 인생의 최초 4~5년 사이에 만들어지고, 수학적인 과정에 의해 도달되는 게 아니라, 목적도 없이 더듬어 보는 손놀림에 의해서, 완전히 이해되지 않은 감정에 의해서 암시를 받아 형성된다고 설명하고 있다. 처음에는 우월이라는 목표도 역동적인 손의 더듬거림과 추측에 의해서 찾아지는 경향이며, 생명을 건 탐구라고도 하였다(Adler, 1931).

아무도 자기의 우월 목표를 확실히 알지 못하고 다양한 목표 중의 일부분에 불과하며 게다가 목표가 구체적으로 보이는 경우라 할지라도, 그 목표를 위해 노력을 기울이는 방법은 여러 가지로 변할 수 있다. 가령 어떤 사람이 어려서부터 의사가 되고 싶다고 말했을 때, 의사가 되고자 하는 목표는 여러 가지 의미를 내포함을 알게 된다. 어린 시절에 형제나 부모, 가까운 사람의 죽음을 경험함으로써 '죽는다'는 사실을 알았다는 것과 죽음은 그에게 충격적인 인상을 주었으며 죽음에 대한 불안을 극복하는 것을 목표로 삼아 의사가 되고자 하였다는 것이다. 또 이러한 목표는 자기 자신이나 중요한 타인에 대한 특별한 관심이 있다는 것을 나타내기도 하고 자신과 타인을 위해 어느 정도를 노력하려는 것인지 어느 정도까지 도우려는 것인지를 나타낸다. 한편 '의사'라는 직업을 가짐으로써 겉으로 드러나는 모습을 통해 우월한 감정도 보상하려는 것도 추측할 수 있다. 인생의 초기에서 정한 우월한 목표는 더듬어 찾아가 보면 무엇을 의미 있게 생각하는지 어떤 활동을 하고 자신과 타인에게 관심을 가지는지, 목표를 통해서 특정한 열등감을 보상하려는 것인지 등을 알 수 있다.

누군가가 자기의 구체적인 목표로 교사가 될 것을 정했고 낮은 정도의 사회적 감정밖에 갖고 있지 않다면, 교사가 되겠다는 그의 우월의 목표는 자기보다 열등한 사람들 사이에서 지배적인 위치에 있고 싶다는 의미를 내포한 것임을 짐작할 수 있다.

반면, 높은 사회적 관심을 가지고 교사가 되고 싶어 하는 사람은 자기의 제자들을 동등한 사람으로 대하고 인류의 복리에 진심으로 공헌하리라는 것을 짐작할 수 있다. 여기서 교사들의 사회적 관심이 얼마나 다를 수 있는지, 또는 그들의 우월목표에 대한 배경에 따라 그 결과도 다르다는 것을 이해할 수 있다. 그러므로 우리는 모든 개인들이 표현하는 목표 그 이면의 것을 살펴볼 필요가 있다.

인간의 우월추구를 향한 보상은 긍정적 또는 부정적 경향을 취할 수 있다. 이것은 어린 시절 받았던 초기 기억의 인상과 경험, 어린 시절에 얼마나 깊은 불안과 열등감을 느꼈는가와 삶의 문제를 극복하는 데 있어서 주변 인물이 어떤 모델이 되어 주었는가에 따라 각기 다른 보상형태가 이루어진다고 할 수 있다. 아동이 어린 시절 열등감 때문에 억압받지 않고 삶의 유용한 방향으로 성공을 위한 노력을 찾는다면 권력을 획득하려는 목표가 실제로 성숙과 발전을 위한 노력으로 실현될 수 있는 것이다. 그러나 부적절한 환경에서 아동의 열등감을 더욱 심화시켜 더 이상 열등감을 극복할 수 없다고 믿게 되면 잘못된 방향의 보상을 시도하게 된다.

우월감은 열등감과 밀접하게 관련되어 있다. 우월을 추구하는 것은 인간의 보편적인 욕구이지만, 열등감의 과잉보상으로 나타날 수도 있다. 예컨대, 공부나 운동에서 실제로 탁월한 재능을 보이는 학생이 느끼는 우월감은 적절한 것이다. 그러나 자신의 능력을 실제 이상으로 과대평가하고 항상 우월해야 한다고 생각한다면, 현실적 자기와 이상적 자기를 혼동하는 것으로서 열등감을 보상하려는 과장된 노력이라고 할 수 있다. 아들러는 이러한 측면을 우월 콤플렉스라고 하였고, 우월 콤플렉스는 마치 열등감을 느끼지 않는 것처럼 행동하려는 과장된 시도로서 현실적인 적응을 악화시키게 되고 필요한 능력을 습득하는 기회를 잃게 하는 부정적인 영향을 미치게 된다(권석만, 2017). 만약에 자기를 약한 사람이라고 깨닫는다면 그는 자기가 강하게 느껴질 수 있는 상황으로 옮겨 간다. 더 강해지기 위해 더 충실한 사람이 되려고 훈련하기보다는 자신과 타인의 눈에 한층 강하게 보이기 위해 폭군으로 행동하면서 자기의 중요성을 납득시키려 할 것이다.

아들러는 자신의 열등감에 강하게 사로잡혀 열등 콤플렉스에 걸린 사람이 절대적 안전과 우월성을 획득하기 위해 노력하며 자신이 다른 사람들보다 항상 우위에 있기 위해 거짓 신념을 구체화시키는 것을 우월 콤플렉스로 명명하였다. 이는 열등감을 극복하거나 감추려는 하나의 위장술 또는 속임수라고 볼 수 있다(김춘경 외, 2016).

7) 출생순위

개인심리학에서는 아이들이 출생순위에 의해 받는 이익이나 불이익 탐구를 개인의 움직임의 법칙을 이해하는 데 매우 중요한 것으로 생각한다. 부와 모가 잘 협동하여 아이에 대한 사랑의 분배에 최선을 다하고 양육할지라도 각 아이들은 가족 내의 위치에서 큰 차이를 경험하고 아이들 각자는 극히 다른 상황 속에서 자라게 된다. 한 가정 안에 있는 두 아이에 있어서도 상황은 결코 같지 않다는 것이고 각자 자기 자신의 독특한 상황에 자신을 적응시키고자 하는 시도의 연속에서 자신의 생활양식을 나타내게 되는 것이다.

한 가정의 형제들은 태어날 때 이미 경쟁 대상이 있는지 없는지에 따라 부모의 사랑과 관심을 차지하고 자신의 위치와 세력을 확실히 하기 위해 경쟁을 하게 된다. 형제간의 경쟁관계에서 실패와 성공, 기대와 실망, 가능성과 장해들의 경험이 생활양식을 만들어 가는 데 영향을 미친다. 아동기에 타인과 관계를 맺는 독특한 스타일을 습득하며 성인이 되어서도 대인관계에 영향을 주는 자신만의 독특한 그림을 형성한다. 아동기에 형제간의 경쟁결과로 생긴 특정한 성격 경향이 삶을 통해 어떻게 영향을 미치고 있는가를 살피는 것은 개인의 성격을 이해하는 데 도움이 된다(Adler, 1931).

출생순위에 따른 성격 특성을 살펴보면, 대부분의 맏이는 잠시 동안 독자의 상황을 경험하고 나서 둘째아이의 출생과 함께 돌연 새로운 상황에 적응하도록 강요받는다. 맏이는 일반적으로 많은 주위의 보호와 애정을 받고 가족의 중심인 것에 익숙해져 있다. 그런데 돌연 아무런 준비도 없이 이러한 자신의 지위가 빼앗겼음을 깨닫게 된다. 또 한 명의 아이가 태어남으로써 맏이는 이제 특별한 대우를 받지 못한다. 이러한 까닭에 맏이는 일반적으로 안달복달하는 방법으로 관심을 독차지하던 어린 시절을 그리워한다. 그들은 옛날 일을 되돌아보며 이야기하고 싶어 한다. 그들은 과거에 초점을 두고 장래에 대해서는 비관적이다. 때로 자신의 권력과 자기가 지배하던 '작은 왕국'을 잃은 아이는 보통 다른 아이들보다도 힘과 권위의 중요성에 관해 이해가 깊다. 둘째가 태어났을 때, 만일 부모가 그들의 애정에 관해 맏이에게 확신을 갖게 하여 맏이가 자신의 입장이 확고한 것이라고 믿게 하고, 맏이가 동생을 맞이할 준비가 되어 있고, 그 아이를 보살피는 데 협동하도록 훈련받게 된다면, 그 위기는 나쁜 영향을 남기지 않을 것이다.

둘째아이는 다른 아이와는 비교도 할 수 없이 전혀 다른 입장에 있다. 둘째아이는 태어날 때부터 경쟁자가 있어 혼자만 주목받지 못한다. 둘째는 자신의 환경에서 만일 맏이가 그에게 도전하거나 밀어내지만 않는다면 자기 나이보다 훨씬 조숙한 어린 시절을 보내기 때문에 매우 좋은 상황이 될 수도 있다. 연령이나 발달 정도에 있어서도 먼저 태어난 아이가 항상 앞서게 되므로, 둘째는 분발해서 따라가야 한다는 부담을 가질 수도 있다.

전형적인 둘째아이는 겉으로도 곧잘 드러나는 경우가 있다. 마치 경주라도 하듯이 늘 누군가 자기 앞에서 두세 발 정도 앞서가고 있기 때문에 성급하게 따라가지 않으면 안 되는 것처럼 행동한다. 그는 종종 활기에 넘쳐 있고 끊임없이 맏이를 추월하고 정복하기 위해 자신을 훈련한다. 둘째는 자신이 둘째라는 느낌에 초조해하고 다른 사람을 따라잡아 추월하려고 애를 쓴다. 그리고 가끔은 성공하여 맏이보다도 재능이 있고 더 큰 성공을 한다. 맏이보다 더 빨리 발달한다면, 그것은 그가 맹렬하게 노력한 결과일 것이다. 그는 성장하여 가족에게서 독립할 때까지도 가끔 자신이 선도자라는 사실을 이용한다. 이러한 특징은 겉으로 드러나는 생활 속에서만 볼 수 있는 것은 아니다. 그 사람의 성격의 모든 표현에서 발견할 수 있고, 또한 꿈속에서도 나타날 수 있다(Adler, 1931).

막내는 항상 가족의 귀염둥이고 아마 가장 사랑받는 존재일 것이다. 막내는 사랑받는 아이로서의 여러 가지 곤란에 직면한다. 막내에게는 후속자는 없지만 많은 선도자가 있기 때문에 항상 여러 모로 자극을 받고 있으며, 경쟁의 기회를 많이 갖게 된다. 종종 평범하지 않게 발달하고 다른 아이들보다도 빨리 달리며, 그들을 모두 추월하는 경우가 있다. 막내가 종종 전 가족을 지탱할 기둥이 된다면, 그것은 우연한 일은 아니다. 불안한 감정과 심한 열등감으로부터 정신 발달에 큰 도약을 이끌어낸 것으로 볼 수 있다. 한편, 막내가 용기를 잃어버리면 지독한 겁쟁이가 된다. 항상 뒤로 물러나고 무슨 일이든 힘들다고 말하며 변명거리만 찾거나 빈둥거리며 시간을 낭비한다. 무능력함을 드러내고 경쟁이 필요하지 않은 분야를 찾아내고 실패에 대해 갖가지 변명을 늘어놓을 수 있다.

한편 외동은 독특한 문제를 안고 있다. 그 아이는 경쟁심을 갖고는 있지만, 그것은 형제나 자매를 향한 것이 아니다. 그 아이의 경쟁심은 아버지를 향한 것일 수 있다. 외동은 어머니에 의해서 사랑받고 어머니는 그 아이를 잃는 것을 두려워하여, 자신의 곁에 항상 머무르게 하고 싶어 한다. 끊임없이 걱정하고 필요 이상으로 조심스럽게 대하기 때문에 더 무거운 압력으로 작용할 수도 있다(Adler, 1927). 아이는 소위 '모친 콤플렉스'를 몸에 익히게 되고, 어머니의 앞치마 끈에 매달려 아버지를 배제하고 싶다고 생각하게 된다. 이런 문제는 부모가 협동하여 어린이가 부모 양쪽에 관심을 갖도록 교육한다면 피할 수 있는 문제다. 가족의 친구들은 '남동생이나 여동생이 있어야 한다.'라고 말하기 때문에 외동은 종종 자신의 뒤에 남동생이나 여동생이 생기지는 않을까 두려워한다. 혼자 누리는 것이야말로 자신의 권리라고 느끼고 있으며, 만일 자신의 입장이 위협받게 될까 걱정하게 되고 매우 부정적으로 지각하게 되는 것이다.

여자 아이뿐인 가정에서 혼자만이 남자인 아들의 경우에도 어려움이 많다. 어머니와 누나들인 여성의 심부름을 하게 되는 등 완전히 여성적인 환경 속에 있다. 비슷한 방법으로 남자들 틈에 끼인 한 명의 여자 아이는 매우 여성적이거나, 매우 남성적인 자질을 갖고 있음을 발견할 수 있다. 누나들이 한데 뭉쳐 결속하여 영향력이 우세하면 남자 아이는 대부분 뒤로 밀려나게 되고 자아표현 욕구에 방해를 받는다. 수줍고 겁 많은 아이라면 남자로서 위치를 약하게 인식하거나 용기와 자신감도 흔들리게 된다. 그러나 이러한 자극에 대해 극복된 경우 매우 큰 능력을 발휘할 수도 있다. 결국 아이가 어떤 모습으로 자랄 것인가는 그 상황에 따라 달라질 수 있다.

아들러(1927)는 모든 발달장애는 가족 내의 경쟁의식과 협동의 결여에 의해서 형성된다고 설명하고 있다. 다른 사람들을 제치고 다른 사람들보다 우수한 자가 되려는 목표를 추구하는 사람을 보게 된다. 이들의 목표는 유아기 초기부터 훈련된 결과이며, 자신을 가족 전체 속에서 평등한 구성원의 한 사람이라고 느낄 수 없었던 아이들이 갖는 경쟁심의 결과인 것이다. 아들러는 아이들이 협력하도록 훈련시키는 것에 의해서만 이러한 장애를 제거할 수 있다고 보았다.

8) 초기 기억

개인의 자아는 자신이 지각한 인상들을 생활양식에 따라 버릴 것인가 잊을 것인가 아니면 간직할 것인가를 결정한다. 생활양식에 맞지 않는 것은 모두 버려지거나, 잊혀지거나, 경고의 예로 간직될 수 있다.

사람의 통각은 관찰된 사실들 중에서 그 사람의 성격적 성향과 일치하는 사실들을 기억으로 남긴다. 그런 식으로 형성된 인상을 자신의 특이성에 따라 감정과 마음의 상태를 장착시킨다. 그러면 감정과 마음의 상태는 나름대로 그 사람의 움직임의 법칙을 준수하게 된다. 이 과정에서 우리가 회상이라 부르는 것이 남게 되며, 회상은 단어나 감정, 혹은 외부 세계를 대하는 태도라고 할 수 있다. 따라서 개인이 간직하는 인상들이 개인의 특이성과 무관하게 객관적으로 재생되는 일은 절대로 있을 수 없고, 생활양식들이 다양한 만큼 기억의 형태들도 당연히 다양할 것이라고 예상할 수 있다. 삶의 패턴이 어떻든 연결되어 있는 기억이 분명히 드러난다는 것이다.

어떤 경험이 개인에게 즉시 거부당하지 않고 영향을 미치는 한, 모든 회상은 생활양식, 즉 자아가 인상을 담은 결과물이라는 점을 이해할 수 있다. 이것은 이미 확실히 간직되어 있는 기억뿐만 아니라 불완전하고 회상하기 힘든 기억에도 그대로 적용되어 심지어 말로 표현되지 않고 오직 감정적인 분위기나 마음 상태로만 남아 있는 기억에도 유효하다.

Adler(1931)에 의하면 개인이 떠올리는 기억은 무엇이든 그 사람의 생활양식의 일부를 이루고 있고 무엇보다 어린 시절의 기억에 특별히 많은 관심을 기울이는 이유는 그 기억들이 어린 시절 첫 몇 년 동안에 생활양식을 구축하던 시기와 가장 가까운 때에 일어난 사건들이 어떤 것이었는지를 보여 주고, 또 그 사건들이 생활양식에 의해 어떤 식으로 다듬어졌는지를 보여 주기 때문이다. 어릴 적의 사건이 정확히 보고되거나 아니면 약간 다르게 회상되든, 또 실제 일어난 것이든 아니면 상상된 것이든, 그건 별로 중요하지 않다.

초기 기억은 이 사람이 무엇을 목표로 삼고 있는가? 이 사람은 자기 자신과 삶에 대해 어떤 식으로 생각하고 있는가? 여기서 그가 추구하는 완성의 목표와 열등감 그리고 열등 콤플렉스와 우월 콤플렉스 등 그 사람의 생활양식을 이해하는 데 도움이 된다.

최대한 주의를 기울여 초기 기억에서 생활양식이 어느 방향으로 잘못되었는지 또 어떤 계기로 사회적 감정이 부족하였는지 등을 알아낼 수 있다. 보통 유치원이나 학교에 처음 나가던 때의 기억은 새로운 환경이 남긴 강렬한 인상을 알게 해 준다. 병이나 죽음에 관한 기억은 종종 위험과 두려움과 연관되어 있으며 어머니나 아버지, 할아버지, 할머니와 같은 사람들이 친절하게 대해 주던 기억 또는 어머니와 시골을 방문한 즐거운 기억은 어릴 때 자기를 애지중지 키웠던 사람을 선호한다는 점을 보여 줄 뿐만 아니라 이들 이외의 다른 사람들은 배제한다는 점을 보여 준다.

아들러(1931)는 어린 시절부터 기억되고 있는 사건은 개인의 주된 관심과 매우 가까운 것이라고도 한다. 그리고 만약 우리가 그의 주된 관심에 대해 더 알 수 있다면, 우리는 그의 목표나 생활양식을 알 수 있을 것이다. 초기 기억을 매우 가치 있는 것으로 평가하는 것은 이런 이유 때문이다. 게다가 우리는 기억 속에서 그의 부모와 가족에 대한 관심을 발견할 수 있다. 기억이 정확한지 아닌지 보다 중요한 것은 그런 기억이 객관적 사실보다 그 개인의 주관적 판단이나 태도를 보여 준다는 점이다.

또한 초기 기억은 개인의 근본적인 생활양식과 그의 삶 중에서 최초로 만족스러웠던 결정을 보여 주고 무엇을 자기 발달의 출발점으로 삼았는가를 한눈에 알 수 있는 기회를 준다. 때로 사람들은 어떤 사건이 처음이었는지 기억할 수 없다면서 대답을 회피하기도 하고 고백하지 않는 경우도 있는데, 그것 자체도 하나의 계시가 된다. 자기의 근본적인 의미에 대해 말하고 싶어 하지 않는다는 것, 그리고 다른 사람들과 협력할 생각이 없다는 사실을 추측할 수 있다.

한 가지 더, 초기 기억 속에서 자기의 주변 인물 중 어떤 사람이 등장하는가에 대해 주의를 기울일 필요가 있다. 기억 속에 자매가 나타나는 경우에 그 사람은 언니나 동생의 영향을 받았다고 생각할 수 있다. 보통 두 사람의 관계를 통해 마치 트랙에서 함께 경주를 하고 있는 것 같은 관계를 발견한다면 그런 경쟁관계가 성장과정에 있어서 곤란을 주었다는 사실을 발견하게 된다. 아이가 자매의 우정에 의해 협력을 배울 시기에 경쟁 관계에 정신이 쏠려 있다면 다른 사람들과 관계를 돈독히 하는 데 자기의 관심을 둘 수가 없게 되었을 것이다.

3. 성격의 형성과정

아들러의 성격에 대한 기본 전제는 전체적/체계적이라는 것이다. 개개의 현상을 분리시켜 생각하는 것은 불충분하고 전체의 상황을 고려하는 것이 중요하다. 각 개인은 특정한 가족적 맥락, 사회적 맥락, 문화적 맥락에서 살아가는 존재로 맥락과 구분될 수 없는 존재로 목적을 가지고 행동하는 창조적인 존재로서 이해될 수 있다. 자기 인식을 통해 가능한 한 자신에 대한 지식이 많아질수록 더 사려 깊은 행동을 할 수 있을 것이고, 다른 사람에게 성공적으로 영향을 미칠 것이며 자신들의 성장이 파국에 이르는 것을 막고 불행한 가족 분위기에서 자랐을지라도 불행한 상태가 고착화되는 것을 막을 수 있게 된다. 성격은 개인이 가진 독특한 사고, 감정, 신념, 확신, 태도, 활동 등으로 표현되며 스스로 선택한 것으로 삶을 반영하는 것이기도 하다(조현춘, 조현재, 문지혜, 2002).

성격은 정신적 발달이 진행되어 온 방향으로 발달한다. 처음에 적극적이고 거침없는 성향으로 시작되었다 하더라도 삶의 난관에 부딪히면서 점차 구부러지고 이런 어려움들을 우회하여 다른 길로 돌아가게 되고 이 우회로에서 또 다른 특정한 성격을 갖게 된다. 사람들 간의 성격 차이는 공동체의식의 크기와 권력에 대한 욕망의 크기에 의해 결정되고 이 둘은 서로에게 영향을 주고 있다. 어떤 유형은 매우 높은 공동체의식을 소유하며 상대적으로 작은 권력욕과 특권의식이 있는 반면, 어떤 유형은 야심적인 성격이 지배적으로 작용해 자신이 다른 사람보다 얼마나 우월한지 보여 주는 데에만 관심을 쏟고 있음을 알 수 있다. 예를 들면, 낙관주의적 성격을 가진 사람은 대체로 성격이 직선적으로 발달된 사람들이다. 대체로 어려움에 용감하게 맞서고 삶을 어렵게 받아들이지 않는다. 자신에 대해 믿음을 갖고 있으며 삶에 대한 유리한 입장을 쉽게 찾아낸다. 자기 자신을 괜찮은 사람으로 평가하기 때문에 요구사항이 많지 않고 위축되어 있지 않아 삶의 역경들을 더 쉽게 견뎌낸다.

겉으로 드러나는 행동에서도 낙관주의자들은 별로 두려워하지 않는 모습이며 다른 사람들과 솔직하고 자유롭게 대화를 나누며 필요 이상으로 주저하지 않는다. 조각상으로 표현한다면 포옹하기 위해 팔을 벌리고 서 있는 모습을 상상할 수 있다(Adler, 1927). 다른 사람들과 어울리고 협력하려는 자세를 보이는 모습으로 표현될 수 있다. 반면에 어린 시절 경험과 인상으로부터 열등감을 갖게 되어 인생이 결코 쉬운 것이 아니라는 것을 느끼게 된 사람들은 삶의 어두운 면에 시선을 두고 삶의 어려움을 더 많이 의식하고 쉽게 용기를 잃는 모습을 보인다. 이러한 개인들은 외현적으로 혼자 있기 힘들어하고 불안감에 휩싸여 무언가에 의지하는 성격을 형성한다. 예를 들어, 어린아이의 경우 엄마만 계속 찾는다거나 끊임없이 엄마를 부르는 모습을 보인다. 이렇게 엄마를 부르는 모습은 때때로 매운 늦은 나이까지도 나타날 수 있다.

4. 건강한 성격의 특성

개인심리학은 개인의 적응수준을 정상과 비정상의 이분법적으로 분류하지 않고 연속선상에 있는 것으로 간주하여 부적응적인 증상은 자기 이해의 부족으로 원인을 둔다. 자신이 어떤 인생목표를 지니고 있으며 어떤 생활양식을 통해 살아가고 있는지에 대한 인식 부족에 기인한 것이다. 개인이 하는 모든 행동, 표현방식, 습관, 성격의 특징 하나하나가 그의 인생의 의미와 합치된다고 본다. 행위 자체가 인간이 살아가는 상태에 대한 각자의 대답인 것이다. 각 개인들은 자신에게 어떤 것이 필요하고 어떤 것이 적절한 것인가, 가능한 것 또는 바라고 싶은 것 등이 무엇인지를 보여 준다고 할 수 있다. 예컨대, 성생활이 친밀하고 다면적인 협동관계에 있고 직업에서 유익한 성과를 거두고 동료와 폭넓은 접촉을 하고, 친구도 많은 사람에게 인생이란 창조적인 과제이고 많은 유익한 기회를 제공하며 희망적이란 느낌을 갖고 있다는 것을 알 수 있다.

아들러는 모든 사람은 공동체에 적응하고 공동체에서 자신의 일을 찾아야만 하고 공동체에 관련해서 발달하고 생활의 활동은 협력으로 이루어져야만 한다고 본다. 인생의 의미를 찾으려는 움직임은 어린 시절부터 계속되는데 여기에서 의미는 타인과의 관계 속에서의 의미로, 마치 어둠 속에서 무언가를 찾기 위해 손으로 더듬어 보는 듯한 모습을 연상할 수 있다. 보통 아이들은 사회적 관심의 발달을 위한 적절한 안내를 받지 못하는 상태에서 나름대로 움직임의 법칙을 발견한다. 이때 인생의 의미를 더 개선시키는 방향은 아이들이 협동하는 일에 대해 훈련받도록 하고 주의를 두게 함으로써 공통과제와 공통놀이를 통해서 자신의 길을 발견해 내도록 안내하는 것이다. 삶의 문제를 해결할 준비를 제대로 못하게 된 원인이 어린 시절 초기에 있으며 잘못된 준비를 바로잡는 것은 경험이나 감정을 통해서가 아니라 실상에 대한 이해가 있을 때에만 가능하다고 본다.

아들러에 의하면 삶의 문제는 언제나 충격을 낳게 되어 있다. 충격을 주는 상황과 영향도 다양하다. 예를 들면, 우정의 관계에서 상대에게 실망한 적이 없거나 그런 경험에 충격을 받지 않은 사람이 있는가? 하지만 그 충격은 그 자체로는 병적인 것이 아니다. 충격이 오래 지속되면서 만성적인 상태가 될 때에 신경증의 조짐으로 심해지고 신경증적인 병리로 나타난다(Adler, 1933).

아들러는 어떤 충격의 영향에서 생기는 징후들을 자신도 모르게 자동적으로 이용하게 될 때 모든 관심을 후퇴하는 것에 집중하여 행동하게 된다고 하였다. 이러한 사람들의 태도는 'yes-but'으로 나타나게 되는데 yes에는 사회적 감정에 대한 인정이 있고, but에는 후퇴를 확보하는 것이다. but이 더 큰 힘을 발휘하게 되면 사회적 감정의 향상을 방해하게 된다. 이런 문제들에 대한 치유는 공동체를 기반으로 진정한 삶의 의미와 개인의 그릇된 행위 사이의 거리를 좁히는 것으로 사회적 관심의 발달을 통해서 자신의 실수에 대한 통찰을 높임으로써 성취될 수 있다.

자신이 다른 사람들과 평등하다고 느끼고 자신이 사회적 역할을 감당할 수 있을 것으로 생각되는 개인은 건강하고 건설적인 방식으로 사회적 활동에 협조적이다. 다른 사람이 자신보다 열등하거나 우월하다고 느끼면 공동체의식이 저하될 뿐 아니라 공동체보다 자기의 이익을 위해서 행동하게 된다. 공동체와 괴리되는 경향이 심화되면 부적응적인 상태를 겪게 된다고 할 수 있다(권석만, 2017).

사례: 초기 기억에 대한 해석

한 소녀에게 자신이 기억하는 초기 기억을 말해 보라고 하였을 때 "세 살 때 아빠가……" 처음부터 아버지가 등장합니다. 이 소녀는 어머니보다 아버지에게 관심이 있었다고 가정할 수 있습니다. 어린아이는 처음에는 어머니에게 더 관심이 많습니다. 한두 살까지는 어머니와의 접촉이 매우 긴밀하기 때문입니다. 어머니를 필요로 하고 어머니와 밀착되어 있습니다.

어린아이는 자신의 상황에 만족하지 못하고 있다면, 이것은 일반적으로 동생이 태어난 것과 관련이 있을 것입니다. 이 기억 속에 동생의 이야기가 나온다면 우리의 추측은 확실한 것이 됩니다. "아버지가 우리에게 조랑말 두 마리를 사주셨어요." 아이는 혼자가 아니라는 사실을 알 수 있습니다. 또 한 사람에 대한 이야기가 나올지 흥미롭습니다. "고삐에 끌려왔어요. 세 살 위인 언니는……" 아마 언니는 사랑을 독차지하고 있었을 것입니다. "언니는 고삐를 잡고 자랑스럽게 조랑말을 데리고 거리를 다녔어요." "내 조랑말은 언니의 조랑말을 쫓아가기 위해 빨리 걸어갔어요, 내가 따라갈 수 없을 만큼." 이것은 결과적으로 언니가 앞장서 갔고 언니가 이긴 것입니다. "조랑말에게 끌려가다가 진흙 속에 넘어지고 말았죠. 자랑거리가 되리라고 기대했던 경험이 비참하게 끝났어요."

이 소녀가 이야기하고 있는 것은 다음과 같은 의미임을 확신할 수 있습니다.

'주의하지 않으면 언니가 늘 나를 이길 거야. 난 언제나 지고 있어. 언제나 진흙 속에 있어. 안전해지는 유일한 방법은 최고가 되는 거야.' 언니가 어머니를 차지하는 것도 이해할 수 있습니다. 이것이 아버지에게 동생의 마음이 기울어진 이유입니다. "나중에 내가 언니보다 말을 잘 탈 수 있게 되었지만, 그때의 실망을 조금도 보상해 주지는 않았어요." 우리의 추측이 확인되었습니다. 자매 사이에서 일어난 경쟁을 볼 수 있었고 동생은 이렇게 느꼈습니다. '난 언제나 뒤처져 있어. 앞지르지 않으면 안 돼. 다른 사람을 제치지 않으면 안 돼.' 이것은 내가 이전에 이야기한 유형으로 둘째나 막내에게서 매우 흔하게 볼 수 있습니다. 이러한 아이들은 언제나 오빠나 언니를 기준으로 두고 그들을 넘어서려고 노력합니다. 이 소녀의 기억은 그녀의 태도를 부추깁니다. 끊임없이 스스로에게 이렇게 말합니다. "누가 나보다 앞에 있으면 나는 위험에 빠지게 된다. 언제나 앞에 서지 않으면 안 된다."

출처: Ader(1931), 한성자(2017). 재인용.

5. 성격이론의 적용

1) 다음 척도 질문을 통하여 자신의 사회적 관심 수준을 알아보고 어느 영역에서 높고 어느 영역에서 낮은지 살펴보고 개선되어야 할 부분에 대해서 토의해 봅시다.

문항	전혀 아니다	아니다	조금 아니다	조금 그렇다	그렇다	매우 그렇다
1. 나는 나와 삶의 방식이 다른 친구/동료들과도 기꺼이 함께 하는 것을 즐긴다.						
2. 나는 힘든 일이 생기면, 다른 사람들(친구/동료/이웃)과 상의하여 해결하는 편이다.						
3. 나는 일/학업에서 동료의 불만이나 요구에 대해 상대방과 협의하여 해결책을 찾는다.						
4. 나는 다른 사람들과 함께 일/공부하는 것을 좋아한다.						
5. 나는 친구/동료 간에 갈등이나 의견 충돌이 있을 때 중재하는 역할을 한다.						

6. 나는 일/학업을 열심히 함으로써 사회에 이바지하려고 한다.						
7. 나는 직업/전공을 선택할 때 돈을 벌기 위한 목적보다 사회에 대한 공헌도를 염두에 두고 선택한다.						
8. 나는 다른 사람들을 위해 자원봉사를 한다.						
9. 나는 사회의 발전을 위해 일/학업에서 꾸준히 연구하고 노력한다.						
10. 나는 모임이나 집단을 위해 어떤 역할/직책을 맡아 봉사하는 것을 좋아한다.						
11. 나는 이성(연인/부부) 관계를 개선하기 위해 독서, 교육, 상담 등에 참여한다.						
12. 나는 이성(연인/부부) 관계에서 상대를 즐겁게 해 줄 수 있는 이벤트나 선물을 준비한다.						
13. 나는 이성(연인/부부) 관계를 좋게 유지하기 위해 신체(외모/체력)를 가꾸는 데 힘쓴다.						
14. 나는 각종 행사가 있을 때, 이를 이성(연인/부부) 관계 파트너와 같이 의논하여 대처한다.						
15. 나는 이성(연인/부부) 관계에서 상대가 원하는 것을 할 수 있도록 돕는다.						
16. 나는 자녀에 관한 사항은 배우자와 의논하여 결정한다.						
17. 나는 이성(연인/부부) 관계에서 문제가 발생하면 시간이 걸리더라도 상대방과 대화를 통해 해결하려고 노력한다.						
18. 나는 이성(연인/부부) 관계에서 취미나 운동 등을 함께 하는 것을 좋아한다.						

출처: 김천수(2017). 개인심리학 이론에 근거한 사회적 관심 척도 개발 및 타당화.
(채점방법: 1~6점, 점수가 높을수록 사회적 관심이 높은 것을 의미함.
1~5번은 사회적 협동, 6~10번은 사회적 기여, 11~13번은 사랑관계 기여, 14~18번은 사랑관계 협동 문항)

2) 개인에게 각자의 생활양식이 있습니다. 생활양식을 구성하는 주요한 요인으로 인생목표(인생과제)가 있습니다. 아들러는 인생의 목표를 향한 갈망이 생활양식 발달에 영향을 미치는 기본적인 역동적 힘이라고 하였습니다.

자신에게 중요한 인생목표는 무엇입니까? 그것이 목표가 된 이유는 무엇입니까?

3) 아들러는 누구나 더 나아지고 싶다고 생각하기 때문에 열등감을 가지게 되고 열등감을 계속 갖고 있기를 원치 않기 때문에, 상황을 개선함으로써 열등감을 제거하고자 노력함으로써 자기성장을 촉진하여 성취하도록 이끄는 원동력이 된다고 하였습니다.

(1) 자신이 생각하는 열등감은 어떤 것이 있고 이러한 열등감의 기원은 무엇이라고 생각합니까?

(2) 열등감을 보상하기 위해 어떤 우월적 목표를 가지고 노력해 오고 있습니까?

(3) 이러한 열등감과 우월 추구의 노력은 자신의 삶에 어떤 영향을 미치고 있다고 생각합니까?

4) 자신이 기억하는 가장 어린 시절 초기 기억은 어떤 것이 있습니까? 그 기억을 떠올리면 어떤 느낌이 듭니까?

....

....

....

5) 부모와 다른 가족들의 관심을 받기 위해 어떤 행동을 한 기억이 있습니까? 형제들과의 관계에서 특히 경쟁을 한 사람은 누구였습니까?

....

....

....

위와 같은 경험이 자신의 성격 형성에 어떤 영향을 주었다고 생각합니까?

....

....

....

제5장

에릭슨의 성격이론

"위기란 재앙의 위협이 아니고 전환점이다."

"어떤 형식으로든 사물과 인간을 돌보며 인간으로서 겪는 승리와 절망에 자신을 적응시켜 온 사람, 타인의 원조(originator)가 되고 생산과 아이디어의 창조자인 사람, 즉 일곱 단계의 열매가 점차 여물어 가는 사람에게 '자아통합'이라는 말 이상의 적당한 표현은 없을 것 같다."

–Erik Erikson–

에릭슨(Erik Erikson)은 정신분석가이자 자아심리학자로 잘 알려진 심리학자 중 한 사람이다. 그는 프로이트가 주창한 원초아(id)와 초자아(superego)에는 관심을 두지 않고 자아(ego)의 발달과 기능에 큰 관심을 기울였다. 에릭슨은 인간의 성격은 평생에 걸쳐 발달해 간다고 보았으며, 모든 심리학적 현상은 생물학적 · 행동적 · 경험적 · 사회적 요인의 상호작용으로 일어난다는 것을 강조하였다. 그가 제안한 심리사회적 발달 단계는 세계적으로 널리 알려져 있으며, 특히 청소년기에 나타나는 정체감 대 역할혼동과 자아정체감이라는 용어는 에릭슨을 대표하는 것으로 유명하다. 에릭슨은 프로이트의 정신분석 체계를 부인했다기보다는 확장했다고 볼 수 있으며, 성격 형성에는 과거뿐 아니라 미래에 대한 해석도 유의미하다고 보았다.

1. 에릭슨의 생애

에릭슨(Erik Homburger Erikson, 1902~1994)

에릭슨은 1902년 독일의 프랑크푸르트(Frankfurt)에서 태어났다. 그가 태어나기 전 그의 부모는 이혼을 한 상태였고, 덴마크 출신의 젊은 유대 여성이었던 어머니는 독일로 옮겨와 에릭슨을 낳았다. 에릭슨의 아버지는 그가 태어난 지 얼마 되지 않아 사망하였고, 어머니는 에릭슨이 3세 때 에릭슨의 소아과 의사인 유대인 홈부르거(Theodore Homburger)와 재혼하였다. 그의 어머니는 에릭슨에게 홈부르거가 친아버지가 아니라는 사실을 여러 해 동안 알리지 않았고, 에릭슨은 후에 이러한 어머니의 행위를 '사랑의 속임수'라고 불렀다. 에릭슨은 37세까지 홈부르거라는 이름을 썼으며 1939년 미국 시민으로 귀화한 후에 에릭슨으로 개명하였다. 이런 사실들은 에릭슨 자신이 실제로 심리적 정체감 형성에 있어 혼란을 겪었음을 짐작해 볼 수 있다.

에릭슨은 대개의 다른 성격심리학자들과는 달리 고등학교 이상의 정식교육을 받지 못하였다. 그는 독일 카를스루에(Karlsruhe)에 있는 고등학교에서 의학을 전공했으나 역사와 예술에 뛰어났으며, 졸업 후 의사가 되라는 양부의 독려를 물리치고 예술가가 되고자 유럽횡단 여행을 떠나 몇 년간 방황의 시간을 보냈다. 그러다 에릭슨은 비엔나를 여행하며 프로이트(Sigmund Freud)의 딸 안나 프로이트(Anna Freud)를 만나게 되었다. 1927년부터 1933년까지 에릭슨은 안나 프로이트의 지도를 받으며 정신분석에 대한 훈련을 받는 기회를 가질 수 있었다. 에릭슨은 그가 알 수 없었던 아버지에 대한 탐구를 하며 프로이트의 정신분석학에 어느 정도 매력을 가지게 되었다. 그는 정식으로 정신분석 훈련을 받으며 안나 프로이트에게서 자기분석을 받기도 했다.

1929년 에릭슨은 안나 프로이트가 운영하는 실험학교의 무용교사와 결혼하였으며, 1933년 가족과 함께 코펜하겐으로 가서 시민권을 얻었고 정신분석 기관 설립을 시도했으나 실패했다. 이후 나치의 위협을 피해 1933년 미국 보스턴(Boston)에 정착한 에릭슨은 1년 동안 하버드 의과대학 신경정신과의 심리학 연구원으로서 임상 및 학술직을 맡았다. 하버드 대학교 심리학과 박사과정을 시작했지만 정규 프로그램에 만족하지 못하고 몇 달 후 그만두었다. 보스턴에서 에릭슨은 헨리 머레이(Henry Murray)와 잠시 일하기도 했다.

에릭슨은 이후 예일(Yale) 대학교, 버클리(Berkeley) 대학교, 펜실베이니아(Pennsylvania) 대학교 등 많은 대학에 초빙되어 연구하고 가르쳤다. 에릭슨은 버클리의 캘리포니아(California) 대학교에서 아동지도에 관한 종단적 연구에 참여하였으며, 정신분석가로서의 직업적 정체성을 확립하고자 노력하였다. 1950년에는 그의 첫 번째 저서『아동기와 사회(Childhood and Society)』가 출판되었는데 에릭슨의 나이가 거의 50세에 가까웠을 때였다. 이 저서는 에릭슨이 미국의 자아심리학의 대표자로 인정받도록 만들었다. 1960년에 에릭슨은 하버드 대학교에서 인간 발달을 가르치는 교수가 되어 '인생 주기'라는 과목을 가르쳤다. 에릭슨은 "정체성 위기(identity crisis)를 포함한 삶의 주기에 대한 나의 전체이론을 그 주기에 있는 사람들에게 어떻게 가르쳐야 하는가를 배우기 위해서 대학에 다시 들어갔다."고 말했다(Erikson, 1970, p. 749). 1970년에 은퇴한 에릭슨은 인간 삶의 주기에 대한 연구를 역사적 인물들과 아동, 특히 소수 집단에 적용하는 것에 많은 노력을 기울였다.

1994년 5월 12일 에릭슨이 사망하자 한국 언론에도 보도될 만큼 그는 20세기 훌륭한 심리학자로서 인간 이해에 지대한 공헌을 하였다. 그리고 에릭슨은 삶의 후반기까지 개인적 · 전문적 노력을 끊임없이 기울이는 모습을 보여 줌으로써 그가 심리사회적 이론을 통해 기술했던 '성숙한 성인'의 모습을 실제 삶에서 살아내었다.

2. 주요 개념

1) 자아정체감

에릭슨 이론의 주요 개념 중 가장 특징적인 것은 자아정체감의 발달이라고 할 수 있다. 에릭슨은 변화하는 욕구의 충족을 위해 환경과 접촉하는 과정에서 자아양식이 경험하는 위기와 극복과정을 성격 발달의 주요인으로 보았다. 긍정적인 경험이 부정적 경험보다 많으면 위기는 긍정적으로 극복되고 긍정적 성격이 형성될 수 있지만, 그 반대의 경우에는 부정적인 성격을 형성한다는 것이다. 따라서 인간은 확고한 자아정체감을 확립하기 위해 일생을 통해 여덟 가지 위기를 성공적으로 해결해야 한다. 각 발달 단계마다 해결해야 할 갈등이 있는데 갈등의 성공적 해결이란 긍정적 측면만을 의미하지 않는다. 갈등에 대한 최상의 해결책은 긍정적 측면과 부정적 측면이 균형을 잡는 것이다. 에릭슨은 성격 발달의 각 단계마다 얻은 강점을 기본적 덕목이라 불렀고, 이러한 덕목들은 우리 삶에서 매우 중요하며 결코 타고나는 것은 아니다(김춘경, 2004).

이처럼 에릭슨 이론의 주요한 초점은 주로 자아의 성장에 관한 것이라 할 수 있다. 에릭슨은 프로이트의 심리성적 발달 단계를 체계적으로 확장한 것일 뿐이라 하지만, 정신분석의 현대적 추세가 대상관계이론 등에서처럼 자아의 중요성을 강조하는데 이런 흐름에 기여를 한 초기 대표 인물이 에릭슨이다. 자아야말로 인간 행동과 기능을 설명하는 가장 주요한 기초가 되며, 이것이 중심이 된 견해가 자아심리학이다. 자아에 대한 에릭슨의 이러한 관심은 그를 '자아심리학의 아버지'라 불리게 하였다. 자아심리학에서 인간은 의사결정과 문제해결의 과정에서 주체적이고 합리적이며 의식적인 존재다. 프로이트가 자아의 역할을 생래적이고 본능적인 욕구와 도덕적 규제 사이의 갈등을 조정하고 절충하는 것으로 본 반면, 에릭슨은 자아가 그 자체로 독립적 자율적 체제로서 지각, 사고, 주의, 기억 등을 통하여 현실을 실제 다루어 나간다고 보았다. 또한 에릭슨은 자아가 형성되는 심리역사적(psychohistorical) 환경을 강조하였다. 즉, 자아는 사회제도와 변화해 가는 가치체계와 상호 밀접한 관련을 맺으며 발달해 간다고 하였다. 또한 다른 문화 속에 살고 있는 사람들의 자아 발달 양상 연구를 통해 이를 보여 주려 하였다.

프로이트와 에릭슨은 심리성적 갈등의 양상과 그 해결책에서도 서로 다르다. 프로이트는 정신의 무의식적 작용과 존재를 해명하고 초기 외상(trauma)이 성인기에 어떻게 정신병리적 증상을 야기하는가에 초점을 두었다면, 에릭슨은 생활에서 오는 정신사회적 위기(hazards)를 극복해 낼 수 있는 인간의 능력에 관심을 가졌다. 이처럼 에릭슨은 다양한 발달 단계에서 나타나는 자아 자질(ego qualities), 즉 덕성(virtures)에 무게를 두었다.

2) 점성원칙

에릭슨은 성격의 발달이 점성적 원리에 따라 진행된다고 하였다. 에릭슨의 인간 발달은 몇 단계로 구분되어 진행되고, 이것은 모든 인간에게 공통적이다. 이러한 발달 단계가 진행되는 과정은 성숙의 점성원칙(epigenetic principle)을 따르기에 인간 발달 모델은 점성적 모델(epigenetic model)로 불린다.

에릭슨이 제시한 인간 여덟 발달 단계는 유전된 성격의 기초 기반(ground plan)이 점차적으로 전개되어 나타나는 결과로 보았다. 점성적 개념이란 이때 인생주기의 각 단계는 그 단계가 우세하게 출현되는 최적의 시간(즉, 극적인 시기)이 있으며, 모든 단계는 계획대로 전개될 때 완전한 기능을 하는 성격이 형성된다는 의미다(Hjelle & Ziegler, 1981).

에릭슨은 점성설의 원리를 "발달하는 모든 것은 생물학적으로 타고난 기본 계획(ground plan)과 같은 원래의 계획이 존재하며, 이 기본 계획을 바탕으로 각 부분들이 저마다 적절한 시기에 형성된다. 그리하여 각 부분들은 전체적인 유기체적 기능을 수행할 수 있게 된다."(Erikson, 1980, p. 53)라고 설명한다.

3) 위기

에릭슨은 심리사회적 발달의 각 단계는 생리적 성숙과 더불어 그 단계에서 직면하는 사회적 요구에 의해 개인 생애의 전환기(turning point), 즉 위기를 만난다고 한다. 달리 말하면 인간 · 성격 발달의 여덟 단계 각각은 발달과업, 즉 특정 시기에 해결해야 할 사회 발달 문제의 특수성을 나타내는 것인데, 성격의 상이한 요소들은 이러한 과업과 위기를 어떻게 해결해 가느냐에 의해 결정된다는 것이다. 자아의 성장과 인간관계 영역의 확장은 그로 인한 자아 기능의 상처도 수반할 가능성이 커지는데 갈등은 에릭슨 이론에서 핵심적인 부분이 된다. 에릭슨은 위기란 '재앙의 위협이 아니고 전환점이므로, 세대적 힘과 부적응의 개체 발생적(ontogenetic) 근원'임을 함축한다고 말했다(Erikson, 1968).

그리고 인간 성격의 각 단계에서 만나는 심리사회적 위기는 긍정적 요소와 부정적 요소 모두를 포함한다. 갈등이 만족스럽게 해결되면 긍정적 요소(자율성, 주도성, 근면성)가 자아에 스며들어 건강한 발달을 이루며, 반대로 갈등이 지속되거나 처음에 불만족스럽게 해결이 되면 자아 발달은 손상을 입고 부정적 요소(수치심, 죄의식, 열등감)가 자아 속에 통합된다. 그러나 처음에 경험하는 성취나 실패의 결과가 변화하지 않는 고정된 것은 아니다. 에릭슨은 인간의 자아는 새로운 내적 갈등과 변화 양상에 결코 둔감하지 않다고 보았다(Erikson, 1964). 중요한 것은 다음 발달 단계의 적절한 적응과 발달을 위해서는 각 발달 단계마다의 위기를 적절히 잘 해결해 가야 한다는 것이다.

3. 성격의 형성과정

에릭슨은 성격의 심리사회적 발달에 대해 여덟 단계를 제시하였는데, 각 단계마다의 특징을 살펴보면 다음과 같다(Hjelle & Ziegler, 1981).

(1) 0~1세: 신뢰감 대 불신감-희망

심리사회 단계의 첫 단계는 프로이트의 구강기에 해당하는 시기이며 적응 대 부적응의 방식은 신뢰감 대 불신감으로 나타난다. 에릭슨은 유아가 타인과 세상으로부터 신뢰감을 얻을 수 있는 능력의 정도는 그가 어머니로부터 받는 양육의 질(quality)에 따라 결정된다고 보았다. 신뢰감은 어머니가 유아에게 친밀감, 일관성, 지속감, 동일성 등의 경험들을 베풀어 주는 능력과 관련되어 있다. 생애의 첫 중요한 심리사회적 위기는 어머니의 보살핌에서 비롯되는데 불신감은 어머니가 관심의 초점을 아기에게 두지 않을 때 증가된다고 한다.

기본 신뢰감 발달에 결함이 심할 때 유아에게는 급성 우울증, 어른에게는 편집증으로 나타난다. 신뢰감 대 불신감에 대한 위기는 생후 1~2년 동안에 영구적으로 해결되지는 않으며, 점성원칙과 마찬가지로 유아기에 집중되기는 하지만 후속되는 발달 단계에 다시 나타난다. 위기에 대한 적절한 해결은 유아의 성격 발달에 중요하기 때문에 에릭슨은 유아의 건강한 성장 발달이 전적으로 신뢰감에서만 오는 것이 아니라 신뢰와 불신의 적절한 비율로부터 온다고 보았다.

에릭슨은 신뢰 대 불신의 갈등이 성공적으로 해결되어 얻어진 심리사회적 능력 혹은 덕성을 희망이라고 보았다. 신뢰는 희망을 위한 유아의 능력인 것이다.

(2) 1~3세: 자율성 대 의심 및 수치심-의지

에릭슨의 심리사회적 단계의 두 번째인 적응 대 부적응 방식의 특성은 자율성 대 의심 및 수치심(autonomy vs, doubt, shame)이다. 프로이트의 항문기인 2~3세 동안 아이들은 다양한 신체적 · 정신적 능력을 발달시킨다. 에릭슨에 의하면 이 기간은 아동이 사회적 양식(social mode)—소유 혹은 관용—에 대한 선택을 하는 시기라고 보았다.

근육의 성숙은 양면적인 사회적 양식, 즉 보유와 방출의 단계를 설정하며, 호의와 고집의 비율을 결정짓는다. 자아존중감을 상실하지 않은 자기조절감(sense of self-control)은 자유의지의 확신을 갖게 해 주는 바탕이 된다. 과잉조절감과 자기조절 상실감은 의혹과 수치심의 지속적 성향을 증가시킬 수 있다(Erikson, 1968).

에릭슨은 이 단계의 심리사회적 위기를 만족스럽게 넘기느냐의 여부는 유아가 자기 삶에 영향을 미치는 그런 활동들을 자유롭게 조절하도록 점차적으로 허용하는 부모의 의지에 달려 있다고 본다. 자율성이란 유아에게 무제한의 자유를 허용하는 것이 아니라 '자유의 정도'를 반드시 유지해야 하는 것을 의미한다. 유아의 수치심은 유아가 자율성을 행사하도록 허용하지 않을 때 유아의 분노가 내면으로 향해 얻는 경험과 유사하다. 유아 스스로 할 수 있는 것을 부모가 대신 하거나 반대로 유아 스스로 할 수 없는 것을 부모가 기대한다면 마찬가지로 수치심이 생긴다. 부모가 이처럼 계속해서 과잉보호적이거나 무관심하다면 유아는 타인에 대해 뚜렷한 수치심을 가지게 되고 외부 세계와 자신을 통제하는 스스로의 능력에 대해 의심을 가지게 된다. 에릭슨은 수치심이나 의혹, 타인에 의해 지배당하는 것에서 오는 분노와 같은 경험에도 불구하고 자기억제와 자유선택을 행사하려는 꺾이지 않는 결정을 의지력이라고 하였다. 이 단계의 긍정적 발달은 의지라는 덕목을 발현시킨다.

(3) 3~5세: 주도성 대 죄의식-목적

주도성 대 죄의식은 에릭슨이 '유희 연령'이라고 칭한, 학령기 전 아동이 마지막으로 경험하는 심리사회 갈등이다. 아동의 사회적 위계가 아동을 활동적이 되도록, 새로운 과업과 기술을 익히도록, 그리고 생산적이 되어서 인정을 받도록 고무하는 때다.

유아가 자신의 죄의식을 바람직하게 극복하고 주도성을 지닌 채 이 단계를 지나갈 것인지의 여부는 부모가 유아의 주도적 행동에 어떻게 반응하는가에 달려 있다. 주도성의 발달은 부모가 자녀의 호기심을 인식하고 금지하지 않을 때 보다 더 조장된다. 이 단계의 성공적 발달은 유아의 행동이 '목표지향성'으로 되게 하는 것을 말한다.

(4) 6~11세: 근면성 대 열등감-능력

이 시기는 프로이트 이론으로는 잠재기에 해당하며 아동은 처음으로 형식적 교육을 통하여 문화에 대한 기초 기능을 배우게 된다. 잘 짜여진 규칙에 순응하는 '자기 차례 지키기(take-turn)'에 참여할 수 있는 것이 이 시기다. 이성의 부모에 대한 사랑과 동성 부모에 대한 경쟁의식이 승화되고 배우려는 의욕과 생산적인 태도를 지닌다.

에릭슨에 의하면 아동은 학교를 다녀서 그들 문화에 대한 기술을 이해하기 시작할 때 근면감(sense of industry)이 발달한다. 부모와 교사, 주변인으로부터의 칭찬과 격려는 아동의 근면감을 발달시킨다. 반면 아동이 성취한 결과에 대해 무관심하거나 조롱하고 꾸중하게 되면 아동은 자신을 부적절하게 인식하면서 열등감을 느끼게 된다. 이처럼 이 시기의 위험은 열등감이나 무능감이 발달될 가능성이 있다는 것이다. 아동이 자신의 기술이나 지위가 또래와 비교해 열등하다고 생각되면 앞으로의 학습 추구에서 용기를 잃는 결과를 가져 올 수 있다.

아동이 능력과 근면성을 느끼는 것은 적어도 문자문화에서는 거의 교육적 성과에 영향을 받는다고 할 수 있다. 그러나 에릭슨은 교육적 성과라는 제한된 의미에서 아동의 발달을 보아선 안 된다는 입장이었다. 아동의 학업적 성취나 과업을 가치 판단의 유일한 기준으로 인정할 경우 아동은 단지 사회가 정한 역할위계에 종속되는 노예와 같은 존재가 되는 것이다. 에릭슨에게 있어 근면성이란 단순히 교육적 성취나 직업적 열망만을 의미하는 것이 아니라 그 이상의 것이다. 즉, 아동이 발달시키는 인간관계적 능력감, 즉 자기가 개인적으로나 사회적으로 의미 있는 목표를 추구하는 가운데 사회환경에 적극적인 영향을 발휘할 수 있는 자신감을 의미한다.

(5) 12~18세: 자아정체감 대 역할혼동-성실성

에릭슨의 인생주기에서 다섯 번째인 청소년기는 개인의 심리사회적 발달상 매우 중요하다. 에릭슨은 청소년기에 나타나는 새로운 심리사회적 문제는 긍정적 측면에서는 자아정체감을 가지게 하고, 부정적 측면에서는 역할혼동이 생긴다고 하였다.

에릭슨에게 있어 자아정체감이란 결과적으로 생긴 자신감으로서, 이 자신감은 내적 동일감과 일관성을 유지하려는 한 개인의 능력이, 타인이 그에게서 발견하는 통일감 그리고 일관성과 일치될 때 생긴다(Erikson, 1963b). 에릭슨은 초기 아동기가 성공적일 때 긍정적인 청소년기를 보낼 수 있으며, 적절한 성인의 성역할은 개인의 정체감 발달에 필수적인 것으로 보았다. 불행한 어린 시절의 경험이나 현재의 사회환경 때문에 정체감 발달에 실패하면 에릭슨이 말하는 '정체감 위기'를 가져온다. 정체감 위기 혹은 역할혼동은 직업을 선택하지 못하거나 추후의 교육을 추구하지 못하는 것으로 가장 잘 특징지어진다.

이 시기 적절한 자아정체감의 발달은 성실성을 통해 나타난다. 에릭슨에 따르면 성실성은 '가치체계의 불가피한 모순에도 불구하고 스스로 지킬 것을 약속한 충성심을 유지하려는 청소년기의 능력'을 나타낸다고 하였다(Erikson, 1968). 자아정체감의 기반으로서 성실성은 사회적 습관이나 윤리, 이데올로기를 지각하고 이것들을 지키려는 젊은이의 능력을 가리킨다.

(6) 19~35세: 친밀감 대 고립감-사랑

생애 주기의 여섯 번째 단계는 공식적인 성인 생활이 시작되는 시기로서 청소년 후반부터 성인 초기에 해당한다. 에릭슨은 인간이 성적 친밀감과 사회적 친밀감을 갖게 되는 것은 이 시기라고 주장하였다. 이 시기 이전에는 인간의 대부분의 성적 행동은 자아정체감에 대한 탐색으로 동기화된 것으로 보았다.

에릭슨이 말하는 '친밀감'은 의미와 범위가 매우 다양한데, 친밀감은 친구, 배우자, 형제자매, 부모, 친척 등과 나누어 갖는 것이다. 인간은 성인 초기에 자기 상실에 대한 두려움 없이 자신의 정체감을 누군가의 정체감과 융합시킬 수 있어야 한다. 친밀한 관계에서 자신의 자아정체감을 융합시키는 것과 동시에 자신의 자아정체감이 상실되어선 안 된다.

그리고 에릭슨은 '자신에 대한 친밀감'을 언급하였는데, 그것은 자신의 무엇을 상실한다는 두려움 없이 "당신의 자아정체감을 그 외의 누군가와 연합시키는 능력"이라고 하였다(Evans, 1967). 에릭슨은 이러한 양상의 친밀감을 성공적인 결혼을 위한 필수적 요소라 하였다. 에릭슨에 의하면 진정한 의미의 친밀감이란 자기 자신에 대한 통합된 정체감을 먼저 성취하지 않으면 형성될 수 없다고 본다. 즉, 다른 사람과 혹은 자기 자신과 진정으로 친밀하게 되려면, 자신이 누구이며 무엇인가에 대한 확고한 느낌이 먼저 발달되어 있어야 한다는 것이다. 사랑에 쉽게 빠지는 청소년기는 다른 사람을 통해 자신의 자아정체감을 탐구해 보는 시기이며, 에릭슨은 청소년기의 결혼이 20대의 결혼보다 안정적이지 않은 것은 많은 경우 배우자를 통하여 자신의 자아정체감을 찾으려 하기 때문이라는 것이다. 에릭슨은 결국 친밀감 획득이 가능한 사람이란 사랑을 하고 일을 할 능력을 가진 사람으로 보았다.

이 단계에서의 위험은 자기도취나 친밀감과 사회적 관계를 맺게 해 주는 사람들과의 관계를 피하는 것이다. 자기도취된 사람들은 직업을 쓸모없는 것으로 생각하여 직업에서 소외감을 가지기 쉽다. 에릭슨은 극심한 소외가 반사회적 성격과 정신병리적 성격을 낳는다고 하였다. 이들은 자신의 정체감을 다른 사람들과 나누지 못하기 때문에 긴 시간 동안의 강도 있는 인간관계를 맺지 못한다. 친밀감을 형성할 수 없는 사람은 고립감에 빠지는데 대개 다른 사람들과의 접촉을 피하며, 자신의 자아를 위협하는 것으로 생각되는 사람들을 거부하고 공격하는 특성을 보인다. 이런 사람들은 친밀감을 두려워하므로 홀로 있는 것을 좋아한다.

친밀감 대 고립감의 단계를 잘 발달시키면 사회심리적 능력인 사랑이 발생한다. 에릭슨은 사랑이란 사랑에 대한 낭만적이고 애정적인 특징에 더하여 자신을 타인에게 관여시키고 이 관여를 지키려는 능력으로 보았다.

(7) 35~50세: 생산성 대 침체감-배려

에릭슨의 생애주기의 일곱 번째인 이 시기는 적응 대 부적응의 방식이 생산성과 침체감으로 나타난다. 이 단계는 중년기로서 인간의 완전한 성숙기이며 다음 세대를 가르치고 인도하는 것에 직간접적으로 참여하는 것이 요구된다. 에릭슨은 모든 단체나 조직이 인간의 생산성을 표현하고 보호하며 강화시킨다고 보았다. 인간은 자신이 속한 조직에서 다음 세대에 영향을 끼치고 이끌고자 하는 욕구를 만족시킬 수 있다. 생산성 있는 행동이 중년기 개인에게 나타나지 않으면 그는 침체감, 권태, 대인관계 악화 상태에 빠지게 된다. 개인은 퇴행하여 어린아이처럼 행동하며 자신의 욕구와 만족에 완전히 빠져 버려 신체적 · 심리적 문제를 일으킨다.

이 단계를 긍정적으로 발달시켜 나갈 때 '배려'의 능력이 발현된다.

(8) 55세 이상: 자아통합 대 절망감-지혜

에릭슨의 생애주기의 마지막 단계에서 개인은 인생의 황혼기를 맞이하여 자아통합이나 절망의 상태에 있게 된다. 이것은 자신의 삶을 전체적으로 바라보는 방법을 좌우하게 된다. 이 시기는 자신이 살아온 삶을 되돌아보고 검토하며 평가하는 숙고의 시간이다. 이때 스스로 충족감과 만족감으로 삶을 되돌아보게 된다면 그는 자아통합을 하게 된다. 반대로 돌이킬 수 없는 인생이 실수에 대해 후회하고 지나가 버린 기회에 분노하고 좌절감과 증오로 자신의 삶을 바라본다면 그는 절망의 상태에 있게 된다. 이 단계에서의 성공적인 자아통합은 지혜를 발현시킨다.

4. 건강한 성격의 특성

에릭슨 이론에서 건강한 성격이란 자아정체감이 잘 발달된 사람이라고 할 수 있다. 따라서 인간 성격의 8단계를 긍정적으로 발달시킨 경우 건강한 성격의 소유자로 볼 수 있다.

에릭슨은 신경증 환자와 정신증 환자는 자신이 경험하는 것에 대한 통제감이 매우 부족하여 혼란스러운 정체감을 지닌 사람들이라 하였다. 이들의 자아는 미약하고 부적절하여 타인들과 관계 맺기가 불가능하며 사회 내에서도 자신의 자리를 공고히 하지 못한다. 에릭슨은 인생의 초기 첫 단계에서 기본적 신뢰를 형성하지 못하면 후에 조현병 같은 심각한 정신병리를 유발할 수 있다고 보았다. 또한 타인에 대한 신뢰감을 형성하지 못하면 외부 현실과 단절되어 자신만의 세계에 머무르게 된다. 신경증은 성인기 초기에 타인과의 친밀감을 형성하지 못한 경우 발달되며, 신경증 환자들은 친밀한 관계에서 오는 위험요소들과 책임을 수용할 수 없는 외롭고 소외된 사람들로 보았다. 에릭슨은 이러한 내담자들을 치료하는 것은 정체감을 강화시키는 치료적 경험을 하게 하는 것이라 믿었다. 자아가 강한 사람은 자신을 다른 사람들에게 드러냄으로써 오는 실망이나 상처, 거부감 등에 잘 대처해 간다고 보았기 때문이다.

성격 발달의 각 단계에서 성공적 발달이 이루어지지 못했을 때, 어떠한 병리적 특성들이 발현되는지 살펴보면 다음과 같다.

성격 발달의 1단계에서 기본 신뢰감 발달에 결함이 심할 때, 유아에게는 급성 우울증, 어른에게는 편집증으로 나타난다. 신뢰감 대 불신감에 대한 위기는 생후 1~2년 동안에 영구적으로 해결되지는 않으며, 점성원칙과 마찬가지로 유아기에 집중되기는 하지만 후속되는 발달 단계에 다시 나타난다. 2단계에서 유아가 자율성을 획득하지 못하고 의심과 수치심을 얻을 경우, 유아는 망설임이 많고 공포감을 쉽게 느끼며 자신감이 없어 자신을 주장하지 못한다. 이때 유아는 주변 사람들에게 도움을 청하며 타인이 자신을 위해 무언가를 해 주기를 바라게 된다. 에릭슨은 이런 유아가 성인이 되면 강박적 행동을 하거나 피해망상에 사로잡힌 편집증적 증상을 보인다고 하였다. 3단계에서도 에릭슨은 아동의 지속적인 죄의식은 일반화된 소극성, 성적 무기력, 불감증, 정신병리적 행동 등의 성인 유형의 정신병리로 발전된다고 하였다. 4단계에서는 아동은 자신이 가진 학업적 능력과 기술, 지위가 또래에 비해 열등하다고 느끼게 되면, 앞으로의 학습 추구에서도 자신감을 잃으면서 열등감과 무능력감을 발달시킨다. 5단계 청소년 시기에는 여성과 남성에 대한 동일시가 적절하게 생기면 알맞은 성적 특질을 갖춘 건강하고 조화로운 성격이 발달하는데 그렇지 못할 경우, 즉 적절한 성적 정체감을 발달시키지 못하게 되면 양성 혼란(bisexual diffusion)을 초래하여 정체구조를 악화시키게 된다. 또한 청소년기 정체감 발달의 실패는 정체감 위기를 가져와 직업선택에서의 어려움이나 추후의 교육을 추구하지 못하게 하기도 한다. 갈등에 빠진 청소년은 무력감, 혼란감, 허무감을 느끼며 부모나 주변 사람들의 기대와 반대로 부정적 정체감을 추구하기도 한다. 에릭슨은 범죄행위를 이런 면에서 설명한다. 그러나 에릭슨은 우리의 자아정체감은 일생을 통해 끊임없이 추구해야 할 것으로서, 인생은 계속적인 변화라는 사실을 강조한다. 따라서 청소년기의 정체감 혼란과 실패가 그의 삶을 패배로 끌어간다고 할 수 없다. 6단계에서는 친밀감을 형성시키지 못할 때 자기도취, 사회적 공허감, 소외감을 느끼면서 반사회적·정신병리적 성격이 될 수 있다. 7단계에서 생성의 실패는 개인적 안위나 욕구가 주된 관심이 되면서 자기도취, 자기탐닉에 빠지면서 인간관계가 황폐해진다. 이것은 흔히 우리가 말하는 중년의 위기로서 삶에 대한 절망감과 깊은 허무감에 빠진다. 마지막 8단계에서 자아통합에 실패하는 경우, 절망감이 심하게 되면 노인성 정신병(senile), 우울증, 히포콘드리아증에 걸리게 되어 심술궂고 과대망상의 증상을 보이게 된다(Hjelle & Ziegler, 1981).

5. 성격이론의 적용

1) 에릭슨의 성격에 대한 심리사회적 8단계 발달이론에 비추어 자신의 각 시기별 발달과

정은 어떻게 이루어졌는지, 자신의 성장과정을 돌아보며 적어 봅시다.

1. 0~1세: 신뢰감 대 불신감–희망

2. 1~3세: 자율성 대 의심 및 수치심–의지

3. 3~5세: 주도성 대 죄의식–목적

4. 6~11세 :근면성 대 열등감–능력

5. 12~18세: 자아정체감 대 역할혼동–성실성

6. 19~35세: 친밀감 대 고립감–사랑

7. 35~50세: 생산성 대 침체감-배려

8. 55세 이상: 자아통합 대 절망감-지혜

2) 에릭슨은 자아정체감을 일생을 통해 계속 발달시켜 가는 투쟁으로 보았습니다. 1)번 활동의 결과를 토대로 자신의 생애주기 발달 8단계를 자신이 원하고 목표하는 바대로 새롭게 고쳐 써 봅시다. 현재 6단계에 이른 사람이라면 앞으로 다가올 7, 8단계는 희망하고 바라는 바대로 씁시다. 다음 글은 에릭슨 생애주기의 마지막 8단계에 이른 사람이 쓴 것입니다. 이를 참고로 하여 자신의 전 인생을 다시 한번 돌아보며, 새롭게 구상하고 설계해 봅시다.

〈내가 인생을 다시 산다면〉

-85세에 하늘나라로 돌아간 미국 켄터키 주의 한 노인이 쓴 시-

내가 인생을 다시 산다면
다음번에는 더 많은 실수를 저지르고
긴장을 풀고 몸을 부드럽게 하리라.
내가 만약 인생을 다시 살 수만 있다면
지난번 살았던 인생보다 좀 더 우둔해지며
가능한 한 심각해지지 않고
더욱 즐거운 기회를 잡으리라.
여행도 더 자주 다니고
혼자서 석양을 더 오래도록 바라보리라.

산에도 더 자주 가고

강에서 수영도 해야지.

아이스크림도 많이 먹고

먹고 싶은 것은 참지 않고 먹으리라.

그리고 이루어지지 않는 과거와 미래의

상상 속 고통은 피하리라.

내가 인생을 다시 산다면

나는 한순간 한순간, 하루하루를 깨어 있으리라.

아! 나는 지금까지 많은 순간들을 맞이했지만

그러나 내가 인생을 다시 살 수만 있다면

의미 있고 중요하며 깨어 있는 순간들 외엔

의미 없는 순간은 갖지 않으리라.

그리고 아주 간단한 복장을 하고 자주 여행길에 오르리라.

춤추는 장소에 자주 가고

회전목마도 자주 타리라.

(*출처-오제은의 '자기사랑노트')

제6장

클라인의 성격이론

"좋은 젖가슴은 안으로 받아들여져 자아의 일부가 되고,
처음에는 엄마 안에 있던 아기가 이제 자기 안에 엄마를 갖는다."
"유아는 사랑의 능력이 충분히 발달해야만 즐거움을 완전히 경험할 수 있다.
그리고 즐거움은 감사의 근원이 된다.
젖가슴에 대한 만족의 경험이 늘어날수록
그리고 완전히 수용 받는 경험이 증가할수록 즐거움과 감사도 늘어난다."
–M. Klein–

프로이트가 어른 내면 속에 숨어 있는 아이를 찾아 나섰다면 클라인은 어른 내면 속 아이뿐만 아니라 아이 안에 숨겨져 있는 유아를 찾아 나섰다고 볼 수 있다. 그녀는 어머니로서 자신의 자녀들을 관찰함으로써 남성 동료들이 할 수 없었던 방식으로 아이들을 분석했다. 이를 통한 통찰로부터 클라인은 아이들의 출생 직후 몇 달간에 초점을 맞추는 세부 분야를 개척하며, 판타지와 방어, 불안이 포함된 유아의 정신세계를 강조했다. 그녀는 유아기의 관계 맺음 방식이 성인기에 표현되는 성격 유형과 관련이 있으며, 시기심이나 질투와 같은 기본적인 성격 특성의 발달뿐만 아니라 사랑과 감사의 능력에도 강한 영향을 미친다고 믿었다. 이러한 학문적 성과로 클라인은 흔히 대상관계이론의 흐름을 창시한 사람으로 간주되며(Gabbard, 1996), 프로이트 이후 현대 정신분석에 누구보다 많은 영향을 끼친 사람으로 인정받고 있다(Mitchell & Black, 1996; 최영민, 2017 재인용).

1. 클라인의 생애

클라인(Melanie Reizes Klein, 1882~1960)

멜라니 클라인(Melanie Klein)은 1882년 오스트리아 비엔나에서 폴란드계 헝가리 유대인 집안의 4남매 중 막내로 태어났다. 그의 아버지 모리스 라이제스(Moriz Reizes)는 정통 유대교 집안에서 태어나, 아들이 랍비가 되길 바라는 부모의 뜻과 달리 의사가 되었다. 47세에 스물네 살 어린 리부사 도이치(Libussa Deutch)와 결혼에서 얻은 네 아이 중 막내가 멜라니 클라인이다. 클라인은 나이 든 아버지와 그리 가까운 편은 아니었지만 폭넓은 독서를 즐겼던 그에게서 지적인 자극을 많이 받았다. 아버지는 그녀가 열여덟살 때 세상을 떠났다. 클라인의 어머니는 가게를 열어 어려운 가정을 도우며 가족을 부양했으나 클라인에게 어머니는 질식할 것 같은 존재였다. 심지어 클라인이 행복하지 않기를 바라는 존재였다고 클라인의 전기 작가인 그로스커스(Grosskurth)는 기술하고 있다(Grosskurth, 1986; 최영민, 2017).

클라인에게는 위로 언니 둘과 오빠 하나가 있었는데, 클라인이 여덟 살이었을 때 둘째 언니 시도니(Sidonie)가 오랜 투병 끝에 죽었다. 클라인은 시도니를 아름답고 친절한 언니로 기억하며 일평생 시도니에 대해 깊은 감사와 애정을 갖고 있었다. 반면 아버지가 자신보다 첫째 에밀리(Emilie)를 더 좋아하고 어머니는 오빠 에마누엘(Emanuel)을 끔찍이 사랑한 것에 대해 심한 질투심을 느꼈다.

그녀의 가족은 돈벌이가 시원찮았던 아버지 대신 생계를 꾸려갔던 어머니 리부사를 중심으로 움직였다. 클라인에게 어머니는 애증이 가득한 존재였지만 오히려 어머니를 사랑과 헌신의 상징으로 이상화했고, 어머니가 그랬듯이 오빠 에마누엘을 숭배했다. 그녀는 언니 시도니가 죽은 후부터는 오빠 에마누엘과 가장 가까이 지냈다. 그녀에게 에마누엘은 자신을 무시한다고 느꼈던 아버지와 달리 그녀의 명석함을 알아보고 학문을 계속하도록 격려해 주었던 대리 아버지였다. 에마누엘은

1902년에 죽었는데 그의 죽음은 클라인의 성격의 한 부분으로 지속되었던 우울증에 적지 않은 영향을 미쳤다.

그녀는 오빠의 소개로 만난 아더 스테판 클라인(Arthur S. Klein)과 21세에 결혼해서 세 명의 자녀를 두었다. 클라인은 자서전에서 자신이 그 결혼을 결정한 것이 곧 실수라는 것을 깨달았지만 어머니와 오빠에게 말할 수 없었으며, 자신의 결혼생활에 대해 스스로 행복하지 않다는 것을 늘 알고 있었지만 빠져나갈 길이 보이지 않았다고 기술하고 있다(Grosskurth, 1986). 그녀는 결혼생활 중 더욱 깊은 우울에 빠졌다.

1914년 어머니가 사망하자 더 큰 위기를 경험하게 되었고 이 시기에 클라인은 정신분석을 발견하게 된다. 그 무렵 남편의 전근으로 정착한 부다페스트에서 프로이트의 저서를 읽은 그녀는 이후 전 생애에 걸쳐 정신분석에 대한 관심을 지속적으로 가지게 된다. 헝가리의 정신분석학자 페렌치(S. Ferenczi)에게 분석을 받은 클라인은 분석가가 되겠다는 결심을 했고 그의 지원을 받으면서 아동정신분석 분야에서 작업을 하기 시작했다. 이것이 그녀가 우울을 극복하게 된 결정적 요인이 되었다. 1920년 헤이그 정신분석학회(Hague Psychoanalysis)에서 그녀는 아브라함(K. Abraham)에게서 깊은 인상을 받았다. 아브라함은 그녀의 아동 분석에 대해 격려해 주었으며, 그녀를 분석하기 시작했다. 그러나 14개월 후 그의 죽음으로 이 분석은 갑작스럽게 중단되었지만 그와 함께한 14개월 동안의 분석은 그녀에게 정신분석에 대한 진정한 이해를 심어 주었다(Gomez, 1997). 그녀는 그를 진정으로 존경했으며 감사해했다.

그 사이에 클라인의 결혼생활은 더욱 악화되어 오랜 양육권 분쟁 끝에 1926년 그녀는 이혼을 했다. 클라인과 그녀의 딸 멜리타(Melitta)와의 관계는 매우 불안했었는데 딸이 정신분석가로 입지를 굳힌 후에 더 악화되어 심지어 멜리타는 어머니 클라인을 영국 정신분석학회에서 축출하는 데 앞장섰다. 어머니에 대한 멜리타의 불만은 어렸을 때 자신들의 어려움에 충분히 주의를 기울이지 않았다는 것이다. 멜리타의 공격과 분노는 공공연하고 악의적이었지만 클라인은 보복하지 않았다. 끝내 두 모녀는 화해하지 못했다(최영민, 2017). 클라인과 어머니 사이에서 시작되었던 융합과 결핍이 그녀와 딸 사이에서 계속되었고, 그것의 이면에는 증오와 질투심이 자리

잡고 있었던 것 같다. 그녀의 맏아들 한스(Hans)도 등반사고로 죽어 막내아들 에릭(Eric)만이 그녀 곁에 남게 되었다.

이렇듯 클라인은 삶의 대부분을 계속되는 애도 상태에서 보냈다고 할 수 있다. 그녀의 고통은 자신의 이론을 구성하는 생애 초기의 상실과 죄책감, 외로움, 시기심, 박해를 세밀하게 연구하는 데 활용되었다. 그녀는 인정을 받고 성공을 거두었지만 자신의 이론이 얼마나 지속될 것인지에 대해서 늘 불안해했다. 사람을 대하는 요령이 부족하고 적대적이어서 사람들에게 두려움 혹은 적개심을 불러일으켜 어느 누구와도 친밀히 지내지 않았다(Gomez, 1997). 클라인은 1960년에 암으로 사망했다. 본인의 요청으로 장례 절차에는 어떤 종교적인 의식도 행해지지 않았다.

클라인은 아이들의 마술적이고 공포에 쌓인 정신세계에 대하여 많은 시사점을 주었다. 아이들의 대상관계적 내적 세계에 대한 클라인의 이해는 그녀의 뛰어난 업적으로 평가된다. 또한 그녀가 제시한 발달 개념들은 심각한 장애 및 관계 갈등에 관해 통찰을 제공하였다(St. Clair, 1996).

2. 주요 개념

1) 죽음 본능

죽음 본능은 죽음 자체를 향하는 본능으로 자기를 공격하는 근원적인 파괴성이다. 클라인은 이러한 죽음 본능의 파괴적 공격성이 출생 초기부터 있으며 유아의 정신세계에서 중심 역할을 한다고 생각했다. 그녀도 프로이트처럼 삶이란 사랑하고자 하는 충동과 파괴하고자 하는 충동 사이의 갈등을 조절하는 것으로 보았다. 유아 불안의 원인도 공격적 환상 때문이며 태어났다는 사실을 원 상태로 돌리고 갈등과 좌절이 없다고 가정되는 출생 이전의 상태로 되돌아가려는 삶의 초기의 필사적인 노력이라고 묘사하였다. 이러한 죽음 본능에 대한 불안 처리방식이 유아의 삶의 원동력이 되고 또 갈등의 중심이 된다고 했다.

2) 판타지

클라인은 아들 에릭을 관찰하면서 유아들이 엄마와 주변 사람을 '환상'을 통해 본다는 것을 발견하고 유아의 내적 세계는 태어나면서부터 존재하는 정신활동 형태인 판타지(phantasy)의 세계를 포함하고 있다고 했다. 그녀는 연구를 확장하면서 유아들이 무의식 환상을 통해 세계와 관계 맺는다고 확신했다. 배가 고픈 유아는 젖가슴의 감각이나 우유의 맛을 상상함으로써 일시적으로 자신의 배고픔을 통제할 수 있다(Klein, 1935). 이러한 과정은 심리적 수준에서 일어나지만 유아는 판타지를 정신뿐만 아니라 신체적으로도 생생하게 실제로 느낀다. 이 단계의 유아들은 현실과 판타지를 구분하지 못하기 때문이다. 자신의 입으로 빠는 소리를 내거나 자신의 손가락을 빨면서 유아는 자기가 실제로 젖가슴을 빨고 있다고 생각한다. 또한 유아는 모든 좌절과 불쾌감을 적대적인 세력이 자신을 공격하는 것이라고 생각한다. 엄마에게 화가 났을 때는 엄마가 자신을 독살하려고 위협하는 마녀로 여기고 기분이 좋고 애정을 느낄 때는 결혼하고 싶은 공주로 본다. 이러한 격렬한 두려움과 유사한 감정들은 유아가 이러한 상태를 다루기 위해 사용하는 기제와 함께 성인 정신질환자가 보이는 혼란한 내적 세계와 비슷하다. 그래서 유아는 부모가 하지 않았던 생각도 부모가 했다고 생각한다. 부모의 실제 행동은 아이가 그 행동을 기존의 환상을 확증하거나 부인하는 것으로 받아들일 수 있으므로 중요하다.

3) 대상

대상(object)은 엄마를 비롯하여 개인이 관계를 맺는 타자를 총칭하는 것으로서, 개인과 중요한 타인 또는 중요한 애정 대상(love object)과의 관계를 대상관계(object relation)라고 한다(권석만, 2015). 프로이트 성격이론의 본질적 핵심이 본능적 욕동의 변화와 좌절이라면, 대상관계 이론가들에게 한 사람의 성격 형성에 있어 가장 결정적인 요소는 인간관계적 환경이다. 즉, 내적인 본능적 측면의 강조보다는 관계성에 우위를 두고 있다. 클라인은 대상 없이도 본능이 존재한다는 프로이트 개념을 비관하여 모든 충동과 본능은 대상과 묶여 있다고 보았다.

유아는 자아와 지각적 능력이 매우 미성숙해서 한 번에 한 사람의 일부분이나 한 면에만 관심을 둘 수 있다. 그래서 부분 대상과 관계를 맺는다. 유아에게 있어 첫 번째 부분 대상은 엄마의 젖가슴이다. 유아는 발달의 초기에 만족 아니면 박탈만을 경험한다. 유아는 안겨서 젖을 먹게 되면 젖가슴을 쾌감과 만족을 주는 좋은 대상으로 여기고, 박탈당하면 나쁜 대상으로 인식하게 된다. 모든 대상에 대하여 맺는 판타지 성격의 비현실적 관계는 이러한 경향성으로 인한 것이다.

4) 심리기제

유아가 젖가슴과 관계를 맺으며 느끼는 강렬한 욕구, 공포, 감정을 조절하기 위하여 사용하는 다양한 심리기제에는 투사, 내사, 분할, 투사적 동일시가 있다.

- 투사(projection)는 실제로는 유아 자신의 감정인데 마치 어떤 대상이 그것을 가지고 있는 것처럼 믿게 된다. 젖을 잘 먹고 배가 부르면 만족감을 얻고 그것을 대상으로 돌려 그 젖가슴은 좋은 것으로 믿는다. 그래서 평생에 걸쳐 좋고 이롭다고 느껴지는 모든 것들의 원형이 되고 나쁜 젖가슴은 사악하고 박해하는 모든 것들을 대표하게 된다.
- 내사(introjection)는 외부 세계로부터 인식한 무언가를 자기 안으로 끌어들이는 정신적 판타지다. 클라인은 유아가 외부 대상을 그 본래의 모습으로 지각하기보다 먼저 내면의 환상을 투사하여 경험한 후 그 내용을 다시 내사해서 대상을 재경험한다고 생각하였다(최영민, 2017). 따라서 유아를 좌절시키는 대상 및 불안의 요소들은 유아의 외부에 존재하는 것일지라도 내사의 기제를 통해 공포를 느끼게 하는 내적 박해자로 바뀌게 된다.
- 분할(splitting)은 자기의 감정들과 모습들을 나누어 떼어놓는 것을 의미한다. 유아는 자신을 보호하기 위해 자기와 대상을 좀 더 다루기 쉬운 모습들로 분할시켜 놓는다. 만족스러운 감정들로부터 위험한 감정들을 분리시켜 놓음으로써

위험한 감정들을 흩어놓는다.

• 투사적 동일시(projective identification)는 견디기 어려운 자기의 어떤 측면을 분리(split)시켜 다른 누군가에게, 투사(projection)하고, 조정하고(control), 소유하려고 하는(possess) 판타지 과정이다. 투사적 동일시를 하는 사람은 자신이 다른 사람에게 투사적 동일시를 하고 있다는 것을 모른 채 무의식적으로 행한다. 내가 투사한 대상이 투사된 상태로 머물지 않고 실제로 그렇게 행동하도록 상대방을 조정하는 것을 뜻하므로 투사와는 구별되며, 무의식적으로 행해지므로 의도적인 자각을 통한 조정과도 다르다. 유아는 배고프거나 고통을 느낄 그것을 담아낼 능력이 없다. 그래서 나쁘고 위험한 것을 안전한 것으로부터 떼어내어(split) 엄마에게 집어넣는다(projection). 엄마에게 그 자신의 두려움을 투사해 엄마가 그것을 경험하게 만드는 것이다(control). 유아는 자신이 느낀 것을 엄마도 느끼게 함으로써 엄마로부터 이해받았다고 여기게 된다(possess). 결국 유아는 투사적 동일시 과정을 통하여 엄마와 소통을 하는 것이다(최영민, 2017).

5) 자리의 개념

클라인은 어린 유아가 어머니에 대해서 지니는 무의식적 환상을 탐구하면서 대상관계의 중요성을 강조하고 관계성의 관점으로 발달을 이해하였다. 유아에게 세상은 좋음/나쁨으로 이분화되어 있어 좋은 대상 혹은 나쁜 대상에 자신을 위치시킨 후 그 대상들과 다양한 관계를 맺으며, 여러 모습의 자기 자신을 새롭게 자리매김해 간다. 클라인은 이러한 유아의 경험 방식, 즉 유아가 어떤 방식으로 경험하는가, 어떻게 내재화한 대상 및 외부 대상과 관계를 맺는가 등을 설명하기 위해서 자리(position)라는 용어를 사용하였다(St. Clair, 1996).

(1) 편집-분열 자리

클라인은 신생아가 타고난 파괴적 공격성을 느끼며 불안을 해소하기 위해 내부에 있는 죽음에 대한 공포를 외부 대상에 옮겨 놓은 방식으로 죽음 본능을 처리한다고 보았다. 악한 것이 자신의 내부에 있다면 유아는 그것으로부터 도망갈 수 없다. 그러나 외부에 있다면 그것으로부터 도망갈 수가 있어 덜 위험하게 된다. 남아 있는 공격성도 새로 형성된 외부 대상에 투사된다. 죽음 본능의 위협을 담아내려는 목적으로 외부 대상에게 투사하고 나쁜 대상을 만들어 내서 그것으로부터 도망치면서 동시에 그것을 파괴하려고 하는 것이다. 즉, 편집 자리를 취한 것이다. 그래서 클라인은 출생에서 대략 4개월까지 유아는 자신의 자아를 유지시키기 위해 편집적 성격을 띤다고 보았다.

파괴적 공격성을 외부 대상에게 투사했으므로 외부 세상은 나쁜 것으로 가득 찼다. 이러한 세상 속에서 살아가는 것은 견딜 수 없으므로 즉각적으로 유아는 자기애가 담겨 있는 사랑의 충동을 외부 세계에 투사해서 사랑의 대상(좋은 젖가슴)을 만들어 낸다. 사랑의 대상은 나쁜 대상으로부터 피난처가 되고 대항처도 된다. 이제 세상에는 악한 나쁜 젖가슴과 좋은 젖가슴의 두 종류의 대상이 있다. 좋은 젖가슴이 안전한 피난처가 되기 위해서는 악의에 찬 나쁜 젖가슴으로부터 잘 떼어놓아야 한다. 나쁜 대상과 좋은 대상이 조금이라도 혼동된다면 좋은 대상이 같이 파괴되기 때문이다. 이러한 생후 초기 경험에서 유아가 어떻게 정서적인 안정을 이루느냐는 그가 얼마만큼 이 두 극단의 세계를 따로 떼어놓을 수 있는지에 달려 있다. 필요로 하는 대상이 좋다는 것(goodness)을 간직하기 위해, 분열된 방식으로 그러한 감정을 분할시킨다. 이것이 분열 자리다. 클라인은 유아 초기의 이러한 경험 체계를 편집-분열 자리라고 명명하였다. 편집증(paranoid)은 피해의식에 의해 생긴 불안, 다시 말해 밖으로부터 침입해 들어오는 악의적인 세력에 대한 두려움을 말한다. 분열증(schizoid)은 이러한 두려움에 대한 방어로서 자신을 사랑하고 사랑스런 좋은 젖가슴을 미워하고 미움 받는 나쁜 젖가슴으로부터 분리시키려는 분열(splitting)을 지칭한다.

편집-분열 자리(paranoid-schizoid position)는 죽음 본능에 의해 생성된 박해불안(persecutory anxiety)을 방어하기 위해 취하게 되는 것이다. 이때 가장 중심적으로 동원되는 방어기제는 분리다. 좋은 대상과 나쁜 대상으로 분리되고 좋은 대상은 전부 합입되고 나쁜 대상은 전부 투사된다. 또 좋은 대상은 한없이 자신을 만족시켜 주는 대상으로 이상화된다.

편집–불안 자리는 강화될 수도 있고 극복될 수도 있다. 파괴적 공격성에 의해 박해불안이 시작되지만 부모의 좋은 돌봄은 박해불안을 감소시킨다. 그렇지 않은 경우에 유아는 파괴적 공격성을 적절히 다룰 수 없다. 또한 좋은 대상을 생성할 수도 없다. 결국 유아는 증가하는 파괴적 충동들을 더욱더 외부로 투사하게 되고 유아의 외부는 더욱 많은 나쁜 대상들로 가득 차게 된다. 심해진 불안을 없애기 위해 더 극단적인 분리와 투사를 해야 하고 유아의 내・외부 세계는 더욱더 파괴적 충동과 나쁜 대상들로 가득 차게 된다. 자연스럽게 박해불안은 더욱 커진다. 이런 방식으로 편집–분열 자리는 반복된다. 편집–분열 자리의 기제가 병적으로 고착되고 우세하면 다음과 같은 병리 현상이 나타날 수 있다(최영민, 2017).

- 현실을 부정한다.
- 지나친 투사와 그로 인한 망상증이 생긴다.
- 이상화한 내부 대상으로 도피하여 기분 좋은 자폐 상태에 빠진다.
- 박해자를 그 자신의 신체에 투사하여 건강염려증이 생긴다.
- 분열성 성격이 형성되는데, 감정이 얕고 깊은 죄책감을 잘 견디지 못하며 대상을 적대적으로 경험하려는 경향이 있다. 또 대상관계로부터 철수하고 표면적인 사회 적응에 머무르게 된다.

(2) 우울 자리

유아는 편집–분열 자리에서 분리를 통해 좋은 부분 대상과 나쁜 부분 대상을 안전하게 격리시킬 수 있다. 그러나 유아가 관계하는 대상은 좋은 면과 나쁜 면을 동시에 가지고 있다. 유아가 환상 속에서 파괴하는 것은 나쁜 젖가슴이지만 그것이 전체 대상 속에 포함되어 있기 때문에 결과적으로 대상 전체가 파괴된다. 결과적으로 나쁜 대상과 사랑의 대상을 동시에 제거해버린 셈이 된다. 클라인은 유아가 자신의 파괴성 때문에 사랑하는 대상에게 손상을 주었다고 느끼는 강렬한 공포와 죄책감을 우울불안이라고 명명하였고 유아가 전체 대상을 향하여 동시에 사랑과 미움의 관계를 맺어 가는 경험의 조직을 우울 자리(depressive position)라고 불렀다. 우울 자리는 생후 3~4개월에 관찰되기 시작하고 생후 6개월이 되면 편집-분열 자리에서 우울 자리로 대체된다.

유아는 이러한 우울불안과 죄책감을 해소하기 위하여 엄마를 회복시키려는 강렬한 소망을 갖게 된다. 클라인은 자아가 서서히 발달하면서 양극단으로 나뉘어 있던 사랑과 미움을 통합하려는 경향이 생긴다고 생각했다. 엄마는 때에 따라 좋기도 하고 나쁘기도 하다는 것을 깨달으며 유아는 자신의 감정을 좀 더 책임질 수 있게 된다. 이는 심리 구조상으로 성숙한 형태이며 일생에 걸쳐 발달해 나간다. 이러한 안정된 자기 경험을 통해 통합적인 면과 세상에 대해 더욱 현실적인 자세를 취하는 진보된 모습을 보인다. 유아는 점차적으로 사랑하는 대상이 자기 밖에 존재함을 알아간다.

클라인에 의하면 우울 자리를 극복하게 하려면 자신이 파괴한 대상을 회복시킬 수 있다는 전능감과 함께 '자신의 사랑이 미움보다 강하다는 믿음'이 있어야 한다고 하였다. 이러한 믿음은 유아가 엄마로부터 받았던 선함(goodness)에 대한 깊은 감사와 더불어 발달하게 된다고 강조하였다. 즉, 유아 자신을 도와주는 좋은 대상을 내사하여 사랑의 감정이 활성화된다. 그렇기 때문에 우울 자리는 분노와 공격성이 사랑과 상호작용하여 또 다른 형태의 사랑이 생겨나는 아주 중요한 순간이 된다.

6) 시기심과 감사

클라인은 질투(jealousy), 시기심(envy), 탐욕(greed)을 구분했다. 시기심은 대상이 바람직하고 탐나는 무엇인가를 소유하고 즐기는 것에 대해 화가 나는 것이다. 그래서 그것을 빼앗거나 망가뜨리고 손상을 주며 파괴해 대상이 비참해져야 편해진다. 질투는 당연히 자신의 것이라고 느끼는 사랑을 경쟁자에게 빼앗기거나 그럴 위험에 있다고 느끼는 것으로 이 또한 시기심에 바탕을 두는 감정이다. 시기심은 좋은 것 자체를 파괴하고 그것을 인정하지 못하지만, 질투는 비록 고통스러워도 대상의 가치를 인정하고 더 긍정적 관심으로 나아간다(최영민, 2017). 그래서 클라인은 질투는 고상한 것일 수도 있고 비열한 것일 수도 있지만 시기심은 언제나 비열하다고 했다(Segal, 2004). 탐욕은 주체가 필요로 하는 정도 이상 그리고 대상이 줄 수 있는 능력을 초과하여 갈망하는 만족할 줄 모르는 감정이다. 근본 동기는 대상이 것을 자신이 소유하는 것이지만, 결과적으로는 대상을 파괴하게 된다(최영민, 2017). 탐욕은 주로 내사에 의해 작용하고 시기심은 파괴적인 투사적 동일시에 의해 작용한다.

시기심이 아주 초기 유아기 때부터 과도할 경우, 편집-분열 자리와 우울 자리의 병리적 요소가 된다. 우울 자리를 설명할 때 클라인은 자신을 도와주는 대상의 내사를 통한 사랑의 감정의 활성화를 강조했는데(최영민, 2017), 시기심은 대상의 좋은 면을 공격하기 때문에 이러한 내사를 당연히 방해해서 공격하고 파편화함으로써 나쁜 것으로 만든다. 이것은 좋은 것과 나쁜 것 사이의 혼동을 가져와서 많은 정신병리의 근원이 되기도 한다. 좋은 내적 대상이 파괴되면 자아는 허약해지고, 허약해진 자아는 다시 더욱 강한 시기심을 불러일으켜 결코 만족을 느끼지 못하며 대상에게 투사하게 되고 시기심은 날이 갈수록 강해진다. 이는 대상뿐 아니라 자신에 대한 공격성을 심화시키고 진취적이며 창조적인 능력에도 장애가 된다.

클라인은 많은 성인들 문제가 시기심 때문에 생긴다고 여겼다(Segal, 2004). 시기심은 삶의 많은 미덕을 공격하므로 가장 나쁜 죄로 여기는 것이 당연하지만, 질투는 비록 실망스러운 방식의 사랑이긴 하나 사랑의 신호가 될 수 있다고 구별했다. 또한 시기심은 다른 사람들의 기쁨뿐만 아니라 자기의 기쁨도 파괴하므로 시기심이 강한 사람은 진실하기 어렵고 타인들로부터 이해받기도 어렵다고 보았다.

이러한 시기심과 질투라는 파괴적 충동들을 완화시키는 것이 감사(gratitude)다. 감사는 생애 초기에 어머니와 느꼈던 감정과 태도에 뿌리를 두며, 좋은 양육을 받은 아동이 발달시킨 사랑의 능력에서 파생되는 감정이다. 감사는 좋은 대상관계를 형성하는 데 필수적이고 타인과 자신의 선함을 지각하는 데도 필요하다. 생애 초기 충분히 젖을 먹으며 누린 기쁨은 사랑하는 대상으로부터 완전히 수용 받았다는 경험으로 축적되어 감사할 수 있는 마음의 근원이 된다는 것이다. 시기심이 사랑과 감사에 의해 완화되면 유아는 이제 시기심을 감당할 수 있게 되고, 분리하거나 투사할 필요성이 적어진다. 감사는 관용과도 밀접한 관계가 있다.

생의 후반에 이르러서 클라인은 시기심이 변화될 수 없는 선천적인 요소에 근거하며 너무나 강력해서 통합이 불가능하다는 견해를 밝히며 사람마다 시기심과 감사의 능력을 다르게 가지고 태어난다고 확신했다(Segal, 2004).

3. 성격의 형성과정

클라인이 전 생애 동안 관심을 지속했던 프로이트의 정신분석에 의하면 성격 형성에 가장 중요한 시기는 오이디푸스기다. 클라인은 이를 확장해서 오이디푸스기 이전의 발달 및 인간관계를 탐구했다. 그녀는 발달을 관계라는 측면에서 탐색해 성격 발달에 있어 가장 결정적인 요소는 인간관계적 환경이라고 강조하였다. 또한 발달에서 가장 중요한 과제는 아이가 엄마와의 융합 및 의존관계를 벗어나 보다 진전된 독립 및 분화 상태를 성취함에 있다고 보았다(Eagle, 1984).

그녀가 말하는 편집-분열 자리와 우울 자리는 어린 유아가 자아와 대상관계를 발달시켜 가는 정상적인 단계를 의미한다. 아동은 적절한 양육경험을 통해서 무의식적 공상에 의한 대상 표상들이 현실적으로 수정되고 좋은 것과 나쁜 것을 통합시키면서 자아가 성장한다. 클라인은 아동이 편집-분열 자리에서 우울 자리로 나아가고 또한 우울 자리를 극복해 나가는 과정이 건강한 성격 형성과 성숙한 대인관계의 필수조건이라고 보았다. 클라인은 생후 4~5개월 동안 유아들은 처음에는 부분대상과 관계를 맺다가 차차 전체 대상으로 관계를 맺어 가는데, 편집-분열 자리에서 우울적 자리로의 이동은 부분 대상관계에서 전체 대상관계로의 이동을 의미한다(St. Clair, 1996). 클라인은 어린 시절의 대상관계 경험이 성격 형성에 강력한 영향을 미치며 성인기의 대인관계와 사회생활에도 중대한 영향을 미친다고 주장했다(권석만, 2015).

4. 건강한 성격의 특성

유아는 자아 및 지각적 능력이 미성숙한 상태라 한 번에 한 사람의 일부분이나 한 측면에만 관심을 둘 수 있다. 이렇게 생애 처음에는 부분 대상과만 관계를 맺기 때문에, 유아의 내적 세계에는 박해적이고 적대적일 뿐 아니라 동시에 만족을 주기도 하는 파편이나 부분적 요소들로 가득 차 있다. 이것은 정신이상의 세계와 비슷하다. 이러한 내적 세계는 점차 발달이 이루어지면서 조직화하지 못한 판타지들을 통합하고 전체 대상과 관계를 맺는다. 건강한 발달은 유아가 분노와 탐욕으로 관계를 왜곡시키던 것을 줄여 나가는 것을 의미한다. 엄마에게 단순히 하나의 특성만 존재하는 것이 아님을 깨달으면서, 유아는 엄마를 전인적이고 사랑스러운 존재로 바라보며, 온전한 전체 인간으로서의 기쁨을 느끼기 시작한다. 유아가 엄마라는 전체 인간에게 기쁨을 느끼게 될 때, 외부 세계에 존재하는 다른 전체 인간도 인지하게 되고, 그들과의 관계를 맺는 유아의 자신감과 능력도 증가한다. 이처럼 생애 초기의 기초적인 대상관계를 기반으로 다른 모든 관계가 세워진다(St. Clair, 1996).

클라인은 젖을 먹는 기쁨을 충분히 경험한 유아는 이후의 행복감과 다른 사람과의 우정이나 사랑을 나누는 감정의 기초를 보유하고 있다고 생각하였다. 수용 받고 만족을 느끼는 이런 반복되는 경험들로 인해 아주 깊은 곳에서부터 감사의 마음을 가지게 되고 이는 회복과 승화의 능력을 갖게 하는 데 중요한 역할을 한다. 좋은 대상과 동화하면서 내적 풍요로움을 갖게 된 개인은 성장하며 그가 받은 선물을 타인과 나누면서 자신을 확장해 갈 수 있다.

이렇게 사랑과 감사의 능력을 유지할 수 있고 뿌리가 깊은 좋은 대상관계를 가지고 있는 유아는 시기심, 질투심을 일시적인 것으로 넘기며 성장해 갈 수 있다. 이러한 경험의 축적은 강한 자아를 형성하게 해 준다. 그래서 성격이 발달해 가며 타인에 대한 헌신, 생에 대한 가치, 큰 뜻을 품는 근원으로 자리 잡게 된다. 이렇게 타인의 세계관과 관심사, 포부에 진정어린 관심을 기울이는 사람이 성숙하고 건강한 성격을 지닌 사람이다(최영민, 2017).

5. 성격이론의 적용

1) 클라인은 많은 성인들의 문제가 시기심 때문에 생긴다고 여겼습니다. 혹시 근래에 기억할 만한 정도의 시기심을 느낀 적이 있었나요? 있었다면 어떤 상황이었는지 떠올려 보고 자신이 무엇 때문에 그렇게 느꼈는지 분석해 봅시다.

2) 눈을 감고 자신의 주 양육자(이를테면, 어머니 또는 할머니)를 떠올려 봅시다. 다음의 한쪽 면에는 그 사람의 좋은 점을 쓰고 다른 한쪽 면에는 그 사람이 싫은 점을 써 봅시다. 그리고 자신이 쓴 느낌들을 읽고 난 후, 각각의 면에 그 사람의 얼굴을 그립니다. 두 개의 그림을 보면서 파트너와 이야기를 나누어 봅니다. 이 작업을 통해 알게 된 것도 나누어 봅시다.

좋은 점	싫은 점

얼굴 그리기	얼굴 그리기

3) 나도 모르게 나의 삶 속에서 사용되고 있는 '투사적 동일시'에 대해 생각해 봅시다.

- "나는 너를 위해 애쓰고 있다." "내가 너를 위해 얼마나 애쓰는지 너는 모를 거야." "너는 내가 돌봐야만 해." 등 자신이 상대방을 위해 무언가를 포기하고 있다거나 너는 나 없이는 살 수 없다는 메시지를 보냄.
- "내가 뭘 해야 할까요?" 또는 "날 도와줄 수 있어요?"라고 하며 나는 너 없이는 살 수 없다는 만성적인 무기력 메시지를 보냄.

(1) 투사적 동일시에는 투사를 이용해 타인으로 하여금 투사된 태도에 일치되는 행동을 하도록 유도하는 과정이 포함됩니다. 성장과정이나 현재에 혹시 위와 같은 말이나 그러한 뜻이 함축된 메시지를 들어 본 적이 있나요? 있다면 언제 누구로부터 들었습니까?

(2) 위의 말을 하거나 그러한 뜻이 함축된 메시지를 자신이 사용한 적이 있나요? 있다면 언제 누구에게 어떤 의도로 사용했나요?

(3) 그러한 경험이 당신의 성격 형성과 인간관계에 어떤 영향을 미쳤는지 생각해 봅시다.

제7장

코헛의 성격이론

"다양한 성장 국면들의 기능과 행위에 관련되는 자기애적 에너지를 넘치도록
유지하기 위해서 아이는 자랑스럽게 보아 주는 엄마의 눈을 필요로 한다."
"인간이 산소가 없는 환경에서 육체적으로 생존할 수 없는 것처럼,
자신에게 공감적 반응을 하지 않은 심리적 분위기에서
심리적으로 생존할 수 없다."
-H. Kohut-

코헛(Heinz Kohut)은 자기(self)를 가장 중요한 심리구조로 여기며 자기심리학(self psychology) 이론을 발전시켰다. 자기심리학은 인간 심리의 근본 동기를 건강하고 행복한 자기로 발달하고자 하는 욕구라고 믿는다. 코헛에 따르면 유아는 자기를 가지고 태어나는 것이 아니라 자기를 느낄 수 있는 능력을 가지고 태어나, 부모와 상호작용하면서 자기감을 발달시킨다. 코헛은 이러한 발달과정을 거치면서 자기가 얼마나 강하게 응집되느냐가 성격의 구조를 결정한다고 보았으며 이때 유아의 욕구나 감정에 대한 부모의 공감반응은 통합된 자기를 발달시키는 데 매우 중요하다고 했다. 또한 그는 인간은 자기애적 존재이며, 아무리 성숙한 존재가 된다고 해도 자기애는 계속적으로 남아 있으며 발달해 나간다고 했다. 자기애가 발달해야 건강한 자존감의 토대가 형성되며, 인간은 이러한 건강한 자존감의 토대 위에서만 타자들과 성숙한 대상관계를 맺을 수 있다고 하였다. 그러나 부모가 제대로 공감해 주지

않으면, 결핍된 자기(deficient self)가 형성되고, 이를 보완하기 위해 자기애성 성격을 발달시킨다고 하였다.

1. 코헛의 생애

코헛(Heinz Kohut, 1913~1981)

하인즈 코헛은 1913년 비엔나에서 외아들로 태어났다. 코헛의 아버지는 전문적인 피아니스트였고, 어머니는 활달한 사람이었다. 두 사람은 유대인임을 속이고 상류층에 속하려고 애썼으나 연주가의 꿈을 상실한 후 아버지는 우울감에 빠졌고 사교생활에 몰두한 어머니는 냉담했다고 한다(김영애, 2016). 또한 둘은 서로 열렬히 사랑해서 결혼했지만 코헛이 태어난 이듬해에 제1차 세계 대전이 발발하는 바람에 아버지는 전쟁터에 나가게 되어 코헛은 어린 시절을 주로 어머니와 외가에서 지냈다. 그는 오이디푸스 콤플렉스가 형성되는 중요한 시기를 아버지의 부재 속에서 자라게 되어 일종의 상실감을 경험했으며, 아버지를 갈망했지만 아버지가 전쟁터에서 돌아온 후에도 관계가 나아지지 않았다.

코헛의 어머니는 자기중심적이고 자기애적인 성향을 가진 사람이었다. 그녀는 주변 사람들과 때때로 아주 집착적으로 보일 만큼 가깝게 지내다가도 이내 곧 그들과 떨어져 거리를 두곤 하였다. 그녀는 전쟁 중에 부상당한 남편이 자신을 돌보아 주던 간호사와 바람을 피웠다는 사실을 알게 된 후 남편을 버리고 외아들인 코헛을 자신의 삶의 중심에 두고 살았다. 훗날 코헛은 어머니와의 관계를 질식할 것 같은 관계였다고 회고하였다. 어머니는 외아들인 코헛을 자신의 자기애적인 욕구를 채우는 도구로 삼았다. 아들을 사랑했고 아들에게 헌신적이었지만, 그녀는 자신이 보호하고 돌보는 반경에서 코헛이 벗어나는 것을 결코 허용하지 않았다. 코헛은 이러한 어머니의 뜻을 충실히 지켰다고 볼 수 있다. 공부 잘하는 자랑스러운 아들이었고 능력 있는 의사가 되었다. 또한 자기 나이 또래의 여자와 데이트도 하지 않고 문학과 예술에 심취했으며 이것들을 향유하는 절친한 남자 친구들로 둘러싸인 채 청년 시절을 보냈다.

코헛은 36세에 엘리자베스 마이어(Elizabeth Meyer)와 결혼했는데, 다행히 아내가 그에게는 큰 울타리가 되어 주었다. 결혼을 한 이후에 아내를 사랑했고 아들을 낳은 후에는 자신이 원했던 아버지 상을 아들에게 모두 실천하며 살았다.

나이가 들어감에 따라 어머니는 점점 정신병적인 상태가 되었으며 고집스럽고 요구적인 노인이 되어 갔다. 코헛은 정신분석을 통해서 어머니가 자신의 삶을 얼마나 통제하고 왜곡시켰는지를 깨닫고서 그의 나머지 삶을 어머니로부터 벗어나기 위해 몸부림치며 살았다. 프로이트를 닮고 싶어 했고 'Mr. Psychoanalysis'라는 별명으로 불리며 최고의 정신분석가로서 평가를 받았으며 훌륭한 정신분석학과 교수였던 코헛이 프로이트 학파를 떠나서 자기심리학을 창시하게 된 배경에는 이러한 어머니의 관계의 영향이 절대적이라고 할 수 있다. 코헛은 자기심리학에서 정신적인 병리(특히 자기애적 성격)의 원인을 어머니의 잘못된 양육으로 보고 있다. 이것이 자기심리학의 핵심이며 어머니로부터 받지 못한 부분을 치료자의 공감(empathy)으로 채워 주어야 한다고 주장하고 있는 이유다.

중요한 어린 시절에 아버지 없이 자랐다는 사실과 그 이후에도 아버지의 존재가 어머니에 의해 차단당한 채 자란 코헛의 삶은 오이디푸스적인 갈등을 핵심으로 하는 프로이트의 이론에 종지부를 찍고, 60을 바라보는 나이에 자신의 이론인 자기심리학을 내놓는 배경이 되었다고 볼 수 있다. 코헛은 당대 정신분석가로부터 외면 받았지만 자신의 이론과 사상을 펼쳐 나갔고, 1978년에는 자기심리학 학회를 개최했다. 그는 임파선암으로 투병하면서도 매년 이 학회에 빠지지 않고 참석했으며 1981년, 네 번째 학회에 참석해서 공감(empathy)에 대한 논문을 발표한 후 4일 만에 세상을 떠났다(홍이화, 2011).

2. 주요 개념

1) 자기

코헛은 자기를 정신세계의 중심(Kohut, 1977)이라고 일컬으며 유아는 자기를 가지고 태어나는 것이 아니라 자기를 느낄 수 있는 능력을 가지고 태어난다고 했다. 갓 태어난 유아는 초보적 자기(rudimentary self)의 상태인데, 이것은 아직 형성되지 않은 잠재적 자기로서 부모의 마음속에 자리하고 있다. 부모는 마치 유아의 자기가 있는 것처럼 반응하는 데 이러한 상호관계로 아직 형성되지 않은 유아의 잠재적 자기의 형태가 결정된다. 이 초보적 자기는 생후 2년간 어머니와의 공감적인 접촉으로 성숙한 자기, 즉 응집된 자기로 발전하는데 이를 핵심자기라고 한다. 이 응집된 자기로 발전할 수 있도록 도와주는 대상(주로 부모)이 자기대상이다. 자기대상의 공감적 반응이 없다면 유아는 자기 가치감을 발달시키지 못한다. 부모가 공감적으로 반응해 주어야만 자기대상과의 경험을 통합하거나 융합하여 생애 처음부터 자기구조를 구축해 가며 건강하고 응집된 자기를 형성한다.

2) 자기대상

유아는 부모를 타자로서가 아니라 자신의 일부분, 또는 자신의 확장으로서 경험한다. 코헛은 이러한 자기의 한 부분으로서 경험되거나 자기가 기능할 수 있도록 도와주는 도구로 사용되는 사람들을 자기대상(self object)이라고 정의하였다. 유아의 초보적 자기는 자기대상과 잘 결합하며 자기대상의 잘 조직화된 경험에 참여한다. 자기대상의 행위를 통해 자신의 욕구를 만족시킨다(Kohut, 1977). 여기서 자기대상이란 유아의 관점에서 아직 진정한 대상이 아니라 자기의 일부 또는 자기의 확장으로서의 대상을 말한다. 이 자기대상이 하는 기능은 유아의 자기가 해야 할 기능을 대신 떠맡아 주는 것으로, 안정적으로 자신을 유지시키는 것이다. 다시 말하면 자기를 달래주고, 위로하는 데 있어 힘이 되어 주는 것이다. 유년기에는 부모들이 각 개인의 가장 중요한 자기대상이 되고 청소년기에는 점차 자기 또래의 집단이 중요한 자기대상이 되어 간다. 성인기에는 배우자와 친구들, 직장 동료들을 자기대상으로 경험하게 된다. 이러한 자기대상들과 지속적으로 적절하고 신뢰를 쌓을 수 있는 경험을 하면 인간은 자신의 내면세계에 긍정적인 구조를 갖게 되어 자신이 가치 있는 존재라고 생각하게 된다. 반면에, 이러한 자기대상들로부터 무관심 속에서 적대적이거나 지나치게 비판적인 취급을 받게 되면, 인간은 자신의 내면세계에 부정적인 구조를 갖게 되어 스스로를 무가치하다고 여기며 수치심이 생기고 상처를 받게 된다. 건강한 자기의 구축은 건강한 자기대상과의 관계경험들을 통해서 구축된다. 자기대상 경험이 연속적으로 실패하면 심리적 산소(Psychological Oxygen)의 결핍을 초래하여 개인은 텅 빈 자기(empty self)를 경험한다고 코헛은 말한다(Kohut, 1977).

어린 시절 부모가 자기대상 기능을 제대로 수행하면 자기구조가 튼튼하게 형성되어 안정적인 대인관계가 형성되지만, 그렇지 않을 경우에는 취약한 자기구조가 형성되어 독립적인 행동을 하지 못하고 타인에게 의존적이 된다. 이런 입장에서 코헛(1971, 1977)은 건강한 자기를 구축하기 위해서는 세 가지 자기대상, 즉 거울 자기대상(mirroring selfobject), 이상화 자기대상(idealizing selfobject), 쌍둥이 자기대상(twinship selfobject)의 기능이 필요하다고 한다.

코헛은 걸음을 막 떼는 유아들이 걷고 있는 자신을 인정받고 싶어 하고 칭찬을 받고 싶어 한다는 것에 주목했다. 유아는 자신이 이룬 성취가 얼마나 어렵게 이룬 것이며 얼마나 훌륭하게 해 냈는지 인정받고 싶고 지지받고 싶어 하는데 이것을 거울 자기대상 욕구라고 한다. 유아가 하는 행위에 대해 거울처럼 반영하고 지지해 주는 사랑스런 눈 맞춤, 감탄하는 목소리, 다정한 손길, 미소 등을 보내는 엄마의 반응이 거울 자기대상의 기능이다. 이러한 거울 자기대상의 경험은 유아의 자기구조 안에서 한 축을 구성하고 있는 과대적 자기를 잘 발달시켜서 장차 건강한 포부와 자존감을 가질 수 있는 자기구조를 구축하게 한다(Kohut, 1977).

유아는 취약한 자신을 보호하고 불안함을 줄이고 싶어서 강하고 힘 있는 대상과의 융합을 하고 싶어 하는데 이를 코헛은 이상화 자기대상 욕구라고 한다. 유아들은 자신의 엄마 아빠를 가장 멋있는 대상으로 생각하고 전능한 존재로 여긴다. 그러한 부모가 늘 자신 가까이에서 든든하게 존재한다고 여기면 유아는 스스로를 강하고 안전하게 느끼며 그러한 경험으로부터 자신의 가치의 기준이 자라나게 된다. 이러한 이상화 자기대상의 경험은 유아의 자기구조 안에서 또 하나의 축을 구성하고 있는 이상화된 부모원상을 잘 발달시키는 중요한 역할을 하게 되며 이는 나중에 자신의 건강한 이상을 추구하며 자랄 수 있는 자기구조를 형성하게 한다.

유아는 자신을 늘 반영해 주고 인정해 주며 보호해 주는 부모와 유사하거나 동일하다고 느끼고 싶어 하는 데 이를 쌍둥이 자기대상 욕구라고 한다. 아이들이 자라면서 엄마의 립스틱을 발라 보거나 아빠처럼 면도하는 흉내를 내곤 하는데, 이러한 놀이를 할 때 그저 옆에 있어 주거나 흉내 내도록 허용하는 것만으로도 아이에게 쌍둥이 자기대상 기능을 하고 있는 것이다. 이러한 경험은 아이에게 자기의 안도감과 소속감, 참여감을 느끼게 해 준다.

3) 자기애

자기애(narcissism)의 어원은 그리스 신화의 나르키소스(Narcissos)로 거슬러 올라간다. 심리학에서 자기애가 본격적으로 논의된 것은 프로이트에 의해서였다. 코헛은 자신의 이론을 자기애적 성격장애를 가진 환자들을 치료하는 과정에서 발전시켰다. 프로이트는 자기애를 '자아에 집중된 리비도'로 정의하였고, 코헛은 자기애를 '리비도가 자기에게 집중된 것'으로 정의하였다. 프로이트에게 자기애는 미숙하고 병리적인 개념이었지만, 코헛에게 자기애는 비난받아야 할 것이 아니고 병적인 것도 아니며 본질적으로 인간 모두가 가지고 있는 고유한 본성이다. 인간은 자기애적 존재이며, 인간이 아무리 성숙한 존재가 된다고 해도 계속적으로 남아 있는 특징이다. 그런데 코헛은 이 자기애가 발달한다고 생각했다. 자기애가 발달함으로써 건강한 자존감의 토대를 형성하며, 이러한 건강한 자존감의 토대 위에서만 인간은 타자들과 성숙한 대상관계를 맺을 수 있다. 즉, 자기를 존중하고 사랑하는 능력은 타자를 존중하고 사랑하는 능력의 전제조건이 되는 셈이다(홍이화, 2011).

문제는 이 자기애가 정상적으로 발달하지 못하고 상처를 입게 되면 자존감을 형성하지 못하고 깊은 열등의식을 형성한다는 것이다. 자기를 존중하지 못하고 오히려 자기를 비하하고 무가치한 존재로 여기는 사람은 다른 사람을 존중하고 사랑할 수 있는 능력을 형성할 수 없다. 자기애가 문제가 아니라 발달하지 못하고 고착되어 있는 유아적 자기애가 문제인 셈이다.

그에 의하면 자기애의 발달은 일차적 자기애(primary narcissism)의 형태인 과대적 자기(grandiose self)와 이상화된 부모원상(idealized parent-imago)의 발달로 이루어진다. 이 두 가지 자기애의 형태는 생애 초기부터 공존하며, 유아가 가장 완벽하고 행복했던 상태를 지키려는 유아의 무의식적 노력이다. 자기애적 감정은 유아가 아주 행복한 상태에 있다가, 엄마가 유아를 제대로 돌보지 못하여 발생한 유아의 상한 감정에서 비롯된다. 유아는 상실된 행복을 회복시키기 위해 과대적 자기와 이상화된 부모원상이라는 두 축을 형성하게 되며, 코헛은 이것을 이중 축의 자기(bipolar self)라고 불렀다(홍이화, 2011).

자기애의 발달의 첫 번째 축인 과대적 자기의 발달은 완전한 자기를 창조하려는 시도다. 자신이 완벽하다고 느끼는 과대적 자기는 자신이 모든 것의 중심이며, 전능한 존재라고 인식하는 유아기의 정상적인 자기다(Kohut, 1971). 이러한 유아기의 자기애적 환상을 부모가 공감적으로 잘 반영해 주고 인정과 수용, 그리고 칭찬해 줄 때, 유아의 과대적 자기애의 욕구는 내적 심리구조로 변형되어 현실적인 목표나 건강한 포부 및 자존감을 조절할 수 있는 능력을 가지게 된다. 이러한 발달에서 과대적 자기는 미숙한 일차적 자기애(primary narcissism)로부터 건강한 포부와 목표를 추구하는 성숙한 자기애로 변형된다.

자기애 발달의 두 번째 축인 이상화된 부모원상의 발달은 유아가 믿을 수 있고 전능하다고 느끼는 자기대상에게 이전의 그 완벽함과 전능함을 부여하는 것이다. 그렇게 이상화되는 것이 자기대상에게서 허용되고, 자기대상이 유아와 융합할 때, 유아는 최적의 발달 조건 하에서 점차 건강한 이상과 자기 기준을 가지게 되며, 스스로를 달래주고 위로하는 능력과 자기애로 인한 긴장을 견딜 수 있는 내적 심리구조를 가지게 된다. 이러한 발달에서 이상화된 부모원상은 일차적 자기애로부터 건강한 이상과 기준을 추구하는 성숙한 자기애로 변형된다.

전통적 정신분석학에서는 자기애를 고칠 수 없는 병리적 현상으로 확정하였지만, 코헛은 자기애를 발달상에 있는 변형 가능한 것으로 새롭게 인식했다. 그리하여 자기심리학의 출현은 심리치료 이론과 실제에 중요한 변화를 가져 왔다.

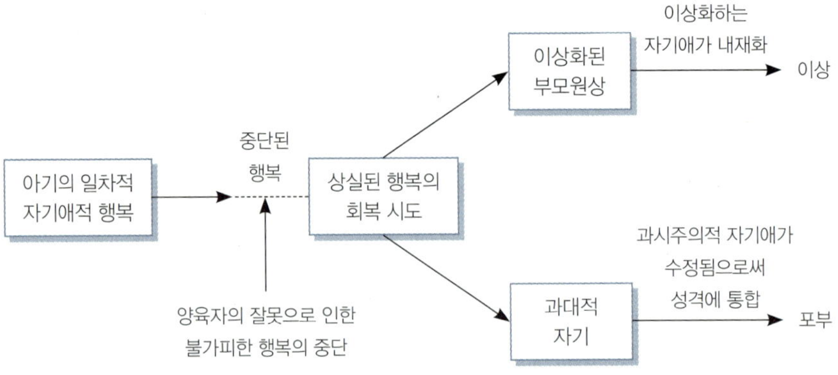

[그림 7-1] 자기애의 발달 경로

출처: Siegel, A. M. (1996). *Heinz Kohut and the Psychology of the Self*.

읽을거리

나르키소스 신화

나르키소스는 매우 아름다운 청년으로 많은 젊은이들과 소녀들의 흠모를 받았으나 그 누구의 마음도 받아 주지 않았다. 그에게 실연당한 숲의 요정 에코는 식음을 전폐하고 슬퍼하다 몸은 사라지고 목소리만 남게 된다. 이로 인해 나르키소스는 복수의 여신 네메시스로부터 자기 자신과 사랑에 빠지는 벌을 받게 된다.

어느 날 사냥을 하다 지친 나르키소스가 더위를 식히고자 숲속의 샘물을 찾았다. 물을 마시기 위해 나르키소스가 샘물에 몸을 숙였을 때 물속에서 아름다운 얼굴을 발견했다. 물속에 있는 얼굴이 자기 자신의 얼굴인지 모르는 나르키소스는 얼굴을 만지려고 손을 물속으로 뻗었다. 그러자 얼굴은 물의 파문에 흔들리며 사라지고 말았다. 나르키소스가 손을 거두면 물의 파문이 잔잔해지면서 다시 아름다운 얼굴이 나타났다. 물속에 손을 넣으면 아름다운 얼굴이 사라지고 손을 빼면 다시 아름답게 되돌아오고…….

나르키소스는 물속의 미소년과 깊은 사랑에 빠져 버렸다. 처음으로 사랑을 느낀 대상이 바로 자기 자신인 것이다. 식음을 전폐하며 헤어날 수 없는 깊은 사랑에 빠진 그는 그 모습을 잡으려고 물속으로 뛰어들고 말았다. 그가 죽은 후 그가 있던 자리에 중심부가 눈처럼 하얀 꽃잎에 둘러싸인 노란 작은 꽃(수선화)이 피어났다. 지나친 자기애를 뜻하는 말인 나르시시즘은 이 나르키소스 신화에서 유래한다.

존 윌리엄 워터하우스 작, 〈에코와 나르키소스〉

4) 변이적 내면화

대부분의 부모들은 가끔씩 아동의 욕구 만족을 지연시키거나 좌절시키게 된다. 아무리 좋은 발달적 환경일지라도 어쩔 수 없이 그러한 경우가 있다. 예를 들어, 아기는 배가 고프면 울면서 자신의 욕구가 채워지기를 기대하는데 생애 초기에는 아마도 그러한 욕구가 비교적 빨리 채워졌겠지만 시간이 지나면서 아기는 먹을 것을 기다리는 불안한 시간들을 경험하게 된다. 보통의 엄마들은 젖을 물리거나 우유를 준비하는 데 걸리는 그 시간 동안 아기가 덜 불안하도록 목소리 혹은 눈빛을 통한 공감적 접촉을 건넨다. 그러면 아기들은 그러한 경험들이 견딜 만해지고 마침내 먹을 것이 주어지면 잠시의 불안과 지연으로 인한 좌절감은 사라지게 된다. 이렇게 유아가 경험하는 잠시의 불안이 최적의 좌절이 되기 위해서는 먼저 자기-자기대상 관계 안에서 기본적인 공감적인 조율이 형성되어야 하며 이러한 것이 반복적으로 일어나면서 유아는 조금씩 현실을 내면화하게 된다. 이러한 과정을 코헛은 '변이적 내면화(transmuting internalization)'라고 불렀다. 코헛은 변이적 내면화 과정을 우리에게 필요한 단백질이 섭취되고 소화되는 과정으로 비유적으로 설명하였다. 외부로부터 받아들인 단백질이 점차적으로 우리 몸의 단백질로 변화되고 그것이 우리 몸을 지탱하고 튼튼하게 하는 영양소로 쓰이게 되는 것처럼, 자기대상의 기능이 자기의 내부 구조로 받아들여져서 자기가 필요한 기능으로 조금씩 변이되어 간다고 주장했다. 정상적인 부모들로부터 받는 좌절감은 견딜 만하여 외상을 형성하지 않으며 유아의 내적 구조는 대상이 이전에 유아에게 행했던 기능들, 즉 위로하기, 긴장의 억제, 공감 등을 대신 행하게 된다(Kohut, 1971). 그러한 과정을 통하여 유아는 자기구조가 구축되며 튼튼한 자기를 세울 수 있게 된다. 예를 들어, 유아가 두려워 잠들지 못할 때 엄마가 안아 주고 공감해 주며 두려움을 완화시켜 주면 유아는 그러한 엄마의 기능을 서서히 내면화하여 자기의 것으로 변이시킴으로써, 엄마 도움 없이 스스로 두려워하지 않고 잠들 수 있게 된다.

5) 자기애적 성격장애

아이가 자라면서 유아적 자기애를 현실적으로 교정할 수 있는 좌절을 적절하게 경험하지 못하면 자기애성 성격장애로 발달할 수 있다. 자기애적 성격은 유아적 자기애의 좌절 경험이 결여된 경우와 좌절 경험이 지나치게 충격적인 경우에 생겨날 수 있다. 만일 유아가 부모의 공감적 보살핌을 지속적으로 받지 못해 최적의 발달조건을 가지지 못하여 심각한 자기애적 외상(narcissistic trauma)을 경험하게 되면, 유아는 과대적 자기와 이상화된 부모원상을 잘 발달시키기 어렵다. 이는 주로 부모 혹은 돌보는 사람이 공감적으로 대하지 않았거나 혹은 그들 자신들이 가지고 있던 해결되지 않은 정신적 외상의 결과가 유아에게 영향을 끼쳤을 가능성이 있다.

또한 자기상과 부모상에 대한 좌절 경험이 지나치게 충격적인 경우에도 자기애적 성격으로 발전될 수 있다. 즉, 아이가 부모에게 갑작스럽고 심각한 실망과 좌절을 경험하게 되면, 아이는 이러한 경험을 받아들이지 못하고 커다란 심리적 충격을 받게 된다. 예를 들어, 갑자기 부모로부터 심한 폭력을 당하면 아이는 상황을 이해할 수 없는 상태에서 심한 공포를 느끼게 된다. 이런 경험을 하게 되면, '이제까지는 내가 대단히 소중한 존재인 줄로만 알았는데, 나는 언제라도 당할 수 있는 너무나 나약한 존재이구나'라는 두려움에 휩싸이게 된다. 이러한 충격적인 좌절감으로부터 자신을 보호하기 위해 어린아이는 비참한 현실을 외면하고 웅대한 자기에 집착하게 된다. 따라서 다른 사람들의 인정과 칭찬을 더욱 강렬하게 추구하고, 이러한 욕구를 만족시켜 줄 이상적인 대상을 찾아 동일시하려고 노력한다. 이처럼 어린아이가 받아들이기 어려운 과도한 좌절 경험은 오히려 유아적 웅대한 자기를 방어적으로 경직시켜 자기애적 성격으로 발전시킬 수 있다. 코헛은 모든 자기애적 병리는 아동기 자기애적 단계 동안에 변이적 내면화를 실패했을 때 생긴다고 보았다.

코헛은 자기의 동료 울프와 함께 자기애적 성격장애를 네 가지 유형, 즉 충분히 자극되지 못한 자기, 너무 과도하게 자극된 자기, 파편화된 자기, 과부화된 자기로 분류하였다(Kohut & Wolf, 1978; Wolf, 1988).

- 충분히 자극되지 못한 자기(understimulated self)는 어린 시절에 자기대상으로부터 충분한 반영을 지속적으로 받지 못한 경우에 생긴다. 아이는 자신을 살아 있는 생동감이 부족한 지루한 사람이라고 느낀다. 그래서 무기력과 권태감에서 벗어나기 위해서 다른 자극을 추구한다. 이들은 머리를 흔들거나 자해를 함으로써 죽어 있는 것 같은 공허한 느낌을 없애려 하거나 때로는 복잡한 성생활, 도박 혹은 약물과 알코올 남용으로 자기를 자극하려고 한다. 그리고 지나친 사교활동으로 이러한 문제들을 경감시키려고 한다(Kohut & Wolf, 1978; Wolf, 1988).
- 너무 과도하게 자극된 자기(overstimulated self)는 아이의 과대성과 이상화 욕구에 부모가 지나치게 반응한 결과로 나타난다. 아이의 과시적 행동은 칭찬, 주목, 승인 등으로 끊임없이 보상을 하면 아이 자신의 과대적 환상과 비현실적 목

표는 지속적으로 강화된다. 이러한 부모는 아이의 과대성과 이상화된 환상에 대해 최적의 좌절을 제공하지 못하며 아이의 환상 혹은 재능이나 능력에 대해 현실적 한계를 적절히 설정하지 못한다. 그 결과 그러한 환상은 아이 자신의 유약하고 현실적인 핵심자기와 불일치하여 고통스러운 긴장과 불안을 초래하며, 주목받는 것을 회피하고자 한다. 자라면서 이러한 아이들은 창조적이고 생산적인 활동을 피하려 하고 통제 불가능한 과대성에 압도되는 것에 공포를 느끼며 수치스러워한다(Wolf, 1988).

- 파편화된 자기(fragmenting self)는 어린 시절 자기대상으로부터 받아야 할 공감적 반응이 전체적으로 심각하게 결핍되어 자기감에 대한 통합이 잘 이루어지지 않은 자기다. 이들에게서는 흐트러진 옷차림과 자세, 초조함과 불안, 신체건강염려증 등이 나타날 수 있다. 이들은 스스로 자기가 산산조각이 나는 느낌을 받거나 자기 응집성의 상실을 경험한다. 코헛은 전체 자기가 손상된 경우, 외상적 경험이 재활성화될 때마다 개인은 파편화된 자기를 경험하게 될 것이라고 하였다.
- 과부화된 자기(overburdened self)는 어린 시절 전능한 자기대상과 융합할 기회조차도 가지지 못한 자기다. 그래서 스스로 자기를 달래주거나 자기를 진정시킬 수 있는 능력을 전혀 얻지 못한 자기다. 이들은 자신들의 감정이나 불안을 잘 나타내지 못하며 세상을 적대적이거나 위험한 것으로 경험한다. 그들은 심지어 사소한 좌절에도 성급하게 신경질적이거나 적대적으로 반응한다. 이는 이상화된 부모가 그들의 자녀에게 목표추구가 저지당했을 때 어떻게 침착하고 차분하게 그러한 문제에 대처해 나갈 수 있는지를 가르치는 데 실패한 결과라고 할 수 있다. 그 결과, 아이는 위협적인 상황에 처하게 되면 과도한 부담을 느끼게 되고, 감정적이고 비합리적인 반응을 나타내게 된다(홍이화, 2011).

3. 성격의 형성과정

코헛은 성격의 발달을 순차적 단계로서가 아니라 자기의 자기대상과의 관계 측면에서 설명하였다. 유아는 사람으로 구성된 환경 속에서 태어난다. 유아는 자기를 가지고 있지 않지만 부모는 이미 자기가 있는 것처럼 행동하고 반응한다. 자기의 출현에 공헌하는 원초적 요소들은 유아의 타고난 잠재성(초보적 자기)과 부모와 유아 사이의 공감적 관계다. 부모나 자기대상들은 유아의 거울 자기대상 욕구 및 이상화 자기대상 욕구에 반응해 준다. 유아와 부모 사이에 이러한 긍정적인 상호작용의 관계의 결과로 생애 첫 2년 혹은 3년 이내에 중심 자기(core self) 혹은 핵심자기(nuclear self)가 형성된다.

그러나 부득이하게도 이러한 안정적인 상태는 불가피하게 지연되거나 결핍되면 깨지고 만다. 예를 들어, 어머니가 다른 집안일이 더 급해서 음식이나 기저귀를 갈아 달라는 유아의 울음에 늘 반응해 주지 못할 수도 있다. 만일 어머니가 충분한 반응을 해 주지 못한다면 유아는 커다란 심리적 상처를 경험하게 되고, 이렇게 되면 유아는 과대자기(grandiose self)를 확립함으로써 예전의 완벽한 상태를 회복하려고 노력한다. 과대적 자기는 발달상의 한 단계인데, 유쾌하고 좋은 모든 것들은 유아 자신의 일부로 간주하고, 약하고 불완전한 모든 것들은 유아 밖의 것으로 간주하는 것이다. 또한 유아는 성인에게 절대적인 힘과 완전성을 부여하고 그 일부가 됨으로써 자기 원래의 완전성, 기쁨, 전능성을 유지하기 위해 노력한다. 즉, 이상화된 부모 이미지를 형성함으로써 그런 목표를 달성한다(Kohut, 1966; 안석모, 2010 재인용).

그러나 건강한 발달을 지속시키기 위해서 어머니는 유아가 비현실적 과시 욕구를 표현하는 데 대해서 한계 설정을 해 주어야 하며, 자신의 실제 능력과 재능에 대한 현실적 한계를 유아 스스로 수용하도록 도와줌으로써 유아의 과대자기를 현실적으로 변화시켜 줄 필요가 있다. 코헛은 이러한 훈육이 일어나기 위해서는 최적의 좌절(optimal frustration)이 필요하다고 보았다. 어머니는 유아에게 공격적으로 반응하기보다는 차분하게 격려해 주며 애정 어린 태도로 유아가 추구하는 것의 비현실적 특성들을 명확히 인식시켜 줌으로써 아이의 미숙하고 과시적인 욕구를 다루어 주어야 한다(Kohut & Seitz, 1963). 부모의 반응을 통한 최적의 좌절은 성숙을 촉진시킬 수 있는데, 그 이유는 자기대상의 지원이 적절하게 점진적으로 제한된다면 유아는 과거 부모에게 의존했던 일들을 이제는 스스로 해 내야 한다는 것을 학습할 수 있기 때문이다(Watson, Biderman, & Sawrie, 1994). 이와 같이 한때 자기대상이 행했던 기능을 수행하는 내적 구조를 만들어 자기대상을 대체하는 과정이 변이적 내면화다. 이 과정을 거치면서 자기는 응집력 및 통합성의 증가를 보인다. 점차적으로 파편화의 위험도 감소한다. 건강한 인격 안에서는, 자기의 과대성은 조절되며 현실적인 목표들로 전환된다(Kohut, 1971). 유아가 이상화된 대상을 보다 현실성을 가지고 바라보게 되면서, 부모라는 대상에게 부여하였던 이상적이고 자기애적인 에너지 투여를 철수한다. 이상화된 대상, 즉 부모의 이미지는 이상화된 초자아로 내사되어, 전에 이상화된 대상이 맡아 행하던 기능들을 떠맡는다(Kohut, 1968; Kohut & Wolf, 1978).

4. 건강한 성격의 특성

유아가 부모의 반응을 통해 최적의 적절한 좌절을 경험하게 되면 유아기의 과장된 자기감이 현실적으로 전환되어 야망과 자기존중감으로 발달해 가며 건강한 성격을 형성한다. 그러나 반영을 제대로 못 받고 좌절을 당한 아이는 적절한 자기감을 가지지 못한다. 그런 유아들은 자기애적 욕구가 충족되지 않았기 때문에 다른 사람보다 더 심한 자기애적 욕구를 지니게 된다. 그래서 그는 타인과 미숙한 방식으로 관계를 맺는다. 그러므로 부모는 균형이 필요하다. 유아의 발달을 위해 충분한 반영을 해 주어야 하지만 너무 지나쳐서는 안 된다.

또한 코헛은 공감적 자기대상이 생애 초기에서뿐만이 아니라 생애 전체를 통해서 필요하다고 보았다. 이는 응집된 자기의 구조가 한 번 형성되었다고 해서 그것으로 완성되는 것이 아니라 지속해서 유지되어야 할 필요가 있기 때문이다. 자기 구조가 튼튼하게 구축되었다고 해서 자기대상이 더 이상 필요 없게 되는 것이 아니라 튼튼해진 자기는 자기대상을 보다 더 자유롭게 선택할 수 있게 되고 튼튼해진 자기를 유지하기 위해 자기대상을 사용할 수 있는 능력이 더 향상되는 것이다. 코헛의 이론에 의하면 성숙한 사람에게는 세상의 모든 것이 자기의 대상이 된다. 평생 자기가 필요로 하는 자기대상을 자유롭게 선택해서 건강하게 사용할 수 있는 능력을 많이 가지게 되기 때문이다.

5. 성격이론의 적용

1) 코헛은 응집력 있는 자기 발달을 위해서는 자기대상의 공감적 반응이 필수적이라고 합니다. 따라서 치료의 근본적인 토대로 제시하는 것도 공감입니다.

집단에서 A4 용지에 개인의 별칭을 쓴 후, 집단원들에게 돌려 그 사람에 대한 공감, 지지를 간단한 그림으로 그려 봅시다. (그룹원들의 공감에 대해 수용할 수도 있고 이해하지 못할 경우는 최적의 좌절을 경험할 수 있을 것입니다.)

그 글이나 그림을 보고 느껴지는 감정을 써 봅시다.

....

....

....

....

....

....

2) 어릴 때 자기대상으로부터 적절한 공감을 받지 못했을 경우, 어른이 되어서도 다른 사람들의 인정과 칭찬을 더욱 강렬하게 추구하고, 이러한 욕구를 만족시켜 줄 이상적인 대상을 추구하므로 관계중독에 빠질 염려가 있다고 합니다. 다음의 질문을 읽어 보고 자신에게 그러한 면이 있는지 생각해 봅시다.

(1) 사람이 사랑을 하게 되면 그 사람을 구속하는 경향이 있습니까? 그때 마음속에 어떤 생각이 들었으며 그 관계의 결과는 어떠했나요?

....

....

....

....

....

(2) 상대가 앞으로 달라질 것이라고 기대하며 나에게 충실하지 않은 사람과 사귄 적이 혹시 있었나요? 그때 마음속에 어떤 생각이 들었으며 그 관계의 결과는 어떠했나요?

....

....

....

....

....

(3) 연애를 할 때면 이별로 인한 불안감에 고통받고 싶지 않아서 그 관계를 어떻게든 유지하려고 하며, 고통스러운 상황이나 감정도 기꺼이 참은 적이 있나요? 그때 마음속에 어떤 생각이 들었으며 그 관계의 결과는 어떠했나요?

....

....

....

....

....

3) 코헛에 의하면 성숙한 사람에게는 세상의 모든 것이 자기대상이 될 수 있다고 합니다. 자기대상은 어린아이에게는 부모(양육자)일 것이고, 성인이 된 이후에는 연인이나 가족, 혹은 친밀한 관계의 친구가 될 수도 있습니다.

자신이 살아오면서 만났던 사람들 가운데(부모님 제외) 자신의 인생에 가장 중요한 영향을 미친 사람을 떠올려 봅시다. 그들 중 거울 자기대상, 이상화 자기대상, 쌍둥이 자기대상의 역할을 한 사람이 있었는지 생각해 보고 그 사람들의 어떤 면이 당신으로 하여금 그렇게 느끼게 했는지 탐색해 봅시다. 또한 그 사람과 만남 이후 달라진 점이 있다면 적어 봅시다.

	그 사람(자기대상)의 특징	그 사람과 만남 이후 달라진 점
거울 자기대상 역할을 한 사람		
이상화 자기대상 역할을 한 사람		
쌍둥이 자기대상 역할을 한 사람		

4) 다음에 제시된 정현종의 시 〈비스듬히〉를 읽고 떠오르는 사람이 있으면 나누어 봅시다.

〈비스듬히〉

–정현종–

생명은 그래요.

어디 기대지 않으면 살아갈 수 있나요?

공기에 기대고 서 있는 나무를 보세요.

우리는 기대는 데가 많은데

기대는 게 맑기도 하고 흐리기도 하니

우리 또한 맑기도 흐리기도 하지요.

비스듬히 다른 비스듬히를 받치고 있는 이여

제8장

볼비의 성격이론

"신체적인 건강을 위해 비타민과 단백질이 중요하듯
정신적인 건강을 위해서는 어머니의 사랑이 중요하다."
"아이들이 스스로 느끼는 공격적 기분을 표현하게 허락하는 일은
부모가 자녀에게 줄 수 있는 최고의 선물 중 하나다."
-J. Bowlby-

볼비(John Bowlby)는 인간의 성격이 어린 시절 부모와의 정서적 유대관계인 애착의 질을 통해 형성된다고 보았다. 영유아기에 형성된 애착관계는 성인이 되어서도 내적 작동모델을 통해 지속적으로 나타나고, 이는 다음 세대까지 전해진다. 부모가 안전기지로서의 역할을 충실히 수행하였을 때, 아이는 안정애착을 형성하여 타인과 긍정적인 관계를 형성해 나가며, 타인과의 관계에서 어려움이 있더라도 잘 극복해 낸다. 하지만 부모가 안전기지로서의 역할을 하지 못하여 아이에게 신뢰감을 주지 못할 때, 아이는 불안정애착을 형성하여 타인과의 관계에서 끊임없는 어려움을 경험하게 된다.

1. 볼비의 생애

볼비(John Bowlby, 1907~1990)

볼비는 1907년 2월 26일 영국에서 태어났다. 볼비의 아버지는 에드워드(Edward) 7세와 조지(George) 5세 국왕의 왕실 외과의사로 일하였고, 볼비의 어머니는 북웨일스(North Wales)의 좋은 가문인 모스틴 경의 막내딸이었다. 그들은 그 시대, 그 계층의 많은 부모들이 그러했듯 아이들의 양육을 주로 보모들에게 맡겼고, 하루에 한 번 정도 보모들에게 아이들과 관련된 제반사항을 보고 받았으며, 책을 읽어 주기도 하였다. 볼비 가족은 전형적인 영국의 전문가 계층으로 전통적인 생활방식에 입각한 삶을 살았다.

볼비는 3남 3녀 중 넷째로 태어났는데, 셋째이자 장남인 토니(Tony)와 개월 수가 비슷하여 항상 같은 학교, 같은 반에 들어갔고, 쌍둥이처럼 똑같은 옷을 입고 똑같은 곳에 다녔다. 두 형제는 기질도 비슷하여 가장 가까운 친구처럼 지내기도 하였고, 때로는 선의의 경쟁자로 서로를 끊임없이 의식하며 지냈다. 볼비는 형인 토니를 이기기 위해 매 순간 무던히 애를 써야 했고, 토니는 그런 볼비보다 우세한 상황을 계속 유지하기 위해 노력해야 했다. 볼비와 토니가 다방면에서 우수하였던 것과 달리 막내 남동생 짐(Jim)은 병약했고, 또래보다 뒤처졌는데 훗날 이것은 볼비가 열등한 아이들에게 관심을 가지게 된 주된 이유가 되었다.

볼비의 아버지는 평일에는 바빠서 얼굴조차 볼 수 없었지만 주말에는 아이들과 함께 산책을 가고, 세상 이야기를 하는 시간을 가졌다. 또한 8월부터 9월 중순까지 한 달 반 동안 볼비의 가족은 긴 여행을 다녔고, 그 여행 속에서 볼비의 어머니는 아이들이 자연을 사랑하고 자연 속에서 노는 방법을 배우기를 바랐다.

1914년 제1차 세계 대전이 일어나던 해에 볼비는 17세였으며, 볼비의 아버지는 전쟁 중 군의관으로 프랑스에 가 있었다. 전쟁이 끝날 무렵 볼비는 다트머스(Dartmouth) 해군사관학교에 입학하여 수석으로 졸업하였지만 해군의 경직성이 자신과 맞지 않다는 생각이 들었다. 또한 배 멀미도 심하여 아버지의 반대가 가장 적을 것으로 예상되는 의사가 되기로 마음먹었다. 볼비는 해군사관학교에 같이 다니던 친구와 1925년 케임브리지(Cambridge) 의과 대학에 입학하여 교내 상을 휩쓸고 우수한 성적을 거두었다.

볼비는 런던에서 의학 공부를 지속하는 대신 사회에 적응하지 못하는 아이들을 돌보는 학교에서 일을 하기로 마음먹었고, 그곳에서 세상으로부터 상처받은 아이들과 만나고 소통하게 되었다. 아이들을 만나면서 볼비는 어린 시절의 불행과 박탈감이 인간의 심리적 문제 및 사회 부적응과 관련이 있을 수 있다는 가능성을 염두에 두기 시작했다.

1929년, 볼비는 다시 런던에서 의학 학위를 받기 위해 공부하였고, 비슷한 시기에 정신분석 연구소에서 멜라닌 클라인(Melanie Klein)의 동료인 리비에르(Riviere) 여사와 함께 정신분석을 연구하였다. 볼비는 그 당시 막 부상하기 시작하던 아동 정신분석에 매료되었고, 1933년 의사 자격증을 취득한 후, 1936년 런던 아동 가이던스 클리닉(Child Guidance Clinic)에 발령받았다.

1937년 정신분석 자격증을 취득하면서 볼비는 더욱 정신분석 연구에 몰두하였고, 그의 슈퍼바이저는 클라인이었다. 볼비는 당시 주도적인 학파였던 정신분석을 전적으로 반대하지는 않았지만 이론적 근거에 대해서는 늘 의문을 가지고 있었다. 볼비는 현장에서 아이들을 상담하면서 프로이트의 이론에 대해 더욱더 의문을 가지게 되었고, 인간의 심리적 문제를 유발하는 데 있어 환경의 역할 또한 중요하다는 생각이 들면서 자신과 비슷한 생각을 가진 영국 정신과 의사들과 의견을 나누기도 하였다. 또한 볼비는 아이들을 상담하면서 부모가 해결하지 못한 자신의 어린 시절의 문제점이 자녀에게 그대로 전이된다는 것을 느꼈다.

볼비는 부모와 아이가 오랫동안 혹은 완전히 떨어지지 않도록 부모가 신경 쓴다면 수많은 신경증적 성격 발달 사례가 줄어들 것이라고 보았다(Bowlby, 1940). 따라서 어린 시절 좋은 환경에서 보호 받지 못한 채 성장한 아이들이 성인이 되어 '애정결핍 정신병리'로 불릴 수 있는 다양한 증상을 보이게 된다고 보고하였다.

1938년, 볼비는 서른 살에 어설라 롱스태프(Ursula Longstaff)와 결혼하였다. 그녀는 심리학에 대해서는 무지하여 볼비가 쓴 책을 전혀 읽지 않았지만 아내로서는 헌신적이고 성실한 배우자였다. 아버지가 자신에게 그러했듯, 아이들을 돌보는 일은 어설라에게 맡기고 일하는 데 몰두하였으며, 오랜 기간 동안 휴가를 보내던 아버지의 전통을 따랐다. 아이들은 일만 하는 아버지에게 섭섭함을 내비쳤지만 볼비는 자신의 이론처럼 아버지가 했던 방식을 그대로 따르며 자신의 아버지와 비슷한 역할을 하였다.

1952년, 콘라트 차하리아스 로렌츠(Konrad Zacharias Lorenz)와 니콜라스 틴베르헌(Nikolaas Tinbergen)의 동물행동학 관련 연구를 접한 볼비는 '애착'이라는 개념에 더욱 몰두하게 되었고, 동물행동학적 접근방식이야 말로 정신분석이론을 현대화하기 위해 중요한 이론이라고 보았다. 1953년 『아동보호와 사랑의 성장(Child Care and The Growth of Love)』이라는 책은 출판된 직후 베스트셀러가 되었으며 영어판만으로 4만5천 부가 팔렸고, 10개의 다른 언어로 번역되어 출판되기도 하였다. 1969년도의 『애착(Attachment)』, 1973년도의 『분리(Separation)』, 1980년도의 『상실(Loss)』은 출판 족족 베스트셀러가 되어 5만 부 이상씩 팔렸다. 그때에 미국에서는 마리 에인스워스(Mary Ainsworth)를 통해 애착이론에 대한 관심이 커져가고 있었다. 볼비의 강연을 듣고자 하는 사람이 늘어나면서 볼비는 영국보다 미국에서 더 큰 존경과 관심을 받게 되었다. 볼비는 80세의 나이에도 저명한 학자들과 함께 회의를 열고 토론하는 것을 즐겼다. 1990년 9월 2일 가족들과 함께 휴가를 보내던 중 뇌졸중으로 83세의 나이에 사망하게 되었다.

2. 주요 개념

1) 애착(본능행동)

애착(attachment)이란 한 개인이 다른 사람과 맺는 강한 정서적 유대를 말하는 것으로 흔히 심리학에서는 아이와 주 양육자 사이에 형성되는 정서적 유대감을 일컫는다. 애착이 형성된 사람과 함께 있으면 마음이 따뜻해지고 행복해지며 그 사람이 다가오는 것만으로도 즐거운 기대를 가지게 된다. 아이들과 애착이 잘 형성된 부모라면 퇴근하여 집에 돌아왔을 때 자녀들이 버선발로 뛰쳐나와 양팔을 벌려 부모를 반기게 된다.

볼비가 애착에 대해 연구하던 1900년대 중반에는 프로이트(Freud)의 정신분석이 심리학계 주요 이론으로 자리매김하고 있었다. 프로이트는 애착을 '영아들에게 구강만족을 제공해 주는 사람 혹은 사물과 맺는 관계'라고 정의하였고, 그에 따라 애착관계의 주요 요소로 '수유'에 대한 관심이 높아졌다. 즉, 수유를 해 주는 사람에게 아이들은 애착을 형성한다고 본 것이다. 하지만 1949년, 볼비는 로렌츠(Lorenz)의 오리와 거위 새끼들의 추종 반응에 대한 연구가 담긴 『솔로몬의 반지』라는 저서를 보고 어미에 대한 새끼의 강한 애착이 어떠한 매개체도 없이 본능적으로 나타난다는 것을 알게 되었다. 이와 함께 해리 할로(Harry Harlow)의 원숭이 실험은 볼비의 애착에 대한 개념을 더욱 확고히 만드는 계기가 되었다. 이 실험에서는 갓 태어난 원숭이를 어미에게서 떼어 놓은 후 철사로 만든 두 대리모와 생활하게 하였다. 첫 번째 대리모는 철사로 만들어져 수유만 하였고, 두 번째 대리모는 철사 위에 부드러운 천을 덮어 놓았고 수유는 하지 않았다. 실험 결과 새끼 원숭이는 밥 먹을 때에만 수유를 주는 대리모에게 갔고, 하루 최대 18시간을 천으로 만들어진 대리모에게 매달려 있었다(Harlow & Zimmermann, 1959). 이 실험을 통해 애착관계의 주요소가 '수유'가 아님이 밝혀졌다. 이 실험을 통해 애착 관계의 주요소가 '수유'가 아님이 밝혀진 것이다.

이에 볼비는 애착 행동이 인간의 본능적인 행동임을 확신하게 되었다. '본능적 행동'이란 한 종의 대부분의 구성원들에게서 유사하게 나타나는 행동이며, 이러한 행동을 학습할 만한 기회가 없었음에도 불구하고, 한 개체의 보존이나 한 종의 연속성에 크게 기여하는 결과를 나타내는 행동을 의미한다. 예를 들면, 쥐가 고양이를 무서워하는 도주 본능이나 산란을 위해 태어난 강으로 돌아가는 연어의 귀소 본능 등이 해당된다. 볼비는 양육자를 향해 기어가고, 양육자의 주의를 끌기 위해 울거나 미소를 짓는 영아들의 행동이 선천적으로 타고난 인간의 애착 행동이라고 보았다. 이러한 행동에 대해 당시에는 혼자의 힘으로 원하는 것을 이룰 수 없는 어린아이가 어머니에게 단지 '의존'하는 것으로 보는 견해가 강했다. 하지만 볼비는 이를 생존 유지 및 보호를 위한 인간의 본능적인 행동으로, 생애 초기에 발달하는 내재화된 행동양식인 '애착 행동'으로 보았다(Bowlby, 1969). 매우 단순하고 다소 부정적인 개념이 내포된 '의존 행동'이 아닌 인간이 삶을 영위하고, 자신을 보호하기 위해 반드시 필요한 본능 행동으로 규정한 것이다. 낯선 환경, 불안한 감정을 일으키는 환경에 있을 때 아이들은 울고 매달리는 애착 행동을 활성화시키고, 이에 대한 반응으로 어머니는 아이를 품에 안아 달래어 주는 일련의 자극과 반응들이 모두 선천적으로 가지고 태어난 생득적 행동이다(Bowlby, 1988a). 이러한 애착 행동에 대한 개념이 '의존'하는 것으로 치부되었을 때에는 성인이 되면 반드시 사라져야 하는 미숙한 행동으로 다루어졌지만 사실상 낯선 환경, 불안한 감정을 일으키는 환경에서 인간은 성인이 되어도 양육자를 찾는 '애착 행동'이 지속적으로 나타난다. 예를 들어, 낯설고 두려운 군대라는 환경에 있을 때, 남자들은 부모님에게 효도해야겠다는 생각을 가장 많이 하며, 부모님이 보고 싶고 그리워 전화를 하다 울먹이기도 하고, 성인이 된 후 처음으로 편지로 마음을 전하기도 한다. 또 사회생활 속에서 힘든 일이 켜켜이 쌓여 나의 오늘 하루를 위협할 때, 어린아이로 돌아가 엄마 품에 안겨 엉엉 울고 싶을 때가 있다. 이렇게 우리는 성인이 된 후에도 어린아이처럼 애착 행동을 보이게 되고, 이에 대한 반응으로 부모들은 휴가 나온 아들을 위해 진수성찬을 차려 환영해 주며 아들의 마음을 따뜻하게 채워 주고, 친구 혹은 상사와의 일로 하소연하는 딸을 다독여 주고 딸의 편이 되어 준다. 인간은 유년 시절과 다른 방식으로 성인이 되어서도 생존유지 및 보호를 위한 애착 행동을 보이게 된다.

2) 안전기지

안전기지(secure base)란 아이가 낯선 세계, 새로운 환경으로 나아갈 때 용기를 북돋아 주고 안전감을 제공해 주는 공간이자 낯선 세계에서의 탐색을 마치고 돌아왔을 때 신체적 · 정신적 재충전을 제공해 주는 공간을 말한다(Bowlby, 1988a). 낯선 환경을 탐색하는 중에 받은 상처와 슬픔을 위로해 주고 안전기지에서는 그러한 일들이 없을 것이라는 신뢰감과 안도감을 전해 주는 곳이다. 다시 말해, 아이에게 있어 안전기지란 언제든 돌아갈 따뜻한 마음의 양식처이자 언제든 위험에 처한 자신을 도와줄 자신보다 강한 보호자가 있음을 느끼게 해 주는 곳이다. 이에 볼비는 양육에 대해 세운 자신의 수많은 이론 중 부모의 안전기지 제공이 가장 핵심적인 부분을 차지한다고 보고하였다(Bowlby, 1988a).

부모가 안전기지로서의 역할을 하기 위해서는 아이들이 부모, 즉 안전기지에 대한 신뢰감이 형성되어 있어야 하고, 안전기지로 돌아왔을 때 자신을 반겨주고 따뜻하게 맞이해 줄 것이라는 확신이 필요하다. 만약 부모가 자신의 기분에 따라 어떤 날은 울면서 자신에게 오는 아이를 품에 안아 달래어 주다가 어떤 날은 아이가 부모를 바라보며 자지러지게 울어도 쳐다보지도 않거나 더 나아가 신경질을 내며 자리를 떠나 버린다면 아이에게 부모는 안전기지로서의 역할을 하지 못하는 것이다. 부모는 아이가 신체적·정신적 도움 및 위로가 필요할 때에 언제든 접근 가능하여야 안전기지로서의 제 역할을 하는 것이다. 또 다른 경우, 부모가 마음이 너무 앞서서 아이가 낯선 환경을 열심히 탐색하고 있는 중에 안전기지가 직접 움직여서 아이의 안전을 지켜주는 경우가 있다. 이를 우리는 흔히 '과잉보호'라고 일컫는데 볼비는 과잉보호 양육은 절대적으로 좋은 안전기지가 될 수 없다고 강력히 비판하였다(Bowlby, 1988b). 볼비는 안전기지로서 가장 중요한 역할은 기다리는 것이며, 꼭 필요한 경우에만 적극적인 개입이 이루어져야 된다고 보았다. 자녀의 독립성을 길러주면서 자녀가 필요로 할 때 도움과 격려를 제공해 주는 것이 가장 좋은 양육법이며, 자녀를 건강한 성인으로 성장하도록 이끈다고 주장하였다.

아이들은 성장함에 따라 안전기지에서 점차 더 멀리 나아가고, 더 오랜 시간 안전기지 밖에서 활동하게 된다. 언제든 돌아갈 안전기지가 있고, 돌아갔을 때 환영받을 것이라는 확신이 있어야 더 멀리, 더 오래 나가 있을 수 있다.

볼비 시대의 아이들의 애착 행동, 즉 안전기지를 찾는 아이들의 행동을 '부모에 대한 의존'으로 본 것은 여러 부정적인 결과를 만들었다. 볼비 시대의 사람들은 이러한 의존 행동은 어린 시절에만 나타나는 미숙한 행동이자 나이가 들면서 자연스레 사라져야 할 것으로 간주하면서 임상학계에서는 아동기 이후에 나타나는 애착 행동을 '퇴행'이라는 용어를 사용하며 문제행동으로 간주하였다(Bowlby, 1988b). 이와 같은 양상은 현대사회에 까지도 이어지고 있음을 느낄 수 있다. 물론 영유아기 때처럼 부모의 품에서 떨어지지 않은 채 눈물만 흘리고 있을 순 없지만 군대에 간 20대 청년도 부모님의 위로가 그립고, 어느새 한 아이의 엄마가 된 서른의 여자도 부모님의 위로와 사랑이 그립다. 그런 성인들도 나를 위로해 주고 격려해 줄 부모라는 안전기지가 있기 때문에 힘든 2년간의 군 생활을 이겨 낼 수 있고, 육아라는 인생의 새로운 도전 속에서 힘든 순간순간을 이겨 낼 긍정적 마음가짐과 정서적 충족감을 가질 수 있다.

3) 애착유형

볼비의 애착이론은 '낯선 상황(Strange Situation)' 실험에 의해 검증되었다. '낯선 상황' 실험은 어머니와 영아가 8개로 구성된 상황에서 나타내는 반응을 보는 것으로, 분리로 인한 스트레스에 대응할 때 나타나는 영아의 개인적 차이를 보는 실험이다.

상황 1: 관찰자가 양육자와 영아에게 실험실을 소개한 후 밖으로 나간다.

상황 2: 영아가 실험실에 있는 놀잇감을 탐색할 때 양육자는 관여하지 않고 같은 공간에 머문다.

상황 3: 낯선 사람이 들어와 어머니와 이야기를 잠시 나눈다.

상황 4: 양육자가 실험실을 나간다.

상황 5: 양육자는 실험실로 돌아오고, 낯선 사람은 실험실을 나가게 된다.

상황 6: 양육자가 영아에게 인사를 한 후에 실험실을 나간다.

상황 7: 낯선 사람이 들어와 영아와 상호작용을 한다.

상황 8: 양육자가 들어와 영아와 상호작용을 하고 낯선 사람은 나간다.

출처: Cpagett. (2016). Strange Situation. 재구성.

관찰자가 양육자와 영아에게 실험실을 소개한 후 잠시 나가 있게 되면(상황 1) 영아가 실험실에 있는 놀잇감을 탐색할 때 양육자는 관여하지 않고 같은 공간에만 있게 된다(상황 2). 낯선 사람이 들어와 양육자와 이야기를 잠시 나눈 후 영아에게 다가갈 때(상황 3), 양육자는 실험실을 나가게 된다(상황 4). 잠시 후 양육자는 실험실로 돌아와 영아를 달래어 주고 낯선 사람은 실험실을 나가게 된다(상황 5). 이번엔 양육자가 영아에게 인사를 한 후 나가게 되고(상황 6), 낯선 사람이 들어와 영아와 상호작용을 하다(상황 7) 다시 양육자가 들어와 영아와 상호작용하고 낯선 사람은 나가게 된다(상황 8).

각 상황에서의 영아의 반응을 관찰하는 이 실험을 통해 애착을 네 가지 주요 반응 유형으로 분류하였다.

(1) 안정애착(secure attachment)

안정애착 영아는 낯선 환경에서 양육자를 안전기지로 생각하며 놀잇감이 있는 실험실을 적극적으로 탐색한다. 양육자와의 분리를 대체로 힘들어하지만 양육자와 재회 시 능동적으로 애착행동을 보여 금방 안정되고 달래어지며, 다시금 실험실을 탐색하며 재미난 놀이를 한다. 안정애착 아동은 어떤 위험이나 불안이 닥쳤을 때, 부모에게 쉽게 도움을 청할 수 있고 부모가 언제든 도와줄 것이라 신뢰하게 되므로 낯선 세계를 탐색하는 것에 대한 두려움이 없다. 안정애착 아동의 부모는 자녀가 위험에 처하게 될 때 언제든 민감하게, 일관적으로 도와주어 자녀의 든든한 안전기지의 역할을 하고 있기 때문이다.

(2) 불안정-저항애착(Insecure-resistant attachment)

저항애착 영아는 양육자와 함께 있는 상황에서도 매우 불안해하며 양육자 옆에서 떨어지지 못해 실험실을 자유롭게 탐색하지 못한다. 양육자와 분리되는 상황에서는 더욱 극도의 고통을 표현하며 자지러지게 우는 모습을 보인다. 양육자가 다시 돌아와도 쉽게 안정되지 못하여 지속적으로 울고, 양육자가 달래어 주길 바라지만 막상 양육자가 달래어 주면 밀어내고 발로 차버리기도 하며 장난감을 주면 던져버리는 양가적 행동을 보인다. 불안-저항애착 아동은 어떤 위험이나 불안이 닥쳤을 때, 부모가 도와줄지 도와주지 않을지에 대한 확신이 없기 때문에 부모에게 매달려 떨어지지 않으려 하는 분리불안을 가지기 쉽다. 불안-저항애착 아동의 부모는 어떤 경우에는 자녀의 도움 요청을 받아 주지만 어떤 경우에는 무시하거나 유기 위협으로 통제를 가하는 행동 등을 보였기 때문이다.

(3) 불안정-회피애착(Insecure-avoidant attachment)

회피애착 영아는 양육자와 함께 있을 때에도 양육자에게 뚜렷한 반응을 보이지 않으며 양육자와 분리되는 상황에서도 별다른 반응을 보이지 않는다. 양육자와의 재회 시 양육자를 무시하거나 회피하려는 행동을 보이고 양육자가 안아 주려고 해도 안기려 하지 않는데, 특히 스트레스가 심한 두 번째 재회 때 더욱 무관심하게 반응한다. 불안-회피애착 아동은 어떤 위험이나 불안이 닥쳤을 때, 부모가 도와주지 않을 것이라고 확신하기 때문에 타인에 대한 관심을 절제하고, 타인의 도움 없이 살고자 애쓴다. 자녀가 도움을 청할 때 부모가 지속적으로 자녀의 요구를 들어 주지 않고, 무시하며 거절하는 경우 불안-회피애착을 형성하게 된다.

(4) 불안정-혼란애착(Insecure-disorganized attachment)

불안정 애착유형 중 가장 심각한 문제를 보이는 혼란애착 영아는 낯선 상황에서 극심한 스트레스로 '얼어붙어 있는' 모습 혹은 멍해 보이는 모습을 보인다. 양육자와의 분리나 재회 시에도 얼어붙어 있는 모습이 지속되며 양육자가 돌아와 안아 주어도 먼 곳을 바라보는 등 혼란스러워하는 행동을 보인다. 불안-혼란애착 아동은 어떤 위험이나 불안이 닥쳤을 때, 저항애착 아동과 회피애착 아동이 보이는 상반된 행동을 모두 보이게 된다. 부모에 대한 확신이 없지만 매달리기도 하고, 매달리는 행동을 보이다가 이내 관심이 없다는 듯 휙 돌아서기도 한다. 불안-혼란애착 아동은 흔히 부모가 자녀를 학대할 때에 나타나는데, 반드시 직접적으로 학대하지 않더라도 부모가 안정되어 있지 못하고 혼란스러운 정서 상태를 가질 때에 나타나게 된다. 즉, 부모가 자신을 보호해 줄 수 있을지에 대해 혼란스러워하는 경우다.

아이와 부모의 상호작용 패턴을 관찰한 마타스와 그 동료들(Matas, Arend, & Sroufe, 1978)은 아이들에게 어른의 도움이 약간 필요한 난이도의 과제를 주고 어머니와 자녀의 상호작용 패턴을 관찰하였다. 이 상황에서 안정애착을 보이는 아이의 어머니는 아이의 행동에 관심을 기울이고, 민감하게 아이의 요구를 인식하며, 아이의 성취 혹은 어려워하는 점에 대해 즉각적으로 반응해 주고 격려해 주는 모습이 나타났다. 반면 불안정 애착 유아의 어머니들은 아이의 행동에 민감하게 주의를 기울이지 않고, 어머니의 행동이 문제해결에 도움이 되지 않거나 아이가 느끼는 감정에 전혀 주목하지 않는 행동을 보였다. 또한 아이의 요구사항을 파악하지 못하고, 아이가 도와달라는 부탁에도 어찌할 바를 모른 채 무시하거나 거절하는 양상을 보였다.

아이와 부모가 나누는 대화에서도 안정애착 유아를 둔 부모들은 자녀에게 자유롭게 의견을 표현할 수 있도록 격려하며, 다양한 주제에 대해 이야기하고 감정표현을 촉진한다. 하지만 불안정애착 유아를 둔 부모들은 대화의 주제가 제한적이고 감정과 관계없는 사무적인 이야기가 주를 이루고, 의사소통이 부모에 의해 전적으로 통제되는 양상을 보였다. 더욱 신기한 것은 부모의 유년 시절 자신의 부모와 상호작용했던 패턴이 현재 자신의 아이와의 상호작용 패턴으로 이어지며, 애착유형도 대부분 비슷하게 나타난다는 것이다(Main, Kaplan, & Cassidy, 1985).

영유아기에 형성한 애착이 성인기까지 지속되는 가장 큰 또 하나의 이유는 영아기 때 부모가 자녀를 대하는 방식이 시간이 지난다고 해서 크게 변화되지 않는 경향 때문이다. 또한 안정애착을 형성한 아이는 밝고 긍정적인 행동을 통해 부모로 하여금 더욱 건강한 상호작용을 촉진시키는 반면 불안정애착을 형성한 아이는 쉽게 짜증을 내거나 안전하지 못한 환경에서도 무덤덤한 행동을 하거나 멍하니 타인에게 관심 없는 모습을 보이는 행동 등을 보인다. 이를 통해 아동은 부모로 하여금 더욱 건강하지 못한 상호작용을 하도록 촉진시키기 때문에 안정애착을 형성한 아이는 선순환이 반복되고, 불안정애착을 형성한 아이는 악순환이 반복된다. 따라서 볼비학파는 영아기에 형성되는 부모와의 관계 유형이 이후의 아이들의 행동, 자아개념, 사회적 적응, 정서표현 등 모든 영역에 영향을 미친다고 보았다.

영유아기에 부모와 형성한 애착 패턴은 점차 타인과의 관계에서도 반복되며 자신의 고유한 패턴으로 발전된다. 이때 아이가 자신에 대해 구축하는 이미지는 부모가 자신에게 갖는 이미지가 반영된다. 이것은 곧 부모가 자녀에게 어떠한 이야기를 가장 많이 하는지, 부모가 자녀에게 어떠한 태도로 반응하는지 등이 중요하다는 것을 의미한다. 아이가 행하는 수많은 행동 중 부모가 특정 행동, 특정 정서, 특정 의사소통에만 긍정적으로 반응하고, 다른 것은 무시하거나 부정적으로 반응하게 되면 아이는 부모가 좋아하는 반응만을 패턴으로 확립하고 다른 반응은 패턴화하지 않고 삭제시키게 된다.

안정애착 유아가 학령기 아동이 되면, 다른 아이에게 인기가 많으며 회복탄력성이 높고, 긍정적 정서를 보이며 주의집중력이 높다. 이 아이가 성인이 되면 이성과 원만한 상호작용을 할 수 있으며, 이성과 다투는 상황에서도 폭력을 행하거나 극단적으로 치닫지 않고 대화로 풀어 나갈 수 있게 된다. 불안-저항애착 유아가 학령기 아동이 되면 과도하게 관심을 끌려는 행동이 나타나고 쉽게 좌절하고 쉽게 흥분하는 모습을 보인다. 이 아이가 성인이 되면 이성에게 끊임없이 어필하려고 하며, 이성이 조금이라도 자신에게 무관심해지는 모습을 보이면 과도하게 화를 내며 전화를 수십 통씩 하는 집착 행동이 나타날 수 있다. 불안-회피애착 유아가 학령기 아동이 되면, 친구관계에 관심이 없는 듯 혼자 돌아다니며 상처받지 않기 위해 세상에 관심을 끄는 행동이 나타난다. 이 아이가 성인이 되면 타인과 깊은 이야기를 나누려 하지 않고, 감정을 표현해야 하는 불편한 상황이 닥치게 되면 회피하는 행동이 나타나며 연락이 두절되는 행동 패턴을 보인다. 불안-혼란애착 유아가 학령기 아동이 되면, 친구관계는 물론 학업에도 관심이 없으며, 멍하니 다른 세상에 있는 듯한 모습들이 나타난다. 타인과의 소통이 힘들며, 심한 경우 경계선 성격장애로 발전할 수 있다.

요약하면, 볼비는 한 개인의 성격 형성에 가장 중요한 근원으로 유전적 특질이나 본능보다는 부모와 자녀와의 관계라고 보았으며, 이는 부모 이외의 타인과 소통하는 방식에도 영향을 미치고 한 개인이 세상을 살아가는 자신만의 고유한 방법이 된다고 보았다. 여기서 부모와 자녀의 관계는 부모 개인만의 인간적 자질보다는 부모와 자녀의 '조화의 적합성'이 된다. 조화의 적합성이란 영유아의 기대와 요구가 부모의 양육 행동과 잘 결합이 되고 상호작용이 된다는 것으로 까다로운 기질, 느린 기질 등이 성격 형성에 영향을 미치는 것이 아니라 부모와의 관계가 내재화되어 성격으로 형성된다고 보았다.

4) 내적 작동모델

인간의 발달에 있어 애착이 중요한 이유는 '내적 작동모델(internal working model)' 때문이다. 아이는 어린 시절 경험하는 주 양육자와의 정서적 유대감, 즉 애착관계를 통해 자신과 타인 더 나아가 세상에 대한 기본적인 가정들을 형성하게 된다. 애착은 성인이 되어서 맺는 인간관계에도 영향을 미치게 되고, 그 인간관계를 유지 및 발전시켜 나가는 방향에도 영향을 미치며, 인간관계를 끝맺는 방법과 끝맺음 이후의 삶의 방식에도 지대한 영향을 미친다(Collins & Read, 1990).

안정애착을 형성한 개인은 자신이 사랑받을 만한 가치가 있는 사람이고, 애정이 깊고 신뢰할 만한 안전기지가 나를 보호해 주고 있으며, 특별한 이유가 없다면 대부분의 사람들은 자신을 괜찮게 생각할 것이라는 긍정적 내적 작동모델을 가지고 있다. 반면, 불안정애착을 형성한 개인은 자신이 누구에게도 사랑받을 만한 가치가 없고, 쓸모도 없으며, 세상은 믿을 만한 공간이 아니라 불안과 위험이 도사리고 있는 공간이며 특별한 이유가 없더라도 대부분의 사람들은 자신을 탐탁지 않게 생각할 것이라는 부정적 내적 작동모델을 가지고 있다(Holmes, 1993a).

영아기에 형성된 애착관계는 내적 작동모델을 통하여 전 생애 동안 개인의 인간관계 및 사회생활에 대한 기대와 태도에 영향을 준다(Holmes, 1993a). 회피애착을 형성한 남자와 저항애착을 형성한 여자가 소개팅에서 만났다고 가정해 본다면, 그들은 다른 많은 부분들이 함께 설명되어야겠지만 애착만으로 보았을 때, 서로 자신의 부족한 점을 가지고 있는 상대방에게 호감을 가지게 된다. 자신의 감정을 받아줄 세상이 없어서 감정을 참고 지내는 것이 최선이라 생각하고 살아가던 회피애착 남자는 세상에 대한 두려움 없이 자신의 감정을 마음껏 표현해 내는 저항애착 여자가 신기하고, 색다르게 보일 것이다. 반대로 저항애착 여자는 하루에도 열두 번 기분 변화가 나타나는 자신과 달리 늘 진중하고 무던해 보이는 남자에게 이성적 매력을 느낄 수 있다. 인간은 모두 더 나은, 더 멋진 자신이 되기 위한 열망을 가지고 있다. 회피애착 남자는 저항애착 여자를 만나면 답답한 자신의 삶에 숨통이 트일 것 같고, 저항애착 여자는 회피애착 남자를 만나면 그 남자가 편안한 안식처를 제공해 줄 것 같은 마음이 들 것이다. 서로에게 콩깍지가 씌어져 있는 동안 그들은 서로에게 맞추어 가며 다른 커플처럼 알콩달콩 예쁜 연애를 할 테지만 긴 시간이 지나지 않아 너무나도 다른 서로의 생활방식에 지치게 된다. 감정표현을 하지 않고 꾹꾹 참으면서 사는 것이 세상에 상처받지 않고 나를 보호할 수 있는 방법이라고 생각하고 살아온 회피애착 남자에게 모든 감정을 다 표현하는 저항애착 여자는 버겁고 감당하기 힘든 사람이 되어버릴 것이다. 또한 남자의 작은 행동에도 자신을 사랑하지 않는 건 아닌지, 마음이 변해 버린 건 아닌지 두려움이 들어 사랑받고 있다는 표현을 많이 받고 싶은 저항애착 여자에게 회피애착 남자의 사랑표현은 아무리 해도 성에 차지 않을 것이다. 두 사람은 서로 다른 내적 작동모델을 작동시켜 서로를 이해하려 하기 때문에 행복한 관계가 오래 유지될 수 없으며 끝내 파국적인 결말을 맞게 될 수 있다. 이러한 양상에 대해 홈스(Holmes, 1993b)는 저항애착을 가진 사람과 회피애착을 가진 사람이 서로에게 끌리는 '공포적 · 역공포적' 결혼 유형이라고 규정지었다.

볼비는 이러한 내적 작동모델을 통해 한 개인의 애착관계는 세대 간에 전달될 수 있다고 가정하였고, 애착의 세대 간 전이에 대한 연구들은 지금까지도 많이 이어지고 있으며 볼비의 가정이 맞았음을 뒷받침해 주고 있다(Belsky, 2005; Berthelot, Ensink, Bernazzani, Normandin, Luyten, & Fonagy, 2015; Bretherton, 1990; Verhage, Schuengel, Madigan, Fearon, Oosterman, Cassibba, Bakermans-Kranenburg, & van Ijzendoorn, 2016).

5) 성인기의 애착

애착 행동의 조직화는 상당 부분 개인이 어린 시절 경험한 가정환경에 의해 좌우된다(Bowlby, 1988a). 어린 시절 개인이 애착 행동을 보였을 때, 부모가 적절한 반응을 해 주지 않는다면 아이는 큰 좌절감을 느끼며 부모가 자신을 보호해 주지 않을 것 같은 불안감을 가지게 된다. 이러한 가정환경 속에서 자란 아이는 어른이 되었음에도 불구하고 아무에게도 애착 행동을 보이려 하지 않거나(회피애착) 자신을 돌아봐 줄 때까지 애착 행동 혹은 징징거림(저항애착)을 끝없이 보이게 된다.

영유아기에 형성한 애착관계는 성인이 되어서도 내적 작동모델을 통해서 나타나고, 이는 다음 세대까지 전해진다. 더 이상 영유아기 시절과 똑같은 방식으로 애착행동이 나타나지는 않지만 애착관계는 개인의 일생 동안 지속적으로 영향을 미치는 것이다.

어린 시절 안정애착을 형성하지 못한 사람은 자신이 보호받을 가치가 없고 보호받지 못할 것이라는 생각 때문에 타인에게도 안전기지를 제공하기가 힘들다. 이런 내적 작동모델을 가진 사람은 훗날 부모가 되었을 때, 자신의 아이가 위험에 처하더라도 자신은 아이를 보호할 수 없다고 스스로 생각하며 좌절감과 불안감에 휩싸이게 된다. 자신이 부모에게 받지 못한 것처럼 자신도 아이들에게 안전기지가 되어 줄 수 없다는 생각에 불안감과 좌절감에 빠진 이들은 이러한 감정들을 아이에게까지 드러내게 된다. 이렇게 불안정 애착유형은 악순환된다.

또한 불안정애착 유아의 부모는 아이들의 고민에 적절히 대응하지 못하는데 회피애착 유아의 부모는 아이들의 고민을 신중하게 생각하지 않고, 저항애착 유아의 부모는 지나치게 간섭하거나 부모가 더 어찌할 바를 모르고 불안해한다. 즉, 이들은 이때까지 자신의 고민도 적절히 잘 해결하지 못했기 때문에 아이들의 고민에도 제대로 대처하지 못하고 이런 양상은 계속해서 반복된다. 이에 볼비는 부정적인 감정, 특히 이별과 상실의 고통스러운 감정들을 해결하는 능력을 심리적 건강의 주요 지표로 보았다.

그럼에도 불구하고 영유아기에 형성한 애착이 절대적으로 불변하는 것은 아니다. 불안정애착유형의 사람이 안정애착유형의 사람을 만나 안정애착을 형성하기도 하고, 안정애착유형의 사람이 크나큰 상실 등으로 인해 불안정애착으로 변하기도 한다. 또한 자신의 애착유형과 내적 작동모델을 이해하고 통찰한다면 타인과 반복되는 불안정한 관계를 바로잡을 수 있고, 자신의 비합리적인 사고를 합리적 사고로 바꾸려 노력할 수 있다. 특히, 불안정애착유형의 사람들은 안정애착유형의 배우자를 만나 어린 시절 접할 수 없었던 안전기지를 새롭게 만들어 마음껏 세상을 탐색하고, 사랑받을 만한 가치가 없다고 느꼈던 자신의 부정적 내적 작동모델을 긍정적으로 바꾸어 안정애착유형의 내적 작동모델을 작동시킬 수도 있다.

3. 성격의 형성과정

Bowlby(1982)는 인간의 애착 행동이 4단계를 거쳐 발달한다고 하였다. 각 단계들 사이에 분명한 경계가 존재하는 것은 아니지만 단계마다 다른 특성들을 내포하고 있기 때문에 4단계로 나누어 제시하였다.

• 단계 1: 애착 형성 전 단계

출생부터 생후 8주 혹은 12주경까지에 해당하는 단계로, 좋지 않은 환경에 있을 경우 각 단계의 시기가 더 길어질 수 있다. 이 시기의 영아들은 사람을 구별하는 능력이 후각과 청각 자극으로 극히 제한되어 있기 때문에 자신의 욕구를 채워 주는 사람이면 누구든 상관없이 울음, 미소, 쿠잉을 포함한 애착 행동을 보이며, 가깝게 지내는 모든 사람들과 관계를 유지하고자 한다. 따라서 주 양육자가 자리를 비우더라도 가까운 관계를 유지하는 다른 사람이 있다면 불안감을 보이지 않는다.

• 단계 2: 애착 형성 단계

생후 3개월에서 6개월경까지에 해당하는 단계로 1단계처럼 많은 사람들에게 애착 행동을 보이지만 주 양육자에게 더욱 두드러지게 애착 행동을 보이게 된다. 이제 차츰 친숙한 사람과 낯선 사람을 구별하여 애착을 형성하기 시작한다.

• 단계 3: 분명한 애착 단계

생후 6개월에서 24개월경까지에 해당하는 단계로 영아는 신체 발달과 인지 발달로 인하여 보다 더 확장된 애착 행동을 표현하게 된다. 주 양육자를 따라다니기, 돌아오는 주 양육자를 반기기, 주 양육자를 안전기지로 사용하여 외부 세계 탐색하기 등의 애착 행동이 나타난다. 주 양육자라는 특정인에 대한 선호가 명확하게 나타나며 낯선 사람과 있을 때 불안감을 느껴 안전기지인 부모에게로 가기 위해 노력한다.

• 단계 4: 동반자 단계

생후 24개월 이후의 시기에 해당되는 단계로 유아는 언어능력의 발달로 양육자와 의사소통을 통해 서로의 의견을 주고받을 수 있고, 양육자의 상황과 감정을 조금씩 이해할 수 있게 된다. 무작정 양육자를 졸졸 따라다니는 것이 아니라 양육자가 짧은 시간 외출을 하려고 할 때 대화를 통해 자신의 마음을 표현할 수 있고, 기다려

줄 수 있으며 잠시 후 양육자가 돌아온다는 것을 인지할 수 있는 단계다. 이 시기의 아이는 양육자의 욕구와 동기, 감정에 대한 통찰력을 조금씩 획득하게 되어 부모와 자녀 간의 관계를 훨씬 더 정교하고 깊이 있게 발전시킨다.

이렇게 형성된 애착은 내적 작동모델을 통해 개인의 전 생애 동안 영향을 미치게 되고, 더 나아가 애착의 세대 간 전이로 인해 다음 세대에까지 영향을 미치게 된다.

4. 건강한 성격의 특성

볼비는 다양한 신경증적 애착유형을 묘사하기 위해 '잘못된 내적 작동모델'이란 개념을 적용하였다. 민감하게 일관적으로 반응하는 부모의 자녀들은 안정애착을 형성하여 건강한 성격이 형성되고, 둔감하고 비일관적이거나 거부 혹은 방임하는 부모의 자녀들은 불안정애착을 형성하여 병리적인 성격을 형성하게 된다. 볼비는 어린 시절의 애착 문제가 성인기의 우울증, 성격장애, 광장공포증과 같은 정신질환과 관련이 있다고 예측하였다(Bowlby, 1940). 불안정애착 자녀를 둔 부모들의 우울증, 무반응, 아이를 멀리 보내거나 혼자 놔두고 가겠다는 협박, 아이를 향한 자살 협박, 아이로 하여금 부모의 역할을 하도록 기대하는 경우 등이 자녀를 또 다른 정신질환으로 내몬다고 보았다.

안정애착을 형성한 개인은 건강한 성격 특성을 보인다. 자신에 대해서도 긍정적으로 인식하고, 자신감이 높으며 타인과의 관계에서도 건강한 상호작용을 보이며, 관계를 형성 및 유지하는 능력이 탁월하다(Bowlby, 1982). 또한 관계를 끝내는 이별의 상황에서도 극단적인 말과 행동을 보이기보다 대화로서 자신의 의사를 표현하고 부정적 감정을 해소해 나갈 수 있다. 최근 뉴스에서 많이 보이는 이별 범죄들 중 안정애착을 형성한 성인은 존재하지 않는다. 건강한 애착을 형성한 사람은 부정적인 감정이 극대화된다 할지라도 극단적인 행동을 취하여 관계를 파국으로 이끌지 않는다. 이는 건강한 성격을 형성하는 데 있어 애착의 중요성을 나타낸다. 불안정애착 중 저항애착의 기본적인 문제는 자신의 욕구를 어떤 경우에는 충족시켜 주지만 어떤 경우에는 충족시켜 주지 않는 보호자와의 애착을 유지하기 위해 점차 자신의 욕구에 집중하지 못하고 보호자의 반응에만 집착하게 되는 내적 작동모델을 발달시키는 것이다(Collins & Read, 1990). 이러한 내적 작동모델은 저항애착 사람들이 세상을 살아갈 때와 타인과 소통할 때 사용하는 자신만의 전략으로 발달된다. 보호자가 욕구를 들어 주지 않을 때에 울고 떼쓰며 자신의 욕구를 들어달라는 전략을 발달시키기도 하고, 귀엽고 매력적인 행동을 어필하여 자신의 욕구를 들어달라는 전략을 발달시키기도 한다. 상반된 두 가지의 전략은 자신의 욕구가 무시되었을 때 공통적으로 더 큰 분노와 복수심을 발달시키게 된다.

불안정애착 중 회피애착의 기본적인 문제는 자신의 욕구가 거절당할 것을 미연에 방지하기 위해 자신의 애착 필요성을 최소화하려고 노력하며, 보호자에게 아무런 관심을 갖지 않으려 노력하는 내적 작동모델을 발달시키는 것이다(Bowlby, 1982). 따라서 회피애착 사람들은 세상을 살아가는 방법으로 타인에게 기대하지도 않고 상처 받지도 않겠다는 전략을 가지게 된다. 보호자가 욕구를 들어 주지 않을 것이라고 이미 생각했기 때문에 어떠한 욕구도 표현하지 않고 조용히 있게 되면서 보호자들은 흔히 우리 아이는 떼쓰는 것도 없고, 늘 조용히 책 읽기를 하면서 부모 속도 썩히지 않고 잘 지내는 효자라고 생각하지만 그 아이들은 사실 마음속으로는 정서 충족이 하나도 되지 않은 채 성장하는 것이다. 이렇게 성장한 아이들은 타인과의 관계 시 깊은 관계를 두려워하고 어려워하게 된다.

불안정애착 중 혼란애착은 앞서 두 가지 유형보다 드물게 나타나지만 훨씬 더 심각한 병리와 관련되어 있다(Holmes, 1993a). 혼란애착은 저항애착과 회피애착이 결합된 양상으로 저항애착처럼 매우 강한 애착 행동을 보이다가 분노 행동을 표현하기도 하고, 회피애착처럼 갑자기 얼어붙거나 멍한 행동을 보이기도 한다. 혼란애착 사람들은 세상을 살아가는 뚜렷한 전략이 나타나지 않으며, 목표가 불분명한 행동을 하고, 부모와의 상호작용에서도 완전한 문장으로 의사를 전달하지 않으며, 느린 움직임과 알 수 없는 표정, 상동 행동 등이 나타나기도 한다. 경계선 장애 환자들은 주로 부모와의 혼란애착을 형성한 경우가 많은데, 부모가 직접적으로 학대하지 않더라도 혼란스러운 상태를 자주 보이고, 아동의 행동에 대해 부모가 겁을 먹고 혼란스러워하는 양육 행동에 의해 발견되기도 한다.

5. 성격이론의 적용

1) 성인애착유형 질문지를 작성해서 본인의 애착유형을 파악해 봅시다.

본 질문지를 읽고 자신을 잘 나타내는 문장에 ◯를 하세요. (확실치 않거나 자신을 나타내지 않는 문장은 아무런 표시도 하지 말고 넘어가세요.) A열, B열, C열 각각 합계를 낸 후 마지막 총점 란에 기입해 주세요. 총점이 가장 높은 유형이 자신의 유형이 됩니다.

번호	문항	A	B	C
1	파트너에게 더 이상 사랑받지 못할까 봐 두렵다.			
2	파트너에게 쉽게 애정을 갖는다.			
3	파트너가 내 본 모습을 알게 되면 나를 좋아하지 않을까 봐 두렵다.			
4	이별 후 회복이 빠르다. 누구든 쉽게 잊을 수 있는 자신이 신기할 정도다.			
5	파트너가 없으면 내가 불안하고 불안전한 사람처럼 느껴진다.			
6	기분이 저조한 파트너를 격려하는 일은 힘들다.			
7	떨어져 있는 동안 파트너가 다른 사람에게 관심이 생길까 봐 두렵다.			
8	파트너에게 의지하는 것이 편하다.			
9	관계보다 독립성이 중요하다.			
10	깊은 속내까지 파트너에게 털어놓기는 싫다.			
11	파트너에게 내 감정을 드러냈을 때 파트너가 나와 같은 감정이 아닐까 봐 두렵다.			
12	파트너와의 관계에 대체로 만족한다.			
13	연인 관계에 특별한 연출이 필요하다고 생각하지 않는다.			
14	관계에 대해 생각을 많이 한다.			
15	파트너에게 의지하는 것이 불편하다.			

16	파트너에게 금방 애착을 갖는 편이다.			
17	별 어려움 없이 나의 욕구나 욕망을 파트너에게 표현할 수 있다.			
18	가끔 이유 없이 파트너에게 화나 짜증이 날 때가 있다.			
19	파트너의 기분에 매우 민감하다.			
20	대부분의 사람들은 정직하고 신뢰할 만하다고 생각한다.			
21	늘 같은 사람과 하는 섹스보다는 낯선 사람과의 가벼운 섹스가 좋다.			
22	얼마든지 내 개인적인 생각을 파트너와 공유할 수 있다.			
23	지금의 파트너와 헤어지면 다른 사람을 만나지 못할까 봐 걱정된다.			
24	파트너와 너무 친밀해지면 불안하다.			
25	싸울 때는 논리보다 감정에 치우쳐 나중에 후회할 말이나 행동을 하는 편이다.			
26	싸웠다고 해서 파트너와의 관계에 회의를 품지는 않는다.			
27	부모님은 종종 나에게 불편할 정도의 친밀감을 기대하신다.			
28	내 매력이 부족할까 봐 걱정이다.			
29	극적인 사건을 일으키지 않아 종종 지루한 사람처럼 보이기도 한다.			
30	떨어져 있을 때는 파트너가 보고 싶지만 함께 있을 때는 벗어나고 싶다.			
31	상대방과 의견이 다를 때도 편하게 이야기할 수 있다.			
32	누군가 내게 의지하고 있다는 느낌이 너무 싫다.			
33	좋아하는 사람이 다른 사람에게 관심을 보여도 당황하지 않는다. 질투가 생겨도 잠깐이다.			
34	좋아하는 사람이 다른 사람에게 관심을 보이면 오히려 안심이 된다. 나에게 자기 말고 다른 사람은 만나지 말라고 하지 않을 것이기 때문이다.			
35	좋아하는 사람이 다른 사람에게 관심을 보이면 우울해진다.			
36	파트너가 차가운 태도로 나를 멀리하기 시작하면 왜 그러는지 궁금해지지만 나 때문은 아닐 것이라 생각한다.			
37	파트너가 차가운 태도로 나를 멀리하기 시작하면 내 잘못 때문일까 봐 걱정된다.			
38	파트너가 나와 헤어지려고 하면 나는 최선을 다해 그가 놓치게 될 것을 상기시켜 줄 것이다(질투심을 약간 유발하는 것도 괜찮다).			
39	몇 달 동안 사귀었던 사람이 그만 만나자고 하면 처음에는 상처받겠지만 곧 괜찮아질 것이다.			

40	연인관계에서 원했던 것을 얻고 나면 더 이상 원했던 것이 무언지 모르겠다.			
41	옛 연인과(철저히 플라토닉하게) 계속 연락을 주고받아도 불편하지 않다. 아직도 우리 사이에는 공통점이 많다.			
총점				
애착유형		저항	안정	회피

출처: Levine, A., & Heller, R. (2010). *Attached*.

(1) 나의 애착유형을 확인하고, 내가 그러한 애착유형을 가지게 된 경로(부모와의 관계, 부모의 애착유형, 부모의 양육행동 등)를 탐색해 봅시다.

(2) 나의 애착유형으로 인해 나타나는 나의 현재 성격적인 측면에 대해 적어 봅시다.

(3) 나의 애착유형으로 인해 나타나는 세상에 대한 자신의 가정에 대해 적어 봅시다.

(4) 나의 애착유형으로 인해 나타나는 자신의 관계적인 측면들에 대해 적어 봅시다.

2) 각 커플들이 연애하는 유형을 상상해 보고 이야기를 만들어 봅시다. 또한 각 커플들이 잘 지내기 위해서 할 수 있는 방법들을 적어 봅시다.

(1) 회피애착 남자–회피애착 여자

(2) 저항애착 남자–저항애착 여자

(3) 회피애착 남자–저항애착 여자

(4) 저항애착 남자–회피애착 여자

3) 나에게 안전기지가 되어 주는 것은 무엇인가요? (부모, 연인, 친구, 형제자매, 산, 바다……) 자신의 안전기지에 대해 적어 봅시다.

4) 나는 누군가에게 안전기지로서의 역할을 하고 있는지 적어 봅시다.

제9장

스키너의 성격이론

"행동은 그 결과에 의해 형성되고 유지된다."
"다른 동물과 마찬가지로 인간은 환경으로부터 형성된다.
하지만 인간에게는 새로운 환경에 적응하거나 새로운 환경을 창조해 내는 능력이 있다."
—B. F. Skinner—

스키너(Burrhus Frederic Skinner)의 행동주의에서 인간의 바람직한 행동 습득은 강화(reinforcement)를 통해 형성해 가는 것으로 보고 있다. 개인의 성격 특성은 관찰될 수 있는 구체적인 행동패턴으로 이해될 수 있고, 복잡해 보이는 삶도 개인이 상황마다 다양하게 나타내는 행동을 분석함으로써 알 수 있게 된다. 특히, 개인의 행동이 발생하도록 영향을 주는 보상과 처벌에 관심을 둔다. 이러한 특정 행동에 따른 결과가 미래 행동에 영향을 미치며, 행동의 유지 또는 통제될 수 있다고 전제함으로써 긍정적 행동으로의 변화가 가능하다고 강조한다. 여기에는 단순히 자극에 대해 반응하는 고전적인 반사 행동만을 의미하는 것이 아니라 환경의 영향이 미치고 그 결과에 의해 강화를 받는 조건화된 행동까지 포함된다. 따라서 개인의 행동패턴을 결정하는 데 있어서 환경의 영향을 더욱 중요하게 설명하고 있고, 부적응적인 문제행동 역시 잘못된 후천적인 학습에 의한 것이므로 행동의 개인차는 이러한 강화의 차이로 본다. 스키너는 인간의 내면성을 철저하게 외적인 환경적 변수로 재해석하고자 노력하였고 인간 자체를 환경의 강화조건에 의해 자신의 행동을 조성하는 행동체계로 보고 있다.

1. 스키너의 생애

스키너(Burrhus Frederic Skinner, 1904~1990)

스키너는 1904년 미국 펜실베이니아주 서스쿼해나(Susquehanna)에서 두 아들 중 장남으로 태어났다. 스키너의 아버지는 지역 변호사로서 정직하고 비사교적인 성품을 지녔으며, 어머니는 자애롭고 가정에 충실하고 현명한 여자로 알려져 있다. 그의 부모와 가족은 스키너가 착한 아이로 자라길 원했고 옳고 그름에 대한 사고를 어린 시절부터 심어 준 엄격한 사람들이었다. 그는 어린 시절에 스스로 기계를 만들고 조작하는 일과 동물 관찰을 즐겼다고 한다. 아버지는 스키너가 법학 공부하기를 원했으나 포기하고 해밀턴(Hamiltton) 대학교 영문학과에 진학하였다. 그 후, 그는 인간을 이해하는 데 관심이 있어 하버드 대학교 심리학과 대학원에 입학하게 되었다.

스키너는 러시아 심리학자 이반 파블로프(Ivan Pavlov)의 조건반사 연구, 버트런드 러셀(Bertrand Russel)의 행동주의에 관한 논문들과 행동주의 창시자 존 왓슨(J. B. Watson)의 사상에 영향을 받았고 가장 관심을 가진 분야는 '행동의 경험적 분석'이었다. 1931년 하버드 대학교 박사학위 수여 후 연구원으로 계속 활동하였고, 1936년 미니애폴리스 미네소타 대학교 교수가 되어 그곳에서 「유기체의 행동(The Behavior of Organisms)」(1938)을 발간한 이후 인디애나(Indiana) 대학교 심리학과 교수를 지내면서 생후 2년 유아의 성장에 적합하게 고안된 '공기침대'를 발명하였다. 1948년 하버드 대학교 심리학과 교수로 재직하면서 '조작적 조건형성의 원리'에 대한 다양한 저서와 강연으로 이후 30여 년 동안 다른 심리학자들에게 많은 영향을 주고 행동주의 이론의 기초를 정립하게 되었다.

행동주의는 20세기 초 미국의 심리학자 왓슨에 의해 시작되어 스키너의 급진적 행동주의에 의해서 절정에 이르게 되었다. 스키너는 행동주의의 객관적인 접근방식을 지지했다는 점에서 왓슨과 유사하나, 그의 저서『행동주의에 대하여(About Behaviorism)』(1974)에서 볼 수 있듯이 감정이나 사고, 다른 내적인 것들이 인간에게 존재한다는 것을 인정하지만 행동의 원인으로 보지 않기 때문에 기존 행동주의와 차별화하여 급진적 행동주의로서 행동을 '철저한 것(radical)'으로 주장하고 있다(Zuriff, 1980). 스키너는 왓슨이 제시한 행동주의의 원형을 발전시키면서 한편으로 인간의 내면성(욕구, 감정, 정서, 느낌, 기분, 정신, 사고, 자아, 자율성 등)과 타협하지 않고 오히려 그러한 인간의 내면성을 철저하게 외적인 환경적 변수로 재해석하려는 노력을 해 왔다(Nye, 1991). 자신의 행동주의의 사상적 넓이와 깊이를 확장시켜 행동과학에 대한 철학으로 규정하고 기존의 인간관을 수정하여 새로운 인간관을 정립함으로써 인류가 당면하고 있는 많은 위기들을 극복할 수 있을 것이라는 비전을 제시하고 있다. 1990년 8월 매사추세츠(Massachusetts)주에서 백혈병으로 사망할 때까지 행동심리학의 대중화에 이바지하였다.

스키너의 행동주의 연구대상은 관찰 가능한 행동으로 규정한다. 행동 개념은 자극에 대해 반응하는 고전적인 반사행동만을 의미하는 것이 아니라 관찰을 통해서 하는 행동과 환경에 대해 영향을 미치고 그 결과에 의해 강화를 받는 조작행동까지 포함된다.

따라서 인간의 행동을 연구하여 인간은 어떤 영원불변의 본질을 가진 존재가 아니라 환경의 강화조건에 의해 자신의 행동을 조성하는 행동체계로 보고 있다. 직관에 의존하여 인간의 내면에서 행동의 원인을 찾고자 하는 전통적인 인간관에 오류가 있다고 보고, 내면적 요소들조차 환경의 강화조건을 근거로 하여 재해석하는 데 집중하고 있다. 인간을 안으로부터 이해하는 것이 아니라 환경조건을 이해해 들어감으로써 이전의 인간이해 접근방식을 전도시킨 것이 큰 변화라고 할 수 있다.

그의 저서로는『월든 투(Walden Two)』(1948),『언어적 행동(Verbal Behavior)』(1957),『과학과 인간의 행동(Science and Human Behavior)』(1953),『자유와 존엄을

넘어서(Beyond Freedom and Dignity)』(1971), 『행동주의자가 되다(The Shaping of a Behaviorist)』(1979) 등이 있다.

2. 주요 개념

1) 조작적 조건형성

파블로프의 고전적 조건형성에서 사용한 개념과 구분하여 스키너는 조작적 조건형성이라는 용어를 사용한다. 조작적 행동은 어떤 유기체가 능동적으로 환경에 작용을 가하는 행동을 말한다. 조작 행동으로 형성되는 조건을 조작적 조건화라고 하고 조작적 조건화는 어떤 반응을 증가시키거나 감소시킨다. 또한 왓슨이 심리학의 영역을 관찰 가능한 행동의 영역으로 국한시킴으로써 관찰되지 않는 인간의 내면성을 가정하고 있는 것과는 달리 스키너는 인간의 내적인 상태와 행동의 모든 영역이 과학적으로 해명될 수 있다고 본다(Watson, 1982; 최용철, 1990 재인용).

스키너에 따르면 과거의 심리학은 관찰 불가능한 마음이나 영혼의 문제를 다룸으로써 심리학을 과학으로 정립하는 데 실패하고 있다고 주장하였고, 심리학의 과학화를 위해서 과학적 자료로 관찰 가능한 '행동'을 기본 단위로 삼았다. 인간의 행동이 마음이나 감정과 같은 내면성에 의해 결정된다는 것을 부정하는 것은 아니다. 인간의 내면성도 행동에 의해 영향을 받는다는 것이다. 그의 의견대로라면 비열한 행동이 비열한 느낌을 낳으며 그 반대의 등식은 성립되지 않는다는 것이었다(최성규, 2000). 정신적 현상들을 행동으로 환원함으로써 철저하게 육체중심적 일원론을 발전시킨다. 인간을 이해하는 데 있어서 '준거'의 문제는 중요한 의미를 갖는다. 준거는 인간과 비교 대상을 무엇으로 삼는가의 문제다. 신학적 인간학에서는 신을 인간 이해의 준거로 삼지만 과학적으로 인간을 이해하는 과정에서는 '동물'을 준거로 이용한다. 동물에 대한 연구가 갖는 의의는 과학의 유일한 방법인 실험을 가능하게 하며 과학의 전개논리를 '단순한 현상에서 복잡한 현상으로 발전해 나가는 과정'으로 규정하여 동물을 단순한 행동체계로 규정하고 인간의 모든 복잡한 행동을 해석할 있는 토대로서 이용한다([그림 9-1] 참조). 이 실험을 통해서 행동을 관찰함으로써 행동의 법칙을 규명하고자 하였다(Skinner, 1938; 임의영, 1993 재인용).

스키너는 행동을 두 가지 범주인 반응적 행동(respondent behavior)과 조작적 행동(operant behavior)으로 구분하였다. 반응적 행동은 구체적인 자극에 의해 유발되는 구체적인 행동을 뜻한다. 이런 행동은 반사적인 반응(reflexive-type response)을 뜻하며, 자극이 행동보다 먼저 나타나야 한다. 예를 들어, 불빛의 밝기가 변화하면 동공은 반사적인 반응을 보이며, 눈에 강한 바람을 불어넣으면 눈이 깜박거리는 반응이 일어나며, 무릎의 슬개골 근육을 두드리면 무릎이 움직이는 반사가 나타나고, 끝이 날카로운 물체에 손이 닿으면 그 물체에서 손을 피하는 반응을 보인다(이영만, 유병관, 2002).

이와 달리 조작적 행동은 환경에 작용해서 어떤 결과를 낳게 되는 행동이다. 음식이 생길 것을 기대하며 공중점프를 한다든가 지렛대를 누르는 것은 반사적인 행동이 아니라 조작적 행동이다. 이 행동은 유발(elicit)되는 것이 아니라 방출(emit)되는 것이며, 이것은 능동적인 유기체의 특성이라 할 수 있다. 사람들이 일상생활에서 하고 있는 중요한 행동들의 대부분(우리 자신을 독특한 개인으로 정의할 수 있게 해주는 반응들)이 조작적 행동이다. 사람에 따라 이런 행동상의 차이(즉, 성격상의 차이)를 보여 주는데, 조작적 조건형성 개념은 이런 차이를 설명하고 있다(임의영, 1993; Slater, 2004).

스키너가 제시한 작동적 조건화는 저서 『유기체 행동론(The Behavior of Organisms)』의 실험 상자에서 설명하고 있는데 굶주린 비둘기는 자극이 없는 상태에서 우연히 키를 쪼기까지 상당한 시간이 필요하지만 키를 쫀 결과 먹이(강화물)를 얻게 되어 키를 쪼는 행동을 반복하게 된다. 이 과정에서 비둘기는 키를 쪼는 행동을 조건화하게 된다. 그러나 강화인이 제시되지 않으면 반응의 빈도는 점점 줄어들게 되고 어느 시점에서는 그러한 반응을 멈추게 된다. 비둘기의 반응을 더 정교화하기 위해서 불빛 자극을 이용하여 행동을 변화시킬 수도 있다. 불이 켜져 있을 때 반응하면 먹이를 제시하고, 불이 꺼져 있을 때 반응하면 먹이를 제시하지 않는 경우 이때 불이 켜

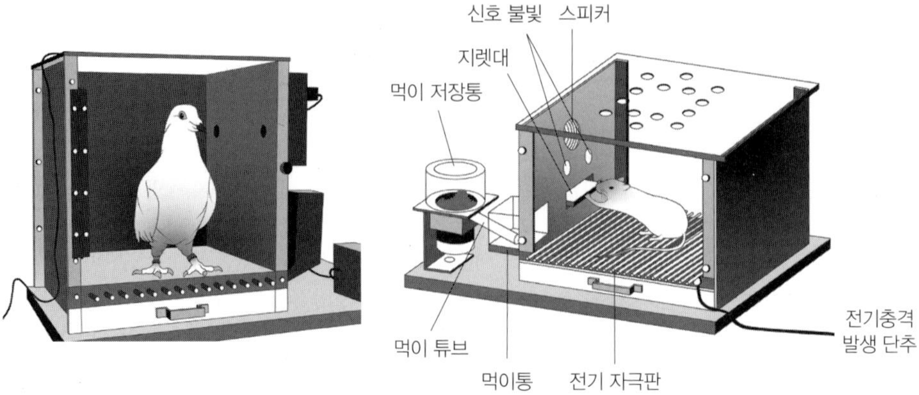

[그림 9-1] 스키너의 상자 실험

출처: Skinner, B. F. (1938); 권석만(2017). 재인용.

진 상태는 변별자극으로 작용하게 된다. 행동을 정교화하기 위한 것에 해당되며 쥐가 입으로 지렛대를 누르는 경우를 선택적으로 강화하고자 하는 경우에도 해당되는데 그 이외의 반응에 대해서는 강화자극을 제시하지 않는 것이다. 이러한 조작 행동의 조성은 단계적이며 계속적으로 세련되게 형성되는 과정의 산물인 것이다. 이렇듯 조건화를 달리함으로써 목적하는 행동을 방출하도록 조작하는 것을 가능하게 해 준다([그림 9-1] 참조).

스키너는 인간의 실제 생활에서 반응적 행동보다 행동의 결과의 효과에 대해 초점을 두는 조작적 행동을 중요시하였다. 조작적 조건화의 기본 패러다임은 다음 네 가지 환경적 사건의 관계성을 갖는다. 첫째, 특정한 행동이 둘째, 특정한 자극 상황하에서 발생하고, 셋째, 행동의 미래 발생빈도를 증가시켜 주게 될 때, 넷째, 동기적 변인이 존재하게 된다(오세진, 임영식, 1999).

2) 행동유지와 강화

스키너의 행동분석에서 중요한 개념 중의 하나는 강화(reinforcement)다. 어떤 행동이 강화를 받으면 그 행동은 더욱 강해지고 장차 그와 유사한 상황에서 그런 유형의 행동이 다시 나타날 가능성이 증가된다. 그러나 반드시 동일한 행동이 반복된다는 뜻은 아니며 그런 효과를 가져다줄 수 있는 유사한 행동이 일어날 수도 있다는 것을 의미한다. 단순히 어떤 특정한 행동이 아니라 비슷한 유목에 속하는 모든 행동들이 강화된다는 것을 의미한다(스키너는 어떤 결과를 가져오는 반응들을 '조작적인 반응'이라고 함). 강화를 받은 반응들은 반복되는 경향이 있고, 따라서 그 빈도가 증가되고 그 사람의 행동 목록에서 일상적인 반응으로 자리를 잡게 된다. 이러한 반응들이 조건화된 행동이다. 또한 조작적 행동은 그 개인에게 미친 결과에 따라 형성되고 유지된다. 그러나 이 과정에서 사전에 계획을 세워 일어난 행동이나 목적이 뚜렷하여 강화 없이 목적을 위한 행동을 한 경우에 적절한 설명을 하지 못한다. 스키너에 따르면 인간의 '내부인의 본질은 외부인이다'. 외부인은 행동을 수행하고 있는 존재이고 내부인은 그것을 반영한 모사물에 불과한 것이다(Skinner, 1971).

이 과정에서 자칫 개인의 자유 또한 위협받는 것처럼 보인다. 긍정적으로 강화될 때는 자유를 느끼는 것처럼 보이지만 부정적인 강화나 처벌을 피하기 위해 어떤 행동을 하는 사람들은 해야 할 일을 하면서 자유를 느끼지 못한다고 생각할 수 있다. 보편적으로 사람들은 주로 부정적인 강화를 통해서 통제되었고 긍정적 강화는 그 효과가 유예되는 면이 있기 때문에 잘 이용되지 않았다. 그러나 행동의 결과들을 바꾸고 문제를 일으킨 결과를 제거하거나 아니면 강점이 부족한 행동에 대해서는 새로운 결과를 나타내는 일 등을 포함하여 바람직한 행동을 하도록 하는 조작적 행동을 대상으로 한 실험적 연구결과로부터 '행동수정'이라 불리는 기술을 낳았다.

스키너는 행동의 결과로 일어날 수 있는 강화에는 두 가지, 즉 정적 강화(positive reinforcement)와 부적 강화(negative reinforcement)로 구분하였다. 이 두 가지 강화는 모두 반응의 가능성을 증대시킨다. 정적 강화에서는 반응을 하고난 이후에 정적 강화물이 제시되는 것으로, 예를 들어, 음식, 물, 성적 접촉, 돈이나 칭찬 등이 반응의 결과로 주어지면, 그때의 반응은 정적으로 강화된다. 부적 강화에서는 반응이 나타나면 부적 강화물인 혐오자극이 제거된다. 예를 들어, 견디기 힘든 추위나 더위, 아주 큰 소음, 위협, 지루한 과제나 두통 등이 반응의 결과로 제거되면, 그때의 반응은 부적으로 강화되었다고 한다.

인간의 많은 행동이 어떤 결과를 얻기 때문에(정적 강화의 경우), 혹은 어떤 것에서 도망갈 수 있거나 회피할 수 있기 때문에(부적 강화의 경우) 조건형성되었다고 할 수 있다. 스키너가 사용하는 '정적' '부적'이라는 용어를 일상적인 의미와 동일한 것으로 해석해서는 맞지 않는 경우가 있다. 예를 들어, 존경하는 사람으로부터 거부를 당하게 되면 보통 부적인 것으로 생각하지만, 그러한 거부가 실제로는 존경하는 사람에 대한 접근반응을 증가시킬 수도 있고 이때의 거부가 접근반응을 증대시키는 효과를 가져다준다면 이 거부는 정적 강화물로 볼 수 있다. 마찬가지로 항상 '부정적'인 것으로 생각하고 있는 자극이나 사건만이 부적 강화물이 되는 것은 아니다. 예를 들면, 10대의 아들에 대한 부모의 애정표시도 특히 친구가 있는 자리에서 표현된다면 실제로는 부적 강화물이 될 수도 있다. 즉, 강화요인은 긍정적 또는 부정적일 수 있으며, 긍정적 강화요인은 제시될 때 행동이 촉진되고 부정적인 강화요인은 철회될 때 행동이 촉진된다(Nye, 1991).

강화에 의해 행동이 조성되는 것이라고 할 때 어떤 사람이 현재 보이고 있는 행동의 범위와 그 복합성을 이해하려면 현재의 강화의 조건부(contingencies of reinforcement)를 분석할 필요가 있다. 현실세계에 존재하는 강화 조건을 상세하게 밝히는 것은 어려운 작업이지만, 언제 어떻게 그러한 조건이 일어나는가를 살펴보기만 해도 매우 중요한 행동의 결정요인을 알 수가 있다(최성규, 2000).

강화가 일어나는 특정 패턴 혹은 규칙을 찾아볼 수 있는데 연속적인 강화계획으로 유지된 행동은 더 이상 강화가 제공되지 않는다면 매우 빨리 사라질 수 있다. 그러나 특정 행동이 방출될 때마다 항상 강화를 주지 않는 경우, 즉 언제 강화가 주어질지 모르는 간헐적 강화에 의해 유지되는 행동은 소거에 오랜 시간이 걸리기도 한다. 대부분의 많은 행동이 간헐적 강화에 의해 유지된다고 할 수 있다. 간헐적 강화계획은 두 가지 유형, 즉 간격계획(interval schedule)과 비율계획(ratio schedule)으로 나누어진다. 첫째, 간격계획은 일반적으로 비율계획에 비해서는 전체 반응률이 낮다. 간격이 길어질수록 전체 반응률은 더 낮아지게 된다. 간격이 고정되어 있으면 강화를 받은 직후에 반응이 정지했다가 서서히 반응률이 증가하며, 다음번의 강화 시기가 가까워지면 반응률은 급속하게 증가한다. 변동간격일 경우에는 강화 직후 반응이 정지하지 않으며, 더 일관성 있는 반응을 하는 경향이 있다. 예를 들면, 매달

30일에 월급을 받는 것은 고정간격 강화이고 작업장에 감독자가 불규칙하게 순회를 하여 직원을 칭찬하는 것은 변동간격 강화에 속한다.

둘째, 비율계획은 비율이 지나치게 높지 않으면 반응률이 높다. 비율을 고정해 두면 강화 직후 반응이 정지되었다가 다시 높은 반응률을 보인다. 비율이 매우 높으면 강화 직후의 반응 정지 기간도 길어진다. 변동비율계획은 강화 후 반응 정지 현상이 나타나지 않으며 일반적으로 높고 안정된 반응률을 보인다. 예를 들어, 영업사원이 상품을 5개 팔 때마다 보수를 받는다면 고정비율이고, 비율을 변화시켜 언제 강화가 주어질지 모르게 하여 반복적으로 행동을 유발하는 것은 변동비율 강화다.

새로운 문제에 부딪혔을 때의 문제해결 행동 형성에 대해서는 '강화조건에 의해 조성되는 행동'과 '규칙에 지배되는 행동'으로 나누어 설명할 수 있다. 강화에 의해 조성된 행동은 과거에 어떤 행동에 대해서 특정한 종류의 결과가 따라왔기 때문에 특정한 행동을 한 경우이고, 규칙에 지배되는 행동은 미래의 행동에 대해서 유사한 결과가 따라올 것이라고 기대하기 때문에 특정한 방식으로 행동을 조건화하는 것이다.

아이들의 경우 조작적 조건형성은 부모나 교사의 처벌을 통해 문제행동이 제거되기도 하고 이러한 처벌을 피하기 위해 새로운 행동을 나타내는 것을 보고 알 수 있다. 예를 들어, 아동이 우연히 나타낸 공격행동에 대해서 친구들이 관심을 나타내고 더 이상 귀찮게 굴지 않으며 오히려 관심을 받게 된다면 이러한 공격행동은 더욱 강화되기도 한다. 처벌은 행동을 억누르는 데 이용된다. 처벌을 받은 사람은 그 후로는 처벌의 위협을 줄이고 처벌받은 행동과 다른 방식으로 행동함으로써 처벌받은 행동 대신 새로운 행동을 하게 된다. 처벌의 빈도, 엄격함 등은 행동의 또 다른 면을 낳는다. 약하게는 억제, 수줍음, 당황, 두려움, 조심성 등을 나타내고, 과도한 처벌은 극심한 우울과 체념에 빠지기 쉽게 만든다. 우리는 강화하는 결과를 강조하고 처벌을 최소화함으로써 사람을 격려해야 한다. 어리석은 이가 위험한 상황에 달려드는 이유는 강화하는 결과가 처벌을 넘어서기 때문이다(Skinner, 1974).

흥미롭게도 우리는 일상생활에서 강화로 인한 미신적 행동들을 쉽게 찾아볼 수 있다(Nye, 1991). 사람들이 엘리베이터를 기다릴 경우에 흔히 사람들은 대기 등에 이미 불이 켜져 있는데도 불구하고 계속 대기 등을 누른다. 이런 행동은 과거에 대기 등을 몇 번 반복해서 누른 직후 엘리베이터가 도착해서 문이 열렸던 경험을 함으로써 여러 번 강화를 받았기 때문에 일어나는 것이다. 그러나 대기 등을 여러 번 누르는 것이 필요 없는 행동이며 실제로 효과도 없음을 인정한다. 어떤 운동선수들도 이와 같은 행동을 한다. 어떤 야구선수는 타석에 들어서면 일련의 의식을 진행한다. 즉, 바지를 끌어 올리고, 야구방망이로 홈플레이트를 툭툭 치거나, 발로 타석의 땅을 판다. 때때로 이런 행동을 한 후에 안타를 친 경험이 있기 때문에 이런 의식을 반복하는 것이다. 반면 어떤 행동의 결과로 그 행동이 무시되거나 강화의 효과를 가져 오지 못한 행동은 그 빈도가 감소하는 경향이 있다. 또, 조건화된 행동(이전에 강화를 받은 행동일지라도)이 더 이상 강화를 받지 못하면 그 행동은 점점 사라지는 경향이 있다. 이런 과정은 조작적 소거(operant extinction)라고 한다.

3) 환경의 영향

스키너에 의해 인간과 환경 사이의 상호작용이 이해되기 시작함에 따라 한때 마음의 상태와 감정, 성격적 특성으로 돌려졌던 영향들이 접근 가능한 조건들로 이해되기 시작한다. 인간의 행동을 외적 변수(환경)에 의해 설명하고 행동의 법칙성을 발견하려 하였고 그 행동의 결과에 의해 모양이 다듬어지고 유지된다고 보아 인간과 환경 사이의 상호작용하는 관계를 나타내었다.

$$B=f(O, E)$$

B는 행동, O는 유기체, E는 환경으로서 함수의 관계로 설명하고 있다. 인간의 행동은 환경과 인간의 상태에 의해서 결정된다는 것이다(Skinner, 1971; 임의영, 1993 재인용).

개인의 행동(혹은 '성격')은 그 자신이 속해 있는 객관적 세계에서 겪은 과거와 현재의 경험에 의해 결정된다. 또한, 선천적이고 유전적인 요인도 행동에 영향을 준다는 사실을 언급하였다. 예를 들어, 유전적 요인은 사람들이 반응을 보일 수 있는 일반적인 반응의 범위를 결정하며, 그 반응 뒤에 오는 어떤 결과가 행동을 강화할 것인가를 결정하는 데에도 영향을 준다는 것이다. 만약 유전적 소여(given)를 설명하려면, 반드시 환경을 고려해야 한다고 주장하였다. 상황이 어떻게 보이는가, 상황을 어떻게 해석하는가, 상황이 어떠한 의미를 지니는가를 알려면 그 사람의 상황에 대한 행동을 살펴보아야 한다. 그리고 이 일은 그 사람의 유전적이고 환경적인 이력들을 다룸으로써 가능하다(Skinner, 1974).

요약하면, 스키너는 유전적 요인과 개인의 생활사가 모두 행동에 영향을 준다고 설명했지만, 후자에 더 관심을 두어, 객관적이고 관찰 가능한 환경적 조건의 영향력을 더 강조하였다. 즉, 유전과 환경의 두 가지 요인을 완전히 알게 되면, 인간의 행동도 완전하게 설명할 수 있다고 보았다.

환경은 단순히 자극을 촉발하기만 하는가? 스키너에 의하면 인간의 행동에서 환경의 역할은 자연 선택에서의 역할과 비슷하다. "환경은 채근질하고 매질만 하는 것이 아니라 선택도 한다."는 것이다. 스키너는 행동의 결과에 의한 환경의 선택 작용을 강조함으로써 자발적인 행동을 '작동한다'는 개념으로 설명한다. 환경이 인간에 대해 미치는 영향은 반응 이전의 것뿐만이 아니라 반응 이후의 것도 고려되어야 한다. 즉, 반응 이전의 것은 반사적인 것으로 비자발적인 행동을 의미하고 반응 이후의 것은 행동의 결과에 의한 환경의 선택작용을 강조한 자발적인 행동으로 '작동' 개념으로 설명될 수 있다. 작동적 행동은 어떠한 반응에 어떠한 강화가 어떠한 방식으로 주어지는가를 내용으로 하는 강화조건에 의해서 설명된다.

스키너는 인간과 환경이 상호 통제를 하고 있다는 것을 인정하면서 한편 환경의 영향을 절대적인 것으로 '환경 결정론'의 태도를 보이고 있다. 이러한 입장은 인간의 자아개념을 이해하는 데 중요한 의미를 갖는다. 자아와 관련된 제반 활동이 궁극적으로 자아의 자발성, 또는 자율적 선택에 의존한다는 정신주의적 입장을 재해석하는 의미이기도 하다. 어떤 행동의 원인을 관찰할 수 없거나 알 수 없을 때 자아를 그 원인으로 제시한다는 것에 대해 행동과학의 관점에서 스키너는 인간은 촉발자(originating agent)가 아니라 수많은 유전적 · 환경적 조건들이 결합되어 효과를 일으키는 지점에 있으며 인간은 인류의 한 구성원으로서 '행동의 목록(repertoire of behavior)'을 획득하는 유기체다. 따라서 자아의 개념을 '조직화된 반응의 체계(organized system of response)' 또는 '강화조건에 적합한 행동의 목록'으로 규정한다. 결국 각각 다른 강화조건들은 각각 다른 자아, 즉 성격을 형성한다(임의영, 1993; 오세철, 1981).

인간은 환경의 강화조건에 대해서 더욱더 민감하게 반응할 수 있는 방향으로 진행되고 사회적 강화조건에 의한 행동 목록을 구성하게 된다. 인간과 환경의 관계의 발전과정은 동일한 원을 계속적으로 반복하는 형식을 갖는 것이 아니라 나선형적인 형태를 가지며 계속적으로 변화한다. 인간의 사회적 관계에서 '일반화된 조건 강화인'이 고도로 발달할 수 있는데 이 복잡한 행동은 일종의 '사회적 성격'이라고 할 수 있다. 즉, 다른 유기체에 대해 중요성을 지니는 사회적 행동이 발생하는 것이다. 현대 사회에서 행동주의는 인간으로 하여금 환경에 대해 민감하고 적절하게 반응할 수 있도록 조작하는 논리를 제공하고 있다고 볼 수 있다.

3. 성격의 형성과정

스키너의 성격이론에서는 사람들이 일생 동안 경험하는 여러 가지 사건들이 매우 중요하다. 그러한 사건과 그에 따르는 행동 간의 관계에 관한 정보가 인간의 기능을 적절하게 설명하는 데 본질적인 것이기 때문이다. 스키너는 만약 유전적 요인을 분명하게 밝힐 수 있고 신경생리적인 과정을 상세하게 알 수 있다면, 행동에 대한 환경적 요인의 영향력을 과학적으로 분석해야 할 필요성이 증명될 것임을 주장하였다. 그리고 환경의 조작이 인간의 행동을 개선하는 열쇠라고 생각하였다.

성격의 발달은 조작적 조건화가 이루어진 활동이 연속적으로 증가해 가는 것으로 이러한 패턴의 집합이다. 유기체의 행동과 행동이 강화된 결과 사이의 독특한 관계양식으로 강화된 행동이 습관이 되고 습관이 성격의 일부로 형성되는 것이다(Nye, 1991).

스키너의 이론에서 '성격'이란 주로 개인의 강화사(history of reinforcement)의 결과로 생각할 수 있다. 유전적 요소도 작용을 하지만, 강화가 어떤 구체적인 행동을 형성하고 유지할지를 결정하며 또 개인의 특징적인 행동도 결정한다고 한다. 조작적 조건형성의 개념을 처음으로 접하는 사람들이 흔히 간과하는 점은 강화가 교묘하게 달리 작용한다는 점이다. 같은 가정환경에서 자란 쌍생아도 성인이 되면 매우 다른 행동을 할 수 있다는 것이다. 왜 그렇게 다른 사람으로 성장했을까? 인간의 생활사에서 중요하게 작용한 강화적 사건이 다를 수도 있고 이들의 강화에 반응한 행동이 다를 수 있다. 따라서 거의 비슷한 강화사를 가지고 있기 때문에 유사한 점도 있을 수 있지만, 완전히 같은 성격을 가질 수는 없는 것이다. 위에서 밝혔듯이 스키너는 자아개념을 '조직화된 반응의 체계' 또는 '강화조건에 적합한 행동 목록'으로 규정하고 상이한 강화조건들은 상이한 자아 또는 성격을 형성한다고 설명하고 있다.

4. 건강한 성격의 특성

스키너는 신경증, 정신병, 기타 문제행동의 원인은 종종 독특한 강화의 역사, 극단적인 박탈이나 포만의 조건들, 강한 혐오 통제, 그리고 엄격한 처벌과 같은 환경적인 요인에서 찾을 수 있다고 주장한다. 흔히 '정신병'으로 간주되기도 하는 위험한 행동들도 단순히 학습된 것으로 보았다. 혐오통제나 처벌을 받을 당시의 여러 자극들이 조건화됨으로써 이러한 자극들이 나중에 공포, 불안, 우울, 분노 등과 같은 정서 반응을 유발할 수가 있다는 것이다. 대부분의 '불합리한' 행동은 이러한 과정으로 설명하고 있다.

만약 한 아동이 공부를 하지 않는다는 이유로 꾸중을 들을 때 이러한 정서 반응들이 일어났다면 아동이 학교에 있을 때마다 혹은 아동이 공부하려고 시도할 때마다 동일한 반응들—공포, 불안 등—이 일어날 것이다. 만약 다른 조건형성이 일어나지 않거나, 이러한 정서 반응들이 소거되지 않는다면, 아동은 결국 중도에서 학교를 그만두거나 아마도 평생토록 교육이라는 상황을 피하려고 할 것이다.

아동이 바람직한 행동을 하면서도 아동의 착한 행동이 다른 방식으로 강화 받지 못하고 무시될 경우, 아동은 다른 방식으로 강화 받을 수 있는 행동 목록을 개발하는 경향이 있다. 즉, 울기, 불평하기, 소리 지르기, 때리기, 지각, 무단결석, 파괴 등의 극단적인 행동을 통해 관심을 얻고자 한다. 이러한 행동들은 비록 비난이나 협박을 받을지라도, 어떤 유형의 관심이든지 전혀 관심을 받지 않는 경우보다는 낫기 때문에 그 행동에 대한 관심에 의해 형성되고 유지될 수 있다(Nye, 1991).

스키너는 병리적 성격의 치료에 대해 내면적인 정신적 혹은 정서적 문제를 탐지하는 것이 아니라, 관찰 가능한 행동과 행동을 유발한 조건들에 초점을 두어야 한다고 주장한다. 스키너는 외적 행동과 조건이 개선될 때 문제의 사고나 감정도 개선될 것이라고 가정한다. 한 사람의 일생에 있어 강화 조건부를 분석하면, 무엇이 수정될 필요가 있는 것인지를 알 수 있고 여기에는 그 사람이 접하는 상황, 그 상황에서 그 사람의 특수한 행동 방식, 그리고 최종적인 행동 결과의 분석 등이 포함된다. 일단 이러한 세부 상황들이 밝혀지고 나면, 그 사람이 혐오적인 것으로 생각하는 조건들을 바꾸거나, 보다 건전한 행동을 조건화하고 유지하거나, 원하지 않는 행동들을 소거하도록 도와줄 수 있다. 성공적인 행동수정이란 문제행동들을 생성하고 유지하는 조건들의 발견과 조작에 있다고 믿으며, 이들의 방법은 광범위하고 다양한 상황에서 널리 사용되고 있다. 회피적이고 반사회적인 방식으로 행동하는 아동의 경우, 바람직한 행위에 대해서는 주의(강화)가 주어지는 대신 문제행동들이 무시된다면(소거) 전자의 행동들이 나타날 것이다. 그다음에는 계속 주의를 얻기 위해서는 더 많은 바람직한 사회적 행동을 하게 될 것이고. 이로써 바람직한 '행동조성' 과정으로 발전하게 되는 것이다(권석만, 2017). 일련의 복잡한 행동을 학습시키기 위해 목표행동에 근접하는 행동을 보일 때마다 강화를 하여 점진적으로 목표행동을 하도록 학습시킴으로써 새로운 행동을 나타내게 할 수 있다.

5. 성격이론의 적용

1) 행동주의에서 성격은 특정한 상황에서 일정하게 보이는 행동 패턴으로 이해됩니다. 개인의 행동패턴은 강화에 의해 조성된 것으로 보고 있습니다. 자신의 행동패턴 중에서 그러한 행동을 하도록 작용하는 강화물에는 무엇이 있습니까?

2) 자신의 행동에 영향을 준 강화물은 환경에 따라서 달라질 수 있는데 예전에 강화물이었던 것이 지금은 전혀 아무런 영향을 주지 않는 것이 있습니까? 만약 달라졌다면 어떤 변화 때문일까요?

3) 과거에 어떤 행동을 한 결과 보상(칭찬)을 받았던 경험이 있고 앞으로도 어떤 행동을 했을 때 보상이 예상되면 긍정적 정서와 에너지를 낼 것입니다. 자신에게 이러한 행동의 목록에 어떤 것이 있는지 적어 봅시다.

4) 자신이 부정적 정서(예를 들면, 분노)를 느끼는 상황에서 어떤 행동으로 정서를 표출하는지 생각해 보고 어떠한 보상(만족)과 처벌(불쾌)을 경험하는지 생각해 봅시다. 이러한 보상과 처벌 경험은 자신의 성격 형성에 어떤 영향을 미쳤다고 생각합니까?

제10장

밴듀라의 성격이론

"인간의 행위가 직접 체험에 의해서만 영향을 받는다면
인간의 행위는 매우 능률적이지 못할 것이다.
다행히도 인간은 다른 사람의 경험으로부터 많은 도움을 받을 수 있다."
"자신의 인생을 제어할 수 있는 사람들은 그렇지 못하다고 생각하는 사람들보다
건강하고 효과적이며 더 성공적이게 마련이다."
–A. Bandura–

밴듀라(Albert Bandura)의 인간 행동 및 성격이론은 행동주의 관점에 인지적 접근을 추가하여 개인의 내적 과정과 환경 간의 복잡한 상호작용의 결과라고 설명하고 있다. 성격은 학습되는 것이며 타인을 관찰, 자기효능, 자기조절의 기제에 의해 형성된다고 본다. 인간이 새로운 행동을 습득하는 중요한 방법은 다른 사람의 행동을 관찰하여 모방하는 것이다. 인간은 행동을 모방하는 과정에서 자신의 경험을 상징화하고 환경을 조성하며 목적을 이루는 태도, 문제해결, 비판, 결과예측, 의사소통 능력 등이 있는 존재로서 '인지'를 강조하고 있다. 타인의 행동을 모방하는 관찰학습은 기존의 행동주의 이론과 달리 사회적 상황(social setting)을 강조하기 때문에, 학습과정에서 타인의 영향을 받을 수 있고, 타인에게 영향을 줄 수도 있다. 개인이 환경에 어떤 영향을 일방적으로 받는다는 것을 넘어서서 환경을 다룬다는 신념인 자기효능감을 문제해결, 성공, 적응을 위해 필요한 심리적 기반으로 보고

있다. 외적인 환경을 분석하고 판단하여 대응 방식을 결정하는 내적 표준을 성격으로 표현하고 있고 이 내적 표준을 발달시키고 변화시키는 것이 성격 발달이라고 할 수 있다.

1. 밴듀라의 생애

밴듀라(Albert Bandura, 1925~)

밴듀라는 1925년 캐나다(Canada) 앨버타(Alberta)주의 작은 마을에서 태어나 어린 시절을 밀 농장으로 둘러싸인 환경에서 지냈다. 그는 6남매 중 외아들로 태어났고 그중 2명의 형제는 어려서 죽었다. 그의 부모는 이후부터 그에게 힘든 일을 시키며 강하게 키우고자 노력하였고 가정에서 자가 교육을 시켰다. 특히, 그의 부모는 밴듀라에게 탐구하기를 지지하고 실제적인 교육을 중요시하였다. 학생 스무 명과 교사 두 명이 전부인, 초등학교에서부터 고등학교까지 통합과정으로 운영되는 작은 규모의 학교생활은 그에게 호기심을 가지고 탐구하고 지식을 넓히는 데 적절한 환경이었다. 이때 밴듀라는 교재에서 배운 내용의 대부분은 시간이 지나면 기억 속에서 사라지는데 자기주도적인 학습은 시간이 지날수록 큰 효과를 발휘하게 된다는 사실을 경험으로 깨달았다. 이 같은 초기 경험은 후에 밴듀라가 개인적 행위 주체성에 역점을 둔 이론을 펼치는 기반이 되었다. 고등학교를 졸업한 후 고속도로 건설현장에서 일을 하면서 다양하고 독특한 사람들과 접하게 되었고, 1949년에 영국의 브리티시컬럼비아(British Columbia) 대학교에서 심리학 공부에 매진하게 되었으며 심리학부에서 볼로칸상을 수상하였다. 그 후 미국으로 건너가 1952년에 아이오와(Iowa) 대학교에서 심리학으로 박사학위를 받았고, 심상, 상호결정, 재현 등에 대해 연구하기 시작하였다. 여기에서 아서 벤턴(Arthur Benton), 윌리엄 제임스(William James) 등에게서 학습의 실험적인 접근에 매우 큰 영향을 받았고, 당시의 이론이 너무 행동주의적인 설명에만 치중되어 있다고 느끼게 되어 임상심리학에서 점차 행동수정이론, 관찰학습, 자기효능감 등에 관한 연구로 옮겨 갔다. 밀러와 달러드(Miller & Dollard)가 쓴 『사회학습이론(Social Learning Theory)』의 영향을 받아 인지와 행동에 관심을 갖게 되었다.

아동의 공격적인 행동에 영향을 주는 요인에 관한 연구를 계속하면서 모방학습의 핵심적인 의미를 파악하였고 여러 차례 실험을 통하여 관찰과 모방에 의한 학습 과정을 규명하였다. 여기서 환경과 행위자 간의 상호적인 영향관계를 보여 주기 위한 정신적 현상과 상호 결정론 개념 등을 상세히 설명하면서 행동주의에 치우쳐 단순화되고 제한적이던 행동심리학계에 큰 방점을 찍는 계기가 된다(김춘경, 이수연, 정종진, 최웅용, 2016).

사회학습이론의 창시자로 불리는 밴듀라는 초기에는 사회적 행동과 동일시 학습의 선구자인 로버트 시어스(Robert Sears)의 영향을 받아 인간 행동의 동기, 사고, 행위 등에 대한 사회적 모델링의 역할에 중점을 두었다. 당시는 스키너(B. Skinner)의 행동주의가 지배적인 시기였는데 밴듀라는 보상과 처벌이라는 단순한 행동수정의 틀을 가진 조작적 조건형성은 부적절한 경우가 많다고 보면서 인간 행동 중 많은 부분이 타인에게서 학습된다고 생각하였다. 1961년 보보인형 실험([그림 10-1] 참조)을 통하여 공격적인 행동과 언어를 화면으로 보여 주었을 때, 그것을 본 아동들이 인형을 가지고 놀면서 때리고 고함을 치는 행위를 나타낸다는 결과를 얻었다. 이 연구는 모든 행동이 직간접적인 강화나 보상으로 만들어진다는 행동주의와 다른 '관찰'에 의한 학습을 증명한 것이다. 환경 자체의 영향보다 환경에 대한 인간의 반응으로서 자기조절 기제와 반응에 영향을 주는 동기에 관심을 가졌다는 점에서 인지이론으로 분류되며 급진적 행동주의와도 차이가 있다.

그 후 캔자스(Kansas) 위치타(Wichita) 지도 상담소에서 임상 인턴을 거치고, 1953년에 스탠퍼드(Stanford) 대학교에 교수로 임용된 후 심리치료 과정, 가족 패턴이 아동들의 공격성 산출에 미치는 영향에 관하여 연구하였다. 이후에는 유명한 보보인형 실험연구를 통하여 모델링, 관찰학습, 자기조절 과정 등으로 연구 영역을 확장해 나갔다.

밴듀라는 1972년 미국심리학회로부터 우수과학자상을 받았고, 수많은 저작 가운데 특히 『청소년 공격성(Adolescent Aggression)』(1959), 『사회학습이론(Social Learning Theory)』(1977), 『사회적 학습과 성격 발달(Social Learning & Personality Development)』(1975), 『변화 사회에서 자기효능감(Self Efficacy in Changing Societies)』(1997) 등이 유명하다.

2. 주요 개념

1) 관찰학습

만약 사람들이 자기 자신의 행동결과에 의해서만 행동하는 방법을 배운다고 한다면 학습은 지극히 힘든 일이고 비효율적인 것이 될 것이다. 다행히도 대부분의 인간행동은 모델 제시에 의해서 관찰학습이 가능하다. 다른 사람들을 관찰함으로써 사람들은 새로운 행동을 어떻게 수행하면 좋은가에 대한 아이디어를 찾게 되고, 그와 같이 부조화된 정보가 다음 행동을 위한 지침이 된다(Bandura, 1977).

사회적 학습이론에 의하면 모델 제시에 의한 학습에서 모델은 주로 정보적 기능을 하고 관찰자는 모델의 활동에 관한 상징적 표상을 획득해서 그것이 수행 지표로서 적절하게 작용된다.

관찰학습은 몇 가지 과정을 거치게 되는데, 첫째, 주의 깊게 관찰하는 주의 과정은 사람들에게 노출된 여러 가지 모델 제시의 영향 가운데서 어느 것을 선택적으로 관찰하고 무엇을 주목해야 할 것인가를 결정하게 된다.

주의를 집중하게 하는 데 중요한 것은 인간관계의 양상이다. 좋아하게 되어 어울리거나 싫어하게 된 사람 등 관계가 어떠하냐에 따라 반복적으로 관찰되고 학습된 행동의 유형이 크게 영향을 받게 된다.

모델에 대한 주목은 또한 그 모델이 가지는 대인관계의 매력도에 따라서도 영향을 받는다. 따라서 사람들은 어떤 모델을 주의 깊게 관찰하고 어떤 모델을 무시하는가 하는 것은 여러 모델이 시범하는 행동의 기능적 가치에 의해서 크게 결정된다.

매력적인 모델은 주의를 받게 되지만 매력이 없는 모델은 무시되고 거부된다.

오늘날에는 대중매체가 제공하는 풍부한 상징적 모델 제시에 의해서 여러 가지 다양한 행동 양식을 관찰하고 학습할 수 있게 되었다. TV에 나오는 모델은 쉽게 사람들의 주의를 끌기 때문에 시청자들이 특별한 유인 없이도 본 것을 쉽게 배우게 된다(Bandura, Grusec, & Menlove, 1966). 관찰학습의 속도와 수준은 모델행동의 성질, 관찰자의 정보처리능력, 관찰 경험으로부터 얻는 이익에 따라서 달라진다.

둘째, 관찰학습은 주로 심상과 언어라는 두 가지 표상체제에 의존하여 파지된다. 파지과정은 감각자극에서 유기체의 감각을 활성화하고 감각을 통해서 외적 사건에 대한 지각이 일어난다. 모델자극이 반복해서 제시되면 관찰된 수행에 대한 지속적이고 인출 가능한 심상이 형성되어 나중에는 물리적으로 존재하지 않는 사건에 대한 심상이 떠오르게 된다. 예컨대, '자동차 운전'을 언급만 해도 그에 대응하는 심상이 일어나게 되는 것과 같다.

시각적 심상은 언어적 부호화가 어려운 행동양식을 학습할 때와 언어적 기술이 미숙한 인간 발달의 초기 단계의 관찰학습에 특히 중요한 역할을 한다. 모델의 활동이 심상이나 용이한 언어적 부호로 변환되면, 이들 기억부호가 다음 수행을 위한 지침 역할을 하게 된다. 상징적 부호화의 중요성은 어린아이들을 대상으로 한 연구뿐 아니라 성인을 대상으로 한 연구에서도 잘 나타나고 있다(Coates & Hartup, 1969). 상징적 부호화와 더불어 시연(rehearsal) 또한 기억의 보조수단으로서 반응양식을 마음속으로 시연하거나 실제로 해 보는 것은 본 것을 생각하지 않거나 연습하지 않는 경우에 비해서 망각이 적게 일어난다.

최고 수준의 관찰학습은 우선 모델의 행동을 상징적으로 조직하고 시연하고 난 후 그것을 외현적 행동으로 옮길 때 성취될 수 있다(Jeffery, 1974). 보통 나이가 어린 아이들의 모방반응은 모델의 행위에 의해서 직접, 그리고 직후에 유발되는 초기 모방반응인 데 반해 후기의 모방반응은 관찰 후 오랜 시간이 경과한 다음 모델이 없는 곳에서도 수행되는 것으로 파지과정이 잘 수행된 것이다.

셋째, 운동재생 과정으로 상징적 표상을 적절한 행위로 변환시키는 과정이다. 대체로 일상의 학습에서는 사람들은 흔히 모델 제시에 의해서 새로운 행동의 개요를 습득하고, 실제로 수행을 하고, 일부 학습된 부분 행동에 초점을 두고 모델을 관찰하며, 정보 송환을 얻어, 자기 수정 등 조정을 계속함으로써 그 행동을 세련해 나간다. 관찰에 의해 학습된 것을 행동으로 옮기려 할 때는 행동 수준에서 몇 가지 장애가 생긴다. 관념을 행동으로 변환하는 과정에서 처음에는 정확한 일치 반응이 생기기에 앞서 틀림없이 착오가 일어난다. 상징적 표상과 실제 행동 간의 차이가 교정적 행위에 대한 단서를 제공하여 행동을 수정해 간다고 할 수 있다. 복잡한 기능을 배울 때 극히 일부분밖에 관찰될 수 없으므로 표상과 수행 간의 정확한 일치를 달성하기 어렵고, 기능은 관찰만으로 완성되는 것이 아니기 때문이기도 하다.

넷째, 동기유발 과정에서 사람들이 배운 것을 무엇이든 실행하는 것은 아니기 때문에 사회적 학습이론은 획득과 수행을 구별한다. 사람들은 가치 있는 결과가 초래되는 모델행동은 사용하지만, 보상이 주어지지 않거나, 벌을 받게 되는 결과를 초래하는 행동은 수행하려 들지 않는다.

자신의 행동에 대한 평가적 반응이 관찰학습된 반응 가운데 어떤 것이 수행될 것인가를 결정하는 데 작용한다. 사람들은 자기만족을 주는 행동은 표현하지만 개인적으로 불만스러운 행동은 거부한다. 관찰학습은 수많은 요인에 의해 통제되기 때문에, 비록 저명한 모델을 제시했다고 해서 누구에게나 자동적으로 같은 행동이 일어난다고는 할 수 없다. 또, 제시된 모델이 중요한 사람이 아니더라도 관찰학습이 나타날 수 있다. 예컨대, 인형을 공격하는 것을 목격한 아이들은 그것과 똑같은 행

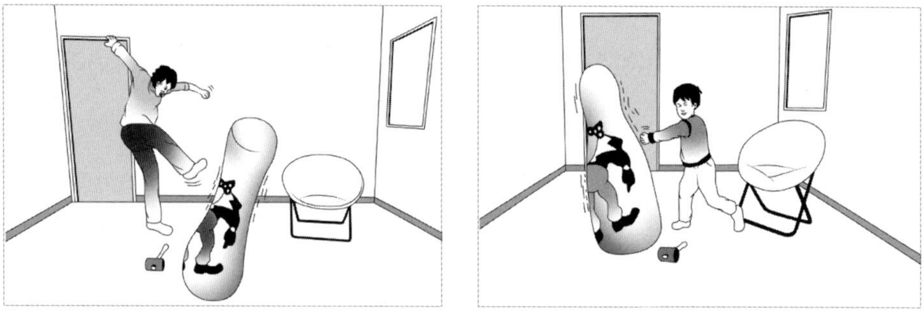

[그림 10-1] 보보인형 실험

출처: Bandura, A., Ross, D., & Ross, S. A. (1961). 재구성.

동을 보였을 뿐 아니라, 다른 활동 장면에서도 공격적 행동을 더 많이 하는 경향을 보였다([그림 10-1] 참조). 한편 Hicks(1971)에 의하면 사람들은 기저에 인지적 과정을 거치지 않고서도 모방행동을 할 수 있다. 모델이 형성하는 반응을 되풀이해서 반복하고, 그 반응을 재생하도록 지시하며, 실패했을 경우 도움을 주고, 성공했을 경우 보상을 주면, 일치 반응이 일어난다는 것이다.

특정 상황에서 관찰자가 모델의 행동을 배우는 데 실패했다면 다음 중 어느 것이 그 원인이 되었을 것이다. 즉, 관련 활동 관찰의 실패, 기억 표상과정에서 시범사건의 부적절한 부호화와 학습된 내용의 파지 실패, 신체적 수행능력의 결여 또는 불충분한 유인 등이다.

2) 자기효능감

주어진 어떤 행동을 할 수 있는지 없는지에 대한 자신감, 즉 자기효능감을 결정하는 요인은 성취경험, 대리경험 등을 들 수 있다. 강한 자기효능감을 창조하는 가장 효율적인 방법은 성공을 경험하는 것이다. 성공경험은 성공에 전념하는 것이 무엇이든 간에 성취할 수 있다는 강력한 증거를 제공한다. 성공은 강한 개인효능감 신념을 형성하게 한다. 실패는 개인효능감 신념을 약화시킨다. 특히, 효능감이 견고하게 형성되기 하고, 실패를 경험하게 되면 효능감 신념은 더욱 약화된다. 성공경험을 통하여 효능감을 개발한다는 것은 진부한 습관을 채택하는 것이 아니다. 오히려 그보다는 끊임없이 변화하는 생활환경을 다루는 데 적합한 행동과정을 창조하고, 실행하기 위한 인지적 · 행동적 자기조절을 획득하는 것이다(Bandura, 1982).

효능감 신념을 창조하고 강화하는 두 번째 효율적인 방법은 사회적 모델이 제공하는 대리경험을 통해서다. 끊임없이 노력하여 성공한 자신과 유사한 사람을 보는 것은 자신 역시 유사한 활동을 완수하기 위한 능력을 지녔다는 관찰자의 신념을 고양시킨다.

만약, 실패한 사람을 관찰한다면 이로 인해 자신의 효능감에 대한 관찰자의 판단을 낮추고 동시 수준을 약화시킬 수 있다(Brown & Inouye, 1978). 모델링이 중요한 것은 개인이 자신이 능력을 판단하기 위해 단순히 사회적 기준을 제공하는 것 이상으로 영향을 미치기 때문이고, 모델이 개인효능감 신념에 미치는 영향은 관찰자가 모델과 자신을 유사하게 지각하는 것에 의해 크게 영향을 받기 때문이다.

사람들은 자신이 동경하는 유능한 모델을 찾는다. 유능한 모델은 행동과 표현된 사고방식을 통하여 지식을 전수하고 환경적 요구를 다루는 데 필요한 효율적 기술과 전략을 관찰자에게 가르친다. 보다 나은 수단을 획득하는 것은 지각된 자기효능감을 높이는 데 도움을 준다. 자신의 삶에 지속적으로 영향을 미치는 끈기 있는 모델이 장애물에 대처해 나가면서 보여 주는 두려워하지 않는 태도는 모델이 보여 준 특정 기술 이상으로 타인에게 능력을 부여할 수 있다.

대부분의 행동 과정은 처음에는 사고의 형태로 조직된다. 자기효능감에 대한 사람의 신념은 그들이 구성하고 연습하는 예상 시나리오의 유형을 형성한다. 효능감이 높은 사람은 수행에 대한 긍정적 안내와 지지를 제공하는 성공 시나리오를 마음속에 떠올린다. 자신의 효능감에 회의를 갖는 사람은 실패 시나리오를 마음속에 떠올리고 많은 것들이 잘 안 될 것이라는 생각에 깊이 빠지므로 자기회의와 싸우면서 많은 것을 성취하기는 어렵다(Bandura, 1995).

보편적으로 중요한 개인적 · 사회적 영향을 미치는 압박감을 주는 상황적 요구, 실패, 좌절에 처해서도 과제지향적으로 나아가기 위해서는 강한 효능감이 요구된다. 실제로 곤란한 상황에서 어려운 환경적 요구를 다루는 과제에 직면했을 때, 효능감이 낮은 사람들은 분석적 사고가 점점 더 산만해지고 포부가 낮아지며 수행의 질은 악화된다. 반대로 탄력성 있는 효능감을 유지하는 사람들은 스스로 수행 성취를 이끄는 도전적인 목적을 설정하고 효율적인 분석적 사고를 사용한다(Wood & Bandura, 1989).

효능감 신념은 사람들이 스스로 목적을 결정하고 얼마나 많이 노력할지, 어려울 때 얼마나 오랫동안 버틸지와 실패에 대한 회복력을 결정한다. 어려운 상황에 처하거나 실패했을 때 자신의 능력을 믿지 않는 사람은 노력을 게을리하고 빨리 포기하게 되고 자신의 능력에 대해 강한 신념을 지닌 사람은 도전한 것을 완수하는 데 실패했을 때 보다 더 많은 노력을 하게 되어 결국 강한 인내력으로 수행 성취에 기여하게 된다. 일상적인 사회 현실들이 어려움으로 가득 차 있기 때문에 인간이 행복하게 살고 목적을 성취하기 위해서는 개인효능감이 필요하다. 일상적인 사회 현실은 방해, 역경, 실패, 좌절, 불평등으로 가득 차 있다. 사람들이 성공하는 데 필요한 인내심 있는 노력을 계속하기 위해서는 개인효능감을 가져야만 한다. Sanderson, Rapee와 Barlow(1989)는 위협적인 상황을 인지적으로 도전 가능한 상황으로 변화시키는 데 효능감 신념을 언급하였다. 비록 같은 환경적 스트레스에 노출된다 하더라도 그 스트레스를 다룰 수 있다고 믿는 사람은 침착해지는 반면, 통제할 수 없다고 믿는 사람은 나약해진다.

개개인은 도처에 있는 장애물과 불확실성에서 하고자 하는 것들을 배양하고자 하는 창의적 능력, 성취해야 할 어려움이 있는 도전에서 얼마나 많은 노력과 자원을 투자해야 하며, 어려움이 있는지를 스스로 결정해야만 한다. 일을 어렵에 만드는 방해와 좌절을 극복하기 위해서는 탄력성 있는 효능감이 필요한 것이다.

한편, 효능감 신념이 사람들이 할 수 있었던 것만을 반영한다면 사람들은 습관적 수행을 낳는 자기 능력에 대해 지나치게 보수적인 판단을 확고부동하게 고집하게 된다. 신중하게 자기평가하는 경우 사람들은 즉각적으로 도달해야 하는 것을 넘어서는 열망을 갖거나 자신의 일상 수행을 능가하는 데 필요한 것 이상의 노력을 거의 하지 않는다.

따라서 혁신은 확실한 결과를 얻기 위해 오랜 기간이 필요하므로 그동안 대단한 노력을 요구한다. 더욱이 현존하는 이상과 실제가 충돌하는 혁신은 부정적인 사회적 반응에 부딪힌다. 그러므로 개혁가와 보다 큰 성취를 한 사람들 중에서 현실주의자가 거의 없다는 것은 놀랄 일이 아니다.

이에 White(1982)는 어떤 분야에서 두각을 나타내는 사람들이 지닌 두드러진 특성은 억제할 수 없는 개인효능감과 자신이 하고 있는 것의 가치에 대해 확고한 신념을 가지고 있음을 증명하고 있다. 이 탄력성 있는 자기신념 체계는 그들로 하여금 자신의 일에 대한 반복된 실패를 넘어서게 한다. 사회는 예술, 과학, 기술 분야에서 이러한 신념을 지닌 사람들이 성취해 놓은 것의 유익한 점을 향유하고 있는 것이다. 요약하면, 성공적이고 모험적이며 사교적이고 불안하지 않고 우울하지 않은 사회

개혁가와 혁신가들은 자기 생에 영향을 미치는 사건들을 통제하는 개인적 능력에 대해 긍정적인 시각을 지니고 있다는 점이다.

3) 자기조절

밴듀라의 『사회학습이론(Social Learning Theory)』에 의하면 "사람들은 그들이 설사 어떤 안내를 받았더라도 자신이 가치 있다고 생각하는 것을 모델링하고, 해석하고, 강화한다." 그리고 "당면한 환경을 배열하고, 인지적 기반을 창조하고, 그들 자신의 행동 결과를 산출해 냄으로써 자신들의 행동에 어느 정도 영향력을 행사할 수 있다"(Bandura, 1977, p. 211; 송석재, 2006 재인용). 인간은 이처럼 환경과 내적 요인 간의 상호작용적 영향 하에 있다. 따라서 인간의 행위를 외적 보상과 벌의 산물로만 설명하고자 하는 이론은 인간의 본성을 온전하게 설명한다고 보기 어렵다. 바로 이러한 면에서 밴듀라는 전통적 학습이론과는 달리 인간 행동의 많은 부분이 자기조절된다고 말한다. 또한 "어린이는 처음에는 다른 사람의 언어적 지시에 의해, 마침내는 내면적 자기 지시에 의해 자신의 행동을 통제한다." 예컨대, 사람들은 성장의 초기에는 자신의 행위를 결정할 때, 주로 신체적 제재와 외적 통제에 의존한다. 그래서 어린이들은 처음에는 부모나 다른 어른들의 영향 하에 있을 수밖에 없고, 부모의 안내와 제재에 의해 도덕적으로 행동한다고 할 수 있다. 그러나 성장하게 되면, 신체적 제재는 사회적 제재로, 외적 통제는 내적 통제로 대체된다.

덧붙여 로젠스키와 벨락(Rozensky & Bellack)이 실험 연구에서 확인한 바에 의하면, 스스로 자신의 행위를 효과적으로 자기조절하는 사람은 그렇지 못한 사람보다 적극적인 자기 영향에 의해 자신의 노력을 더 잘 유지하고 실행하여 자기 보상은 더 적게 하고, 자기 처벌은 더 많이 하는 경향이 있었다(Bandura, 1986; 송석재, 2006).

사회학습이론에서는 인간이 성장함에 따라 그리고 사회화됨에 따라 행동을 결정할 때, 내적 지시나 통제에 더 많이 의존하게 된다고 보고 이것을 자기조절력과 관련지었으며, 이론가들은 보는 사람이 없는데도 유혹에 저항하는 과정을 바로 자기조절로 보았다. 밴듀라는 남을 배려하고, 남에게 해가 되는 행동을 하지 않는 사람은 자신을 자기조절할 수 있는 사람으로 보고 자기조절할 수 없는 사람은 충동에 따라 행동하거나 자신의 입장만을 고수하기 쉽다고 본다. 능동적이고, 열망을 갖고 있는 사람들은 그들의 능력이 단순히 결과에만 반응하기보다는 미리 적응 통제를 할 수 있게 만든 사람들이다.

밴듀라는 저서 『생각과 행동의 사회적 기반(Social Foundation of Thought and Action)』에서 자기조절의 과정을 설명하고 있다. 우선 자기관찰을 통하여 생각과 행동 간의 불일치를 발견하고 수정하기 위한 정보를 찾는다. 자기관찰 과정은 자기 진단적 장치로서 기능하며 자기평가의 기회를 제공함으로써 행위 개선에 효과적으로 작용하게 된다. 훌륭한 생각이라 하더라도 능숙한 행동을 산출하지 못한 경우 자기관찰을 통하여 행위를 개선하도록 할 수 있다.

다음은 자신의 행위 결과를 판단하는 과정인데 보상을 받을 만한 행위에 대해서는 더 많은 노력을 기울일 것이고 처벌받을 만한 행위에 대해서는 억제하게 될 것이다. 뿐만 아니라 자신의 행위 성과를 자신의 능력과 노력 탓으로 판단하는가 또는 외적 요인 탓으로 판단하는가에 따라서 다른 자기반응을 보인다. 자기반응 과정에서는 자신의 감정, 사고, 행위에 대해서 단순히 외적 보상이나 벌에 의해서만 아니라 자기만족, 자부심, 불만족, 자기비판 등으로 표현되는 자기반응을 통해서도 행위를 조절한다는 것이다.

결국 인간은 행동의 결과로 인한 긍정적 · 부정적 피드백이나 외적 보상, 벌에 의해서만 자기조절을 하는 것이 아니라 자기 생성적 능력이 있어 스스로를 동기화하고 자기관찰, 판단, 자기반응을 통하여 자기조절하게 되는 것이다.

4) 상호결정론

사회적 학습이론에서 심리적 기능수행은 개인적 · 행동적 및 환경적 결정요인의 연속적인 상호작용이다. 상호적이라는 의미는 사건 간의 상호적이라는 의미와 유사한 작용, 반작용 등을 포함하는 것을 의미한다. 어느 정도의 행동 변화가 개인적 특성에 기인하며, 어느 정도가 상황의 조건에 기인하고 어느 정도가 양자의 복합적 효과에 기인하는가를 결정하기 위해 분석한다.

개인 내적 요인과 행동 또한 서로 상호적으로 결정인의 작용을 한다. 예를 들면, 개인의 기대는 개인의 행동에 영향을 미치고 행동의 성과는 기대를 변화시킨다. 대체로 환경은 적절한 행위에 의해 활성화되기까지 가소성을 지닌다. 개인적 결정요인도 활성화되지 않으면 작용력이 없는 가소성에 불과하다.

어떤 문제에 대해 많은 지식을 갖고 있는 사람도 말을 하면 타인에게 영향을 미칠 수 있으나 침묵을 지키고 있으면 영향을 미칠 수 있는 수단을 가지고 있지만 영향을 미칠 수 없다. 따라서 행동은 여러 가지 환경적 영향 가운데 어느 것이 작용하고 어떤 형태를 취할 것인가를 결정한 것이며 환경은 어떤 행동 유형이 발달되고 활성화될 것인가에 영향을 미친다. 이러한 양방향적인 작용과정에서는 환경이 행동을 통제하는 것과 마찬가지로 환경 또한 영향을 주고 있다.

환경이란 개인이 불가피하게 접촉하지 않으면 안 되는 고정된 속성이 아니다. 학생들이 강의의 참석하지 않으면 교수가 학생에게 영향을 미칠 수 없고 책을 선택해서 읽지 않으면 아무런 영향을 받을 수 없다. 환경적 영향은 어떤 행위가 목록(repertoire)이 발달되고 활성화될 것인지를 결정한다(Bandura, 1977).

또한 행동이 일부 환경을 조성하기도 하고 또한 상호적으로 환경이 행동에 영향을 미친다. "강화수반 조건을 바꾸면 행동을 변화시킬 수 있다."는 주장은 "행동을 바꾸면 강화수반 조건을 변화시킬 수 있다."는 것으로 상호적인 측면을 강조하는 것이다. 예를 들면, 적대감을 가진 행위는 일반적으로 타인으로부터 공격적인 대응반응을 유발하게 되나 진심에서 우러나온 선행은 전혀 그렇지 않다. 따라서 호의적인 반응 양상을 바라는 사람은 유쾌한 사회환경을 생성하는 행동을 한다는 것이다(Raush, Barry, Hertel, & Swain, 1974; Bandura, 1977).

환경결정론을 지지하는 접근방식으로 연구하는 경우에는 환경적 역할이 어떻게 행동에 영향을 주는가를 분석한다면[B=f(E)], 개인결정론의 연구를 주장하는 접근방식은 행동이 어떻게 환경을 결정하는가를 검토한다[E=f(B)]. 상호적 결정론의 입장에서는 두 방향의 통제가 동시에 작용한다고 본다.

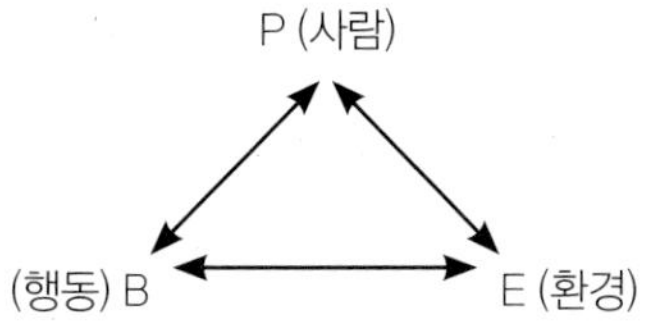

각자 자신의 행동을 관리함으로써 미래의 조건에 영향을 미칠 수 있다면 인간은 어느 정도 자유롭게 그 조건 자체를 결정한다고 보는 것이다. 자기통제 훈련을 통하여 인간은 적절한 행동을 유발할 수 있도록 조정하고 이를 유지하기 위해서 인지적 수단과 자기강화적 결과를 가짐으로써 자신의 행동을 바라는 목표로 지향시킬 수 있다는 의미다. 인간은 외적(환경) 힘에 의해 통제되기도 하고 반면에 사람의 인지 및 타인의 관찰로 인한 영향이 미래의 목표행동에 중요한 공헌을 한다는 점을 모두 인정하는 것이다.

3. 성격의 형성과정

밴듀라는 관찰학습, 대리강화, 자기조절, 자기효능 등의 기제에 의하여 성격이 형성된다고 하였다. 성격은 학습되는 것이며, 스스로 세운 표준이 변화하는 것이고, 성격을 발달시키는 기제는 관찰을 통한 사회적 학습이라고 할 수 있다. 외적인 환경을 스스로 분석하고 판단해서 대응 방식을 결정할 때 내적 표준, 즉 성격에 의해 자기조절 방식이 결정되고, 내적 표준을 발달시키고 변화시키는 것이 성격 발달이고 행동수정이다.

또한, 인간 행동의 형성과 변화를 사람, 환경, 행동 간의 상호결정 관계로 설명하고 있다. 인간의 적응과 부적응 행동에 관한 이해도 이 도식을 벗어나지 않는다고 본다. 이에 따라 그는 인간의 부적응 행동들 역시 직접적 혹은 대리적 강화에 의하여 형성되고 유지된다는 입장을 취한다. 이때 특히 인간의 인지, 자기효능 등과 같은 내적 과정이 얼마나 잘 발달되어 있는지가 중요하다.

밴듀라에 의하면 어떤 행동이 부정적인 강화를 가져올 것이라고 예상될 때 다양한 방어 행동을 사용하게 되고, 특히 자기 자신에게 지나치게 높은 표준을 부과한 경우에 실패를 반복하기 쉽기 때문에 방어 행동이 나타날 수 있다고 한다. 이러한 방어 행동은 환경 적응에서 가장 문제가 되는 행동이라고 본다. 방어 행동은 순간순간 자신을 방어하는 데는 효과적일지 모르지만 결과적으로는 스스로의 표준을 수정하고 자기효능을 제고시킬 기회를 잃게 한다. 방어 행동을 사용하는 것은 내적인 표준을 수정하지 않는 것이므로 성격 수정의 기회를 잃어버리게 하고 결과적으로 부적응 행동을 지속하게 된다. 새로운 상황에의 도전으로 새로운 자기를 경험함으로써 성장의 기회를 갖는 것은 매우 중요한 것이다.

4. 건강한 성격의 특성

일상적인 사회현실은 방해, 역경, 실패, 좌절, 불평등의 어려움으로 가득하기 때문에 인간이 어떻게 살고 어떤 목적을 성취하기 위해서는 개인효능감이 필요하다. 자기효능감은 한 개인의 능력의 지표로서 개인이 특별한 상황에서 자신의 행동능력에 대한 믿음이다. 대부분은 이러한 신념이 없으면 행동으로 옮기지 않는다. 그러므로 어떤 특정한 행동을 할 것인가를 예측하게 하는 사고, 동기, 행위를 관장하는 핵심적인 역할을 한다. 사람들은 도처에 있는 장애물과 불확실성에서 하고자 하는 것들을 성취하고자 하는 창의적 노력, 성취해야 할 어려움이 있는 도전에서 얼마나 많은 노력과 자원을 투자해야 하는지를 결정해야만 한다. 성공으로 가는 과정에서 일을 어렵게 만드는 방해와 좌절을 극복하기 위해서는 탄력성 있는 효능감이 필요하다.

한편, 사람들이 할 수 있었던 것만을 반영한다면 사람들은 습관적인 수행능력만을 고집하게 된다. 즉각적으로 도달해야 하는 것을 넘어서는 열망을 갖거나 자신의 일상 수행을 능가하는 데 필요 이상의 노력을 거의 하지 않게 된다(Taylor, 1989). 이때 두드러진 특성은 개인효능감과 자신이 하고 있는 것의 가치에 대해 확고한 신념이 필요하다는 것이다. 이 탄력성 있는 자기신념 체계는 자신의 일에 대한 반복된 실패를 거부하고 성공적이고 모험적이며 불안에 맞서 자기 생에 영향을 미치는 사건을 통제하는 개인적 능력에 대해 긍정적인 시각을 지니고 있다는 것을 확인시켜 준다(Bandura, 1995).

사회생활에 있어서 자기조절능력이 중요한 요소임을 알 수 있는데 이는 도덕적 차원의 문제와 관련 있다고 볼 수 있다. 자기조절은 충동 억제, 유혹 억제뿐 아니라 비도덕적 행위를 스스로 통제하게 된다.

> "우리는 자기조절능력이 부족한 어른들을 보면 아이 같다고 비난한다. 성장은 어찌 보면 어린아이 같은 충동적 행동을 자기조절하는 방법을 배우는 것이라고 할 수 있다"(Bandura, 1977, p. 82).

5. 성격이론의 적용

1) 인간의 어떤 행동이 다른 사람의 행동을 모방하면서 학습한 것이라면 자신의 모델링이 된 인물은 누구입니까? ....

반면에 어떤 행동이 특정한 인물에게서 모방된 것이 아니라면 어떻게 형성된 것일까요?

....

....

2) 자기효능감 척도를 이용하여 자신의 효능신념에 대해서 평가하고 효능감을 높일 수 있는 방안에 대해서 탐색해 봅시다.

번호	내 용	전혀 아니다	아니다	보통	그렇다	매우 그렇다
1	나는 계획대로 수행할 수 있다.					
2	나는 일을 해야 할 때 바로 일을 시작하지 못하는 문제점이 있다.					

3	어떤 일을 첫 번에 잘못했더라도 될 때까지 해 본다.					
4	나는 중요한 목표를 설정하면 성취할 수 있다.					
5	나는 어떤 일을 끝마치기 전에 포기한다.					
6	나는 어려운 일에 부딪히는 것을 피한다.					
7	나는 일이 너무 복잡해 보이면 해 볼 시도조차 안 한다.					
8	별로 유쾌하지 않은 어떤 일을 할 때 나는 그것을 끝마칠 때까지 반드시 한다.					
9	나는 뭔가 할일이 있을 때 바로 그 일을 시작한다.					
10	새로운 어떤 일을 배우려고 시도할 때 처음에 성공할 것 같지 않으면 바로 포기한다.					
11	예기치 못한 문제가 일어나면 나는 잘 대처할 수 있다.					
12	나는 어떤 일을 할 수 있는 내 능력에 불안함을 느낄 때가 있다.					
13	실패는 나로 하여금 더 열심히 노력하도록 만들 뿐이다.					
14	나는 어떤 일을 할 수 있는 내 능력에 불안함을 느낄 때가 있다.					
15	나는 자신감이 있다.					
16	나는 쉽게 포기한다.					
17	나는 인생에 부딪히는 거의 모든 문제들을 다룰 능력이 없는 것 같다.					
18	새 친구를 사귀는 일은 내게 너무 어려운 일이다.					
19	나는 어떤 사람이 보고 싶으면 그 사람이 와 주기를 기다리는 대신 내가 먼저 간다.					
20	내가 관심을 가지는 어떤 사람이 사귀기 어려운 사람이라면 나는 사귀는 것을 금방 포기한다.					
21	첫눈에 호감이 가지 않는 사람이라도 나는 그 사람과 사귀는 것을 금방 포기한다.					
22	나는 사회적 모임에서 내 자신을 어찌해야 좋을지 모르겠다.					
23	나는 지금의 내 친구들을 내 사교성 덕분으로 사귀었다.					

출처: 이은우(2005). 대학생의 정서지능, 자기 효능감, 심리적 안정감이 대학생활에 미치는 영향.
(채점: 역채점 문항 2, 5, 6, 7, 10, 11, 12, 14, 16, 17, 18, 20, 22번, 점수가 높을수록 자기효능감 수준이 높음)

제11장

매슬로의 성격이론

"나는 사람들이 테이블 주위에 둘러 앉아 인간의 본성과 미움, 전쟁과 평화, 형제애 등에 관해 이야기를 나눌 수 있는 그런 평화의 테이블을 그려 보았다. 그 순간 나의 전 생애는 변했고 그 이후로 나의 할 일이 결정되었다."
"우리는 자동차가 가스와 기름을 필요로 하도록 설계되었듯이 유기체는 사랑을 필요로 하도록 구성되었다고 말할 수 있다."
—A. Maslow—

매슬로(Abraham Maslow)는 미국 심리학계에서 인본주의 심리학의 창시자 및 정신적 대부로서, 그의 이론은 병리적인 것이 아닌 건강한 사람들에게 초점이 맞추어져 건강한 사람들의 성격에 관한 연구를 바탕으로 형성되었다. 매슬로는 인간의 건강한 본성을 이해해야 병리적인 면도 이해할 수 있다는 입장이었다. 매슬로는 우리 인간 개개인은 모두 자신만의 고유한 잠재력을 가지고 있으며 이를 발달, 성장시키고 완성시켜 나가고자 하는 욕구를 가지고 태어난다고 보았다. 이런 관점은 동기의 단계로서 매슬로의 욕구위계로 제시되었는데, 하나의 욕구가 충족되면 이어 또 다른 욕구가 발생하고 인간은 점진적으로 자신의 욕구를 충족시켜 나간다고 생각하였다. 매슬로는 동기가 어떻게 위계적으로 조직되는가에 대한 분석과 개인의 성장에 대한 잠재력 등을 강조하며 자아실현의 중요성을 주창함으로써, 인간 행동에 대한 현대사조에 큰 영향을 끼쳐 왔다.

1. 매슬로의 생애

매슬로(Abraham Harold Maslow, 1908~1970)

매슬로는 1908년 뉴욕의 브루클린(Brooklyn)에서 러시아로부터 이민을 온 유대인 부모 아래 7남매 중 장남으로 태어났다. 그의 부모는 매슬로의 학문적 성공을 강하게 격려하였으나 매슬로의 고백에 의하면 어린 시절과 청소년기에 매우 심한 고통을 겪었다고 한다. 그는 말하길 "나는 어린 시절에 내가 정신이 돌지 않은 것이 이상할 정도다. 나는 이웃에 유대인이라고는 전혀 없는 곳에서 살았던, 어린 유대인 소년이었다. 그것은 모두가 백인인 학교에 처음 들어간 흑인의 입장과 조금은 유사할 것이다. 나는 외로웠고 불행했다. 나는 친구도 없이 도서관에서 책에 파묻혀 자랐다."라고 말한다(Maslow, 1968, p. 37). 매슬로의 성격이론에서 사람들이 보다 나은 풍요로운 삶을 살아가도록 하고자 하는 바람은 그 자신의 갈망에서 비롯된 것인지도 모른다. 매슬로는 인생의 많은 시간을 홀로 공부에 전념하는 것에 쏟았으며, 인생의 실제적인 면도 겪었고 동생이 경영하는 맥주통 제조회사에서 여러 해 여름을 일하며 보내기도 했다.

매슬로는 아버지의 압력으로 법학을 공부하였으나 흥미를 갖지 못하고 1년 만에 그만둔 뒤 코넬(Cornell) 대학교로 갔으며, 다시 위스콘신(Wisconsin) 대학교로 가서 심리학을 공부하기 시작했다. 20세에 고등학교 친구인 베르사(Bertha)와 결혼하였으며, 이 결혼은 매슬로에게 인생의 방향과 소속감을 다지게 한 중요한 사건이었다. "내가 결혼해서 위스콘신으로 가서야 비로소 나의 인생이 시작되었다."라고 매슬로는 고백한다(Maslow, 1968, p. 37).

인본주의자 매슬로가 심리학을 공부하려고 결심한 것은 역설적이게도 왓슨(John Watson)의 행동주의 심리학을 접하면서부터였다. 매슬로는 행동주의가 삶의 모든 문제들에 답을 줄 수 있을 것이라 기대했다. 그는 원숭이를 대상으로 한 애착연구로 유명한 해리 할로(Harry Harlow)의 지도 아래 실험심리학 훈련을 받으며 박사학위

논문을 마쳤다. 그의 박사학위 주제는 원숭이의 성적 특성과 지배 특성에 대한 것이었는데 그의 성적인 것(sexuality)과 애정(affection)에 대한 관심은 이후 동물에서 사람으로 옮겨졌다. 그는 성, 특히 동성애에 대한 연구가 인간성을 깊이 이해하기 위한 필수적 방법이라 생각했다.

1930년대 말에서 1940년 대 초반까지 매슬로는 히틀러(Adolf Hitler)를 피해 미국으로 넘어 온 에리히 프롬(Erich Fromm), 알프레트 아들러(Alfred Adler), 카렌 호나이(Karen Horney), 루스 베네딕트(Ruth Benedict), 막스 베르트하이머(Max Wertheimer) 등 유럽 지성계의 중심 인물들을 만나 지적 교류를 할 수 있었으며, 이러한 경험은 후기 인본주의적 견해의 근간을 이루는 데 큰 영향을 주었다. 그리고 큰딸이 태어나자 매슬로는 행동주의에 대한 열정을 완전히 잃어버렸고 "나는 신비감과 통제할 수 없는 기분에 싸였다. 이러한 경험 이전에 나는 별 볼 일 없고, 정신적 · 신체적으로 약하다고 느꼈다. 나는 아이를 가져 본 사람은 누구나 행동주의자가 될 수 없을 것이라고 생각한다."고 말했다(Hall, 1968, p. 56). 제2차 세계 대전의 경험 또한 매슬로의 인생 방향을 크게 바꾸었다. 그는 "그것을 지켜볼 때 눈물이 흐르기 시작했다. 히틀러, 독일인들, 스탈린(Joseph Stalin), 공산주의자들은 모두 우리가 이해 못할 사람들 같았다. (……) 1941년 이후로 나는 실험과 연구조사를 통해 검증할 수 있는 인간 본성에 대한 이론의 발전에 전념했다(Maslow, 1968, p. 54)."라고 하였다. 매슬로는 인간 존재는 증오와 편견과 파괴의 대상이 아니라 진리와 선, 아름다움, 숭고한 이상을 추구하는 무한한 잠재력을 지닌 존재임을 증명하고자 했던 것이다. 그리고 이를 위해 심리적으로 '건강해 보이는' 사람들을 대상으로 연구하고자 하였다(Hall, 1968).

매슬로는 1951년 브랜다이스(Brandeis) 대학교의 심리학과 과장으로 임명되어 61년까지 재직하였으며, 이 기간 동안 그는 미국 심리학계 인본주의 운동의 가장 영향력 있는 인물이 되었다. 1969년 브랜다이스 대학교를 떠나 캘리포니아의 W. P. 라후린(Laughlin) 자선단체의 특별초대회원으로 추대되었고, 이러한 비학술단체에서 매슬로는 그의 관심사인 민주정치학과 윤리학의 철학정신에 대한 추구를 마음껏 펼칠 기회를 얻었다. 그러나 1970년 62세에 지병인 심장병이 재발하여 심장마비로 사망하였다.

2. 주요 개념

1) 욕구의 위계

매슬로는 강도의 순서에 따라 생리적 욕구, 안전 욕구, 소속감과 사랑의 욕구, 존중의 욕구, 자아실현 욕구 등의 순서로 다섯 가지 타고난 욕구를 제시한다.

욕구는 그 자체로 본능적이지만 이러한 욕구를 충족시키기 위해 인간이 하는 행동은 선천적인 것이 아닌 학습한 것으로 보았다. 즉, 욕구 충족을 위한 행동은 인간마다 큰 차이를 나타낼 수 있다는 것이다. 매슬로는 욕구의 단계는 한 개인이 더 높은 단계로 올라갈수록 그는 더 풍부한 개성과 인정, 심리적 건강 등을 가지게 될 것이라고 한다. 욕구위계에서 아래의 욕구는 그 위의 욕구가 충족되기 전에 충족되어야 하며, 모든 욕구가 동시에 생기지는 않는다는 것이다. 어느 한 시기에는 하나의 욕구만이 우세하게 된다. 그것이 어떠한 욕구인가는 다른 욕구가 충족되었느냐 그렇지 않느냐에 달려 있다. 예를 들어, 배고픔에 시달리는 사람은 우선 식욕이라는 기본적 욕구를 어느 정도 충족시킨 뒤에야 그보다 상위 욕구들을 가질 수 있다는 것이다.

그러나 이러한 욕구의 위계적 배열에는 예외가 있을 수도 있다. 예를 들어, 어떤 창조적인 사람들은 가난과 시련, 사회적 냉대를 무릅쓰고 그들만의 특별한 개성과 능력을 표출하며 스스로를 발전시켜 오기도 했다는 것이다. 그들이 가진 가치관과 신념, 이상이 너무 강해서 그것을 포기하기보다 현실적으로 닥치는 어려움들을 심지어는 죽음까지도 불사하며 지켜 간다는 것이다.

욕구는 일반적으로 다음과 같은 특성을 지닌다(노안영, 강영신, 2018).

- 욕구위계에서 하위 욕구가 더 강하고 우선적이다.
- 상위 욕구는 하위 욕구보다 늦게 나타나는데 자아실현 욕구는 인생의 중반기 전까지 나타나지 않는다.

- 상위 욕구는 만족시키지 못한다 하더라도 하위 욕구가 충족되지 않은 때와 같이 비상사태나 위급한 상황을 초래하지는 않는다.
- 상위 욕구는 생존에는 덜 기여하지만 생존과 성장에 필요하며 충족되었을 때의 성취감은 활기 있는 삶과 수명의 연장, 생물학적 효율성의 증대 등을 가져온다.
- 매슬로는 욕구위계에서 위로 올라갈수록 각 욕구의 만족비율은 낮아진다고 보았다. 예를 들어, 생리적 욕구에서 80%의 만족을 느끼는 사람은 안전 욕구에서는 80%보다는 적은 비율 70% 정도, 사랑과 소속감 욕구에서는 50%, 자아존중에서는 40%, 자아실현 욕구에서는 10% 미만의 만족감을 얻는다고 본다.

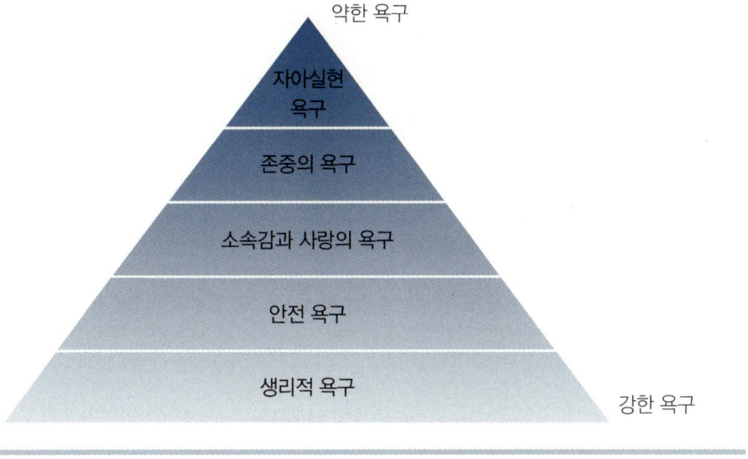

[그림 11-1] 매슬로의 욕구위계

2) 자아실현

매슬로는 욕구위계의 마지막 단계이면서 인간이 성취해 갈 수 있는 최고의 것으로서 자아실현 욕구를 강조하였다. 인간은 자신의 삶에서 자아실현을 위한 충분한 기회를 가지며, 자아실현은 인간 본성의 고유한 것이라 생각하였다. 자아실현은 인간 존재가 자신의 고유성을 회복하는 것이기도 할 수 있는데, 매슬로는 "만약 그가 자기 자신과의 조화를 이루려면 음악가는 음악을 작곡하고, 미술가는 그림을 그리고 시인은 시를 써야 한다. 인간은 인간이 될 수 있는 무엇인가가 되어야 한다. 그는 그 자신의 본성에 진실하여야 하는 것이다."라고 말한다(Maslow, 1970).

그러나 매슬로는 우리가 대개는 우리의 가장 뛰어난 면, 우리의 능력과 재능, 추진력, 창조성 등을 사실 두려워한다고 말한다(Maslow, 1962). 그것은 자아실현이 충족감을 주기는 하나 동시에 미지의 것에 대한 두려움과 책임감을 함께 일으키기 때문이라는 것이다.

자아실현은 개인차가 가장 많이 나타나는 단계로서 창조적이고 예술적인 형태가 아닌 부모, 학생, 선생, 노동자의 모습으로 충분히 그들 모두는 각자가 최선을 다함으로써 그들의 잠재력을 실현하고 있다면 그것이 자아실현의 모습이 된다. 매슬로의 자아실현은 각 개인이 자신의 자아실현 욕구에 따라 자신이 성취하고 도달하고자 하는 것을 향해 뚜렷한 목표와 열정을 가지고 살아가게 하는 것을 의미한다.

매슬로에 의하면 대부분의 인간은 자아실현에 대한 내적 동기를 지니며, 자신의 숨겨진 잠재력을 발현시키려는 충동을 가지는 것은 자연스럽고 필요한 일로 본다. 그러나 모든 사람이 자아실현을 성취하는 것은 아니며, 매슬로는 실제 연구를 통해 인구의 1% 이하만이 완전한 자아실현의 성취에 이른다고 하였다. 이것은 인간이 자신 안에 있는 잠재력을 알지도 못하고 믿지 않으며, 심하게는 자신의 능력을 의심하고 두려워하기까지 때문이라고 한다. 그리고 두려움을 무릅쓰고 성취한 결과로서 얻게 되는 자아증진(self-enhancement)이 가져다주는 보상에 대해서도 깊은 이해를 하지 못하고 있다고 하였다. 어떤 경우엔 사회적 환경이 자아실현의 기회를 빼앗기도 한다. 전통적 여성의 역할이 여성의 심리적 발달에 미치는 부정적 영향이나 남성적인 것과 여성적인 것에 대한 고정관념 등이 그런 예가 될 수 있다. 그러나 모든 사회가 개인의 자아실현의 기회를 촉진시키는 완전한 조건을 모두 갖출 수는 없지만 보다 나은 환경을 갖출 수는 있다. 그리고 이런 경우에도 사회구성원 모두의 자아실현을 촉진시킬 수는 없다.

매슬로는 자아실현을 가로막는 마지막 장애는 안전 욕구에 의한 강한 부정적 영향이라 하였다. 안전을 담보로 하는 현재의 평온함을 깨고서 미지의 것을 향해 나아가는 것은 위험의 감수와 지속적 의지를 요구하며 용기를 필요로 한다. 그런데 인간은 두려움과 걱정을 수반하는 것으로부터 달아나 안전과 보호를 확보하려는 경향을 띠게 되며, 과거의 습관과 행동을 그대로 유지하려는 경향 또한 강하다. 따라서 인간이 자신의 숨겨진 잠재력과 능력의 최대치를 발휘하고자 한다면, 두려움을 딛고 위험을 감수하는 용기를 지니며 미지의 것들을 향한 새로운 경험과 사상에 대해 자신을 활짝 개방하여야 한다(Hjelle & Ziegler, 1981).

3) 절정경험

절정경험(peak experience)은 말 그대로 행복함이나 초월의 절정을 뜻한다. 인간을 구속하는 통상적 의미의 시공간은 사라지고 끝없이 확 트인 느낌이 들면서 그 어느 때보다 힘이 솟고 감동스러우며 황홀하고 경외의 감정까지 드는 짧고 강렬한 느낌을 말한다(Liebert & Liebert, 1998). 매슬로는 자아실현을 이룬 사람들의 특성에 대해 기술하면서 절정경험을 자주 하는 것 역시 자아실현자들의 독특한 특성으로 보았다(Maslow, 1963) 다른 사람들에 비해 자아실현을 성취한 사람들은 더 자주 절정경험을 하는데, 그것은 자아실현자의 특성으로서 개방성과 수용성을 가지고 있기 때문이다(Thomas & Cooper, 1980). 절정경험은 아주 중요하고 소중한 느낌의 무언가가 일어났다는 느낌을 남기며, 때로는 개인의 일상적 현존감까지 극적으로 변화시킨다. 또한 절정경험은 어떤 활동이나 사건과 함께 일어날 수 있으며, 그 경험은 상황과는 관련 없는 감정으로 구성된다. 절정경험 자체는 순식간에 일어나며 수 초 혹은 수 분간 지속되다 사라지지만 그 효과는 지속될 수 있다. 많은 사람들이 기도나 명상, 자연과 음악 등에서 절정경험을 일으키는 특수한 사건들을 경험하기도 한다(Keutzer, 1978). 매슬로는 절정경험의 체험은 개인의 모든 면에서의 성장을 촉진시킨다고 하였다. 이것은 욕구위계의 가장 높은 단계인 자아실현을 삶의 최고 목표지점으로 보았던 매슬로에게 절정경험이 중요성을 가지는 이유다. 그러나 절정경험이 개인의 성장을 증진시키기 위해서는 그 자신이 그 경험을 소중하고 중요한 것으로 인식해야만 한다. 그러나 사람들은 겸손, 숭배, 불가사의, 놀라움, 경악의 감정들에 압도당하지 않고 자신을 보호하려 하기 때문에 절정경험의 존재나 중요성을 거부하려 한다(Maslow, 1966). 매슬로는 또한 절정경험을 자발적인 것으로 보았으며 창조되거나 예측될 수 없다고 하였다. 최근의 연구는 창조적인 상황의 몇몇 방법들이 절정경험을 이끌어 내기도 하며(Maslow, 1962), 대부분의 사람들은 일시적인 절정경험을 체험한다고 하였다(Davis, Lockwood, & Wright, 1991; Greeley, 1974; Thomas & Cooper, 1980).

4) 결핍 동기와 성장 동기

매슬로는 인간의 동기를 결핍 동기와 성장 동기 두 가지로 나누어 보았다. 결핍 동기는 욕구의 위계에서 하위의 욕구로서 상위의 욕구와 다르게 긴장을 감소시키고 허전함을 채우려는 것과 같이 즉각적인 욕구를 감소시키거나 없애려는 목적을 가진다. 배가 고플 때 음식을 찾는다거나 외로움 때문에 마음을 나눌 친구를 찾는 것, 매서운 추위에 따스한 곳을 찾는 행위 등과 같은 경우다. 결핍 동기는 이처럼 유기체의 즉각적인 욕구를 충족시키려는 목표지향적 성격을 지닌다.

성장 동기는 결핍 동기가 목표지향적인 것과 달리 과정지향적이며 사회적으로 결정된 가치보다는 아름다움, 진실, 정의와 같은 본질적 가치와 관련된다. 인간의 잠재력을 실현시켜 나가려 하며 삶을 아름답고 풍요롭게 하려는 지향을 가진다. 즉, 성장 동기는 욕구위계의 하위 단계에서의 욕구가 충족된 뒤에 나타나는데, 자신의 삶을 보다 가치 있는 것으로 발전시켜 가고자 하는 자아실현 동기다. 매슬로가 제시한 성장 동기에는 진실, 선함, 아름다움, 전체성, 독특성, 완벽, 성취, 정의, 질서, 단순성, 부유함, 즐김, 자기충실, 의미심장함 등이 있다. 성장 동기는 동기가 충족되면 긴장이 증가되는 경우가 많다. 예를 들어, 산행을 하며 자연에 대한 아름다움을 체험하는 사람은 자연이 주는 감흥으로 아름다움이라는 성장 동기가 증가되기도 한다(Liebert & Liebert, 1998).

매슬로는 성장 동기에 의해 동기화되면 일상적인 일도 고차원적 의미를 가지게 될 수 있다고 하면서 다음과 같이 말한다. "법은 재정적 안전, 지위, 명성, 지배성을 가져다주는 것이 아니라 정의, 진실, 선을 추구하는 방법이다."(Maslow, 1971, p. 310)

3. 성격의 형성과정

매슬로 이론에서 성격의 형성은 욕구가 어떻게 작용하는지에 대한 이해와 같다. 매슬로는 욕구위계의 다섯 단계를 거치며 개인의 성격이 형성되어 간다고 보았다. 욕구위계에 따르면 하위의 욕구는 생존에 필요하고, 상위의 욕구는 성장에 필요함을 알 수 있다. 매슬로는 인간을 범위가 넓은 내적 욕구 상태를 충족시키려 애쓰는 존재로 보는데, 그들의 행동을 유발하는 것은 그들의 욕구다. 상위 욕구의 단계로 나아가면서 인간은 자신의 개성을 형성해 가고, 자신을 창조하며 수많은 가능성으로부터 자신이 되고자 하는 인간의 모습을 형성해 간다. 즉, 자신의 운명을 창조하고 자신을 실현시켜 가는 것이다. 그러나 모든 사람이 이와 같은 발달과정을 거치며 가장 상위의 단계까지 이르는 것은 아니다.

욕구위계의 다섯 단계는 각각 다음과 같은 특성을 가진다(Hjelle & Ziegler, 1981).

- 생리적 욕구: 인간의 욕구 중에서 가장 기본적이면서 가장 강력한 욕구다. 유기체의 생존과 유지에 관련된 생리적 욕구이며 물, 음식, 산소, 활동과 잠(sleep), 성(性), 더위와 추위, 감각적 자극 등이 포함된다. 이것들은 인간이 더 높은 단계의 욕구에 의해 동기부여되기 전에 어느 정도 만족되어야 한다. 즉, 이러한 기본적 욕구 충족이 좌절될 때 인간은 더 높은 단계의 욕구를 만족시키려는 시도를 할 수 없다는 것이다.

  가장 기본적이면서 원초적인 생리적 욕구는 인간을 이해하는 중요한 키포인트가 된다. 예를 들어, 1970년 페루 여객기가 정글에 떨어져 음식물 조달이 불가해지자, 가톨릭 사제를 포함한 생존자들은 굶주림의 극한에 이르러 결국 죽은 승객의 시체를 먹게 되었다. 이것은 깊이 뿌리내린 도덕적 · 사회적 터부조차도 생명이 위협받는 상황에서는 포기될 수 있음을 보여 주며, 생리적 욕구는 인간의 욕망을 지배하여 더 높은 수준의 목표를 추구하지 못하도록 가로막을 수 있다는 것을 알 수 있다.

- 안전 욕구: 생리적 욕구가 만족되면 인간은 확실성, 정돈, 조직(structure), 예측성 등에 대한 욕구를 만족시키려 한다. 이를 안전 욕구라고 하며 매슬로는 유아나 어린이에게서 많이 나타난다고 주장하였다. 유아가 천둥 번개에 놀라며 공포를 나타낼 때 그것은 경험과 교육에 의해 점차 중화된다. 즉, 번개와 천둥에 대한 경험과 교육은 유아로 하여금 그것들에 대해 적절한 이해와 대처를 하게 한다는 것이다. 매슬로는 또한 조직과 질서가 없이 자유롭고 개방적인 환경의 아이들보다 엄격성을 기본 성격으로 가진 가정의 아이들이 보다 더 효율적으로 기능을 발휘하게 된다고 한다. 이것은 엄격성이 현재뿐 아니라 미래까지도 예견하게 하여 안정성을 제공하기 때문으로 보았다. 아이의 안전 욕구를 충족시키지 못하는 다른 예로는 부모의 싸움, 별거, 이혼, 죽음 등이 있는데 이것들은 아동으로 하여금 환경을 불안정하고 예측 불가능한 것으로 인식하게 하며 불완전한 것으로 받아들이게 한다.

  안전 욕구는 어린 시절을 지나 성인기까지 큰 영향을 미치는데 의식주의 해결을 목표로 하는 직업, 저축, 보험가입 등의 선호는 부분적으로 안전의 추구라는 동기부여 때문이다. 종교나 철학 등도 인간을 그 자신의 세계를 구축하며 어떤 사유 체계 안에 다른 이들과 함께 속함으로써 안전감을 획득하게 한다. 개인이 실직하거나 전쟁, 범죄, 자연재해, 사회조직의 해체 등의 상황들에 직면할 때도 개인의 안전 욕구가 두드러지게 나타난다.

  매슬로는 어떤 종류의 신경증적 환자들은 주로 안전의 추구에 의해 동기부여된다고 한다. 강박노이로제 환자의 경우 마치 큰 재앙이 덮칠 것처럼 행동하면서 자기 환경을 규제시킴으로써 안정감을 얻는다. 이처럼 정서가 불안정한 성인들은 안전 욕구가 우세하여 어느 정도의 규제와 조직이 주는 질서를 필요로 한다.

- 소속감과 사랑 욕구: 생리적, 안전 욕구가 충족되면 다음으로 소속감과 사랑의 욕구가 생긴다. 이 단계에서 인간은 타인과의 애정관계, 가족 내에서의 위치, 준거집단 등을 갈망하게 된다. 따라서 개인화된 현대사회를 살아가는 인간은

이러한 욕구의 충족 앞에서 좌절을 자주 경험한다. 소속감과 사랑의 욕구가 충족되기 더욱 힘든 사회를 살아가고 있는 것이다.

매슬로는 프로이트가 사랑과 애정을 성적 본능으로부터 유래하는 것으로 보는 입장을 강하게 반박하였다. 그에게 있어 사랑은 성과 동의어가 아니며, 진실하면서 성숙된 사랑은 두 사람 사이의 건강한 사랑의 관계를 이룬다. 또한 두 사람 사이는 상호 존중과 신뢰, 칭찬, 우호, 연대로 이루어져 있다고 보았다.

미국 사회에서 매슬로는 사랑과 소속감의 욕구가 많이 좌절되었고 이것은 부적응과 다양한 정신병적 증상들을 초래했다고 보았다. 사랑과 애정은 모순적으로 그것을 원하면서도 타인에게 드러내기를 꺼려 하는 경향이 있다. 그것은 거부당할 것을 두려워하기 때문인데, 매슬로는 어린 시절 사랑받은 경험과 건강한 성인 어른 사이에는 많은 상관관계가 있음을 보여 주는 증거들이 있다고 주장한다.

• 존중 욕구: 사랑을 받고 사랑하고자 하는 욕구가 충족되면 이 동기의 힘은 사라지면서 존중 욕구가 생긴다. 이것은 자기 존중과 다른 사람으로부터의 존중 등 두 가지로 나타난다. 자기 존중은 능력, 신뢰감, 자신감, 숙달, 성취, 독립, 자유 등을 갖는 것이 필요하다. 다른 사람으로부터의 존중은 명성, 인식, 수용, 주목, 지위, 평판, 인식 등을 포함한다.

존중 욕구는 자신감, 자기 존중, 힘, 능력, 세상에서 유용하고 필요하다는 느낌 등을 가져 온다. 반면 이러한 욕구의 좌절은 열등감, 어리석음, 약함, 무력감 등을 가져 온다. 매슬로는 가장 건강한 자존심은 명성이나 지위 등에서가 아닌 다른 사람들로부터 얻어내는 존경에 근거한다고 강조한다. 참된 자기존중은 개인이 가진 실제 능력에 근거하는 것이어야 하며 개인이 통제할 수 없는 외부 요소에 의존해서는 안 된다.

• 자아실현 욕구: 발달의 가장 마지막 단계이면서 최고의 단계라고 할 수 있다. 지금까지의 모든 욕구가 충분히 만족된다면 자아실현 욕구가 등장하는데, 매

슬로는 자아실현을 자기가 성취할 수 있는 모든 것을 성취하려는 욕구로 설명하였다. 자아를 실현한다는 것은 자기가 원하는 종류의 사람이 되는 것, 즉 자신의 잠재력을 최고로 발휘하는 것을 의미한다.

매슬로에 따르면 자아실현은 어떤 상태라기보다 하나의 과정이다. 자아실현의 방향으로 움직인다는 것은 자동적인 것이 아니며 결코 쉬운 일도 아니다. 매슬로는 인간은 자아실현을 하기 위해 반드시 필요한 자기인식에 저항하고 이로 인해 방해받는다고 생각하였다. 낮은 단계의 욕구가 비교적 단일한 성격인 데 반하여 자아실현에 대한 구체적 본질은 사람마다 다르다. 매슬로는 자아실현 단계에 깊은 관심을 두고 자아실현자에 대한 연구를 하였다.

4. 건강한 성격의 특성

매슬로는 신경증 환자들은 주로 안전의 추구에 의해 동기부여된다고 하며, "신경증 환자의 안전 욕구는 그가 의지할 수 있는 보호자 또는 지도자와 같이 자기보다 강한 사람을 찾으려는 방식에서 구체적으로 나타난다."고 말한다(Maslow, 1970). 이처럼 건강한 성격은 욕구위계의 원만한 충족과 발달에 있다고 할 수 있다. 매슬로는 실제 결핍 동기뿐 아니라 성장 동기 역시 만족되어야 인간은 심리적 건강을 유지하고 완전한 성장을 이룰 수 있다고 한다. 완전한 성장에 이르지 못하는 것에서 오는 병을 매슬로는 '메타 병리(meta pathologies)'라고 불렀다(Maslow, 1967). 매슬로에 따르면 소외, 우울, 냉소, 무관심 등은 보다 높은 단계의 정신적 불안의 예들이다. 이런 면에서 본다면 매슬로 이론에서의 건강한 성격은 욕구위계의 최상위 단계인 자아실현을 잘 이루어 낸 사람들을 통해 알 수 있다.

매슬로는 자아실현을 훌륭히 이루어 낸 자신의 친구나 동료, 역사적 인물(링컨, 아인슈타인, 마르틴 부버, 슈바이처 등등) 등으로부터 자아실현을 하는 사람들의 특성에 대한 주요한 사실들을 발견해 내는 연구를 하였다. 매슬로는 그들에게서 발견되는 15가지 공통적 특성들을 다음과 같이 소개하였다(Maslow, 1968).

- 현실의 효율적 자각: 자신을 둘러싼 세계와 사람들에 대해 객관적이고 분명하게 지각할 수 있다.
- 문화화에 대한 저항: 사회적, 문화적으로 규정된 틀에 저항하며 자신만의 개성과 가치관에 따른 행동을 선호한다.
- 자기 자신과 타인, 자연에 대한 수용: 자신에 대해 있는 그대로의 모습으로 인정하고 수용하며 강점과 장점뿐 아니라 약점과 단점, 실패와 부끄러움까지도 죄의식이나 부끄러움 없이 받아들인다. 타인에 대해서도 같은 태도를 지닌다.
- 창의성: 창의적, 독창적, 자발적이며 실수에 대한 두려움이 없다.
- 감각의 신선함: 세상을 마치 처음 본 것처럼 반복적으로 경이롭게 느낀다.
- 자발성, 단순성, 자연스러움: 행동이 개방적이고 솔직하며 자연스럽다. 자기주관이 뚜렷하며 관습에 얽매이지 않는다.
- 자신 외의 문제에 초점: 자신의 삶에 사명감을 가지며 자신 밖의 세상에 많은 에너지를 투여한다. 하는 일과 방향이 성장가치에 집중되어 있다.
- 초연함 및 자유 욕구: 독립적, 자율적이며, 홀로 고독에 압도되지 않으면서 고독과 사적 자유를 누린다.
- 신비 혹은 절정경험: 강렬한 무아경, 놀라움, 경외심 등의 경험을 한다. 이러한 경험을 통해 그는 확신에 차고 강력한 힘을 느낀다.
- 사회적 관심: 타인을 자신의 형제처럼 생각하며 동정, 공감으로써 사회적 관심을 나타낸다.
- 깊은 대인관계: 대인관계에서 보통 사람들보다 깊은 관계의 우정을 형성하며 주변에는 자신을 지지하는 사람들이 있다.
- 민주적 성격구조: 사회적 · 문화적 · 종교적 편견 없이 건전하고 균형된 태도를 지닌다.
- 유머에 대한 철학적 감각: 철학적 감각의 유머를 가지고 있다.
- 목적과 수단의 구분, 확고부동한 윤리관을 가지고 있어서 자신이 해석하는 세계에 대해 목적과 수단, 선과 악에 대한 적절한 구분을 한다.
- 인간 원조에 대한 깊은 욕구: 인간미가 풍부하며 동정심이 많고 지배적인 기본

감정은 애정이다. 전 인류와 자신을 동일시하며 광범위한 자아를 갖고 있다.

5. 성격이론의 적용

1) 매슬로는 자아실현을 성취한 사람들이 경험하는 절정경험에 대한 자료를 모으면서, 그의 친구와 학생들에게 다음과 같은 질문을 던졌다고 합니다. 우리도 매슬로의 질문을 읽고 지금까지 살아온 시간을 되돌아볼 때, 내가 체험한 절정경험이 있다면 그것은 어떤 일 혹은 사건이었으며, 그것에 대해 어떻게 느꼈는지 자유롭게 써 봅시다.

"당신의 삶에서 가장 화려하고 멋있던 때를 생각해 봤으면 좋겠다. 예를 들어 가장 행복했던 순간, 절정의 순간, 황홀했던 순간, 사랑에 빠졌던 때, 음악을 듣거나 갑자기 책이나 그림을 통해 무언가 깨달았던 순간, 또는 무언가 창조적인 순간이었던 때를 떠올려 보자. 그다음 그 순간들에 대해 당신이 어떻게 느끼는지를 말해 보자. 다른 순간과 어떻게 다르게 느꼈는지, 다른 사람과는 어떻게 다르게 느꼈는지를 말해 보자"(Maslow, 1968, p. 71).

2) 매슬로의 존중 욕구에는 자기 스스로의 존중과 타인으로부터의 존중이 있습니다. 이 둘 중 하나를 선택해야 한다면 어떤 것을 택할 것이며, 그것이 나의 심리적 건강을 위해 왜 더 중요한지에 대해 설명해 봅시다.

제12장

로저스의 성격이론

"흥미로운 역설은 내가 나 자신을 있는 그대로 수용할 때 비로소 변화할 수 있다."
"사람이 온전히 이해 받고 수용되면 될수록 더욱더 그 사람은 인생을 대하던
자신의 거짓된 태도를 버리게 되고
점점 더 앞으로 나아가는 경향이 있다는 것을 느끼게 된다."
-C. R. Rogers-

로저스(Carl Ransom Rogers)는 인간은 누구나 자신의 인생을 더 멋지고 훌륭하게 이끌어 가고자 하는 실현경향성을 선천적으로 가지고 태어난다고 보았다. 따라서 개인의 가치를 조건화하지 않는 지지적인 환경에서 성장하는 인간은 누구나 다 성숙한 인간으로 성장할 수 있다고 하였다. 또한 로저스는 모든 인간은 동일한 현상일지라도 각기 달리 지각하고 경험하기 때문에 이 세상에는 주관적인 현실인 현상학적 장만이 존재한다고 보았다. 이에 상대방을 이해할 때에는 나의 현상학적 장이 아닌 상대방의 현상학적 장에서 이해하고자 노력해야 함을 강조하였다.

1. 로저스의 생애

로저스(Carl Ransom Rogers, 1902~1987)

로저스는 1902년 1월 8일, 시카고 근교의 오크파크(Oakpark)에서 5남 1녀 중 넷째로 태어났다. 그의 부모님은 대학교육이 보편화되지 않았던 그 시절에 대학을 졸업한 우수한 인재들로 미국 발전에 주요한 역할을 하는 사업가였다.

로저스의 가족은 기독교 집안으로, '하나님의 선택을 받은 자'에 걸맞는 행동 기준을 준수하도록 강요받아 음주, 카드 게임 등과 같은 사교적 생활이 일절 허용되지 않았다. 로저스의 아버지는 자녀들에게 농장에서 그들만의 공간을 만들어 갈 수 있도록 환경을 만들어 주었고, 이때의 경험들이 영향을 미쳐 로저스는 위스콘신(Wisconsin) 대학교의 농학 분야 학과로 입학하게 되었다.

학부 시절 로저스는 조지 험프리(George Humphrey) 교수가 학생들로 하여금 스스로 자기결정을 하도록 많은 부분에서 격려하였던 경험이 너무나 유익했고 중요한 거름이 되었다고 보고하였다. 로저스의 부모님은 인자했지만 규율과 규칙을 매우 중요시 여기는 탓에 자율성을 다소 억압시켰다. 그에 비해 험프리 교수는 부모님과 차원이 다른 자유로운 사고를 확장시켜 나갈 수 있도록 북돋았다(Thorne & Sanders, 2012).

대학 2학년을 마무리할 때쯤, 로저스는 농업에서 역사로 전공을 바꾸게 되는데 이는 종교에 대한 관심이 높아지면서 역사학이 종교를 공부하는 데 많은 도움이 될 것이라 생각했기 때문이다. 종교에 대해 공부하기 시작한 후 로저스는 가정에서 교육받던 종교에 대한 엄격함이나 경외감보다는 하나님에 대한 친밀감, 허용, 격려와 같은 따뜻한 정서적인 색채가 짙어지게 되었다.

1924년 8월 그는 가족들과 다 같이 어릴 때부터 알고 지내던 헬렌 엘리엇(Helen Elliott)과 오랜 만남 끝에 결혼식을 올렸는데, 그는 '세상에서 가장 놀라운 기적이 일어났다'라고 표현할 만큼 그녀와의 결혼을 기뻐하였다.

역사학과를 졸업한 후 뉴욕의 유니온(Union) 신학교에 입학했던 로저스는 작은 교회 목사로 일했다. 그는 1시간씩 설교를 하는 다른 목사들과 달리 20분 이상 설교하는 것이 힘들다는 것을 느끼며, 타인에게 무엇인가를 강요하는 것에 대한 회의감을 느꼈다. 이러한 회의감을 느낀 로저스는 유니온 신학교에 인접해 있는 컬럼비아(Columbia) 대학교 사범대학에서 임상심리학 관련 과목들을 수강하면서 또 다른 전공에 대해 관심을 가지기 시작했다. 마침내 신학교를 그만두어야겠다고 생각한 그는 컬럼비아 대학교 사범대학의 임상 및 교육심리학을 공부하기 시작했다. 그의 아내인 헬렌은 로저스가 신학교를 갈 때에도, 사범대학을 갈 때에도 늘 곁에서 충분한 지지를 해 주었다.

1928년, 로저스는 로체스터(Rochester)협회에서 일을 하게 되었는데 로체스터협회는 아동학대 예방을 위한 곳으로 부적응 아동과 결손 아동들이 찾아오는 곳이었다. 그는 이곳에서 일하면서 지금까지 배워 온 이론들이 현실에서 즉각 사용할 수 없다는 것을 여실히 느꼈고, 오로지 도움을 구하는 사람들에게 집중하며 자신의 이론과 생각을 개발시켜 나갔다. 로저스는 로체스터에 있으면서 비행청소년의 어머니를 상담하면서 큰 깨달음을 얻었다. 로저스는 그녀가 아들에게 하는 여러 행동들을 해석해 주고 직면시켜 주었지만 그녀는 전혀 받아들이지 못했고, 더 나아가 로저스가 이미 해석해 준 행동들을 지속적으로 보고하며 힘들다고 호소하였다. 그때 로저스는 상담자가 내담자의 문제를 꿰뚫고 해결해 주려 하는 것은 문제해결에 아무런 효과가 없으며, 내담자가 자신의 문제에 어떠한 의지를 가지고 있는지, 내담자가 자신의 문제를 어떤 방식으로 보고 있는지에 달려 있다는 것을 알게 되었다.

1939년 12월 그는 오하이오(Ohio) 주립대학교 정교수직 제안을 받으며 새로운 터전에서 연구를 시작하였다. 로저스는 훗날 내담자 중심치료라 불리는 자신의 상담이론이 생겨나기 시작한 날로 1940년 12월 미네소타(Minnesota) 대학교 강연을 꼽았다. 그는 '심리치료의 새로운 개념(A new concept of psychotherapy)'이라는 제목의 강연을 통해서 지시적 상담이 주류였던 그 시대의 상담방법을 비판하였고, 지시적 상담을 공부하고 있던 미네소타 대학교의 학생과 교수들에게 그 방법이 얼마나 유용하지 못한지에 대해 설명하였다. 1942년 『상담과 심리치료(Counseling and Psychotherapy)』라는 제목의 책을 출판하면서 로저스는 자신의 상담이론을 더욱 정교화하면서 확장해 나갔다.

오하이오 주립대학교 재직 4년 만인 1945년 시카고(Chicago) 대학교에서 상담센터를 설립하여 장이 되어달라는 파격적인 조건을 받고 새로운 터전으로 옮기게 되었다. 당시 로저스는 프로이트 학파의 강력한 영향 때문에 냉담한 반응을 얻었다. 로저스의 수업을 듣는 학생들과 강연을 듣는 사람들에게는 절대적인 지지와 환호를 받았지만 심리학계에서는 특별히 관심을 기울일 만큼의 파급력을 보이지 않았다. 하지만 1956년 미국심리학회로부터 '학술공로상'을 받게 되면서 유명세를 떨치기 시작했고, 로저스 스스로도 그때를 자신의 생애에서 가장 명예로웠던 순간이라고 평가하였다(Kirschenbaum, 1979).

1957년, 그는 모교인 위스콘신 대학교로 새롭게 자리를 옮기게 되었다. 그는 모교에서 심리학계에 자신의 이론이 더 큰 영향력을 끼칠 기회가 제공될 것이라 여겼고, 심리학과 정신의학 분야가 함께 연구하는 프로젝트를 상상하고 있었다. 1961년, 다섯 번째 저서인 『진정한 사람되기(On Becoming a Person)』는 일반인들에게도 내담자-중심 원리들이 적용될 수 있도록 저술된 책이었으며, 이 책은 이전의 책들과 달리 수천 명의 사람들이 몰려들어 책을 구하려는 베스트셀러가 되었다. 『진정한 사람되기(On Becoming a Person)』 이후 『학습의 자유(Freedom to Learn)』와 『참만남 집단에 관한 칼 로저스(Carl Rogers on Encounter Groups)』는 25만 부 이상씩 팔리면서 로저스의 이론은 확고하게 자리 잡게 되었다.

1968년, 로저스는 '인간연구소'를 설립하였고, 그 연구소는 지금까지도 유지되고 있다. 1970년대에는 주로 대집단 워크숍에서 강연을 하였으며, 점차 일반인들을 위한 강연을 하면서 '내담자-중심'이라는 말보다는 '인간-중심(Person-Centered)'이라는 말을 사용하였다. 70대, 80대에도 그는 세계 여러 나라를 돌아다니며 인간중심 상담에 대해 강연하면서 세계의 평화와 핵 갈등에 대해 깊게 관여하여 관심을 보이다 1987년 2월 4일 사망하였다.

2. 주요 개념

1) 자기

로저스는 수많은 내담자들과 상담을 하면서 '자기'에 대한 개념을 깨달았다. 흔히 내담자들이 '난 지금의 내가 싫어요.' '난 내가 어떤 사람인지 모르겠어요.' '난 내가 진짜 어떤 사람인지 궁금해요.' '나의 진짜 모습을 사람들이 안다면 아무도 내 곁에 있지 않을 거예요.'와 같은 말을 하는 것을 보면서 '자기(self)'라는 개념에 관심을 가지게 되었다. 또한 상담을 진행하는 중에 내담자의 '자기'가 어떠한 상태인지에 따라 자기 스스로에 대한 인식뿐만 아니라 타인과 세상에 대한 인식과 행동이 달라짐을 느끼게 되면서 자기의 중요성을 느끼게 되었다.

로저스가 강조한 '자기(self)'는 자기 자신에 대해 가지고 있는 이미지, 즉 자아상을 의미한다.

인간은 성장하면서 타인과 무수히 많은 상호작용을 하며, 부모, 교사, 동료 등과 같은 내 인생의 비전문가들에 의해 삶을 조종당하기도 한다. 타인과 상호작용하면서 혹은 나의 삶을 조종당하는 과정에서 인간은 타인의 기대치를 충족하지 못하는 자신의 무능력함에 실망하고 좌절하며, 낮은 자아개념을 형성하기도 한다. 이렇게 형성된 자아개념은 나의 전반적 생활 영역에 영향을 미치게 되는데, 그 이유는 내가 스스로를 어떻게 생각하고 평가하고 있는가에 따라 나의 행동과 말, 표정 등 모든 것이 달라지기 때문이다. 이러한 자기는 하나로 고정되어 평생을 가는 것이 아니라 예측 불허의 다양한 사건들과 상호작용하면서 변화하는 모습을 나타낸다.

흔히 말하는 자아존중감이 높고 긍정적 자아개념을 가진 사람은 타인도 자신을 가치 있다고 생각할 것이라 믿으며, 타인과의 소통에서 당당하고 안정감 있는 관계를 맺을 수 있지만 자아존중감이 낮고 부정적 자아개념을 가진 사람은 자기 자신을 하찮게 보기 때문에 타인도 자신을 가치 없는 사람으로 생각한다고 믿어 타인과의 소통에서 늘 자신감이 없고 타인에게 이끌려 다니거나 깊은 관계를 맺지 못하게 된다.

로저스는 자아개념에는 현실적 자기(real self)와 이상적 자기(ideal self) 두 가지가 있다고 보았다. 현실적 자기는 현재 자신의 모습에 대해 가지는 자아상이며, 이상적 자기는 자신이 되고 싶은 모습에 대해 가지는 자아상을 말하며, 현실적 자기와 이상적 자기 간 차이가 클수록 부적응적 성격이 형성된다(김춘경, 이수연, 이윤주, 정종진, 최웅용, 2016).

2) 자아 실현경향성

로저스는 인간 삶의 원동력이자 개인을 성장시키는 동기가 모든 개체에게 있다고 믿었는데, 이를 '실현경향성(actualizing tendency)'이라고 불렀다. 인간은 어떠한 후천적인 환경적 압력 없이도 자기 스스로 자신을 건설적인 방향으로 성취해 나가고자 하는 잠재력인 실현경향성을 선천적으로 가지고 태어난다는 것이다. 튤립이 본능적으로 자신을 완전하고 완벽하게 꽃피우려는 방향으로 나아가듯 인간도 자신의 성장과 완성을 향하여 나아간다(Thorne & Sanders, 2012).

따라서 실현경향성이란 인간이 자신의 모든 기능을 유지, 개발, 발전시키기 위한 기본 욕구이자 더 나은 자신이 되고자 노력하는 삶의 힘이다. 아울러 모든 인간에게는 이 실현경향성이 있기 때문에 자신에게 주어진 상황에서 최선을 다하여 살아가려고 하며, 실현경향성을 노력하는 와중에 직면하게 되는 방해와 고통을 극복할 수 있는 힘이 모두에게 내재되어 있다(Rogers, 1963a).

로저스의 실현경향성 개념은 다른 학자들에 의해서도 지지되었다. 매슬로(Abraham H. Maslow)는 자신의 이론에서 인간은 누구나 더 높은 단계로 성장하려고 하는 욕구를 가지고 태어났으며, 기본 욕구와 고등 욕구로 이루어진 욕구 5단계를 제시하였다. 이 5단계의 가장 꼭대기에 해당하는 욕구는 자아실현의 욕구라고 표현하며, 자신의 잠재력을 발휘하고 자아를 완성하고자 하는 욕구라고 보았다. 센트죄르지(Szent-Györgyi)는 미국의 생물학자로 모든 살아 있는 생명체에는 완전을 향한 추동이 분명히 존재한다고 주장하였다(Rogers & Sanford, 1989).

하지만 실현경향성이 사회적 가치로 보았을 때 긍정적인 의미만 있는 것은 아니다.

예를 들어, A는 태어나면서부터 아버지에게 신체적·정서적 학대를 받았다. A가 잘못을 했을 때는 물론이고, 잘했을 때에도 아버지는 벨트를 풀어 A를 때렸으며, 아무 일이 일어나지 않을 때에도 일주일에 한 번은 구실을 만들어 A를 사정없이 때렸다. A는 성인이 되었을 때 마약 거래 조직의 보스가 되었으며 40명의 부하를 거느렸다. A는 자신의 권위를 내세우기 위해 잔인한 방법의 공개처형을 실시하기도 하고, 모든 방법을 동원해 자신의 지배권을 획득하고 과시하였다. 여기서 A는 우리 사회가 생각하는 긍정적 발전은 아니지만 A 개인의 인생에서의 생존과 발전을 위해서는 최선을 다한 셈이 된다(Mearns, Thorne, & McLeod, 2013). 이처럼 한 개인의 실현경향성이 올바르게 작동하기 위해서는 환경적 자원이 중요하다.

실현경향성은 환경의 도움이나 압력 없이 누구나 가지고 태어나지만 선천적으로 타고난 실현경향성을 방해하는 것은 환경이다. 로저스는 수분이 없는 황폐한 땅에서 튤립이 완벽하게 꽃피우려는 경향성을 타고나더라도 꽃을 피울 수 없듯이 인간 또한 실현경향성은 타고나더라도 환경의 적절한 뒷받침이 없다면 건강하게 성장할 수 없다고 보았다(노안영, 강영신, 2018).

로저스는 신경증의 근원 또한 환경의 역할이 크다고 보았다. 인간은 자신의 실현경향성과 자신에 대한 주변 사람들의 기대 혹은 욕구가 균형을 이루지 못할 때 신경증을 경험하게 된다. 자기 자신의 실현경향성보다 주변 사람들의 욕구를 높이 살 때, 다시 말해 사람들은 내가 생각하는, 내가 이룩하고 싶은 자신의 이미지보다 타인이 생각하는 자신의 이미지에 맞춰 가려 노력하게 될 때, 자신에 대한 스스로의 관점과 타인의 관점 사이에서 불균형이 커지게 된다. 이는 결과적으로 '자기' 개념이 타인에 의해 형성되고, 타인이 생각하는 나에 대한 이미지를 내면화하게 된다. 예를 들면, 6남매의 맏이였던 여자 아이가 훗날 초등학교 교사가 되어 많은 동료 교사들로부터 "아이들에게 참 잘해."라는 피드백을 받으며 훌륭하게 직업을 소화해 내고 있었지만 불현듯 어느 날부터 아이들을 가르치는 일이 힘들어지기 시작한다. 어떤 이유 때문일까 곰곰이 생각하던 여자는 어릴 적부터 "동생들을 참 잘 보네."라는 타인, 혹은 부모의 말에 의해 자신의 자아개념을 맞추어 왔던 것임을 깨달았다. 진정한 자기는 동생들, 학생들을 돌보는 것이 아닌 다른 것을 꿈꾸고 있었지만 어릴 적부터 주변 사람들의 긍정적 칭찬에 자신의 실현경향성을 맞추어 살았던 것이다.

따라서 로저스가 제시한 실현경향성 개념은 아주 중요하다. 자녀의 의견 반영 없이 부모 마음대로 자녀가 좋은 대학을 가도록 조종하여 운이 좋게 좋은 대학에 들어간 자녀가 4년을 채우지 못하고 정신병원에 가거나 자퇴를 하는 일들이 일어나고 있다. 모든 개인들은 자신만의 실현경향성을 타고나기 때문에 타인이 조종할 수 없는 것을 보여 주는 사례다. 또한 우리는 학교에서 다양한 문제를 일으키는 아이들을 보며 아이들의 문제행동을 바로잡기 위해 더 험악한 환경을 조성하고, 아이들을 옥죄는 환경을 조성하지만 그 아이들도 자신의 삶이 더 나은 삶이 되도록 꿈꾸고 있기 때문에 아이들이 자신만의 실현경향성을 이룩할 수 있도록 더 멋진 환경을 만들어 주는 것이 중요하다. 어른들이 보기에는 생을 포기한 듯이 살아가는 비행청소년들도 자신의 마음속에는 남들처럼 행복한 미래를 꿈꾸고 멋진 삶을 고대하고 있다는 것이다. A에게도 더 멋진 환경을 만들어 줄 수 있는 외부 자원이 있었다면 마약 거래의 보스가 아닌 합법적인 기업을 경영하는 리더로 실현경향성을 성취해 나갔겠지만 A가 끝내 좋은 외부 자원을 만나지 못하여 더욱더 치밀하고 잔혹한 범죄자로 자신의 실현경향성을 추구하게 되었다.

이러한 실현경향성은 사회적으로 보았을 때, 어떤 멋진 자리나 높은 자리에 올랐다고 해서 완전히 획득되거나 멈추게 되는 개념이 아니며, 또 다른 방면의 실현경향성을 위해 계속해서 나아가게 된다.

3) 현상학적 장

현상학적 장(phenomenological field)이란 한 개인의 경험적 세계 또는 주관적인 체험의 세계를 말하는 것으로, 개인이 주관적으로 인식하고 경험하는 모든 것을 말한다. 동일한 현상에 대해서도 사람들은 저마다 다르게 지각하고 경험하기 때문에 로저스는 이 세상에는 주관적인 현실인 현상학적 장만이 존재한다고 보았다. 예를 들어, 한 여성은 어린 시절 어머니와 동생들과 함께 피자를 만들어 먹었던 순간을 생각하면 화목했던 가정의 모습이 떠올라 마음이 따뜻해지고 행복해지는 느낌을 받았다. 하지만 여성의 어머니는 집에 먹을 것이 없고, 경제적 형편이 좋지 않아 냉장고에 있는 각종 재료들을 꺼내 피자처럼 만들어 먹었던 과거가 생각날 때마다 아이들에게 미안하고, 죄책감이 들었다. 이처럼 동일한 현상에 대해 개인들은 너무나도 다르게 생각하고, 그에 수반하는 상반된 감정을 가질 수 있다.

우리가 타인의 사고나 행동이 잘 이해되지 않는 경우 대부분 현상학적 장의 크나큰 차이 때문이다. 내가 살아온 주관적 경험들과 상대방이 살아온 주관적 경험들은 상이하며, 서로 간의 교차점이 있을 수도 있지만 양극단의 전혀 다른 부분들이 있을 수도 있다.

따라서 로저스는 자신의 상담이론에서 상담자는 절대 내담자 인생의 전문가가 될 수 없다고 주장하였다. 사람들은 저마다 다른 현상학적 장을 가지고 있고, 개인의 주관적인 경험에서의 주인은 내담자 스스로밖에 될 수 없기 때문이다. 상담자가 보았을 때에는 일상생활이 힘들 정도의 충격적인 사건이 아닌 것 같은 일에도 내담자가 자신의 인생에서 가장 충격적인 사건이라고 하면 내담자의 말이 내담자의 인생에서는 전적으로 맞는 일이 된다. 내가 힘든 일을 이야기할 때, 주변에서 더 힘든 일을 이야기한다고 해서 나의 힘든 일이 없었던 일이 되지 않는 것처럼 개인은 객관적 현실이 아닌 주관적 현실에서 살아가게 된다. 동일한 현상에 대해 저마다 다른 기억을 가지기 때문에 모든 개인은 서로 독특한 특성을 보이는 것이다.

4) 가치의 조건화

로저스는 인간의 성격 형성과정을 이해하는 주요 개념으로 '가치의 조건(conditions of worth)'을 꼽았다. 가치의 조건이란 나의 가치가 어떠한 조건에 의해 달라진다는 것을 말한다. 즉, 인간 존재 자체만으로도 가치가 있어야 하지만 가치의 조건이란 예를 들어, 공부를 잘하면 가치 있는 사람이고, 공부를 못하면 가치 없는 사람이 되어버리는 것과 같이 가치에 조건을 붙이는 것을 말한다.

나에게 중요한 타인이 나의 가치를 조건화할 때, 나는 올곧게 나만의 길을 가면 되지만 사실상 그것은 쉽지가 않다. 인간에게는 모두 타인과 자신에게 '긍정적 자기

존중'을 받고자 하는 욕구가 있기 때문이다. 특히나 어린 시절 우리의 심신이 성장 과정에 있을 때에는 더욱더 타인에게 '긍정적 자기 존중', 혹은 인정받고자 하는 욕구가 높다.

하지만 불행히도 우리는 흔히 선택적으로 긍정적 존중을 받게 되는 경우가 많고, 중요한 타인에게 긍정적인 존중을 선택적으로만 받은 개인은 자기 존중을 지속적으로 유지하기가 힘들다. 예를 들어, 한 아이가 자신이 밝고 명랑할 때, 울지 않고 씩씩할 때, 공부를 잘해서 좋은 성적을 받아 올 때에만 부모의 사랑(긍정적 자기 존중)을 얻을 수 있다는 것을 알아차린다면, 매우 제한된 틀 속에서만 자신의 가치가 긍정적이라는 것을 학습하게 된다. 친구와 싸워 울고 싶을 때, 성적이 좋지 않을 때 등과 같은 경우에는 자기 존중이 낮아지게 되는 것이다. 이런 과정 속에서 인간은 가치 조건화의 희생양이 된다. 즉, 우리는 다른 사람에게 사랑받고 존중받기 위해 그들이 가치가 있다고 알려 주는 방식대로 우리 스스로 생각하고 행동하게 되고, 자기 스스로도 그럴 때에만 자신이 가치 있다고 생각하게 된다.

따라서 매사에 평가적이고, 불확실한 신호를 주는 부모 밑에서 자란 아이들은 긍정적 평가를 받기 위해 늘 애써야 하며 불안한 마음을 가진 채 살아가야 한다. 이렇게 내면화된 가치의 조건은 어느새 자신의 삶의 방식으로 자리 잡게 되며, 성인이 된 후에는 부모가 틀 속에 가두려 하지 않아도 자기 스스로 제한된 틀 안에서만 행동하며 스스로 긍정적 자기존중을 충족시키게 된다. 나도 모르게 만들어진 그 틀 속에서 벗어나지 못한 채 나의 가치를 축소시키는 것이다. 연애 초기에 연인이 내가 하는 모든 행동을 다 좋아할 때에 사람들은 자신이 무조건적으로 존중받고 있기 때문에 마냥 행복하다. 혹은 자신이 연인에게 존중받기 위해 해야 할 행동들을 알고 있는 것만으로도 긍정적 자기 존중이 충족되고, 아울러 그 조건을 충족시키는 일이 즐겁게 된다. 하지만 시간이 지나 연인이 연애 초기 때보다 자신의 모든 것에 흥미가 약해진다면 사람들은 연인에게도, 자기 스스로에게도 긍정적 자기 존중을 충분히 받지 못한다고 느껴져 슬퍼지는 것이다.

이러한 가치의 조건은 인간이 주관적으로 경험하는 사실을 왜곡하고 부정하게 만들기 때문에 한 개인의 실현경향성을 방해하는 주요한 원인이 된다. 예를 들어,

어떤 사람이 자기 스스로를 관대하고, 느긋하며, 여유로운 사람이라고 평가한다면, 그런 특성들은 보통 부모가 높은 가치를 두었던 특성일 경우가 많다. 이런 자아개념은 부모를 포함한 타인에게 인정받고 사랑받을 수 있도록 만들어 주지만, 그 사람 개인의 자기 존중은 그런 자아개념을 유지하기 위해 병리적으로 매달리게 된다. 만약 일상생활 속에서 조바심이 나고, 분노의 감정이 느껴질 때 그 사람은 자신의 자아개념을 유지하기 위해 실제의 경험을 왜곡 혹은 부정하게 된다. 예를 들자면 '내가 기대가 너무 높았어'라고 생각하거나 '그 사람(상대방)이 병리적인 거야'라고 생각하며 자신의 자아개념을 유지하고자 실제 경험에 대해 왜곡이라는 방어를 하게 된다. 더 나아가 자신이 조바심이 나고 분노의 감정을 느낀다는 것을 완전히 부인하는 방어기제를 작동하기도 한다. 이는 긍정적 존중에 대한 욕구가 지나치게 될 때 사람들에게 나타나는 현상으로 지각된 자기와 실제 경험 간의 간극 차이가 나타나는 것이다. 실제 경험과 자기가 만든 자기 개념과의 간극이 커질수록 심리적 혼란으로 인한 장애가 나타날 수 있다(Thorne & Sanders, 2012).

5) 긍정적 태도

로저스는 자신의 상담이론에서 상담자와 내담자의 관계를 가장 중요시하였다. 다른 상담자들이 지시적인 상담을 하며 전문가로서의 모습을 강조할 때, 로저스는 모든 인간은 스스로 발전, 성장하려는 실현경향성을 타고나기 때문에 개인의 실현경향성을 성취하도록 북돋아 주고, 진정한 자기를 표현할 수 있도록 상담자는 적절한 환경만 만들어 주면 된다고 주장하였다. 이는 비단 상담자와 내담자의 관계에만 국한된 것은 아니다. 부모가 자녀에게, 부부나 친구가 서로에게 행함으로써 상대방의 긍정적 성장을 도모할 수 있다. 로저스가 제시한 상담자가 가져야 할 세 가지 태도는 무조건적 긍정적 존중, 공감적 이해, 일치성이다(Rogers, 1986).

(1) 무조건적 긍정적 존중

지금까지 선택적·조건적 긍정적 존중을 받은 내담자를 위해 상담자는 아무런 조건 없이 긍정적 존중을 제공한다. 연애 초기에 어떤 행동을 해도 예쁘게 바라봐 주는 연인이 있을 때에 자아존중감이 높아지고, 긍정적 정서가 활성화되며 세상이 아름다워 보이는 경험을 했다면 무조건적 긍정적 존중(unconditional positive regard)을 받은 것이다. 내가 어떤 것을 할 때에 가치 있는 사람이 되는 것이 아니라 숨 쉬고 있는 자체만으로도 가치 있는 사람이 되는 경험이다. 연애하기 전이나 연애를 이제 막 시작한 지금이나 나의 인격에는 큰 변화가 없지만 나를 무조건적으로 존중해 주는 상대방이 생긴 것만으로 행복이 넘쳐나는 것이다. 친구가 나의 부탁을 들어 줄 때에는 긍정적 존중을 제공하지만 나의 부탁을 거절할 때에는 긍정적 존중을 제공하지 않는다면 조건적 긍정적 존중이 된다. 모든 사람은 무조건적 긍정적 존중을 받을 때에 스스로 자신을 탐색하고 진정한 자기를 발견하기 위해 나아가게 된다.

(2) 공감적 이해

공감적 이해(empathic understanding)란 내담자의 현상학적 장에서 내담자에게 일어난 일을 이해하고 반응하는 것을 말한다. 내담자의 경험에 대해 상담자 자신의 현상학적 장에서 주관적인 입장으로 이해하는 것이 아닌 내담자의 입장에서 이해하는 것이 공감적 이해가 된다. 친구가 B+ 성적을 받아 속상해할 때 옆에서 "나는 C+을 받아도 괜찮던데."라고 말하는 것은 자신의 현상학적 장에서 상대방을 이해하는 것으로 공감적 이해가 아니다. "이번 시험기간에 열심히 공부해서 A+을 기대했을 텐데 B+을 받아서 속상하겠어."가 친구의 현상학적 장에서 친구를 이해하는 공감적 이해가 된다. 또한 매우 화가 난 경우에도 나를 진심으로 이해해 주는 사람과 이야기를 하다 보면 어느새 마음이 사르르 풀리게 된다. 이 때문에 속상한 일이 있을 때 많은 사람들이 연인이나 친구, 부모님에게 속상한 일을 전한다. 공감적 이해를 받은 사람은 세상에 나 혼자가 아니라는 생각과 함께 자아존중감이 높아진다.

(3) 일치성

일치성(congruence)은 상담자 자신이 경험하고 있는 것과 표면적으로 드러나는 행동 사이의 접촉점을 말한다. 내담자의 이야기가 너무 불편하고 답답하다고 경험하면서 겉으로는 인자한 미소를 짓고 내담자에게 격려를 해 주는 것은 진솔한 상담자의 모습이 아니며 일치성이 떨어지는 것이다. 내담자에게 진정으로 내담자를 이해하지 못했다고 인정했을 때 사람이 불완전함을 가져도 여전히 괜찮을 수 있다는 것을 내담자가 깨닫기도 한다. 관계를 중시하는 로저스의 상담이론에서 일치성이 부족하다면 깊은 관계를 형성할 수 없다. 친구관계에서도 사실은 함께 다니는 친구에 대해 질투도 나고, 얄미운 마음이 많지만 겉으로는 과도하게 "네가 세상에서 제일 예뻐." "네가 세상에서 제일 좋아."라고 말하는 불일치적 언행은 그 친구와 깊이 있는 관계를 형성하지 못하게 가로막는 걸림돌이 된다. 또한 상대방이 볼 때 기분이 분명히 좋지 않아 보이는데 계속해서 괜찮다고 말하는 경우, 경험과 드러난 행동이 일치하지 않는 경우로 깊이 있는 소통이 힘들며 함께 있는 순간에도 불편함을 경험하게 된다. 사람은 일치성을 가지는 상대방과 함께 있을 때 자신의 내면을 쉽게 들여다볼 수 있고, 자신의 이야기를 하는 것에 불편함을 느끼지 않아 내면을 잘 통찰할 수 있다.

〈응〉

–신동엽–

응 그럴걸세, 얘기하게
응 그럴걸세
응 그럴걸세
응, 응,
응 그럴 수도 있을걸세
응, 그럴 수도 있을걸세
응, 아무렴
그렇기도 할 걸세
그녁이나, 암, 그녁이나
응, 그래, 그럴걸세
응 그럼, 그렇기도 할걸세
허,
더 하게!

3. 성격의 형성과정

로저스는 성격 형성 단계나 과정에 대해 체계적으로 연구하지 않았지만 로저스가 강조한 주요 개념들을 통해 건강한 성격과 병리적 성격이 형성되는 과정을 알아볼 수 있다. 로저스는 인간이 선천적으로 자신의 긍정적 발달을 도모하는 실현경향성을 가지고 태어나기 때문에 신생아의 어떤 사소한 선택들도 자신에게 조금 더 좋은 결과를 가져오게 하는 행동이라고 보았다. 유아들이 배가 고플 때에는 음식을 소중하게 생각하지만 배가 고프지 않을 때에는 음식에 관심도 두지 않는 것처럼 어릴 때부터 우리는 그 순간의 개인의 실현경향성을 추구하면서 살아오고 있다.

이런 실현경향성은 안정적으로 자신을 지지해 주는 건강한 환경에서는 마음껏 추구될 수 있지만 그렇지 않은 환경에서는 자신의 실현경향성을 추구하기가 쉽지 않다. 지지해 주는 건강한 환경이란 앞서 살펴본 것처럼 개인의 가치를 조건화하지 않는 것을 말한다. 부모가, 동생을 잘 돌보아 주고, 집안일을 잘 돌보아 줄 때는 가치 있는 딸로 여기지만 친구들과 놀기 위해 집안일을 도와주지 않고, 혼자만의 시간을 가지겠다고 동생을 돌보아 주지 않을 때에는 가치 없는 딸로 여기는 것은 개인의 실현경향성 추구를 방해하는 건강하지 못한 환경을 만드는 것이다. 선생님이 학교에서 선생님 말씀을 잘 듣고, 조용하고, 공부 잘하는 학생들에게만 가치를 두고, 공부를 잘하진 못하지만 창의력이 높고, 질문이 많고, 호기심이 많은 학생들에게는 가치를 덜 두는 것 또한 개인의 실현경향성 추구를 방해하는 건강하지 못한 환경을 만드는 것이 된다.

우리는 성장하면서 수많은 가치 판단 상황에 마주하게 된다. 어린 시절에는 부모나 교사와 같은 어른들이 행하는 가치 판단에 나의 가치를 맡기게 되고, 나이가 들면서는 어린 시절 어른들이 했던 가치 판단들을 내면화하여 스스로 자신의 가치를 평가하게 된다. 그렇다고 해서 로저스가 인간의 모든 행동을 지지해 주고, 격려해 주며 가치 판단을 하지 말라는 것은 아니다. 아이가 잘못된 행동을 했을 때, 그 잘못된 행동에 대해서만 용납하지 못한다는 것을 알려 주어야 한다. 하지만 흔히 부모들은 아이의 잘못된 행동을 보고 아이 전체를 용납하지 못한다는 말을 하기도 한다. '네가 한 행동이 마음에 들지 않아'와 '네가 마음에 들지 않아'는 큰 차이가 있다는 것을 알고 훈육한다면 '나는 너를 좋아하지만 방금 그 행동은 잘못된 거야'라는 마음이 전해져 아이의 가치가 조건화되지 않는 것이다(Pervin & John, 2001).

아이가 하는 많은 행동을 하나하나 평가하여 지적하거나 작은 실수에도 아이 존재 자체를 부정적인 언어로 말하는 어른 밑에서 자란 아이들은 자신의 실현경향성을 충족하는 것보다 타인의 긍정적 존중 욕구에 매달리는 데 자신의 에너지를 다 쓰게 된다. 인간은 흔히 긍정적 존중에 대한 욕구가 지나칠 때 자신의 실현경향성보다도 타인에 대한 긍정적 존중에 대한 욕구를 채우고자 노력하기 때문이다. 이들은 자신의 욕구보다 타인의 욕구대로 사는 것이 더 편하다 생각하며, 무엇하나 자신의 뜻대로 결정 내리지 못하거나 결정을 어려워하고, 자신이 하고 싶은 대로 결정을 할 경우 타인에게 배척당할 것이라 생각한다. 이에 타인이 하고 싶은 대로 모두 따라가는 착한 아이로 살아가게 되며, 자신의 실현경향성으로 긍정적 존중 욕구를 충족시키지 못하므로 착한 아이의 모습으로 타인에게 긍정적 존중 욕구를 충족시키고자 한다. 대외적으로는 사람들과 잘 지내고 행복해 보일지 모르지만 이들은 결국에 빈 껍데기만 남은 자신이 허무하고, 무엇을 해도 공허하며, 행복하지 않은 자신의 모습을 마주하여 진짜 자기와 실제 경험 간의 괴리로 심리적 문제를 경험하게 된다. 이들은 자신의 실현경향성은 잊고 타인에게 인정받고자 하는 욕구로만 살지만 인간은 누구나 자신의 실현경향성을 추구하기 때문에 타인의 인정 욕구만으로는 충만감을 가지고 살아갈 수 없다.

자신의 실현경향성을 위협 받는 다른 경우를 보면, 부모의 강압적이고 통제적인 양육행동으로 인해 엇나가 버리는 청소년들의 경우가 있다. 이들은 성장하면서 자신의 실현경향성이 끊임없이 차단되는 환경에 있었으며, 자신의 존재 자체로 사랑받는 경험을 하지 못했고, 긍정적 존중 욕구가 충분히 채워지지 못했다. 이들은 자신의 긍정적 존중 욕구를 이제 부모가 아닌 다른 곳에서 충족시키고자 노력하며, 부모에게 받은 것보다 훨씬 쉽게 그리고 충분하게 또래들로부터 채우게 된다. 사회적으로 봤을 때 긍정적 실현경향성을 추구한 것은 아니지만 이들은 자신의 삶에서만

큼은 더 나은 곳으로의 탈출구를 찾은 것이다. 마약 거래 조직의 보스가 되었던 A처럼 자신의 정신건강을 지켜 나가기 위한 개인의 실현경향성이 발동된 것이다. 또한 인간은 자신을 믿고 맡겨 준다면 더 열심히 하고 싶고, 나를 믿어 주는 만큼 멋진 결과물을 보여 주고 싶은 실현경향성 및 자기 존중 욕구를 가지고 있는데, 지도자가 사사건건 감독하고, 평가하며 나의 수행을 미심쩍어할 때 사기가 저하되는 것은 이미 타인으로부터 자기존중 욕구를 충족 받지 못했고, 자신의 실현경향성을 마음껏 뽐낼 수 없기 때문에 나타나는 현상이다.

이처럼 로저스는 인간은 타고난 자아 실현경향성이라는 삶을 이끌어 가는 동기를 가지고 있기 때문에 누구나 더 나은 단계로 발전한다고 보았다. 하지만 그러한 성장을 가로막는 가치의 조건화는 인간으로 하여금 자신의 실현경향성에 초점을 맞추고 살아가기보다는 타인의 긍정적 존중 욕구에 매달리게 하므로 건강한 성격 형성을 방해한다고 보았다.

4. 건강한 성격의 특성

로저스는 인간은 적절한 심리적 조건 혹은 환경만 갖추어진다면 개인은 자신의 어떤 부분이 부족한지 알 수 있고, 더 나은 발전을 이룩하기 위한 방법을 스스로 알아 나갈 수 있다고 확신하였기 때문에 구체적인 성격 형성의 단계들이 필요하지 않다고 보았다. 이와 같은 확신은 모든 인간은 진정한 자기가 되기 위해 노력하며, 최상의 기능을 발휘하기 위해 자신의 자원을 개발하고 소중히 여긴다고 보아 인간에 대한 긍정적 관점을 유지하였다. 이에 로저스는 임상경험을 통해 최적의 심리적 적응 및 성숙을 이룩한 사람들을 '충분히 기능하는 사람'이라고 명명하여 그 특성들을 제시하였다(Rogers, 1959, 1963b).

- 경험에 개방적이다.: 충분히 기능하는 사람은 어떤 일을 경험하는 데 있어 방어적이지 않고 자신의 다양한 감정에 개방적이다.

- 실존적인 삶을 살아간다.: 충분히 기능하는 사람들은 현재를 충실히 살며, 매 순간에 주의를 기울이며 살아간다.
- 자신의 유기체를 신뢰한다.: 충분히 기능하는 사람은 주어진 상황에서 어떻게 반응하고 행동할 것인지를 결정할 때 자신의 느낌을 가장 중시한다. 이 특성은 타인의 부정적 평가의 희생양이 된 사람에게 특히 더 결여되어 있다. 그렇다고 해서 모든 일에 자신의 선택만을 막무가내로 주장한다는 것이 아니라 개인적 자유감을 경험하고, 자신의 행동과 결과에 스스로 책임지는 능력을 가지는 것을 말한다.
- 창의적이다.: 다양한 새로운 경험에 대해 개방적이고, 새로운 모험에 대해 긍정적으로 도전한다.
- 다른 사람들에 비해 더 풍부한 삶을 만든다.: 충분히 기능하는 사람은 긍정적 감정을 충분히 경험하며 도전적이고 흥미진진하며 의미 있는 삶을 살아간다 (Rogers, 1961, pp. 187-196).

로저스는 자아실현경향성을 이룩해 나가고, 이룩한 사람을 건강한 사람이라고 보았으며 실현경향성보다 긍정적 존중 욕구에 매달리거나 실제의 자기와 이상적 자기의 간극이 큰 경우 병리적 성격을 형성하게 된다고 보았다.

5. 성격이론의 적용

1) 로저스는 Stephenson(1953)에 의해 개발된 Q분류기법(Q-sort)을 사용하여 자신의 자아개념을 평가하였습니다. 아래 빈칸에 진술문들을 각각 10개씩 적어 자아개념을 확인해 봅시다.

나를 가장 잘 나타내는 진술문	나를 가장 잘 나타내지 못하는 진술문
"나는 즐거운 사람입니다."	"나는 호기심이 많은 사람입니다."

내가 가장 되고 싶은 모습을 나타내는 진술문	내가 가장 되고 싶지 않은 모습을 나타내는 진술문
"나는 용기 있는 사람입니다."	"나는 두려움이 많은 사람입니다."

(1) 위 활동을 통해 현실의 자기와 이상적 자기가 어느 정도의 차이가 있는지, 내가 되고 싶지 않은 자기는 어떤 모습들인지 자아개념을 확인해 봅시다.

....

....

2) 가치 조건의 희생양이 되었던 어린 시절을 생각해 보고 나는 어떤 가치로 조건화되었는지 적어 봅시다.

....

....

....

....

3) 훗날 행하고 싶지 않지만 나도 모르게 나의 아이에게 행할 것 같은 가치의 조건들을 생각해 보고 적어 봅시다.

....

....

....

....

4) 자신이 현재 추구하고 있는 실현경향성에 대해 적어 봅시다.

....

....

....

....

5) 과거에 힘든 역경 속에서도 실현경향성으로 인해 앞으로 나아갔던 일에 대해서 적어 봅시다.

....

....

....

....

6) 로저스는 좋은 관계를 위한 세 가지 태도를 무조건적 긍정적 존중, 공감적 이해, 일치성이라고 하였습니다. 이러한 태도를 일상생활에서 받아 본 경험이나 다른 사람에게 행한 경험이 있으면 적어 봅시다.

제13장

번의 성격이론

"모든 인간은 왕자와 공주로 태어난 OK 존재다."
"모든 인간은 사고할 수 있는 능력을 소유하고 있다."
"모든 인간은 자신의 운명을 결정하고, 이 결정을 바꿀 수 있다."
-Eric Berne-

번(Eric Berne)은 인간을 긍정적이고 자율적인 존재로 보았다. 위의 세 문장이 번의 인간에 대한 이해를 잘 설명하고 있다. 번은 자아상태 분석, 교류패턴 분석, 인생태도, 게임 분석, 각본 분석 등의 분명하고 체계적인 이론을 통해 인간이 타고난 긍정적이고 자율적인 본래적 능력을 발휘하여 건강하고 행복하게 살지 못하고, 억압적이고 왜곡되며 병리적인 성격을 지니며 살게 되는 삶의 모습과 그 과정을 잘 설명해 주고 있다. 번의 성격이론을 통해 자신의 모습이 어떤 과정을 통해 형성되었는지를 이해할 수 있음은 물론이고, 어떤 부분을 어떻게 고쳐나가야 할지도 파악할 수 있게 될 것이다.

1. 번의 생애

번(Eric Berne, 1910~1970)

번은 1910년 5월 10일 캐나다 몬트리올(Montreal)에서 태어났다. 출생 당시의 이름은 에릭 레너드 번스타인(Eric Lennard Bernstein)이었다. 아버지 데이 다비드 번스타인(David Bernstein)은 의사였고, 어머니 사라(Sara)는 전문작가였다. 밑으로 여동생이 한 명 있었다. 번은 유복한 어린 시절을 보냈고, 아버지와 매우 친밀하여 아버지가 회진이나 왕진을 할 때 늘 따라다녔다. 번의 아버지는 소외된 이웃을 위해 무료 진료소를 설립해 운영했고, 가난한 이들을 위해 많은 봉사를 했다. 번은 이러한 아버지를 매우 자랑스러워했으며 의사라는 직업에 큰 자부심을 느꼈다. 그러나 안타깝게도 존경하던 아버지는 번이 11세 되던 해 결핵으로 사망하였다. 아버지의 죽음은 어린 번에게 충격이었고, 그 후 어머니가 작가와 편집자 생활로 두 자녀를 키웠다. 어머니는 번에게 아버지의 뒤를 이어 의사가 될 것을 권유했고, 번은 부모님의 모교인 맥길(McGill) 대학교 의과대학에 들어가, 1935년에 의학박사학위를 취득했다. 그 후 미국으로 이주하여 예일(Yale) 대학교 의과대학에서 정신과 레지던트 과정을 수료했고, 그 후 뉴욕 시에 있는 시온(Zion) 병원 정신과에서 근무했다. 1939년에 번은 미국인으로 귀화하였고, 1943년에 이름을 에릭 번(Eric Berne)으로 바꿨다. 번은 1940년에 코네티컷(Connecticut)의 노르워크(Norwalk)에서 사설 치료실을 열고, 거기서 엘리너(Elinor)와 결혼하여 두 명의 자녀와 함께 살았다.

1941년에는 뉴욕 정신분석 연구소(New York Psychoanalytic Institute)에서 정신분석 수련을 시작하였고, 그의 첫 분석가는 파울 페더른(Paul Federn)이었다. 제2차 세계 대전이 발발하자, 번은 1943년 미 육군 의무대에 입대하여 정신과 업무를 하면서 1946년까지 군생활을 하였다. 군대에 있는 동안 번은 집단치료 실습을 많이 하였고, 그때 그가 작성한 정신의학 및 정신분석에 대한 비판적 시각을 담은 기록들은 후에 교류분석 개발의 기반이 되었다(김춘경, 이수연, 이윤주, 정종진, 최웅용, 2016). 번은 군대에서 직관력에 대해 많은 관심을 가지게 되었고, 이후에 「직관력의 본질(The Nature of Intuition)」(1949)이라는 논문도 썼다. 직관력 실험은 번이 자신의 이론을 형성함에 있어서, 직관력을 타당하고 유용한 임상작업의 도구로 활용하는 데 도움이 되었다.

번은 군 제대 후 바로 이혼을 하고 캘리포니아 카멜(Carmel)로 이주하였다. 전쟁이 끝난 후, 번은 샌프란시스코 정신분석 연구소(San Francisco Psychoanalytic Institute)에서 에릭 에릭슨(Erik Erikson)의 지도를 받으며 다시 연구를 시작했다. 번은 에릭슨의 지도를 받으면서 인간의 발달이 일생을 통해서 지속되는 구조화된 순서를 따른다는 것과 개인의 삶과 성격은 사회구조적 측면에서 바라보아야 완전하게 이해할 수 있다는 사실을 배우게 됐다. 샌프란시스코에 있는 몇 군데 병원에서 집단치료사로 일하면서 번은 페더른의 자아상태 모델(Ego State Model) 개념을 확장시켜 나갔다.

1947년에는 그의 첫 번째 저서인 『행위 속의 정신(The Mind in Action)』이 출판되었다. 2년 뒤인 1949년에는 젊은 이혼녀인 도러시 드 메스 웨이(Dorothy de Mass Way)와 재혼을 하였다. 번은 샌프란시스코 시온 병원에서 정신과 의사, 미 육군 의무감의 자문 역할, 개인상담소 운영, 재향군인병원에서의 의사, 저술활동 등의 다양한 일들을 왕성하게 하였다. 번은 1950년대 초부터 샌프란시스코에서 자신이 구축하고 있던 정신치료 이론들을 내세우며 정기적으로 저녁 세미나를 시작하였다. 많은 임상가들이 모여서 사회정신의학에 중점을 두고 다양한 논문을 발표하고, 그들의 생각을 교류하였다. 이 모임은 1958년에 샌프란시스코 사회 정신의학협회(The San Francisco Social Psychiatry: SFSPS)로 발전하였다. 이 세미나가 교류분석이론 발달의 산실이 되었고, 이 모임은 번이 사망한 이후까지도 계속 되었다.

정신분석에 대한 연구를 계속하면서 번은 전통 정신분석에 대해서 비판적인 입장을 가지게 되었다. 1956년에 번은 샌프란시스코 정신분석학회에 정신분석협회의 정회원 자격에 지원했는데 자격심사에서 조건부 탈락을 당하였다. 정신분석 수련과 개인분석을 몇 년 동안 계속 더 받으면 다시 지원할 수 있다는 조건이었다. 이에 상처를 받은 번은 자신의 독자적인 길을 결심하고, 대안적 심리치료인 교류분석

(Transactional Analysis)을 발전시키게 되었다.

1961년에 『조직과 집단의 구조 및 역동(The Structures and Dynamics of Organizations and Groups)』과 『심리치료에서의 교류분석(Transactional Analysis in Psychotherapy)』이라는 책이 출판되었는데, 『심리치료에서의 교류분석』(1961)은 교류분석만을 다룬 최초의 단행본이다. 1962년에는 번이 직접 편집인으로 활동한 「교류분석지(Transactional Analysis Bulletin)」 창간호가 나왔다. 1964년에는 『심리게임: 인간관계 심리학(Games People Play: the Psychology of Human Relations)』이 출판되었다. 이 책은 번이 비교적 소수의 전문가들을 위해 집필한 것이지만, 베스트셀러가 되어 교류분석을 대중심리학으로 만들었고, 교류분석을 전 세계로 확산시키는 데 큰 기여를 하였다. 같은 해, 1964년에 번과 샌프란시스코에서 세미나를 함께 하던 그의 동료들은 교류분석협회(Transactional Analysis Association)를 창설하였다. 이 협회는 미국 밖으로도 급속도로 번창하면서, 국제교류분석협회(International Transactional Analysis Association: ITAA)로 이름을 변경하였다. 이후에 샌프란시스코에서 열리던 세미나도 국제 규모로 바뀌면서 교류분석은 빠르게 성장하였다. 1964년에 번의 두 번째 결혼이 다시 파탄이 났다. 1967년에 토리(Torri)와 세 번째 결혼을 하지만 곧 헤어져 1970년에 이혼하였고, 1970년 7월 15일에 갑작스러운 심장발작으로 세상을 떠났다. 그의 사후 1973년에 각본 분석을 다룬 『안녕하고 난 다음 뭐라고 말하세요?(What Do You Say After You Say Hello?)』가 출판되었다. 번의 사망 이후에도 교류분석은 여러 학자들의 다양한 도구들과 실험적 적용 방법들이 꾸준히 개발되면서 지속적으로 발전하고 있다.

2. 주요 개념

1) 성격의 구조: 자아상태 모델

(1) 자아상태의 구조

번은 개인의 성격을 구성하는 수많은 생각, 감정, 행동을 이해할 수 있는 방법을 찾으려고 노력했고, 성격에 관한 많은 양의 정보를 구조화하는 방식의 모델을 만들어 성격의 구조를 분석하였다. 이러한 노력으로 만들어진 것이 PAC 자아상태 모델이다. 자아상태(ego-state) 개념은 프로이트를 비롯하여 전통 정신역동 이론가들의 연구와 그의 첫 번째 분석가였던 페더른(Federn, 1952)의 자아심리학을 기초로 하여 발전된 것이다. 페더른(Federn, 1952)은 어떤 순간에서 한 사람의 정신적 · 신체적 경험의 총체를 자아상태라고 하였다.

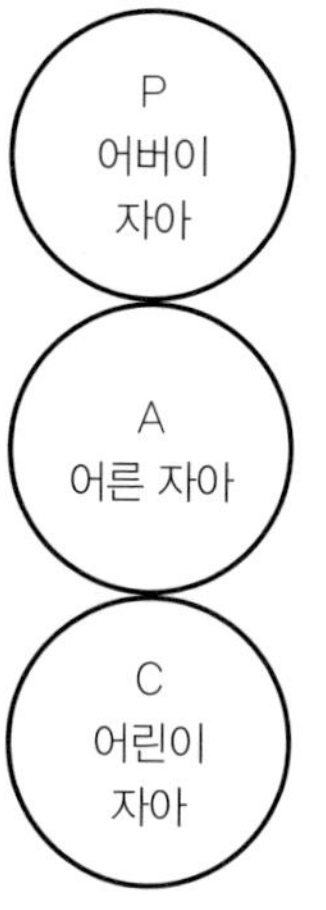

[그림 13-1] 자아상태 모델

번(Berne, 1966)은 '어느 한순간 자아가 경험하는 일관된 유형의 행동과 이와 직접적으로 관련된 감정 및 경험'을 자아상태라고 하였다.

번은 내적으로 경험할 수도 있고, 외적으로 관찰할 수도 있는 자아상태를 어버이 자아상태 Ⓟ, 어른 자아상태 Ⓐ, 어린이 자아상태 Ⓒ, 세 가지로 범주화하였다. 범주화라 함은 어버이 자아상태의 경우, 사람들이 성장할 때 그 사람에게 부모 역할을 하는 사람이 적어도 한 사람 이상이기 때문에 사람들은 여러 가지 다양한 어버이 자아상태를 가지게 된다. 어머니, 아버지, 삼촌, 숙모, 선생님들로부터 빌려온 자아상태들이 어버이 자아상태다. 어린이 자아상태의 경우에도, 한 사람이 다양한 시점에서 서로 다른 어린 시절의 자아상태를 경험할 수 있다. 어떨 때는 6세 때, 또 다른 경우에는 2세 또는 15개월 때의 자아상태를 다시 경험할 수 있다. 이와 같이 다양한 사람 또는 다양한 시기의 경험이 함께 모여서 형성된 것이 자아상태이기 때문에 범주화하였다고 설명한다. 이렇게 서로 다른 자아상태에서는 각각 그 자체의 독특한 감정과 경험이 세트를 이루고 있으며, 이는 각각 독특한 행동 세트로 드러난다. 각 자아상태에 대해 살펴보면 다음과 같다.

- 어버이 자아상태(Ⓟ Parent ego-state): 어버이 자아상태는 어릴 적 부모 또는 권위적 인물이 보였던 것과 매우 비슷한 감정, 태도, 행동 등의 일정한 패턴을 보이는 자아상태로 이를 번은 '빌려온 자아상태'라고 했다(Berne, 1966, p. 366). 어릴 적 부모나 부모처럼 권위 있던 사람들이 가르치고 본을 보여 준 그대로 행동하고 생각하고 감정을 느낄 때 어버이 자아상태 Ⓟ에 있다고 할 수 있다. Ⓟ 자아상태는 부모는 물론이고 조부모, 일가친척, 이웃 어른, 교사 등 수많은 권위적 인물들이 했던 지시, 명령, 가르침, 교훈 등으로 구성되어 있다. 아이들이 소꿉놀이를 하면서 엄마가 하는 것처럼 인형에게 밥을 먹이고, 말 안 듣는다고 혼을 내는 행동 등에서 부모의 모습이나 말투가 그대로 재연되는 것을 볼 수 있다. 어른들도 자신이 하는 생각이나 행동이 자신의 부모가 보여 주었던 행동이나 모습이었음을 깨닫고 깜짝 놀랄 때가 있었을 것이다. 이와 같이 나의 성격에는 어릴 적 부모 혹은 권위 있는 인물로부터 의식적 또는 무의식적으로 배워서 익힌 그들의 언행이 나의 내면에 저장되어 어버이 자아상태를 형성한다. 이것은 그때뿐 아니라, 지금 현재에도 그 당시와 유사한 상황에 처하게 되면 그때의 자아상태가 되어 어버이처럼 반응하게 된다. 어버이 자아상태는 부모나 의미 있는 성인의 말과 행동을 듣고 관찰한 내용이 부모자아라고 하는 고성능 테이프에 기록되어 내면화된 것이라 할 수 있다(이성태, 2017). 이러한 어버이 자아상태는 보통 출생하여 5세 이전의 어린아이에 의해 거의 무의식적으로 비판에 의한 교정 없이 그대로 받아들여서 내면화한 것이기 때문에, 경우에 따라서 비현실적이고 독선적이며 무조건 금지적이며 부적절하게 나타나는 경우가 있음을 잘 파악해야 한다.

• 어른 자아상태(Ⓐ Adult ego-state): 번(Berne, 1961)은 어른 자아상태를 '현실에 적응된 감정, 태도, 행동 패턴의 독립적인 세트'라고 정의했는데, 어느 한 사람이 '지금-여기'에서 일어나고 있는 현실적인 일에 가장 적절하게 반응하기 위해서 행동하고 사고하고 감정을 느낄 때 어른 자아상태에 있다고 한다. 어른 자아상태는 한 개인의 전체 성격 중에서 가장 합리적이고 이성적인 부분이다. 시간은 매 순간 변화하기 때문에 한 사람의 어른 자아상태의 감정, 경험, 행동 역시 계속 변할 것이다. 어른 자아는 생후 10개월경 신체이행 능력의 발달과 함께 어린아이가 자기 자신에 대한 자각과 독자적 사고가 가능해짐에 따라 자신이 혼자 어떤 일을 해 낼 수 있다는 능력감을 갖게 되면서 서서히 형성되기 시작한다(Harris, 1967; 이성태, 2017). 어른 자아는 어버이 자아와 어린이 자아의 자료들을 검토하여 그 자아상태에 근거하는 비현실적이고 부적응적인 행동을 방지하는 역할도 한다.

• 어린이 자아상태(Ⓒ Child ego-state): 어린이 자아상태는 '한 사람의 어린 시절의 유물인 감정, 태도, 행동 패턴의 세트'로 정의된다(Berne, 1961). 우리는 성인임에도 불구하고 깔깔거리고 웃거나 장난치기를 좋아하며 농담을 하며 주변 사람을 놀리기를 즐겨 하는 사람 또는 별 말이 아닌데 삐치기를 잘하며 쉽게 울고, 쉽게 분노하거나, 무조건 다른 사람의 말에 따르거나, 무조건 반항하는 사람들을 보게 된다. 이런 사람들은 현재 어린이 자아상태에 있는 것이다. 그들은 어렸을 때 했던 행동을 지금 어른이 되어서 그대로 재연하고 있는 것이다. 어린이 자아상태에 있다는 것이 그 사람이 철없고 어린이 같다는 말은 아니다. 어느 순간 그 당시에 어린이 자아상태에 들어가서 어린 시절에 느끼고 행동했던 것을 재연하고 있다는 것이다. 어린이 자아상태는 자연스럽고 솔직하며 창의적이며 기발한 아이디어를 창출하게 한다. 어린이 자아상태는 주로 출생 후 5세경까지 있었던 사건에 대한 정서적 차원의 반응들로 구성된 것으로 어린아이의 감정적 반응체제가 내면화되어 생긴 것이다(이성태, 2017). 어린 시절의 감정적 경험은 그 이후의 삶에도 매우 중요한데, 이때 경험하게 되는 부정적 감

정(만성문제감정: 라켓)은 그 아이가 나중에 성장해서도 삶에 영향을 미치고, 부정적인 인생태도와 자아관을 갖게 한다.

(2) 기능적 자아상태

자아상태는 구조와 기능적 측면에서 살펴볼 수 있다. Ⓟ, Ⓐ, Ⓒ의 구조적 모델이 자아상태의 내용을 설명해 준 것이라면, 기능적 모델은 자아상태가 어떻게 작동하고, 어떻게 영향을 미치는지를 설명해 준다.

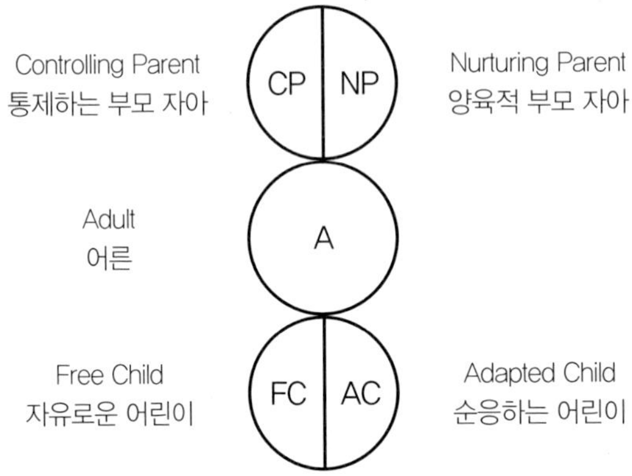

[그림 13-2] 자아상태의 기능 분석

- 어버이 자아상태: 어버이 자아상태에는 남을 돌보고 지지하고 격려하고, 키워주는 양육적 부모 자아(Nurturing Parent: NP)와 남을 비판하고, 가르치고, 통제하는 부모 자아(Controlling Parent: CP)의 기능이 있다.

- 어른 자아상태: 어른 자아상태(Adult: A)는 추리하고 외부의 자극들을 평가하고 정보들을 모아서 미래의 행동 수행에 참고자료로 사용할 수 있게 저장하는 기능을 수행하여, '지금-여기' 상황에서 가장 적절하게 반응하게 한다. 어린이 자아상태와 어버이 자아상태들의 현실검정 기능을 수행하여 과거의 묵은 자료에 근거해 살지 않고, 현실에 맞추어 적절하게 행동할 수 있게 세 가지 자아상태를 조절하고 중재하는 기능을 수행한다. 어른 자아가 강한 사람은 정서적으로 성

숙하고 행동의 자율성이 있으며, 개인의 행복과 성취는 물론이고 사회적 문제에도 관심을 갖는다.

• 어린이 자아상태: 어린이 자아상태에는 자신의 사고나 감정, 행동을 있는 그대로 자유롭게 표현하는 자유로운 어린이(Free Child: FC) 기능과 타인의 말이나 규칙 등에 순응하는 어린이(Adapted Child: AC) 기능이 있다. FC는 자발적으로 자신을 자유롭게 표현하는 어린이 자아의 한 부분으로, 충동적이고 호기심과 요구가 많고, 자기중심적이며, 농담을 즐겨 하는 특성을 지니고 있다. FC는 부모에 의해 훈련되지 않은 자연스럽게 표출되는 특성으로 선천적인 예술적 소질이나 창의력, 직관력 등이 여기서 나온다. AC는 부모에게 훈련되고 영향을 받아서 형성된 어린이 자아의 한 부분으로, 자신의 감정을 억제하고 부모나 다른 사람의 기대에 부응하도록 노력하는 특성을 지니고 있다. 다른 사람들이 자신을 보는 시각에 민감하여 죄의식이나 부끄러움, 두려움을 보이거나, 화가 나서 말도 하지 않고 삐쳐서 철수하는 행동을 보이기도 하고, 직접적으로 반항하기도 하며, 고분고분 말을 잘 듣고 무조건 성인에게 순응하는 모습을 보이기도 한다.

2) 교류

교류(transaction)이론은 자아상태 이론의 확장이다. 번은 사람들 간의 의사소통 방식을 사람들이 사용하는 자아상태로 분석함으로써 사람들의 사회적 행동에 관한 이론을 확립하였는데 그것이 교류이론이다. 번은 사람들이 서로 의사소통을 할 때 자아상태가 이동하는 것을 체계적으로 관찰하였다. 두 사람이 의사소통을 할 때 그 사람들의 P, A, C 중 한 개의 자아상태에서 또는 CP, NP, A, FC, AC 중 한 개의 자아상태에서 메시지를 주고받는다. 이렇게 메시지를 주고받는 것이 교류이고, 두 사람의 메시지가 어떠한 자아상태에서 교류되는가에 따라 세 가지, 즉 상보, 교차, 이면 교류 패턴이 형성된다. 각각의 교류형태는 그에 해당하는 '의사소통 규칙'을 가지고 있다(Berne, 1966; Stewart & Joines, 2012).

(1) 상보교류

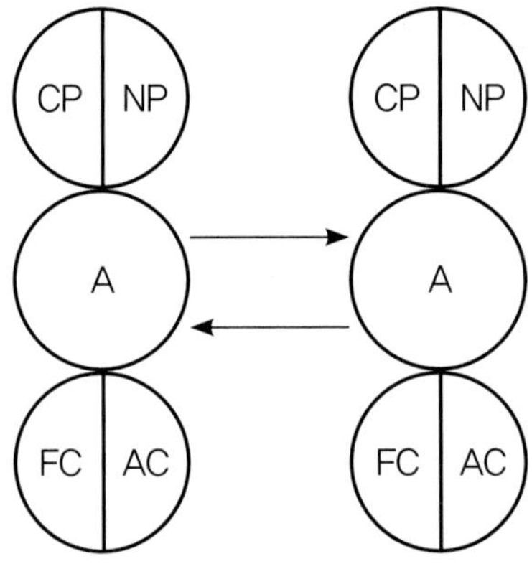

[그림 13-3] 상보교류

상보교류(complementary transaction)는 한 사람이 메시지를 보낼 때 상대방에게 기대했던 자아상태나 기능에서 반응이 오는 것으로 자극과 반응의 의사소통 통로가 평형을 이룬다. 예를 들어, 한 사람이 A 자아상태에서 "지금 몇 시냐?"고 물었을 때, 상대방이 A 자아상태에서 "3시요."라고 대답할 때 상보교류가 일어난다.

(2) 교차교류

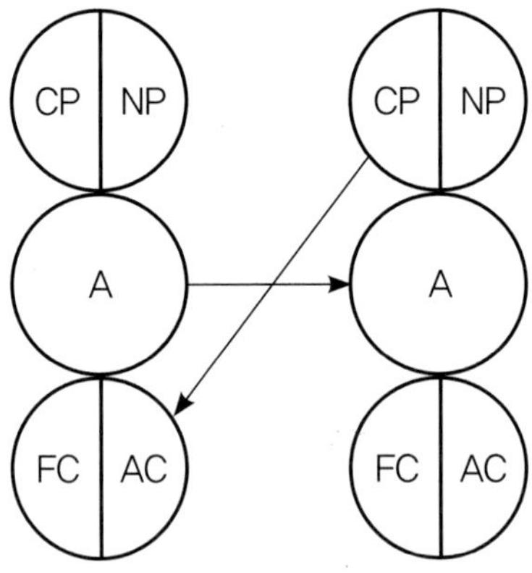

[그림 13-4] 교차교류

교차교류(crossed transaction)는 메시지를 보낸 사람이 기대했던 자아상태나 기능에서 반응이 오지 않고 다른 자아상태나 기능에서 반응하는 것으로 의사소통의 방향이 평행이 아니고 교차된다. 자녀가 A 자아상태에서 어머니에게 "몇 시에 밥 먹어요?"라고 묻자, 어머니는 CP에서 "하라는 공부는 안 하고, 어째서 먹을 생각만 하고 사니?"라고 비판할 때 교차교류가 이루어진다. 의사소통의 방향이 교차될 때는 의사소통이 단절되거나 부정적인 감정이 교류될 수 있다. 이때, 교류가 단절된다는 것은 영구적으로 관계가 단절된다는 것이 아니라, 예상하지 못했던 어떤 일이 일어났다는 것을 순간적인 느낌으로 경험한다는 것이다. 교차교류가 언제나 부정적인 것만은 아니다. 일반적인 대화에서는 상보교류가 유용할 수 있지만, 교육이나 학습 장면에서 토론을 할 때나 틀린 사항을 수정해 줄 때는 교차교류가 필요하다.

(3) 이면교류

이면교류(ulterior transaction)에서는 겉으로 드러나는 '사회적 수준의 메시지'와 그 이면에서 은밀하게 교류되는 '심리적 수준의 메시지'가 동시에 전달된다. 수업시간에 지각을 한 학생에게 교수가 "지금 몇 시에요?"라고 묻자, 학생은 "아직 11시 전인데요."라고 대답할 때, 이 두 사람의 대화가 사회적 수준에서는 A 자아상태와 A 자아상태 간의 상보교류처럼 보이지만, 심리적 수준에서는 "왜 지각을 하니? 수업에 방해되잖아!"라는 비판(CP)과 "사람이 일이 있으면 지각할 수도 있지, 그것도 이해 못하세요?"라는 불평(FC)이 밑에서 교류되고 있다. 이면교류는 게임이라고 부르는 반복적인 관계패턴의 전형적인 교류형태다.

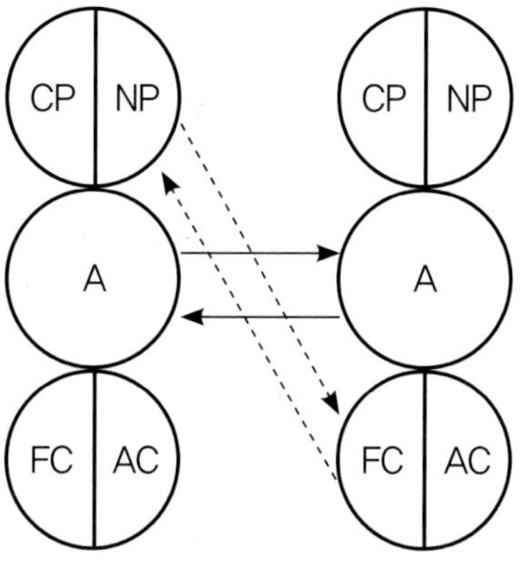

[그림 13-5] 이면교류

교류분석을 통해서 우리는 대인관계에 있어서 자신이 타인에게 어떤 방식으로 대화하고 있는지, 또는 타인이 자신에게 어떤 반응을 보이고 있는가를 파악해 볼 수 있다. 이것을 통해 대인관계 속에서 자기 자신의 자아상태의 모습을 파악하고 상황에 따른 적절한 반응패턴을 취하여 효과적인 의사소통을 할 수 있게 된다. 번(1966)은 세 가지 교류에서 세 가지 의사소통 규칙을 만들었다.

- 의사소통의 제1규칙: 교류가 상보적인 한 의사소통은 끝없이 계속될 수 있다.
- 의사소통의 제2규칙: 교류가 교차되어서 의사소통이 결과적으로 단절되면 한쪽 또는 양쪽은 의사소통을 재정립하기 위해 자아상태를 변화시킬 필요가 있다.
- 의사소통의 제3규칙: 이면교류의 행동결과는 사회적 수준에서 결정되는 것이 아니라 심리적 수준에서 결정된다.

3) 인생태도/생활자세

번은 아이가 학교에 갈 정도의 나이가 되면 이미 자신과 타인의 가치에 대해서 어느 정도 확고하게 각인된 신념을 가지게 된다고 했다. 어린아이들은 부모나 대리 부모들의 양육태도에 따라 자신과 타인, 세상에 관한 기본적인 생활자세를 취하게 된다. 이렇게 인생 초반에 형성된 생활자세 또는 인생태도(life position)는 그 아이의 일생 동안 지속된다(Berne, 1972, p. 84). 번은 태도(position)라는 단어와 그 의미를 아동정신분석가인 멜라니 클라인(Melanie Klein)에게서 가져왔다고 밝혔다(Berne, 1966; Klein, 1949; Clarkson, 1991). 클라인과 마찬가지로 번은 유아가 가장 초기에 타인과 맺는 관계에서 받아들이는 방향성/태도를 말하고 있다. 번이 말하는 긍정적 'OK' 또는 부정적 'Not-OK' 태도는 유아가 지각하는 가치로움과 무가치함에 대한 태도다. 인생 초기에 양육을 제대로 받지 못해 학대를 당하거나 영양실조나 방임당한 경험이 있는 아이는 자신은 가치가 없고, 좋지 못한 사람이라는 생각을 하면서 자신에 대한 부정적인 생활자세를 가지게 된다. 그렇게 양육을 받고 자란 아이는 다른 사람을 무섭고 두렵고 위험하고 믿을 수 없는 존재라고 생각하면서 타인에 대해서 부정적인 생활자세를 가지게 된다.

반면 좋은 부모를 만나서 부모의 사랑과 관심, 충분한 보호와 존중을 받으며 자란 아이는 자신이 충분히 사랑받을 만하며 가치 있는 사람이라는 생각을 하면서 자신에 대해서 긍정적인 생활자세를 가지게 된다. 따뜻하고 애정 어린 양육과 적절한 교훈으로 지도를 받고 자란 아이는 타인을 신뢰할 만하고 존경스러운 존재로 지각하여 타인에 대해서 긍정적인 생활자세를 가지게 된다. 이러한 자세는 자신과 타인을 지각하는 데 본질적인 가치를 부여하는 것으로 사람들은 자신이 가지고 있는 생활자세에 맞추어 자신의 인생각본을 작성한다.

자신과 타인에 대한 긍정적-부정적 생활자세를 조합하면 네 가지의 생활자세가 생긴다. 네 가지 자세 중 세 가지에 붙인 임상적 명칭(편집증, 우울증, 분열성)도 클라인의 이론에서 가져온 것이고, 네 번째 건강한 태도(I'm OK, you're OK)는 번이 추가한 것이다. 생활자세에 대해 두 사람 간에 차이가 있는데, 클라인은 초기 발달과정

자체에 중점을 두었지만, 번은 네 가지의 서로 다른 태도에서 작동하는 관찰할 수 있는 인생패턴에 중점을 두었다(Berne, 1972).

- I'm OK, You're OK(자아긍정, 타인긍정): 정신적으로 건강한 사람이 가지고 있는 생활자세로, 자신과 타인 모두를 긍정적으로 바라보며, 타인과 평등하고 좋은 관계를 유지하고, 자기 자신도 존중하며 스스로를 소중히 여기는 사람이 가진 자세다. 이들은 개방적으로 다른 사람과 소통할 줄 알며, 자신이 처한 문제를 현실적이고 건설적으로 해결할 능력을 가지고 있다.

- I'm not-OK, You're OK(자아부정, 타인긍정): 심리적으로 우울한 사람이 가지고 있는 생활자세로, 자신을 부정적으로 보고, 타인을 긍정적으로 본다. 다른 사람들 앞에서 위축되고 주눅이 쉽게 들고, 자신을 무력하고 가치 없는 존재로 여긴다. 이들은 타인으로부터 달아나려고 하면서도 자기보다 강한 사람에게 의존하거나 기식하려는 태도를 자주 보인다. 이들은 자기 고립을 통해 감옥이나 정신병동으로 가거나 또는 우울로 인해서 자살을 할 수도 있다.

- I'm OK, You're not-OK(자아긍정, 타인부정): 편집증적 태도를 지닌 사람의 생활자세로 자신은 긍정적으로 보지만, 타인을 부정적으로 본다. 이들은 다른 사람을 지배하려는 경향이 강하고, 타인 위에 군림하려고 한다. 또한 일이 잘못되면 모든 잘못을 타인의 책임으로 돌리며 타인을 나무라기를 잘하고, 일방적으로 타자의 생각을 거부한다. 번은 이들을 '나는 왕자, 너는 개구리'라고 생각하는 사람이라고 하였다. 자신을 OK로 여기고 자신을 신뢰하는 것 같지만, 공격적이고 허세가 심하고, 겉으로 자신감이 있어 보여도 속으로는 슬프고 불행감을 느끼며, 세상에 대해 방어적 자세를 취한다. 인간관계에서의 어려움에 대처하기 위해 그들이 잘 사용하는 방식은 타인을 제거하려는 것이다. 그들의 의사소통 방식은 자기 방어적이거나 공격적이다. 이런 사람들은 극단적인 상황에서 다른 누군가를 죽이는 각본을 선택할 수도 있다.

- I'm not OK, You're not-OK(자아부정, 타인부정): 자신과 타인을 모두 부정적으로 바라보며, 삶 자체를 무의미하고 절망적이라고 생각한다. 자신과 타인 모두 가치가 없다고 생각하며 열등감과 무력감을 가지고 살아간다. 이들은 인생의 목표도 없고, 세상을 향해서 분노와 적의를 품고 산다. 이들은 자신이 해결해야 할 문제를 제대로 해결하지 못하고 늘 문제에 압도당한 채 살아간다. 이러한 사람은 자신이 타인으로부터 배척받는다고 생각하고, 타인도 배척하려는 경향이 강하기 때문에, 패배자 각본으로 살 확률이 가장 높다. 이것은 자살하거나 정신분열성 또는 정신분열증적 태도를 지니고 사는 사람들의 생활자세다.

4) 인생각본

(1) 인생각본 정의

사람마다 각기 다른 성격 특성을 가지고 있음을 설명해 주는 주요 개념이 인생각본이다. 번은 사람들은 자신이 일생 동안 살아갈 인생 이야기의 기본 줄거리를 7세 이전 유아기에 거의 완성한다고 하였다(Berne, 1972). 아동기와 청소년기를 거치면서 각본을 첨가하거나 수정할 수도 있지만, 사람들은 어린 시절에 쓴 자신의 인생각본에 따라 평생을 살아간다는 것이다. 번은 각본을 다음과 같이 정의 내렸다.

> "각본이란 어떤 결정에 기초한 인생계획으로 이 결정은 어린 시절에 내리고, 부모에 의해 강화되며, 이후 일어나는 사건들에 의해서 정당화된다"(Berne, 1972, p. 445).

번의 각본 정의는 짧지만 중요한 핵심 요소가 포함되어 있다.

- 인생계획: 각본은 자아관, 타인관, 세계관이나 인생관 정도가 아니라 평생 살아갈 인생계획이다.

• 초기 결정에 기초함: 각본은 어떤 결정에 기초한다. 어린아이가 경험하면서 내린 초기 어린 시절의 결정이 평생을 이끌어 갈 계획을 이룬다는 것이다. "네가 태어나지 않았으면……."이라는 메시지를 듣고 자란 아이와 "너는 우리 가정의 보배야."라는 말을 듣고 자란 아이가 있다고 할 때 이 두 아이가 자신과 타인에 대해서 어떤 결정을 내리고, 그에 기초해 어떤 생활자세를 확립하고 이를 반영하여 어떠한 각본을 쓰게 될지 짐작이 갈 것이다. 번은 각본을 설명하기 위해, 예더(Yeder)라는 세례명을 붙인 전형적인 인간을 설정하고 그에 대해 다음과 같은 글을 썼다.

"예더는 자신의 각본을 충실하게 수행한다. 그 각본은 어린 시절 부모님에 의해서 그의 머리에 주입되었고 부모님이 돌아가신 뒤에도 그것이 그의 일생 동안 남아 있다. 각본은 컴퓨터 테이프나 자동재생 피아노 악보처럼 움직이는데, 이것들은 사람이 자국을 만들고 사라지고 나서 오랜 시간이 지난 후에도 미리 계획된 일정한 순서에 따라서 자동적으로 반응을 한다. 피아노가 저절로 연주되는 동안, 예더는 그 피아노 앞에 앉아서 지금 연주되고 있는 편안한 발라드나 장중한 콘체르토를 치는 사람이 자기 자신이라는 환상을 품고 건반 위에서 손가락을 움직이고 있다(Berne, 1972, p. 66).

• 부모에 의해 강화됨: 번은 각본이 부모에 의해 머릿속에 주입되고, 부모에 의해 강화된다고 하였다. 각본 형성에서 부모가 보내는 메시지는 아이들에게 절대적인 힘을 가지게 된다. 번은 각본 형성에 부모의 영향력을 강하게 강조했으나, 그렇다고 한 사람의 각본이 그 부모에 의해서만 결정되는 것은 아니라고 하였다. 부모가 각본을 명령한다고 하더라도 아이가 이를 수용하지 않으면 각본은 작동하지 않을 수 있기 때문이다(Berne, 1972). 번(Berne, 1972, p. 112)은 아이는 "부모의 메시지를 수십 번 또는 수백 번 듣고 나서야 겨우 부모의 명령을 따르기로 결심한다. 부모의 명령을 따르지 않을 수도 있다."고 하여, 각본이 부모에 의해 강화되지만, 스스로의 결정에 의해 쓰는 것임을 강조하였다.

• 삶을 통해 정당화: 이렇게 만들어진 생활각본은 그 이후의 삶을 통해 정당화된다고 하였다. 이는 각본이 자신이 살아갈 삶의 모습을 나타내는 청사진과 같은 것이고, 무의식적이고 충동적으로 자기도 모른 체 따를 수밖에 없는 이미 결말이 정해진 '프로그램화된 인생 드라마'와 같은 것이다. 아주 어린 갓난아이 때부터의 모든 경험이 인생각본 형성에 반영되는데, 긍정적이거나 부정적인 경험을 통해 내린 초기의 결단이 생활자세를 형성하고, 이를 기초로 하여 인생여정의 각본을 쓰고, 자신의 인생각본에 맞는 역할을 할 배역들을 찾으면서 이미 정해진 결말을 향해 살아가게 된다.

모든 사람이 아주 어린 시절에 쓴 인생각본에 따라 평생 살아가야 한다는 것인가? 인간은 오랜 기간의 교육을 통해 잘 살아보고자 많은 노력을 아끼지 않는데, 유아기 때 쓴 각본에 따라 살 수밖에 없다는 말인가? 꼭 그렇지는 않다. 번(Berne, 1972)은 대부분의 사람들이 정해진 각본에 따라 살지만, 어떤 사람들은 스스로를 자유롭게 해서 자신의 방식대로 살아갈 수 있다고 하였다. 그렇게 하려면 그 사람은 자신의 각본의 대부분 또는 전부를 버리고 다시 시작해야 한다. 그런데 안타깝게도 '대부분의 사람들은 그렇게 하고 싶어 하지 않는다(Berne, 1972, p. 37).' 번은 각본이론을 통해 사람들이 각본에서 자유로워져서 세상에서 자신들의 열망을 펼칠 수 있도록 도울 수 있기를 희망했다. 어릴 적 부모로부터 들었던 부정적 명령들로 가득 차 있는 머릿속의 혼란스러운 목소리들을 없앰으로써, 어린이 자아상태가 '하지만 이것이 내가 하고 싶은 것이고, 나는 내 방식대로 할 거예요.'라고 말할 수 있도록 해야 각본에서 자유로워져서 자신이 원하는 인생을 살 수 있다고 하였다(Berne, 1972).

(2) 각본 과정

번은 사람들이 자신의 각본을 따라 살아가면서 일정한 패턴을 따른다는 사실을 발견하였다. 이러한 패턴은 각본의 내용에 관한 것이 아니라, 시간을 따라 지속되는 각본 과정에 관한 것이다. 각본의 내용은 개인에 따라 그 내용이 무수히 많을 수 있으나, 이 각본 과정은 여섯 가지 정도가 된다. 그리스 신화의 열성적인 독자였던 번은 과정패턴에 해당하는 신화의 영웅이나 여주인공을 예로 들어 각본 과정을 알기 쉽게 설명하였다.

- 결코 아닌(never) 각본: "내가 가장 원하는 것은 결코 가질 수 없어." "내 팔자에 그런 일이 생길 리가 없어."라는 생각을 가지고 자신이 원하는 것은 결코 이루어질 수 없다고 믿는 사람들의 각본이다. 번은 음식과 물이 눈앞에 있지만 결코 먹거나 마실 수 없는 저주에 걸린 탄탈루스(Tantalus)를 예로 들었다. 그는 한쪽에는 음식이, 다른 쪽에는 물항아리가 있으나 결코 손이 닿지 않아 언제나 배고프고 목마른 상태에 있다. 손에 잡힐 것 같은 해결책이 보이지만 실제로는 잡을 수 없는 고통에 빠져 있는 경우다.

- 항상(always) 각본: "만약 그게 네가 하고 싶은 거라면 평생 동안 그냥 그렇게 그 일을 하면서 살면 되지." "나에겐 왜 항상 이런 일이 생기지?"라는 생각을 가지고 푸념을 하면서도 변화할 생각을 안 하고 사는 사람들의 각본이다. 번은 여신 미네르바(Minerva)와 베 짜기 시합을 해서 어리석게도 이겨 버린 벌로 거미가 되어 영원히 거미줄을 짜야 되는 저주를 받은 아라크네(Arachne)를 예로 제시하였다. 주변의 충고를 무시하고 오만한 성격으로 성급한 행동을 하는 각본을 가진 자의 특성이다.

- ~할 때까지(until) 각본: "공부를 마친 다음에 여행을 해야지." "집을 마련할 때까지는……" "학위를 마칠 때까지는……" 등과 같이 특정한 시기 전까지는 원하는 인생을 살 것을 유보하는 사람들의 각본이다. 반신반인이었던 헤라클레스(Heracles)는 신이 되기 위해서 힘든 과제를 끝내기까지 쉴 시간을 갖지 못했다.

- ~한 후에(after) 각본: "졸업을 해서 사회에 나가면 지옥살이야." 이것은 '……할 때까지' 각본의 반대로 "지금이 좋은데, 그 이후에는 나쁜 일이 생길 거야."

라는 신념을 가진 사람들의 각본으로 이들은 어떤 일정 시점 이후의 삶을 암울하게 생각한다. 신화 속 인물의 예로는 데모클레스(Democles)가 있다. 그는 자기 머리 바로 위에 말 털 한 오라기에 묶인 칼이 매달린 채로 만찬을 즐겼다. 언제 떨어질지 모르는 칼 밑에서 항상 위기와 불안을 느끼면서 현재를 살고 있는 각본을 가진 인물이다.

- 계속해서(over and over)/거의(almost) 각본: 시시포스(Sisyphus) 신화의 이야기처럼 어떤 일을 거의 다 해 놓았는데 다시 또 처음부터 해야 하는 사람의 각본이다. 시시포스는 영원히 언덕 꼭대기까지 무거운 바위를 굴려 올리는 벌을 받았다. 거의 언덕 꼭대기에 다다르면 바위는 그의 손에서 미끄러져 다시 언덕 아래로 떨어져 버려, 다시 그 일을 반복하는 것으로 성공을 앞두고 계속해서 실패를 되풀이하는 사람의 각본이다.

- 끝이 없음(텅 빈: open-ended) 각본: 각본의 마지막 부분이 없어진 것과 같이 자신의 인생에서 어떤 시점에 이르러 자신의 임무를 다 완수했는데, 그 이후의 인생계획이 텅 비어 있어 무엇을 해야 할지 모르는 사람의 각본이다. 자식들이 출가한 이후 '빈둥지 증후군'을 느끼는 주부나 은퇴 후 할 일을 못 찾아 우울에 빠지는 예가 여기에 속한다.

5) 심리적 게임

번은 프로이트가 말한 반복강박의 문제, 즉 사람들이 고통스러운 삶의 패턴에서 벗어나지 못하고 고통 속으로 반복적으로 빠지는 문제를 해결하려고 노력하면서 게임의 이론을 발전시켰다. 게임은 인생각본의 한 형태로 사람들은 각본이라는 인생패턴을 진행시키기 위해서 게임을 한다. 게임은 사람들에게 불쾌한 감정을 주는 교류이며, 그 종말이 죽음을 초래하는 경우가 있을 정도로 부정적 결말을 향해 진행되는 교류다. 『상담학 사전』(김춘경 외, 2016)에는 게임을 다음과 같이 정의하고 있다.

"게임은 반복적으로 안 좋은 감정으로 종결되는 상호작용의 한 형태이며, 사회적 수준에서는 OK로 보이지만, 심리적 수준에서는 not-OK이고, 교류 중에 전환과 혼란이 일어나는 일련의 이면교류다."

번이 제시한 게임의 다섯 가지 특징은 다음과 같다.

- 게임은 반복적이다. 게임의 상대와 환경은 바뀌어도 게임의 유형은 동일하게 반복된다.
- 게임은 어른 자아상태의 의식 없이 진행된다. 사람들은 보통 게임을 반복하면서도 자신이 게임을 하고 있다는 사실을 깨닫지 못하고 있다.
- 게임은 항상 게임하는 사람이 라켓감정(만성문제감정)을 경험하는 것으로 종결된다.
- 게임은 사람들 사이에 이면교류가 활성화된다. 어떤 게임이든 사회적 수준과 심리적 수준에서 다른 일이 벌어진다.
- 게임 뒤에는 항상 당혹이나 혼란이 따른다. 왜냐하면 게임하는 사람은 예기치 못한 일이 일어났다고 생각하기 때문이다.

Berne(1972)은 게임이 여섯 단계를 거쳐 진행된다는 사실을 발견하고 게임 공식(Formula G)을 제시했다.

미끼(Con) + 약점(Gimmick) = 반응(Response) → 전환(Switch) → 혼란(Crossup) → 결말(Payoff)

공식을 풀면 다음과 같다. 미끼(Con)를 던진 사람과 약점(Gimmick)을 지닌 사람이 만나서 반응(Response)을 유발하고, 반응은 전환(Switch)을 유도하고, 전환은 혼란(Crossup, X)을 유도하고, 결국은 결말/보상(Payoff)으로 끝이 난다.

게임을 시작하는 사람은 자신의 미끼를 던져서, 상대방을 자신의 게임에 끌어들인다. 미끼에 걸려든 상대방은 자신의 약점, 즉 '미끼에 반응하도록 만드는 자신의 약점이나 욕구'를 드러내며 반응을 한다. 반응이 나타나면 게임을 시작한 사람이 갑자기 자신의 태도를 바꾸면서 전환이 일어나게 되고, 그 순간 두 사람은 순간적으로 혼란스러움을 느낀다. 혼란을 느낀 직후 두 사람은 모두 안 좋은 감정(라켓감정, 만성문제감정), 즉 보상/결말을 얻게 된다(Berne, 1972).

게임은 거의 같은 순서로 진행된다. 게임을 하는 대부분의 사람은 여러 번 똑같은 순서대로 게임을 해 왔다 하더라도 계속해서 그 게임을 반복해서 할 가능성이 크다. 게임을 하다가 전환과 혼란이 일어나면 그때서야 뭔가 익숙한 일이 다시 반복되었음을 자각하고 "나에게 왜 이런 일이 계속해서 일어나는 거지? 도대체 왜 내가 이걸 반복해서 하고 있지?"라는 생각을 하곤 한다. 게임에는 언제나 전환이 있는데, 그것은 당사자들이 예측하지 못한 불쾌한 어떤 것이 발생했다고 느끼는 순간이다. 사람들은 그들이 게임을 한다는 것을 깨닫지 못한 채 반복해서 게임을 한다.

게임의 결말은 언제든지 불쾌하고 부정적인 감정을 느끼는 것으로 끝난다. 불쾌하고 부정적인 감정을 번은 라켓감정(Racket emotion)이라고 하였다. 라켓감정은 스트레스 상황에서 자주 튀어나오는 나쁜 감정인데, 이는 어린 시절에 학습되고, 주위에서 지지받아 형성된 것으로, 자신의 진정한 감정이 아니라, 주변 사람들이 허락한 위장된 감정이다. 사람들은 라켓감정을 금방 드러내기도 하지만, 드러내지 않고 저장하기도 한다. 라켓감정을 저장하는 것을 스탬프를 모은다고 하는데, 슬픔의 스탬프를 모아서 우울이나 자살 시도로 표출하거나, 분노의 스탬프를 모아서 한 번에 크게 소동을 부리는 것으로 되갚기도 한다. 스탬프를 모아두었다가 한꺼번에 터뜨리는 것은 각본 결말로 나아가는 것을 정당화시키려는 것이다(Stewart & Joines, 2012; 제석봉, 최외선, 김갑숙, 윤대영, 2010).

불행한 결말이 반복됨에도 불구하고 계속해서 사람들이 게임을 하는 이유는 무엇일까? 번은 사람들이 어린 시절 초기 결정을 할 때의 각본신념과 생활자세를 유지하고, 애정이나 관심 등의 스트로크를 얻기 위해서, 시간을 구조화하기 위해서, 어린 시절에 형성된 초기 결정의 방식을 유지하기 위해서 게임의 결말에서 그 사람의 생활자세를 강화하고 이를 증명하기 위해서 게임을 한다고 보았다.

다섯 장으로 된 자서전

Portia Nelson

I

나는 길을 따라 걷는다.
길가에 깊은 웅덩이가 있다.
나는 빠진다.
나는 당황하여 어찌할 바를 모른다.
그것은 내 잘못이 아니다.
길을 찾는 데 영원이 걸릴 것이다.

II

같은 길을 따라 걷는다.
길가에 깊은 웅덩이가 있다.
나는 그것을 못 본 척한다.
나는 다시 빠진다.
내가 같은 곳에 있다는 것이 믿기지 않는다.
그러나 그것은 내 잘못이 아니다.
빠져나오는 데 오랜 시간이 걸릴 것이다.

III

같은 길을 따라 걷는다.
길가에 깊은 웅덩이가 있다.
나는 그것을 본다.
그런데도 또 빠진다. 습관이 되었나 보다.
나는 눈을 뜬다.
내가 어디 있는지 안다.
그것은 내 잘못이다.
나는 즉시 빠져나온다.

Ⅳ

같은 길을 따라 걷는다.

길가에 깊은 웅덩이가 있다.

나는 그 웅덩이를 비켜 걷는다.

Ⅴ

나는 다른 길을 걷는다.

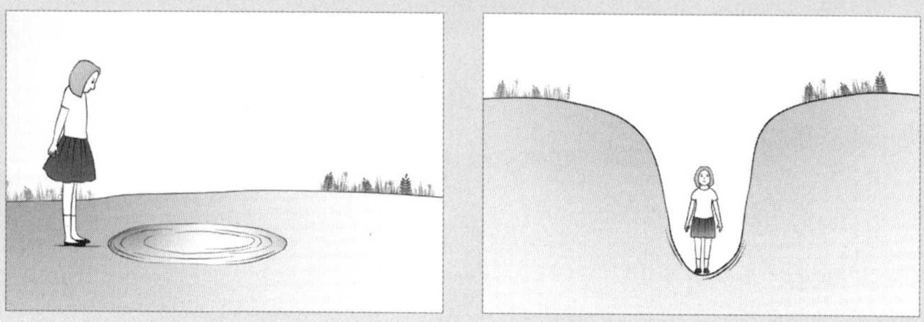

3. 성격의 형성과정: 각본 매트릭스

일생 동안 살아갈 인생 이야기의 기본 줄거리를 쓰는 과정, 즉 각본 형성과정이 성격 형성과정이라 할 수 있다. 교류분석학자 스타이너(1974)는 각본이 아이에게 전달되는 과정에서 부모의 서로 다른 자아상태들이 어떤 역할을 했는지, 그리고 각본 메시지가 어린이의 각본 형성에 영향을 미치는 과정이 어떠한지, 각본장치의 주요요소가 무엇인지를 각본 매트릭스 이론을 통해 자세히 밝히고 있다. 각본 매트릭스는 '과거에 대한 정보의 원천'이고, 그 사람의 미래를 변화시킬 수 있는 이정표를 제시하고 있다(Stewart & Joines, 2012).

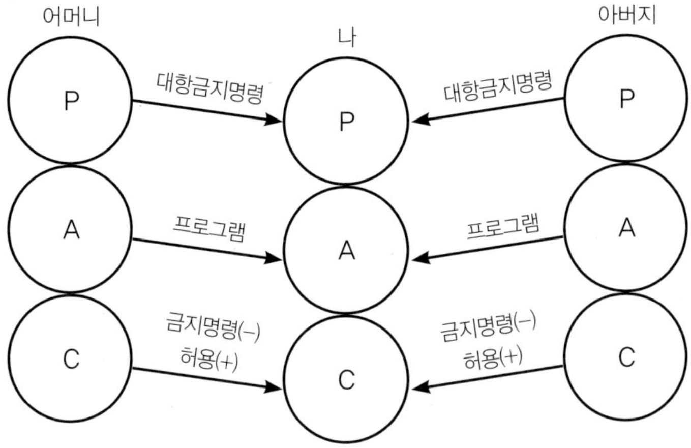

[그림 13-6] 각본 매트릭스

출처: Stewart, I., & Joines, V. (2012), p. 182.

- 대항금지명령(counterinjuction): 부모의 Ⓟ 자아상태에서 자녀의 Ⓟ 자아상태로 전달되는 메시지로, 자녀가 잘되길 바라는 부모의 마음에서 주어지는 자녀가 지켜야 할 명령들이다. 자녀를 키우면서 수많은 조언과 교훈을 주지만 대표적인 대항금지명령에는 다섯 가지가 있다.

1. 완벽하게 하라(Be perfect).
2. 강해라(Be strong).
3. 열심히 하라(Try hard).
4. 기쁘게 하라(Please people).
5. 서둘러라(Hurry up).

- 프로그램(program): 부모의 Ⓐ 자아상태에서 자녀의 Ⓐ 자아상태로 전달되는 메시지를 말하는데, 이 메시지는 '일을 처리해야 하는 방법'이 포함되어 있다.

- 허용(permission): 부모의 Ⓒ 자아상태에서 자녀의 Ⓒ 자아상태로 전달되는 메시지를 말하는데, 부모의 Ⓒ 자아상태에서 보낸 메시지가 긍정적일 때는 허용

이고, 부정적일 때는 금지명령이 된다.

• 금지명령(injuction): 자신과 타인에 관한 생활자세를 형성하는 데 영향을 끼치는 주요 요인으로는 부모의 Ⓒ 자아상태에서 자녀의 Ⓒ 자아상태에 주어지는 부정적 인정자극이면서 비언어적 메시지다. 대항금지명령은 자녀가 말을 배우고 난 뒤에 주어지지만, 금지명령은 말을 배우기 전에 비언어적으로 전달될 때가 많다. 금지명령은 부모 자신의 불안과 고통, 절망감에서 나온 것으로 자녀에게 부적절하고 비합리적이고 파괴적인 영향을 미친다. 금지명령을 계속해서 듣고 자란 어린아이는 부모의 금지명령을 토대로 부정적인 초기 결정을 하게 되고, 이를 바탕으로 부정적 생활자세를 형성하고, 나아가 생활각본도 이를 토대로 쓰게 된다(우재현, 1998; 이성태, 2017; Stewart & Joines, 2012), 굴딩 부부(Goulding & Goulding, 1979)는 열두 가지의 금지명령을 제시하였다.

1. 존재하지 마라(Don't exist): "너만 아니었다면, 내가 공부를 더 했을 텐데……." "너만 아니었더라면 내가 직장을 계속 다닐 수 있었는데……."라는 말은 부모가 크게 자녀를 원망하는 마음 없이 했다고 할지라도 자녀는 이 말을 "네가 없었다면 내가 더 행복했을 텐데……."라는 말로 이해한다. 이런 종류의 말은 아이에게 "존재하지 말아라."라는 금지명령을 주는 것이 된다. 이러한 금지명령은 자녀에게 절망감과 비애감을 갖게 하고, 자신이 부모의 방해거리나 차라리 없어지는 게 나은 존재라는 생각을 가지게 한다. 이때 자녀는 "죽는 한이 있더라도 나를 사랑하게 만들 거야." "부모가 원하는 대로 할 것이며, 나는 이 집안에서 없는 듯이 살 것이다." "뜻대로 되지 않으면 죽을 것이다."라는 초기 결정을 하게 되고, 이는 슬픔, 분노, 우울, 부적절감의 만성문제감정을 가지게 한다.
2. 딸로 혹은 아들로 존재하지 마라(Don't be you): "네가 아들이었으면 좋았을 텐데……." "네가 딸이었으면 좋았을 텐데……."라는 말은 아들을 원하는데 딸이 태어나거나, 딸을 원하는데 아들이 태어났을 때 흔히 하는 말이다. 이러한 금지명령을 받은 여자 아이는 "여자로 태어난 것이 부끄럽다." "여자는 별 볼이

없다." "남자처럼 살자."라는 결단을 내리게 된다. 남자 아이의 경우는 "여자 아이처럼 놀아 보자." "나는 겉만 남자이지, 여자 아이일 뿐이야."라는 결단을 내린다. 이들은 모두 슬픔과 우울, 분노와 혼란감, 부적절감 등의 만성문제감정을 가지고 살아가게 된다.

3. **아이처럼 굴지 마라**(Don't be a child): 자랄 때 아이처럼 놀면서 즐기지 못하고, 부모로부터 많은 제재와 간섭을 많이 받으며 부모가 자녀에게 자주 주는 금지명령이다. 어릴 때부터 부모화된 아이로 자라거나, 타인의 도움 없이 자수성가한 부모들이 흔히 주는 명령이다. 네 살짜리 아이에게 "동생을 돌봐야 한다." "놀기만 하지 마라." "엄마를 도와라." 등의 명령이 그 예다. 이러한 금지명령은 "즐기지 마라." "다른 사람을 돌보고, 항상 성숙하게 행동할 것이다." "내 욕구는 무시하고 부모의 기대에 맞추어 살아야 한다."는 초기 결정을 하게 된다. 이들은 인정자극의 결핍에 대한 분노와 원한, 공격적인 감정에서 생기는 죄책감의 만성문제감정을 형성할 수 있게 된다.
4. **성장하지 마라**(Don't grow up): 자녀들이 자신들과 늘 함께 지내기를 바라는 부모가 주는 금지명령이다. "엄마가 해 줄게, 너는 아직 어려서 할 수 없어." "내가 해 줄게, 너는 그냥 먹기만 하면 돼."라고 말하는 부모가 그 예다. 이러한 금지명령은 자녀가 성장하여 자립하여 부모를 떠날 것을 두려워하는 부모가 보내는 메시지로, 이때 자녀는 "그래, 나는 계속 아이로 머물러 있자."라는 결단을 할 수 있다. 이들은 40세가 넘어도 결혼할 생각을 하지 않고 부모와 함께 지내며 살 수 있으며, 무력감, 우울, 분노와 같은 만성문제감정을 가질 수 있다.
5. **성공하지 마라**(Don't make it): 자녀의 유능함을 질투하는 부모가 자신의 ⓒ 자아상태에서 자녀에게 보내는 금지명령이다. 이런 부모는 겉으로는 성공하라고 말하면서도 무의식적으로는 성공하지 말라는 금지명령을 주기 쉽다. 이러한 금지명령을 따르는 자녀는 "당연히 아버지에 비하면 난 훌륭하지 않아." "아버지가 옳아. 나는 제대로 할 줄 아는 것이 없어."라는 결단을 하여 열심히 노력을 다 해 놓고서도 스스로 성취 또는 성공할 기회를 포기한다. 이들은 분노, 좌절, 우울, 열등감 등의 만성문제감정을 가질 수 있다.

6. 하지 마라(Don't): "아무것도 하지 마라." "네가 하는 것이 잘못 될 수 있다." "고장 낼 수 있다." "망가트리면 안 돼." 등의 명령은 겁이 많은 부모가 많이 사용하는 금지명령이다. 이런 명령을 많이 받고 자란 아이는 실천력이 부족하고, 겁이 많고, 어떤 일을 과감하게 추진하지 못하는 경향을 지닌 사람이 될 수 있다. 이러한 금지명령은 아이에게 "난 실수할 위험이 큰 사람이야." "나는 다른 사람보다 못해." "나 혼자 결정해선 안 된다." "사람들이 시키는 대로 하면 된다." "다시는 나 혼자 결정하지 않을 거야."라는 초기 결정을 할 수 있다. 이들 역시 열등감, 부적절함, 혼란 등의 만성문제감정을 가질 수 있다.
7. 중요한 인물이 되지 마라(Don't be important): "너는 어리니까 가만히 있어."라는 말을 자주 들은 어린이는 암묵적으로 부모로부터 무시를 당한다고 느끼고, 자신은 중요한 인물이 아니라는 생각을 하게 된다. 이러한 금지명령에 따라 산 사람은 "나는 중요한 인물이 되지 못한다." "내가 유능한 사람이 될 리는 없을 거야."라는 결단을 하여, 성공할 기회가 주어져도 회피하는 경향이 있다. 이들은 열등감, 무가치감, 우울의 만성문제감정을 가질 수 있다.
8. 소속되지 마라(Don't belong): " 넌 참 다른 애들과 다르다." "왜 그리 까다로우니?" "유별나게 다르네."라는 말을 듣고 자란 아이는 소속감을 느끼지 못하고 거부감을 느끼며 살게 된다. 이러한 금지명령을 받은 사람은 "나는 어디에도 소속될 수 없기 때문에 아무도 나를 좋아하지 않을 것이다." 또는 "어느 곳에서도 편할 수 없을 것이다."라는 초기 결정을 하기 쉽다. 이러한 초기 결정을 내리면 집단에서 고립감을 느끼고 사람들에게 고독하거나 비사교적인 인물로 인식된다. 이들은 분노와 부적절함, 우울의 만성문제감정을 가질 수 있다.
9. 가까이 오지 마라(Don't be close): 자신이 너무 바빠서 자녀와 놀아 주지 않는 부모나 신체적 접촉을 싫어하여 자녀를 옆으로 밀쳐내는 부모들이 흔히 하는 금지명령이다. 이런 명령을 자주 받은 어린이는 "사람들 가까이 가면 떠나버릴 것이기 때문에 가까이 가지 않을 것이다." "나는 아무도 믿지 않을 것이다."라는 초기 결정을 할 수 있다. 이들은 슬픔, 분노, 원망, 불신감, 고립감, 좌절감 등의 만성문제감정을 가질 수 있다.

10. 건강해서는 안 된다(Don't be well): 자녀가 아플 때에만 자녀에게 관심을 보이는 부모는 자신도 모르게 "건강해서는 안 된다."라는 금지명령을 보내게 된다. 이런 금지명령을 받고 자란 사람들은 주변 사람들로부터 원하는 관심과 인정을 받기 위해 아프기를 무의식적으로 결정한다. 이러한 결정을 한 사람은 사람들과의 관계나 직장에서 어려움에 처하면 아파 드러눕는 각본전략을 재연한다.

11. 생각하지 마라(Don't think): "니가 뭘 아니?" "내가 알아서 해 줄게." 등의 메시지를 주는 부모는 무심결에 자녀의 생각을 하찮게 여기고 무시하는 "생각하지 마라."라는 금지명령을 준다. 이러한 금지명령을 받고 자란 아이는 어른이 되어서도 문제 상황에 봉착하면 혼란을 느끼거나 문제를 해결할 엄두를 못 내고 기분 나쁜 감정에만 사로잡히게 된다. 이들은 생각 없이 행동하거나, 생각하기를 포기한다.

12. 감정을 느끼지 마라(Don't feel): "울지 마." "그 까짓게 뭐가 무섭니." "두려워하지 마." "괜찮아, 안 아파." 등의 메시지는 자녀가 감정을 느끼는 것을 금지하는 금지명령이다. 이런 금지명령을 받은 자녀는 아프고, 힘들고, 무서워도 그런 느낌을 가져서는 안 된다는 결단을 내리고, 자신의 감정을 숨기는 사람이 될 것이다. 이들은 혼란, 부적절감 등의 만성문제감정을 가질 수 있다.

인생 초기의 금지명령은 생활자세와 생활각본을 결정하는 데 결정적인 요인이 된다. 아이에 따라서 부모의 금지명령을 안 따르기로 결단을 내릴 수도 있다. 그러나 많은 경우, 어린아이에게 부모의 영향력은 매우 막강한 것이기 때문에 부모의 명령은 아이의 전 생애에 걸쳐 영향을 미친다.

4. 건강한 성격의 특성

교류분석이론에서는 건강한 성격을 설명할 수 있는 개념들이 많이 있다. 번이 제시했던 주요 개념들이 어찌 보면 모두 건강한 성격을 설명하는 개념이라 할 수 있다. 건강한 성격을 지닌 사람은 우선 구조적, 그리고 기능적 자아상태가 골고루 균형 있게 발달하고, 그것들이 현실에 맞게 작동한다. 또한 자신과 타인에 대해 OK 생활자세를 가지고 있고, 게임에 연루되지 않고, 무엇보다 어릴 적 금지명령에 매여 패자각본을 따라 살지 않고, 그 금지명령에서 해방되어 원래 자신이 살아야 할 자율적인 인생을 살아가는 승자각본을 따라서 산다. 번(Berne, 1964)은 건강한 성격의 특징으로 자율성(autonomy)의 개념을 제시하였으며, 자율성의 성취와 회복이 승자의 삶을 사는 것이라고 하였다.

자율적이라는 것은 과거에 얽매이지 않고, 현실에 대응해서 생각하고, 느끼고, 행동할 수 있는 어른 자아상태에서 자신의 자원을 충분히 활용해서 당면한 문제를 해결하며 사는 것을 말한다. 교류분석학자인 제임스와 존게워드(James & Jongeward, 1971)는 자율적인 인간을 "자기 통제적이고, 자신의 운명을 스스로 결정할 수 있으며, 자신의 행위와 감정에 대하여 책임을 지고, 지금-여기의 삶의 과정에서 부적합하고 부적절한 행동양식들을 벗어 던질 수 있는 존재"라고 설명하였다.

번은 자율성에는 자각(awareness), 자발성(spontaneity), 친밀성(intimacy)의 능력이 포함되어 있다고 하였다. 이 세 가지 능력을 지닌 자율적인 성격이 건강한 성격의 특징이라 할 수 있다.

- 자각이란 다른 사람에게 배운 것이 아니라, 자기 자신이 직접 경험하고 인식할 수 있는 능력을 말한다(Berne, 1964). 자각의 능력을 가진 사람은 타인에 의해 강요되거나 학습된 것이 아니라, 자기 자신의 방식으로 자신의 신체적 · 감정적 · 심리적 내면세계를 지각하고, 타인과 환경도 지각한다. 그들은 자신의 내적 감정이나 상상의 세계를 있는 그대로 수용하고, 몸과 마음이 하나로 통합되어 지금-여기에 산다. 자각하는 사람은 금지령이나 게임, 패자각본에서 벗어난 어른 자아의 기능을 충분히 발휘하며 산다(이성태, 2017; Berne, 1964; James & Jongeward, 1971).
- 자발성이란 어버이, 어른, 어린이 자아상태 사이에서 스스로 자신이 자아상태

를 선택하여 자신을 자유롭게 표현할 수 있는 능력을 말한다(Berne, 1964). 자발적인 사람은 어른 자아의 기능을 사용하여 융통성이 있고, 자신의 감정을 자유롭게 표현하며, 과거에 프로그래밍되어 있던 각본에 매이지 않고, 다양한 선택지들(options) 중에서 현실적이고 합리적인 것을 독립적으로 취사선택한다. 그들은 자신이 선택한 것에 대해 책임을 지고, 자신이 할 수 있는 행동의 목록을 계속해서 수집하고 재평가한다. 이들은 게임을 하려는 충동이나 강박관념에서 해방되어 있다(이성태, 2017; Berne, 1964; James & Jongeward, 1971).

- 친밀성이란 자발적이고, 게임으로부터 해방된 솔직함을 의미하며, '지금-여기'에 살고 있는 순수하게 직관적 지각을 지닌 혼합과 오염되지 않은 어린이 자아의 자유를 의미한다(Berne, 1964). 좀 더 부연하면 친밀성은 숨김없이 다른 사람들과 사랑을 나누고 친숙한 관계를 맺을 수 있는 수용능력을 말한다(이성태, 2017). 친밀한 사람은 자각능력이 있고 자발적이며, 자유스런 어린이 자아를 자유롭게 표현하지만, 언제나 어른 자아는 각성되어 있고, 진실되고 솔직하게 지금-여기에서 다른 사람들과 더불어 존재하며, 타인의 독자성을 인정한다(이성태, 2017; Berne, 1964; James & Jongeward, 1971).

5. 성격이론의 적용

1) 이고그램(KTAA식)을 통해서 당신의 자아상태를 파악해 봅시다.

직장(학교) 명: 직급: 성별: (남 · 여) 연령: 만 세

성명: 작성일: 년 월 일

※ 다음 항목에 대한 대답을 보기에서 골라 공란 □에 점수를 기입하세요. 현재 하고 있는 그대로를 체크해 주세요.

〈보기〉

매우 긍정	5
약간 긍정	4
보　　통	3
약간 부정	2
매우 부정	1

1. 다른 사람을 헐뜯기보다 칭찬을 잘하는 편이다.	■□■■■
2. 대화에서 격언, 속담을 잘 인용한다.	□■■■■
3. '법이 없어도 살아갈 수 있는 사람'이라는 소리를 잘 듣는다.	■■■■□
4. 행동이나 말이 자유스럽고 자연스럽다.	■■■□■
5. 말이나 행동을 냉정하고 침착하게 하므로 안정된 분위기를 느낀다.	■■□■■
6. '내가 말하는 대로 된다'는 식으로 말한다.	□■■■■
7. 상냥하고 부드러우며 애정이 깃들어 있는 대화나 태도를 취한다.	■□■■■
8. TV, 영화 등을 보면서 마음이 약해 눈물을 잘 흘리는 편이다.	■■■□■
9. 6하원칙(六何原則)에 따라 사리를 따지거나 설명하는 편이다.	■■□■■
10. 호기심이 강하고 기발한(창의적인) 착상을 잘한다.	■■■□■
11. 말을 할 때 상대방의 안색을 자주 살핀다.	■■■■□
12. 직장 내외에서 사회봉사 활동에 참가하기를 좋아한다.	■□■■■
13. 사회의 윤리 · 도덕 · 규칙 등을 중시하고 준수한다.	□■■■■
14. 다른 사람으로부터 부탁을 받으면 거절하지 못한다.	■□■■■
15. 자세가 바르며 여유가 있다.	■■□■■
16. 자신을 멋대로라고 생각한다.	■■■□■
17. 다른 사람의 마음에 들고 싶다고 생각한다.	■■■■□
18. 부모나 상사가 시키는 대로 한다.	■■■■□

19. 타산적이며 이해득실(利害得失)을 생각하고 행동한다.	■■□■■
20. 일을 능률적으로 잘 처리해 간다.	■■□■■
21. 매사에 조심스럽고 소극적인 편이다.	■■■■□
22. 대화에서 감정적으로 되지 않고 이성적으로 풀어 간다.	■■□■■
23. 상대방의 이야기를 잘 경청하고 공감하는 편이다.	■□■■■
24. 책임감이 강하고 약속시간을 엄수한다.	□■■■■
25. 부하나 아이의 실패에 대해 관대하고 격려한다.	■□■■■
26. 의리와 인정에 끌려서 아이나 부하, 동료 등 누군가를 마음에 걸려 한다.	■□■■■
27. 신이 나면 도가 지나쳐서 실수를 한다.	■■■□■
28. 아이나 부하를 엄격하게 다룬다.	□■■■■
29. 생각하고 있는 바를 입 밖으로 내지 못하는 성질이다.	■■■■□
30. 친구나, 동료, 아이들이나 부하에게 신체적 접촉과 같은 스킨십(skinship)을 잘하는 편이다.	■□■■■
31. 상대의 말을 가로막고 자신의 생각을 말한다.	□■■■■
32. 밝고 유머가 있으며, 장난을 잘 치는 편이다.	■■■□■
33. 어떤 일이나 사실에 근거해서 판단한다.	■■□■■
34. 상대의 실수를 지적하고 정정한다.	□■■■■
35. 열등감이 강한 편이고 자신의 감정을 억눌러버리는 편이다.	■■■■□
36. 오락이나 술 등 음식물을 만족할 때까지 취한다.	■■■□■
37. 미래의 일을 냉정하고 예리하게 예측하고 행동한다.	■■□■■
38. 욕심나는 것을 가지지 않고는 못 배긴다.	■■■□■
39. 자신의 생각을 관철하기보다 타협하는 경우가 많다.	■■■■□
40. 동정심이나 배려심이 강하고 어린이나 타인을 돌보아 주기를 좋아한다.	■□■■■
41. 어떤 결정을 내릴 때 사실을 확인하거나 반대 의견을 듣는다.	■■□■■
42. 중얼중얼하는 목소리로 말하거나 우물쭈물 사양하는 편이다.	■■■■□
43. 상대를 바보 취급하거나 멸시한다.	□■■■■
44. 기쁨이나 화를 내는 등 희로애락(喜怒哀樂)을 직접적으로 표현한다.	■■■□■
45. 곤경에 처해 있는 사람을 위로하거나 북돋아 주기를 즐겨한다.	■□■■■
46. 현상을 잘 관찰 · 분석하고 합리적으로 의사결정을 한다.	■■□■■
47. 「~해도 괜찮을까요?」「……할 생각입니다」「이젠 됐습니다」「어차피 저 따위는 ……」 등의 말을 쓴다.	■■■■□
48. 「와-멋있다!」「굉장하군!」「아하!」 등 감탄사를 자주 쓰며 농담을 잘한다.	■■■□■
49. 「당연히 ……해야 한다」「……하지 않으면 안 된다」는 식의 말투를 잘 쓴다.	□■■■■
50. 권리를 주장하기 전에 의무를 다한다.	□■■■■
합계	□□□□□
	CP NP A FC AC

출처: 우재현(1998). 교류분석(TA) 프로그램.

자신의 자아상태를 파악한 후, 같은 유형의 자아상태가 가장 높은 사람들끼리 모여서 자신의 자아상태의 특징에 대해 서로 토론하고 발표해 봅시다.

....

....

....

....

2) OK 그램 체크리스트(KTAA식)를 통해 당신의 인생태도를 파악해 봅시다.

....

....

작성일:　　　　년　　　월　　　일
학교:　　　　　　　　　　　학번:
성명:　　　　　　　　　　　연령:　　　　　　(남, 여)

–보 기–	
언제나 그렇다	3
자주 그렇다	2
가끔 그렇다	1
좀처럼 없다	0

다음 항목의 질문에 대하여 보기에서의 점수를 □에 기입하세요.
현재 생각하고 있는 그대로를 체크하세요.

1. 나는 나 자신을 좋아한다.	■■□■
2. 나는 타인으로부터 호감을 얻지 못한다.	■■■□
3. 나는 태어나서부터 소중하게 길러졌다고 생각한다.	■■□■
4. 나의 탄생은 그다지 환영받지 못했다고 생각한다.	■■■□
5. 나는 근본적으로 인간을 신용하지 않고 스스로 한다.	□■■■
6. 나는 지금 생활에서 필요로 하는 유익한 인간이라고 생각한다.	■■□■
7. 나는 나 자신을 쓸모없는 인간이라고 생각하는 경우가 있다.	■■■□
8. 다른 사람의 행동방식이나 사고방식이 나와 달리 하고 있을지라도 특히 싫지 않는 기분이다.	■□■■
9. 상대를 존중하는 것은 그 기분을 이해하는 것이라고 생각하기 때문에 힘써 실행하고 있다.	■□■■
10. 다른 사람으로부터 신뢰받는 사람이라고 생각하고 있다.	■■□■
11. 나는 적극적으로 행동을 취하는 편이다.	■■□■
12. 나는 소극적인 성격이므로 실패가 두려워서 매사에 손을 대지 않으려고 한다.	■■■□

13. 때때로 상대를 매도하거나 꼼짝 못하게 한다.	□■■■
14. 나는 자신이 한 언행에 대해 곧잘 후회한다.	■■■□
15. 상대가 기대한 대로 해 주지 않으면 매우 화가 난다.	□■■■
16. 다른 사람의 장점보다 단점을 지적하는 편이다.	□■■■
17. 나는 기본적으로 다른 사람을 믿는다.	■□■■
18. 아이들을 포함해서 누구에게도 자신의 견해를 가질 권리가 있다고 생각한다.	■□■■
19. 자신이 결단하여 행동하는 것이 잘되지 않는다.	■■■□
20. 자신의 용모에 자신이 없다.	■■■□
21. 자신의 얼굴이나 모습에 매력이 있다고 생각한다.	■■□■
22. 매사에 자신이 없기 때문에 대체로 다른 사람들이 하는 대로 따라 한다.	■■■□
23. 다른 사람을 돕는 일은 나쁜 버릇을 키우므로 하지 않는다.	□■■■
24. 자신의 능력 중 어느 면에 자신을 갖고 있다.	■■□■
25. 사람들이 자기 주장을 하거나 경제적으로 풍요하게 되는 것은 좋은 것이라고 생각한다.	■□■■
26. 생각이나 행동방식을 자신과 달리하고 있는 사람은 가능한 한 무리에서 배제해 버리고 싶다.	□■■■
27. 나는 대부분의 사람들과의 관계를 훌륭하게 해 가고 있다.	■□■■
28. 다른 사람의 일이 순조롭게 되고 있을 때 좋은 일이라고 기뻐해 준다.	■□■■
29. 다른 사람들 앞에서 이야기할 때 그다지 불안하거나 긴장되지 않고 자연스럽게 말한다.	■■□■
30. 친구나 동료와 함께 있는 것을 좋아하지 않으며 고독을 즐긴다.	■■■□
31. 싫어하는 사람일지라도 함께 일을 잘 해 낼 수 있다.	■□■■
32. 후배나 부하가 나를 따르는 것은 당연한 것이라고 생각한다.	□■■■
33. 사람들은 누구나 자신이 의사결정을 할 권리가 있다고 생각한다.	■□■■
34. 동료가 실패해도 언제까지나 책망하지 않고 격려한다.	■□■■
35. 나 자신을 그다지 존경할 수가 없다.	■■■□
36. 동료에 비해 나의 타인에 대한 평가는 엄격하다.	□■■■
37. 나는 그다지 다른 사람을 칭찬하지 않는 편이다.	□■■■
38. 나는 대개 다른 사람이 하는 만큼은 할 수 있다.	■■□■
39. 나는 다른 사람을 이용하여 자신의 입장이나 일을 잘하려고 하는 경향이 있다.	□■■■
40. 나는 잘못을 하거나 실망을 하는 경우에도 전향적(前向的)으로 생각할 수 있다.	■■□■
합계	□□□□
	W X Y Z

전부 쓰기를 끝냈으면 세로로 합계하여 그 합계점을 득점란에 써 주십시오. 그리고 그 득점을 아래 표에 점선으로 꺾은선 그래프로 그려 주십시오.

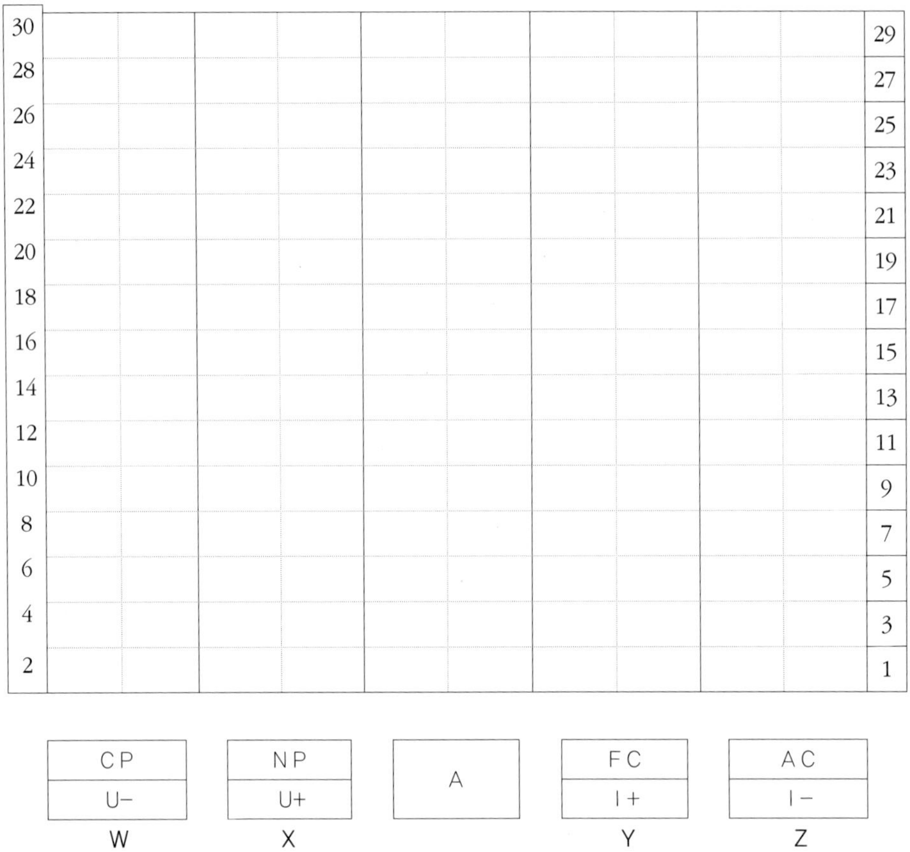

출처: 김춘경 외(2016). 상담의 이론과 실제(2판).

3) 당신의 각본 매트릭스를 그려 보시오.

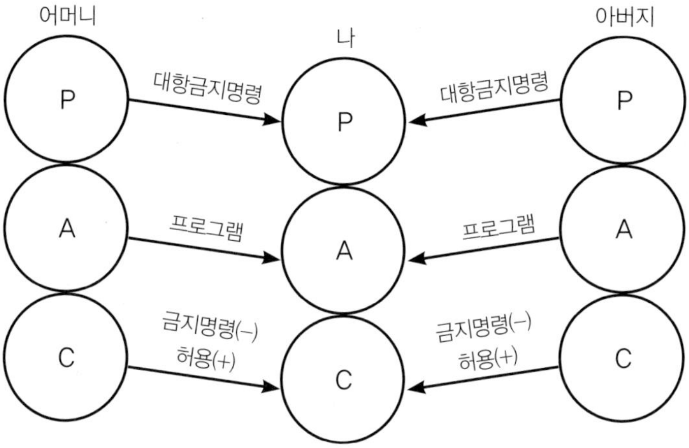

(1) 굴딩의 열두 가지 금지명령을 보면서 본인이 어릴 적 부모나 다른 권위자로부터 언어적 또는 비언어적으로 받았다고 생각되는 금지명령을 적어 봅시다.

....

....

그 금지명령은 누구에게서, 어떤 식으로 당신에게 전해졌는가? 그 당시 당신의 (신체적 · 심리적 · 정서적) 반응은 어떠했는지 적어 봅시다.

....

....

그 금지명령이 현재 당신의 행동이나 삶에 어떠한 영향을 미치고 있는지, 그리고 그 영향력이 어느 정도로 심각한지에 대해 적어 봅시다.

....

....

(2) 당신의 부모가 당신을 교육시키기 위해서 또는 당신의 발전을 위해서 늘 해

주었던 말은 무엇인가? '딱' 떠오르는 말이나 문장을 적어 봅시다.

그 말이 당신의 삶에 어떠한 영향을 미치고 있는지에 대해 적어 봅시다. (과거, 현재, 미래에)

(3) 어린 시절 당신이 당신의 부모 혹은 부모의 대리자를 기쁘게 해 드리기 위해서 했던 행동은 무엇이었는지, 그런 행동의 결과는 어떠했는지, 그 행동이 현재 당신의 삶에 어떠한 영향을 미치고 있는지에 대해 적어 봅시다.

(4) 부모의 영향을 받으면서 형성된 각본 매트릭스를 보면서 당신은 당신의 각본에 대해 평가해 봅시다.

4) 다섯 장으로 된 자서전을 읽고 제시된 활동을 순서대로 해 봅시다.

(1) 내가 자주 빠지는 웅덩이를 그려 보자.

(2) 자주 웅덩이에 빠지게 하는 것(장소, 사건, 사람, 일)은 어떤 것인가?

(3) 웅덩이에 빠지면 나는 어떻게 반응하는가, 얼마나 오랫동안 웅덩이에 있는가, 그때의 마음 상태는?

(4) 웅덩이에 빠진 나를 구해 줄 사람이 있다면, 그 사람은 누구인가? 그 사람과의 관계는?

(5) 웅덩이에 빠진 나는 어떻게 웅덩이에서 올라오는가?

(6) 웅덩이에서 올라온 후의 느낌과 소감은?

(7) 그 웅덩이에 반복해서 빠진 경험이 있는가?

....

....

....

5) 당신이 원하는 인생을 살기 위해서 어떤 각본을 가지고 살아야 한다고 생각하십니까? 원하는 각본을 위해 고치고 싶은 각본 내용은 고치고, 새로 첨부하고 싶은 각본 내용은 추가하면서 각본을 새롭게 써 봅시다.

....

....

....

....

....

....

제14장

엘리스의 성격이론

"인간은 합리적이면서 동시에 비합리적인 존재인 것이다."
"인간은 자신의 인지 · 정서 · 행동을 변화시킬 수 있는 존재다."
—A. Ellis—

엘리스(Albert Ellis)는 사람의 정서와 행동 그리고 여기에 영향을 미치는 신념체계를 중심으로 이론을 정립하였다. 그는 인간의 성격과 정신병리를 설명하는 데 있어서 외부 자극에 대해 개인이 반응하는 신념체계의 해석방식이 매우 중요하다는 점을 강조하고 있다. 엘리스는 인간이 가지고 있는 비합리적 신념과 사고방식으로 인하여 사회부적응과 병리적 성격 특성이 나타날 수 있다고 보았다. 개인의 비합리적 신념체계를 합리적 신념체계로 수정함으로써 그들의 삶 속에서 적응적 인간으로 변화하도록 도와 기능적인 성격 형성을 이룰 수 있다.

1. 엘리스의 생애

엘리스(Albert Ellis, 1913~2007)

엘리스는 1913년 펜실베이니아(Pennsylvania)주 피츠버그(Pittsburgh)에서 3남매 중 장남으로 태어나 뉴욕에서 성장하였다. 어린 시절 출장이 잦았던 아버지와 집안일을 등안시한 어머니 밑에서 모든 일을 스스로 처리하는 방법을 배워야만 하였다. 엘리스는 자신의 어머니에 대해 양극성 장애를 가진 사람으로 표현하였다. 그는 5세경 편도선염이 악화되어 응급수술을 받았는데 수술 후 급성신장염이 발병하였다. 신장염으로 7세까지 병원에 입원해 있는 동안 어머니의 따뜻한 보살핌이나 아버지의 병문안이 거의 없었을 뿐만 아니라 찾아오는 사람 없이 혼자 버텨내어야 하였다.

12세경 부모가 이혼을 하게 되면서 아버지의 재정적 지원은 사라졌으며, 어머니의 소홀한 자녀양육태도는 그를 극도로 부끄럼 많은 내성적인 아이로 만들었다. 엘리스는 아동기 어려웠던 환경으로 인한 도전을 통해 오히려 자신의 선천적 능력들이 발휘되었으며 문제해결자로서 역량을 갖게 되었다. 정서적으로 비참함에 압도당하기보다는 역경을 이겨 내기 위한 방법을 찾아가는 과정에서 타고난 지적 능력이 발휘될 수 있게 된 것이다. 자신의 삶은 아동기 경험에 억눌리기보다는 역경을 극복하기 위해 문제를 해결하려는 적극적 의지의 결과라는 것을 깨닫게 되었다.

엘리스는 자신의 가장 큰 심리적 어려움이었던 여성에게 다가가는 공포를 극복하기 위해서 100명의 여성에게 다가가 데이트 신청을 하였다(위험 무릅쓰기 연습, risk-taking exercise). 그중 1명의 여성만이 데이트에 동의하였으나 그녀 또한 약속시간에는 나타나지 않았다. 이러한 경험은 그를 사회공포증에서 벗어날 수 있게 하였으며, 행동 변화의 중요성에 대해 깨닫게 하였다. 이를 통해 엘리스는 심리적 두려움을 극복하기 위한 방안으로 자신을 던지고 노출시킴으로써 정서와 행동을 변화시킬 수 있다는 것을 알게 되었다. 그는 자신의 심리적 어려움을 극복한 경험을 다른 사람을 돕는 목적으로 활용하기 위하여 임상심리학 대학원에 진학하였다. 그 후, 컬럼비아(Columbia) 대학교에서 박사학위를 받은 후 정신분석적 기법을 활용하여 심리치료를 수행하였다.

1950년대 초반까지 충실히 정신분석 심리치료를 수행하였으나 내담자가 아무리 많은 통찰을 인식하고 초기 아동기 사건을 잘 이해해도 증상이 사라지지 않으며, 새로운 증상이 다시 나타난다는 점을 발견하였다. 정신분석 경험에 근거하여 정신분석의 문제점을 인식하면서 이에 정신분석에 회의를 느끼고 자신만의 이론을 구축해 나가기 시작하였다. 이러한 이유에 대해서 내담자 자신과 다른 사람에 대한 역기능적 신념을 구축하고, 이러한 당위적 명령을 스스로에게 적극적으로 주입한 결과로 보았다.

1955년 엘리스는 합리적 치료(Rational Therapy)를 만들어 내었다. 그는 합리적 분석과 인지 재구조화를 통하여 사람들은 스스로 비합리적 신념에 굴복하고 있음을 지각하고 합리적 구성으로 나아갈 필요성을 발견하게 되었다. 1961년에는 정서적 측면의 중요성을 강조하기 위해 합리적 정서치료(Rational Emotive Therapy)로 이름을 바꾸었으며, 1993년 자신의 기법에 행동적 측면이 많은 부분 포함되어 있다는 점을 받아들여 공식적 명칭을 합리적 정서행동치료(Rational Emotive Behavior Therapy)로 바꾸게 되었다.

엘리스는 90대 고령의 나이에 건강문제로 몸져누울 때까지 하루 16시간씩 치료 활동을 지속하였으며, 2007년 93세의 나이로 사망하였다.

2. 주요 개념

엘리스에게 성격이란 개인의 신념체계를 의미한다. 그는 성격과 병리적 성격을 설명하는 데 있어 외부 자극에 대하여 개인이 어떻게 반응하는가, 즉 해석 방식이 매우 중요함을 강조하였다. 개인이 가진 비합리적 신념과 사고방식은 병리적 성격 특성을 형성하는 원인이 된다는 점이다. 엘리스의 이론은 개인의 신념체계를 합리적으로 수정함으로써 그들의 정서와 행동을 적응적으로 변화시키고 나아가 삶의 전반적 변화를 이룰 수 있게 하는 것이다. 다시 말하면, 합리적인 신념체계를 가지고 있는 사람들은 개인이 겪는 특정 상황, 특히 부정적 사건을 경험하였을 때 적응적으로 기능하기 때문에 건강한 성격을 가지고 있다고 볼 수 있다. 하지만 비합리적인 신념을 가지고 있는 사람들은 개인이 겪은 부정적인 사건에 부적응적으로 기능하기 때문에 건강하지 못한 성격을 가지게 된다.

1) 비합리적 신념과 사고

엘리스는 심리적 부적응과 병리적 성격의 원인은 개인이 가진 비합리적 신념에 있다고 보았다. 이에 부적응적인 심리문제를 가진 사람들의 비합리적인 신념을 파악하고, 비합리적 신념을 합리적으로 변화시키는 데 초점을 두었다. 부적응을 나타내는 사람들이 가지는 주요 특징을 비합리적 신념(irrational beliefs)이라고 보았는데 현실에서 충족되기 어려운 비현실적인 것으로 당위적이고 경직된 완벽주의적 명제의 형태로 나타난다(Ellis, 1996).

엘리스는 절대적이고 당위적인 사고를 인간 문제의 근원으로 파악하였으며, 이러한 비합리적 신념은 자신과 타인, 세상에 대한 당위적 요구(demandingness)로 구성되어 있다(Ellis, 2000). 첫째, 자신에 대한 당위적 요구(self-demandingness)는 스스로 자기 자신에게 현실적으로는 훌륭하게 수행해 내기 어려운 과도한 기대와 요구를 부과하는 것을 말한다. "나는 반드시 탁월하게 일을 수행해야 한다." "나는 중요한 다른 사람들로부터 인정받아야만 한다."는 믿음이다. 이러한 비합리적 신념으로 인해 해야 할 일을 자꾸 미루거나 불만족스러움을 많이 느낄 수 있으며, 자기비난과 자기혐오에 빠지기 쉽게 한다.

둘째, 타인에 대한 당위적 요구(other-demandingness)는 개인이 타인에게 지니는 과도한 기대와 요구를 의미하는 것으로 타인이 자신의 기대에 충족하도록 일방적으로 요구하는 것을 말한다. "타인은 나를 반드시 공정하게 대우하여야 한다." "진정한 친구라면 항상 나의 편을 들어야 한다."라는 믿음이다. 이러한 비합리적 신념은 실망과 좌절감, 배신감 같은 마음의 상처를 많이 받게 하며, 타인에 대한 분노와 공격성이 나타나기 쉽게 한다.

셋째, 세상에 대한 당위적 요구(world-demandingness)는 우리가 살아가는 사회적 체제를 비롯한 자연세계, 세상에 대한 비현실적인 과도한 기대를 말한다. "세상의 모든 것들은 내가 원하는 방향으로 돌아가야 한다." "우리 사회는 항상 공정하고 정의는 반드시 승리해야 한다." "세상은 안전하고 편안하며, 즐거운 곳이어야 한다."는 믿음이다. 이러한 신념은 세상에 대한 분노와 비판, 소극적인 행동, 우울을 초래한다.

사람이 정서적으로 문제를 겪는 원인은 일상생활 속에서 겪는 구체적인 사건이라기보다는 그 사건을 합리적이지 못한 방식으로 지각하고 받아들이기 때문이다(Ellis, 1996). 이를 위해 Kuhn(1977)은 논리적 일치성(논리성), 검증 가능성(현실성), 실용성 등의 측면에서 인간의 합리적 사고(rational belief)와 비합리적 사고(irrational belief)를 구분하였다. 엘리스는 이러한 내용에 덧붙여 경직성(융통성)과 정서적 행동적 결과의 파급효과를 추가하여 두 가지 사고를 비교하였다.

〈표 14-1〉 합리적 사고와 비합리적 사고

특성	합리적 사고	비합리적 사고
논리성	• 논리적 모순이 없다.	• 논리적 모순이 있다.
현실성	• 경험적 현실과 일치한다.	• 경험적 현실과 일치하지 않는다.
실용성	• 삶의 목적 달성에 도움이 된다.	• 삶의 목적 달성에 도움이 되지 않는다.
융통성	• 융통성이 있고, 경직되어 있지 않다.	• 절대적 · 극단적이며, 경직되어 있다.
파급 효과	• 적절한 정서와 적응적 행동에 영향을 준다.	• 부적절한 정서와 부적응적 행동에 영향을 준다.

엘리스의 이론은 사고와 정서, 그리고 행동 간 상호작용의 중요성에 대해 이야기하고 있다(Ellis & Whiteley, 1979). 비합리적 신념은 세상의 비현실적인 것을 과도하게 요구하기 때문에 우리의 삶을 고통스럽고 불행하게 만든다. 즉, 비합리적 신념이 개인에게 나타나는 병리적 성격장애의 원인이라고 보기 때문에 개인이 가진 비합리적 신념을 포기하도록 돕는 데 집중할 필요가 있다.

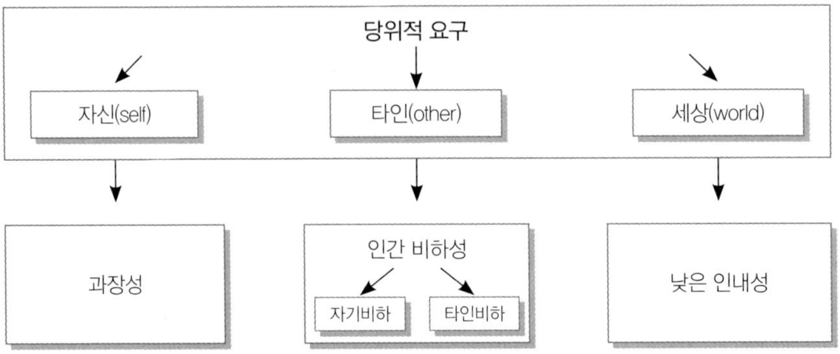

[그림 14-1] 당위적 요구의 구성요소

2) ABC 모델

ABC 이론에서 A(activating events)는 선행사건, B(belief system)는 개인의 신념체계, C(emotional consequence)는 정서 · 행동적 결과를 의미한다. 일반적으로 대부분의 사람들은 선행사건으로 인하여 결과가 나타난다고 생각한다. 예를 들면, 성적을 비관하여 자살을 하거나, 결혼을 약속한 상대와 헤어져서 우울증에 걸린다는 것이다. 하지만 엘리스는 결과가 나타난 것은 선행사건 때문이 아닌 선행사건에 대한 개인의 신념체계 때문이라고 주장하였다.

선행사건 A가 정서적 · 행동적 결과인 C에 직접적인 원인이 되는 것이 아닌 선행사건 A에 대한 그 사람의 신념체계인 B가 C의 원인이 되는 것이다. "성적이 떨어지면 가치 없는 사람"이라는 신념이나 생각 때문에 자살을 시도하고, "결혼을 약속한 상대와 더 이상 만나지 못한다면 삶이 더 이상 의미가 없다"는 신념이나 생각 때문에 우울증에 빠지게 된다는 것이다. 합리적인 신념과 비합리적인 신념체계에 따라 나타나는 결과는 [그림 14-2]와 같다.

[그림 14-2]를 예를 들어 설명하면 다음과 같다. 철수는 여자 친구에게 고백을 하였는데 그 고백을 받아 주어 연인 사이가 되었을 때(선행사건)는 선행사건이 철수의 목표에 부합되어서 별 문제가 되지 않는다. 하지만 그 고백이 받아들여지지 않았을 때에는 철수의 신념체계에 따라 나타나는 결과가 달라진다. 철수가 합리적인 신념체계를 가지고 있다면, 여자 친구의 거절에 절망적인 기분이 들더라도 고백이 받아

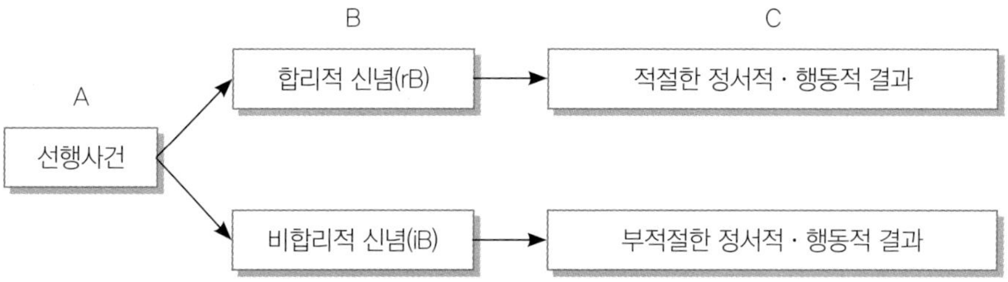

[그림 14-2] ABC의 확장 모형

들어질 수 있도록 더 열심히 노력할 것이다. 하지만 철수가 비합리적 신념체계를 가지고 있다면 결과가 달라진다. 고백이 거절되었을 때(선행사건), 철수는 "나는 거절당했으니 가치 없는 인간이야."와 같은 신념에 따라 반응하게 될 것이다. 그 결과, 철수는 깊은 좌절감, 무가치함 등의 정서를 느끼고 극단적인 행동이 나타날 수 있다.

3. 성격의 형성과정

개인의 성격은 합리적 또는 비합리적 신념에 의해 좌우된다고 주장한 엘리스는 성격 형성과정을 다른 성격이론가와 같이 발달시기를 거쳐 형성되는 것으로 보지 않고, 그 사람이 가지고 있는 신념을 통해 행동과 정서가 좌우되는 것으로 보았다. 여기서 그 과정을 ABCDEF 모델로 설명해 보고자 한다.

ABCDEF 모델은 선행사건을 의미하는 A(activating events), 사고나 신념을 의미하는 B(belief system), 부적절한 정서적 · 행동적 결과를 의미하는 C(consequence), 논박을 의미하는 D(dispute), 새로운 인지체계를 의미하는 E(effective philosophy), 새로운 감정과 행동을 의미하는 F(new feeling and behavior)로 구성된다. 예를 들면, 대학을 졸업한 학생이 입사시험에 떨어진 사건이 있을 때(A), 그는 우울한 상태에 빠지거나 모든 것을 포기하려는 극단적인 행동을 할 수 있다(C). 그런데 이러한 결과(C)는 선행사건(A) 때문이 아니라 선행사건(A)에 대한 비합리적 신념(iB: 나는 시험에 절대 떨어지면 안 돼, 시험에 떨어지는 사람은 정말 무능한 사람이야, 살 가치가 없는

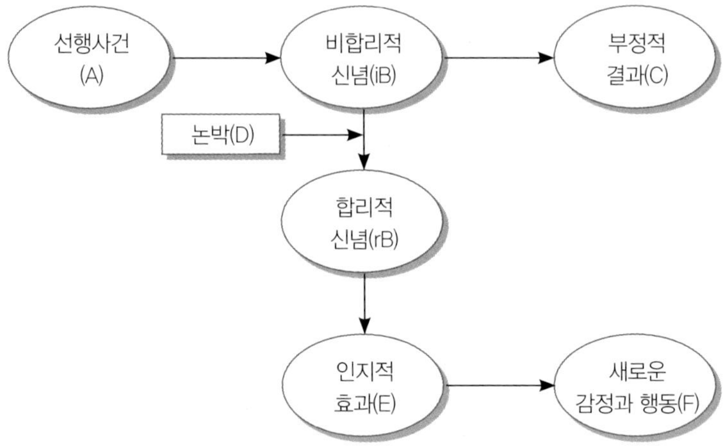

[그림 14-3] ABCDEF 모델

사람이야.) 때문에 나타나는 것이다. 같은 경험을 하더라도 합리적 신념(rB: 내가 부족했네. 다음에 더 준비해서 도전해 봐야겠다. 또는 이 회사에는 응시생이 많은 반면, 채용자가 너무 적었어. 다른 회사를 다시 알아봐야겠다.)을 가진 사람은 자신의 실패를 극복하기 위해 더욱 노력하게 된다. 이렇게 사람의 감정과 행동은 그 사람의 확고한 신념에 의해 결정된다. 논박(D: "이런 생각의 근거가 무엇인가?" "이러한 생각이 어떤 도움이 되지?")을 통해서 비합리적 신념을 합리적 신념으로 변화시켜 줌으로써 효율적인 철학(E)을 찾게 되고 새로운 감정이나 행동을 이끌어 낼 수 있게 된다. 이처럼, ABCDEF 모델에서는 사람들로 하여금 부정적 감정과 행동을 경험하게 하는 비합리적 신념을 찾아내어 논박함으로써 합리적 신념에 근거한 인지적 효과를 갖게 하여 좀 더 적응적인 새로운 감정과 행동으로 변화되게 한다(Ellis & Dryden, 1997).

4. 건강한 성격의 특성

특정 상황이 발생하였을 때 역기능적이고 부정적인 감정과 행동을 일으키게 하는 비합리적 신념은 건강한 성격 형성을 방해하는 주요한 원인으로 작용한다. 그중 가장 중요한 영향을 미치는 신념을 핵심 비합리적 신념(core irrational belief)이라고 한다. 핵심적인 비합리적 신념은 네 유형의 사고를 통하여 부정적 감정을 유발시킨다. 이러한 부정적 감정의 영향은 결국 심리적 장애를 일으키게 하고 병리적 성격을 형성하게 한다(Warren, 2010).

첫째, 절대적인 강요와 당위(absolutic musts and shoulds)는 당위적 요구를 의미하는 것으로, 모든 정서문제를 일으키는 원인으로 보았다. 사람들은 스스로 자기 자신과 타인, 세상에 대하여 비현실적 과도한 기대를 만들고 그것을 일방적으로 부과하며 반드시 지키도록 요구하는 것이다.

둘째, 파국화(awfulizing)는 당위적 요구가 충족되지 않았을 때 현실의 결과에 대해 과장되게 해석하는 것을 의미한다. 예를 들면, "어떤 상황에서도 진정한 친구는 나의 편이다."라는 당위적 요구를 부과하였으나 친구가 자신의 편을 들어주지 않자 "이것은 친구에 대한 배신이다." "끔찍한 일이다."라고 과장되게 해석하는 경향을 보인다.

셋째, 좌절에 대한 낮은 인내력(low frustration tolerance)은 당위적 요구가 좌절된 상황을 참을 수 없다고 생각하는 비합리적 사고를 의미한다. 즉, 도저히 참을 수 없다는 형태의 사고로 나타나는 것이다. 예를 들면, 내 편이 되어 주지 않았던 친구의 행동에 대해 "도저히 참을 수가 없다." "이번 일을 그냥 참고는 살 수 없다."라고 생각하는 것이다. 자신의 기대가 좌절된 상황에서 너무 화가 나 참으며 살 수 없다는 비합리적 사고를 뜻한다.

넷째, 자신과 타인에 대한 질책(damming oneself and others)은 당위적 요구를 충족시키지 못한 자신과 타인은 무가치한 사람일 뿐만 아니라, 비난받거나 질책을 당해야 한다고 생각하는 것을 의미한다. 예를 들면, 내편을 들어주지 않는 친구의 배신행위는 도저히 참을 수 없는 일일 뿐만 아니라 "그런 배신행위를 한 인간은 몹쓸 인간이다." "그런 사람을 친구라고 생각한 내가 한심하다."라고 생각하는 경우다. 이러한 사고는 타인에 대한 분노, 비판, 경멸, 자기비하와 자기질책까지 이어지게 된다.

네 가지 핵심 비합리적 신념은 비현실적인 당위적 요구로부터 시작하여 과도한 부정적 감정과 행동으로 이어지는 과정을 거치게 된다. 대인관계에서 어려움을 가지는 병리적 성격 특성의 사람들로 하여금 그들이 겪는 촉발사건(나의 편이 되어 주지 않는 친구) A가 결과적 감정(분노, 경멸, 자기비하) C를 유발하는 인지과정 B에 개입되는 비합리적 사고를 발견할 수 있게 함으로써, 비합리적 사고가 합리적 사고로 변화될 수 있게 한다면 건강한 성격 특성을 형성하는 데 긍정적 영향을 미칠 수 있다.

5. 성격이론의 적용

1) 합리적 신념과 비합리적 신념

합리적 신념과 비합리적 신념을 파악하는 검사로 점수에 따라 현재 자신이 가지고 있는 신념 상태를 파악할 수 있다.

번호	문항	전혀 아니다	아니다	보통 이다	그렇다	매우 그렇다
1	나는 모든 사람들로부터 사랑받고 인정받아야 한다.					
2	나는 철저히 유능하고, 적절하고, 성취적이어야 한다.					
3	어떤 사람들은 사악하고 나쁘기 때문에 비난받고 처벌받아야 한다.					
4	내가 바라는 대로 일들이 잘되지 않으면 끔찍하다.					
5	불행은 외적 요인에서 비롯되는 것이므로 나는 불행을 통제할 수 없다.					
6	나는 위험하고 두려운 일이 발생할까 걱정하며 그런 생각을 떨쳐버릴 수 없다.					
7	어려움에 직면하고 책임감을 갖는 것보다는 피하는 것이 쉽다.					
8	나는 나보다 더 힘 있는 누군가에게 의존해야 한다.					
9	과거는 나의 현재 행동의 가장 중요한 결정요인이다.					
10	인간의 문제에는 항상 옳고, 정확하고 완전한 해결책이 있는데, 그 해결책을 찾아내지 못하면 끔찍하다.					

출처: Jones, R. G. (1968). *A factored measure of Ellis' irrational belief system with personality and maladjustment correlates*.

[35점 이상: 비합리적 신념, 25점~35점: 보통, 25점 이하: 합리적 신념(Lichtenberg et al., 1992)]

2) ABCDEF 모델 적용하기(연습하기)

다음 문장의 내용이 어디에 해당되는지를 각 문항의 끝 (　　　) 안에 알맞은 번호를 적어 봅시다.

지혜와 만나기로 약속을 하였으나 2시간을 기다렸는데 나오지 않았다. (　　　)
나는 지혜에게 무시당한 느낌이 들어 그녀가 미워졌다. (　　　)
그래서 다음 날 지혜를 만나 헤어지자고 말했다. (　　　)
왜냐하면 약속을 했으면 무슨 일이 있어도 지켜야 하고 약속을 지키지 않는다는 것은 상대방을 무시하는 것이기 때문이다. (　　　)
그런데 가만히 생각해 보니 나도 약속을 어긴 적이 있었고 그때 내가 친구를 무시해서 그런 것이 아니었던 기억이 떠올랐다. 그래서 나는 "누군가와의 약속을 반드시 지킬 수 있는가? 또 지혜가 나를 무시했다는 분명한 증거가 있는가?"라고 나에게 물어보았다. (　　　)
그랬더니 최선을 다해도 약속을 못 지키는 경우가 있을 수 있고, 나를 무시해서 약속을 지키지 않았는지, 정말 어떤 이유가 있었는지 확인해 보고 나서 행동했어야 한다고 생각했다. (　　　)
그러자 지혜에 대한 적개심은 사라지고 오히려 지혜가 걱정되었고(　　　) 지혜에게 사과하고 무슨 사정이 있었는지 물어보게 되었다. (　　　)

① A	② C(행동)
③ C(감정)	④ F(감정)
⑤ F(행동)	⑥ iB
⑦ rB/E	⑧ D

3) REBT 자조양식

이 검사를 통해 내담자에게 자조양식을 통한 자신의 비합리적 신념을 탐색하고, 합리적으로 사고하는 능력을 기르게 하는 데 목적을 가지고 있다. 번호 순서대로 진행해 봅시다.

1. 선행사건(A)

2. 결과(C)

3. 비합리적 신념(iB)

4. 논박(D)

5. 합리적 신념(rB)에 근거한 인지적 효과(E)

6. 행동적 효과(F)

7. 정서적 효과(F)

제15장

벡의 성격이론

"당신의 감정 또는 행동은 일어난 사건에 대해 당신이 갖는 신념의 결과다."
"우울증은 개인이 자신의 경험을 구조화하는 방식에 의해서 결정된다."
-A. Beck-

벡(Aron Beck)은 개인의 인지도식과 신념체계가 성격을 이루는 핵심적 요소라고 주장하면서 이를 중심으로 이론을 정립하였다. 그는 인간의 부적응적 사고가 그들의 부적응적 감정 및 행동을 동반한다고 보았으며, 이들을 변화시키기에 가장 효과적인 방법은 그 사람의 잘못된 사고를 변화시키는 것이라고 강조하였다. 벡은 개인의 행동과 정서에 영향을 미치는 요인들을 자동적 사고와 인지적 오류, 핵심믿음, 인지도식 등으로 구분하여 설명하고 있다. 병리적 성격 특성은 생활사건의 의미를 부정적인 방향으로 해석하는 역기능적 인지도식에 근거하게 된다. 따라서 자기 자신을 비롯한 세상에 대한 왜곡된 인지를 수정할 수 있도록 함으로써 그들로 하여금 유연하고 지혜로운 삶을 살 수 있도록 돕는다.

1. 벡의 생애

벡(Aaron Temkin Beck, 1921~)

벡은 1921년 러시아계 유대인 미국 이민자인 해리 벡(Harry Beck)과 어머니 엘리자베스 템킨(Elizabeth Temkin)의 5남매 중 막내아들로 태어나 뉴잉글랜드(New England)에서 성장하였다. 벡의 부모님은 러시아계 유대인으로 자녀 교육을 중시하였으며, 아버지는 조용한 사람이었고, 어머니는 우울하고 예측하기 어려우며 과잉보호적인 사람이었다.

벡은 아동기 시절 여러 가지 어려움을 겪었다. 3세 때 천식을 앓았으며, 형이 베개로 그를 숨 막히게 한 경험은 질식에 대한 공포감을 남겼다. 이러한 공포감은 그에게 터널 공포증으로 나타났는데, 추후 벡은 터널을 지나갈 때 가슴이 조여 오고 숨이 가빠지는 것을 질식의 징조로 잘못 해석하게 되었으며, 후에 인지적 깨달음으로 두려움을 극복할 수 있음을 알게 되었다. 또한, 7세 무렵 패혈증이라는 심각한 질병으로 인해 어머니와 떨어져 수술실에서 수술을 받았던 경험은 그에게 혈액과 상처 공포증을 가지게 하였다. 그는 질병과 불안 증세로 학교를 자주 결석하였으며 성적도 부진하였다. 이러한 어린 시절 경험은 그를 무능하고 어리석은 사람이라는 신념을 갖게 만들었다.

그럼에도 불구하고 벡은 여러 좌절에 굴복하지 않고 더욱 노력하여 다른 또래들보다 1년 빨리 초등학교를 졸업하였고, 이러한 경험은 무엇이든 해 낼 수 있다는 확신을 가지게 하였다. 그 후, 계속해서 우수한 성적을 거둔 그는 자신이 어리석고 무능하다는 신념을 스스로 극복할 수 있게 되었다. 또한 글쓰기를 좋아하고 지적인 면을 추구하는 아버지 해리 벡의 영향으로 고등학교 재학 중 학교신문 편집장을 맡았음에도 수석으로 졸업하였다.

브라운(Brown) 대학교로 진학한 후 영어와 정치를 전공하였지만 다른 많은 분야의 강의를 수강하였으며, 학교신문인 「Brown Daily Herald」의 편집자로도 일하기도 하였다. 넉넉한 집안 형편이 아니었기 때문에 그는 여러 가지 일을 하면서 학업에 정진하였다.

1942년 그는 브라운 대학교를 졸업한 후 예일(Yale) 의과대학에 진학하였으며, 1946년에 졸업한 후 로드아일랜드 병원에서 정신과 전공의의 삶을 살기 시작하였다. 자신이 어린 시절 겪은 어머니의 과잉보호로부터 비롯된 불안과 목숨까지 위태로웠던 상황에서의 공포, 반복되는 수술로 인한 혈액 및 상처공포증, 이후의 터널공포증 등을 인지적으로 해결하기 위해 노력하게 된다. 이러한 노력을 통해 벡은 자신의 아동기적 경험이 부정적 신념에서 비롯된 것이라는 점을 발견하게 되고, 자신이 당면한 문제를 해결하고 역기능적 사고와 행동을 수정할 필요가 있다고 느끼게 된다.

1953년 정신과 의사가 된 그는 과학적이고 실용주의적 태도를 가진 정신분석 수련을 받았지만 큰 변화를 느끼지 못하여 정신분석에 대한 과학적 근거에 회의를 갖게 되었다. 우울증 환자의 정신분석적 가설을 검증하기 위해 그들의 꿈 분석을 비롯한 카드분류과제를 활용한 성공과 실패에 대한 반응을 조사하였지만 가설 검증에 실패하게 되었다. 그러한 과정을 통해 벡은 우울증의 원인이 현실을 부정적으로 왜곡하는 부정적 관점으로 인한 것임을 발견하게 되면서 정신병리에 대한 비동기적 이론 근거를 마련하고, 인지도식(schema)이라는 용어를 사용하였다. 즉, 사람들이 정보를 해석하는 관점을 바꿀 수 있도록 도와주면 그들의 감정 및 행동적 기능을 변화시키는 데 영향을 미치게 되며, 그 효과가 장기간 지속되어 정신병리의 재발도 막을 수 있게 되는 것이다.

벡은 펜실베이니아(Pennsylvania) 대학교 종합병원에 우울증 클리닉을 개설하였고, 인지를 '특정한 설명, 자기명령 혹은 자기비판에 관한 특정 사고'라 정의하면서 이를 평가하기 위하여 우울척도를 비롯한 역기능적 사고기록표 등의 평가도구를 개발하였다. 인지치료에서 다루는 가장 중요한 증상은 우울이지만 여러 임상적 관찰을 통하여 불안, 물질남용, 양극성 장애 등 다양한 분야에 적용될 수 있음을 경험적 자료에 의해 그 효과성이 현재까지 입증되고 있다.

벡은 350여 편의 논문과 12권의 책을 집필하였는데 주요 저서로는 『인지치료와 정서장애(Cognitive Therapy and the Emotional Disorders)』, 『성격장애의 인지치료

(Cognitive Therapy of Personality Disorders)』, 『우울증의 인지치료(Cognitive Therapy of Depression)』 등이 있다.

2. 주요 개념

같은 일을 경험하더라도 어떻게 대처하는가에 따라 개인의 사고와 감정, 행동은 변화할 수 있다. 인간이 부적응적 사고를 하면 부적응적 감정 및 행동이 동반된다는 측면에서 그러한 사람들을 변화시키기 위한 가장 효과적인 방법은 바로 그 사람의 잘못된 사고를 변화시키는 것이다(Beck, 2005). 즉, 자신이 무능한 사람이기 때문에 아무것도 할 수 없을 것이라는 부적응적 사고보다는 무엇이든 이겨 내고 극복할 수 있다는 적응적 사고가 필요한 것이다. 인지행동적 접근에서 건강한 성격 형성을 돕기 위한 접근은 인간의 주된 특성인 인지에 초점을 두고, 인지적 변화를 통해 다른 모든 것을 변화시키는 데 있는 것이다.

성격에 대한 인지적 관점은 크게 두 가지 가정을 가지고 있다. 첫째, 개인의 성격 형성에서 자신의 주변 환경에서의 정보를 어떻게 처리하는지에 대한 이해가 필요하다는 것이다. 둘째, 성격은 자신이 행하는 의사결정에 따라 달라진다는 것이다. 인지적 과정에서 겪은 일에 대한 사건이 어떻게 기억되고 표상되며 그 기억이 어떻게 세상에 대한 자신의 경험으로 이끌어 가는지에 초점을 둔다. 이러한 두 가정을 중심으로 개인의 마음이 어떻게 조직화되고 있으며, 어떻게 성격이 구성되는지를 핵심믿음, 자동적 사고, 역기능적 인지도식 개념을 통해 살펴보았다.

1) 핵심믿음

어린 시절부터 사람들은 자신과 다른 사람 혹은 세상에 대한 믿음을 형성해 나가며 성장하게 된다. 믿음에서의 가장 중심적인 핵심믿음(core belief)은 매우 근본적이고 깊은 수준의 것으로 본인 스스로도 잘 인식하지 못하는 경향을 보이며, 의문보다는 당연한 것으로 여기고 진리로 받아들여진다(Beck, 2011). 수업시간에 특정한 것에 대해 암기하라고 하였을 때, 다른 친구들은 쉽게 암기를 하지만 자신은 그렇지 못한 부분에 대해 자신이 너무 우둔하다고 생각하게 된다면, 이러한 과정에서 본인에 대해 "나는 무능하다"는 핵심믿음이 생기게 된다. 이러한 믿음은 본인이 우울한 상태에 있을 때 작동할 수도 있으며, 특정 상황 혹은 수시로 작동할 수 있다. 합리적으로 생각해 보았을 때에는 사실이 아니라는 것(부정확하고 역기능적)을 인식할 수 있지만, 실제 대부분의 상황은 핵심믿음의 관점에서 해석하게 된다(Beck, 2011).

"나는 무능하다"는 핵심믿음은 태도(attitude)나 규칙(rule), 가정(assumption)으로 구성된 중간믿음에 영향을 주게 되고, 이러한 영향은 그 사람의 자동적 사고에 영향을 주게 되어 감정과 행동에 부정적으로 영향을 미치게 된다(Beck, 2001). "나는 무능하다"는 핵심믿음을 가지는 사람들은 무능하다는 것을 매우 끔찍하다는 태도를 가지며, "나는 항상 노력해야 해.", "내가 하는 모든 일들은 무조건 해 내어야 해."와 같은 규칙을 구성한다. 이러한 사람들은 무능함을 극복하기 위하여 "만약 내가 열심히 한다면, 해 낼 수 있다."라는 긍정적 가정과 "만약 내가 열심히 하지 않는다면, 실패할 거야."라는 부정적 가정 중 부정적 가정을 선택하게 된다. 무능하다는 핵심믿음으로 인하여 "이것을 할 수 없어.", "나는 모든 것을 이해할 수 없어."와 같은 부정적 자동적 사고를 하게 되고, 결국 슬픔과 우울, 외우기를 포기하고 잠을 자는 것과 같은 행동이 나타나게 된다.

2) 자동적 사고

자동적 사고(automatic thought)는 정서적인 반응을 이끄는 특별한 경험에 의해서 생성된 개인화된 생각으로, 노력이나 선택 없이 자발적으로 일어나는 것을 의미한다. 사람들의 경험 속에서 여러 가지 환경 자극을 비롯한 심리적 문제 사이에 자동적 사고라는 인지적 요소가 개입되어 작용하는 것이다. 우리가 하는 모든 생각들이 자동적 사고에 기반을 두고 있는데, 자동적 사고가 긍정적인 것이라면 문제가 되지 않지만 부정적인 내용의 자동적 사고가 이루어질 경우 심리적 문제를 비롯한 병리적 성격 형성이 불가피하게 된다. 자동적 사고의 주요 특징들을 살펴보면, 매우 구체적이고 축약되어 있으며 아무리 비합리적이라고 할지라도 믿게 된다. 또한, 자발적 경험과 당위성을 가진 말로 표현되며 일을 극단적으로 보는 성향을 내포한다.

매우 빠른 평가적 사고를 의미하는 자동적 사고는 빠르고 짧게 나타난다. 이러한 자동적 사고는 대개 자동적 사고에 뒤따르는 감정의 변화나 행동으로 인식하는 경우가 많다. 감정의 변화 혹은 역기능적 행동에 주목함으로써 자동적 사고를 식별할 수 있는데, 우울한 기분이 들기 시작할 때, 혹은 역기능적인 방식으로 행동한다고 느껴질 때, 몸이나 마음에 고통스러운 변화를 발견하였을 때 내 마음속에 스쳐간 생각이 무엇인가를 탐색해 본다면 그것이 바로 자동적 사고인 것이다.

전형적으로 우울 증상을 경험하는 사람들의 경우 "나는 가치 없는 사람이다."와 같은 자신에 대한 비관적 생각과 "나의 미래는 절망뿐이다."라고 생각하는 앞날에 대한 염세적 생각, "세상은 나를 받아 주지 않는다."와 같은 세상에 대한 부정적인 생각, 즉 인지삼제(cognitive triad)와 같은 자동적 사고를 하게 된다(Beckham et al., 1986). 이는 병리적 성격이 아닌 건강한 성격 특성을 지니기 위한 방법으로 자신의 자동적 사고를 평가해 볼 필요가 있음을 보여 준다.

3) 역기능적 인지도식

세상은 어떤 곳이며, 자기는 어떤 사람이고 인생이 어떤 의미를 가지고 상대와의 관계는 어떻게 유지해야 하는지 등에 대한 지식들이 어린 시절부터 시작되어 하나의 지식 덩어리를 이루게 되는데 이를 인지도식(schema)이라고 한다(이장호, 정남운, 조성호, 2005). 사람들은 자신의 삶 속에서 반복되는 사건에 걸쳐 유사한 특성이 반복되면 그 경험에 따른 틀을 형성하고 만들어 간다. 그러한 질서(틀)는 정보의 지식구조에 해당하는 도식을 형성하는 과정으로 각각의 사람들이 경험하는 내용이 다르듯이 개인마다 인지도식은 다양하게 나타난다(Schwarz, 1990). 특정 사건이 발생하였을 때 여러 가지 방향으로 다양하게 해석이 이루어져야 함에도 자신만의 인지도식 패턴에 따라 특정 자극에 대해서만 선택적으로 주의를 기울여 그 상황을 개념화한다. 인지도식은 안정적인 패턴을 가지고 있기 때문에 유사한 상황을 해석할 때 규칙성을 가지고 나타나게 된다. 살아오는 과정에서 부정적인 내용들로 인지도식 패턴이 만들어진 경우 심리적 문제를 일으킬 수 있는데, 이러한 부정적인 인지도식을 역기능적 인지도식(dysfunctional schemas)이라 한다(Marjorie, 1993).

역기능적 인지도식 내용을 살펴보면, "사람은 멋지게 생기고 똑똑하고 돈이 많지 않으면 행복해지기 어렵다." "다른 사람의 사랑 없이 나는 행복해질 수 없으며, 다른 사람에게 도움을 요청하는 것은 나약한 것이라고 생각한다.", "사람들은 언제 나에게 등을 돌리게 될지 모르기 때문에 다른 사람들을 믿을 수 없다고 생각한다." 등으로 이루어져 있다.

사람이 살아오는 과정에서 자신의 삶에 관한 이해의 틀을 형성하는 과정으로 설명되는 인지도식은 자동적 사고와 매우 밀접한 관련성을 가진다. 하지만 삶을 살아오면서 겪게 되는 부정적인 경험들은 자신만의 역기능적 인지도식을 만들어 간다. 역기능적 인지도식을 가진 사람은 일상생활에서 스트레스 사건을 경험할 경우 자동적으로 부정적인 사고를 떠올리게 되고 결과적으로 심리적 문제에 직면하게 됨으로써 성격 형성에 부정적인 영향을 미치게 된다.

역기능적 인지도식은 사건에 대한 왜곡된 해석으로 우울도식, 불안도식, 공격성도식으로 구성되어 있다(Leung & Poon, 2001). 우울도식의 내용은 상실, 실패와 관련이 있으며 자신의 주변에 일어나는 대부분에 사건에 대해 실패와 상실로 잘못 해석하고 민감하게 받아들이는 성향을 보인다. 불안도식의 경우 신체적 두려움과 정신적 위해 위험과 관련이 있으며, 자신의 생활 속에서 위험과 두려움을 지각하는 데 있어서 매우 민감하게 반응하는 특징을 보인다. 끝으로, 공격성도식은 자신의 생활 속에서 사건을 불공정하게 여기고 적대적으로 오해하여 민감하게 받아들이는 성향을 보이며, 미래의 결과보다는 즉각적인 만족을 추구하는 특징이 있다.

정신병리 분야에서의 도식이라는 용어는 우울증, 불안증, 강박증과 같은 심리장애를 겪을 때 활성화되어 나타나는 개인 특유의 내용을 지닌 구조라는 의미로 사용되고 있으며, 개인이 가지고 있는 도식은 정보처리 과정의 체계적 편향을 일으키게 한다(Beck, 1964). 이처럼, 병리적 성격 형성에 있어서 역기능적 인지도식은 매우 큰 역할을 하기 때문에 자신의 역기능적 인지도식 수준에 대한 평가가 이루어질 필요가 있다.

4) 인지적 오류(인지적 왜곡)

역기능적 인지도식은 자동적 사고를 비롯한 인지적 오류(cognitive error)를 유발시킨다. 오류(왜곡)란 사건이 발생하였을 때 사실과 다르게 해석하거나 그릇되게 받아들이는 것을 의미하는 것으로, 정서적 각성이 고조될 때 자신이 경험한 많은 상식적 · 인지적 실수 혹은 정보처리 과정상의 오류가 나타날 수 있다. 인지적 오류(정보처리 과정상의 오류)란 자신의 현실을 제대로 지각하지 못하거나 의미를 왜곡하여 받아들이는 것을 의미한다. 특정 사건에 대한 자신들만의 주관적인 해석은 타인과의 관계 형성에서 매우 부정적인 영향을 미치기 때문에 그들의 생각에 있어서 거리감을 가지게 하고 객관적인 시선을 가지게 할 필요가 있다.

인지적 오류의 대표적인 유형으로 이분법적 사고(all-or-nothing thinking), 임의적 추론(arbitraty inference), 과장 혹은 축소(magnification or minimization), 선택적 추상화(selective abstraction), 지나친 일반화(overgeneralization), 개인화(personalization) 등이 있다.

〈표 15-1〉 **인지적 오류**

주제	내용
이분법적 사고	양분의 생각으로 모든 상황에 대해 오직 두 가지의 가능성으로만 판단함 예) "이번 일을 완벽하게 성공하지 못하면 실패한 것이다."
임의적(자의적) 추론	어떠한 결론을 내리는 데 있어서 증거가 없지만 최종적 결론을 성급히 내려버리는 경우 예) "일에 있어서 많은 것을 잘한 줄은 알지만, 여전히 나는 실패자다."
과장 혹은 축소	자신이나 다른 사람 혹은 어떤 상황을 평가할 때, 부정적인 정보는 확대하고 긍정적인 정보는 축소함 예) "높은 평가를 받는 것이 결코 내가 똑똑하다는 것을 의미하지 않는다."

선택적 추상화 (정신적 여과)	전체 그림을 보기보다는 한 가지 작은 사소한 것에 관심을 가짐 예) "내가 한 강의에 대한 평가에서(비록 몇 가지 높은 점수가 있음에도 불구하고) 한 가지 부분에서 낮은 점수를 받았기 때문에 내 강의는 엉망이다."
지나친 일반화 (과대 일반화)	하나 혹은 제한된 수의 예를 바탕으로 결론을 과대평가함 예) "여자 친구에게 실연당했으니 나는 평생 혼자 살게 될 거야."
개인화	자신과 아무 관련이 없는 사건에 대해서 자신과 관련된 것으로 잘못 해석하는 경우 예) "길거리를 걸어가다가 벤치에 앉아서 사람들이 웃는 소리를 듣고 자신을 비웃는 것이라고 생각함"

3. 성격의 형성과정

벡은 사람의 전형적인 자동적 사고를 비롯한 감정, 행동 그리고 믿음에 관한 자료를 얻기 위해 인지개념화를 시작했다. 인지개념화 도표에서는 핵심믿음, 자동적 사고 간 연관성을 나타내 준다. 인지개념화의 도표는 [그림 15-1]과 같다.

인지개념화는 그림의 아래쪽 내용부터 시작하는데, 현재 살아가는 과정에서 어려움을 느끼는 세 가지 상황에 대해 적는다. 그 후, 각 상황에서의 중요한 자동적 사고와 의미, 그에 따른 감정과 관련된 행동을 기록한다. 각 상황에서 자동적 사고가 갖는 의미는 상단에 있는 핵심믿음과 논리적으로 연결되도록 한다. [그림 15-1]을 통해서 철수가 가진 자동적 사고와 그 의미가 자신이 무능하다는 핵심믿음과 관련이 있음을 명확하게 발견할 수 있게 되는 것이다. 자신이 무능하다고 생각하는 사람은 "나는 이것을 할 수 없어." "이것은 너무 어려워." "나는 이 모든 것을 이해할 수 없어."와 같은 부정적 자동적 사고를 가지고 있기 때문에 이러한 생각은 우울증을 유발하는 원인이 될 수 있다.

역기능적 성격을 가진 사람들의 특징들을 살펴보면 불안감, 무가치함, 통제, 당위, 자기과장과 같은 핵심믿음이 나타난다는 점에서 건강한 성격 형성을 위한 방안으로 그들이 핵심믿음을 식별하고 수정할 수 있도록 해야 한다. 건강한 성격 형성을 위한 방안으로 자신의 머리를 스치고 지나가는 자동적 사고에 주의를 기울이게 하

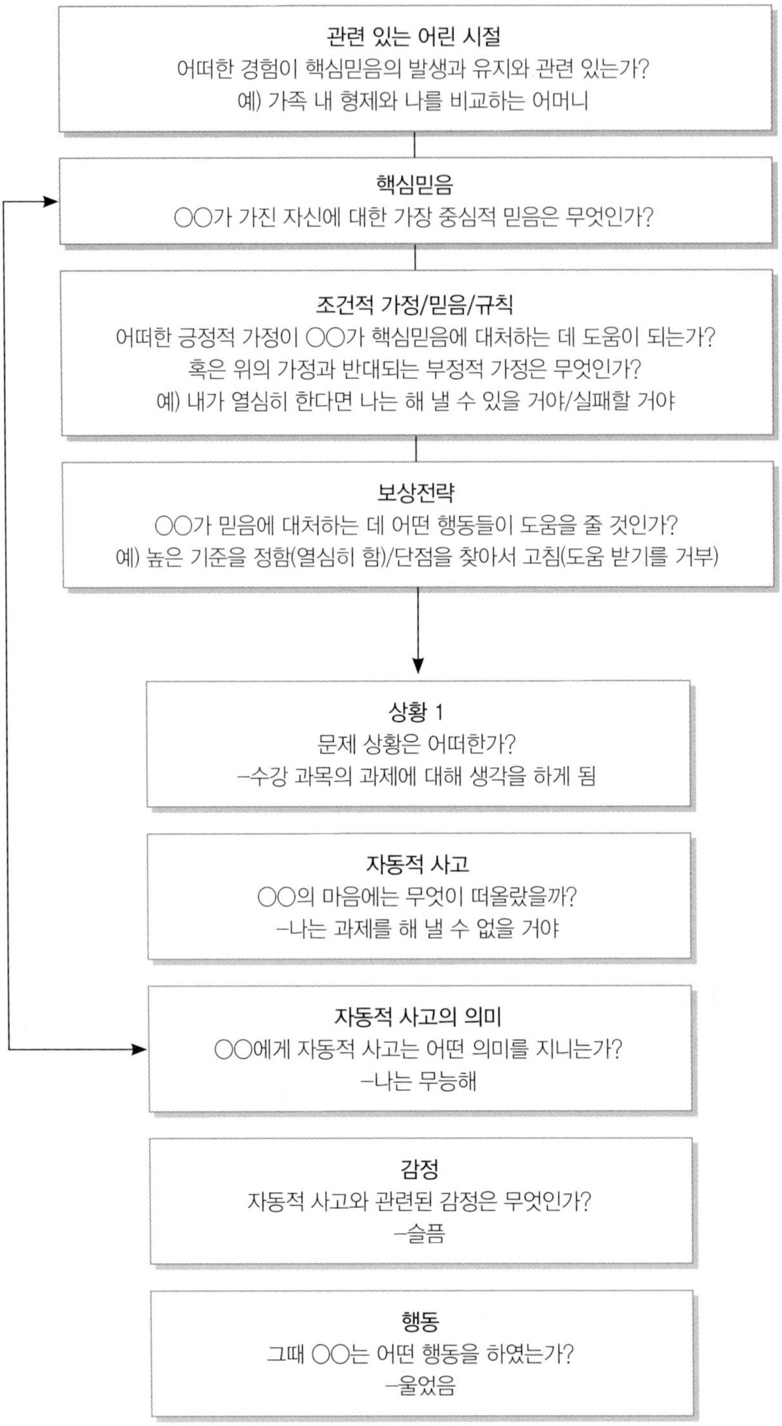

[그림 15-1] 인지개념화 도표

출처: Beck, J. S. (2011). *Cognitive behavior therapy*.

고 인식하도록 하여, 이러한 사고가 자신의 정서와 행동에 어떠한 영향을 미치는가 알게 하는 것이다. 다음으로, 자동적인 사고가 합리적이고 융통성 있는 사고로 변화될 수 있도록 도울 필요가 있다.

4. 건강한 성격의 특성

개인이 삶을 살아가는 데 있어서 각자 경험은 매우 다양하다. 자신의 경험에 대한 가장 중심적인 믿음, 즉 핵심믿음은 개인이 자동적 사고를 결정하는 기초 자료가 된다. 하지만 이러한 자동적 사고가 왜곡되어 있어 나에게 고통을 준다면 자신의 건강한 성격 형성에 매우 치명적일 수 있다. 정신과적 장애로 고통 받는 많은 환자들의 인지과정에서 부정적인 오류가 있다면 건강한 성격 형성을 방해하는 요인으로 작용한다(Beck, 1976). 따라서 건강한 성격 형성을 위한 방안으로 자신의 인지적 사고에 대한 타당성을 시험하고 수용할 수 있도록 도와줄 필요가 있다.

성격장애를 가진 사람들의 인지도식은 정보처리 과정에서 지속적으로 작동한다. 기본적인 처리 단위인 도식들은 저마다 다른 기능을 가지고 있다. 인지적 도식은 추론 및 해석 등에 관여하며, 정서적 도식은 감정의 경험에 관여하고, 통제도식은 자기감찰과 행동의 억제와 밀접한 관련성을 가진다. 즉, 기억과 인지, 정서, 동기, 행동, 통제에 관여하는 체계는 서로 분리되어 있으면서 연결되어 있는 것이다. 정보처리 과정에서 우울증과 같은 병리적 성격 특성을 가진 사람들의 경우 실제 자극 상황에서보다 적절한 도식은 오히려 억제되고, 부적절한 도식이 그 자리를 차지하게 됨으로써 경험의 해석에서 부정적인 편향을 초래하게 된다(Beck, 1967). 병리적 성격 특성을 보이는 사람들이 부정적 자동적 사고를 가질 수 있다는 측면은 건강한 성격 형성을 위한 자신만의 인지적 오류에 대한 파악을 위해 DRDT(daily record of dysfunctional thoughts)를 통한 정보처리에서의 결함을 발견해야 한다고 말하고 있다. DRDT 작업을 통해서 심리적 문제를 개념화하여 행동 변화를 위한 개념화 작업이 이루어진다면 병리적 성격이 아닌 건강한 성격 특성을 지닌 사람으로 거듭날 수 있게 된다.

읽을거리

DRDT(Daily Record of Dysfunctional Thoughts)

개인의 부정적인 자동적 사고를 평가하고 도출하는 대표적인 주요 전략으로 한 사람이 현재에 당면한 사건과 중간적인 생각, 감정적 반응을 기록할 수 있도록 함으로써 DRDT가 생각으로부터 거리를 두도록 하여 보다 객관적인 사고를 할 수 있도록 돕는 것이다(DeRubeis, Siegle, & Hollon, 2008). 특정한 생각을 가질 수 있도록 "이 상황에 대한 대안적 생각은 어떤 것들이 있을까요?" "만약에 나의 가장 친한 사람이나 가족 중 OO가 나의 이런 생각을 안다면 그는 나에게 무엇이라고 말할까요?" 등을 포함하는 다양한 질문을 한다(Dobson & Dobson, 2009). 이러한 작업 접근전략은 그들의 감정적 경험에서 오는 부정적인 감정경험을 대안적 생각으로 바꿀 수 있게 하는 것으로 그들의 행동문제를 긍정적으로 변화할 수 있게 돕는다.

5. 성격이론의 적용

1) 과거의 부정적 예측 점검해 보기

사람들은 부정적 사건이나 감정이 계속 생길 것이라고 생각하는 경우가 많다. 현재 자신이 가지고 있었던 과거의 부정적 예측을 점검함으로써 비관론적 생각이 결코 정확하지 않음을 발견할 필요가 있다. 과거에 자신이 겪은 사건에서 부정적 생각과 예측을 많이 하였으나, 실제 결과는 그렇지 않은 일들에 대해 적어 봅시다.

과거의 사건	생각/예측	실제 결과

2) 자신이 가진 것은 무엇인가?

특정 상황을 떠올려보고 그 당시 내가 부족하다고 생각하는 자질 혹은 능력과 그러한 자질/능력을 전혀 갖지 못하는 사람을 생각해 봅시다. 그 사람을 0점으로 고정한 후 그 사람과 나를 비교해 봅시다. 내가 0점이 아닌 것을 증명하기 위해 내가 가진 것이 무엇이고, 할 수 있는 것이 무엇인지 서술해 봅시다. 나아가 이러한 나의 부족한 점을 극복하기 위한 방법에 대해 적어 봅시다. 자신이 한 모든 일들의 긍정적인 측면에 집중하는 작업을 통하여 우리가 가지고 있는 것을 인식하고 감사할 수 있는 법을 배울 수 있게 될 것입니다.

상황: 철수와 나는 친구들과 관계에서 어려움을 겪고 있다.

자질/능력이 0점인 ○○은	내가 가지고 있는 자질/능력은
예) 친구들과 어울리지 못하는 철수는 친구들의 말을 전혀 듣지 않는다.	예) 나도 친구들과는 어울리지 못하지만, 친구들의 말에 귀를 기울인다. 친구의 말에 귀 기울이고 있음을 보여 주기 위해 언어적 · 비언어적 메시지를 함께 사용할 필요가 있을 것 같다.

상황:

자질/능력이 0점인 ○○은	내가 가지고 있는 자질/능력은

3) 대안적 사고 만들기

현재의 부정적인 사고로 인한 부정적 기분을 긍정적 사고로 변화시키는 작업이다. ① 현재의 부정적 사고(생각)를 적고, 현재 나의 기분에 대해 기술한다. ② 눈을 감고 긍정적이고 편안한 장면을 그려 본다. 몸을 이완시키고 숨을 크게 들이마시고 천천히 쉰다. 마음에 긍정적인 장면이 떠오르면 긍정적인 용어를 떠올린다. 긍정적 용어는 편안함, 따뜻함, 친절함 등이 있다. 긍정적 이미지가 그려지고 편안함을 느끼면 긍정적 감정상태에 머물면서 현재의 가장 긍정적인 측면에서 생각해 본다. ③ 그런 다음 눈을 뜨고 긍정적 감정에 머물면서 긍정적 생각들을 적어 봅시다.

현재의 부정적 사고	현재의 부정적 기분	긍정적 기분 중 떠오르는 긍정적 사고

제16장

켈리의 성격이론

"자신의 꿈을 구원하기 위해 모든 사람은 싸워야 하네.
나의 세상은 나로 인해 그 형상을 가지게 될 것이네!"
-켈리의 시, 〈있다(ONTA)〉 중에서-
"사람들에게 미결의 문제는 현실이 존재하느냐 아니냐가 아니라
그가 그것을 어떻게 만들어 내느냐 하는 것이다."
-G. Kelly-

켈리(George Kelly)는 성격이론의 특징적인 면으로 인간 존재의 인지적이고 지적인 측면을 강조한 최초의 성격심리학자다. 그에 따르면 인간은 개인적 경험 세계를 보다 효과적으로 다루기 위해 그 세계를 이해하고 해석하며, 예견하고 조직할 수 있는 과학자다. 인간 행동을 과학자의 시각으로 분석하고 해석하고자 하는 견해는 켈리 이론의 핵심이라 할 수 있다.

켈리는 인간 성격을 연구하는데 인지적 과정을 강조하는 '개인 구성개념(personal construct)' 이론을 제시하였다. 인간은 자신이 처한 환경에 대한 인지적 구성개념을 만들며, 그러한 구성개념에 의해 사건을 예견하고 해석할 수 있다고 보았다. 이러한 개인 구성개념은 개개인마다 다른데, 그 이유는 그들 각자가 세계를 해석하는 방식이 다르기 때문이다. 켈리가 제안한 구성개념적 대안주의(constructive alternativism)는 인지적 입장을 강조한 이론의 기초다. 구성개념적 대안주의의 가정은 개인이 자

신의 현재 해석을 변화시키거나 대체할 수 있다는 것이다. 즉, 개인 구성개념이 고정적인 것으로 정해지지 않는다는 것을 알 수 있으며, 인간은 자신의 경험을 해석하는 데에 있어 열려 있고 자유롭다는 것을 의미한다. 이처럼 켈리는 인간을 자기주도적으로 선택하고 결정할 수 있는 주체적이고 책임 있는 존재로 보았다. 켈리의 이러한 견해는 그 당시 미국에 유행하던 심리학적 경향과는 완전히 다른 것으로 매우 독창적인 성격으로서 인지적 성격이론에 큰 혁신을 가져왔다.

1. 켈리의 생애

켈리(George Kelly, 1905~1967)

켈리는 1905년 독실한 기독교 근본주의 신앙을 가진 부모의 외아들로 태어나 많은 사랑과 관심을 받으며 성장하였다. 13세 이후 켈리는 집을 떠나 부모의 영향권으로 벗어나 독립적인 생활을 하였고 그의 첫 전공은 수학과 물리학이었다. 졸업 후 사회문제에 관심이 생겨 프로이트의 심리학을 접하기도 했으나 별다른 감흥 없이 오히려 매우 회의적이었다고 켈리 자신은 회상하고 있다.

심리학에 관심을 가지게 된 것은 1929년 교육학 공부를 하기 위해 에든버러(Edinburgh) 대학교에 갔을 때부터이고 아이오와(Iowa) 대학교에서 1931년 박사학위를 받게 된다. 그리고 심리학자로서의 켈리의 경력은 포트 헤이스 캔자스(Fort Hays Kansas) 주립대학교에서 시작되었다. 그곳에서 켈리는 12년 동안 재직하면서 순회심리학 연구소 프로그램을 개발하여 자기 자신과 학생들에게 주립학교 체제가 안고 있는 행동문제를 새로운 각도로 연구하여 심화시킬 수 있는 기회를 만들었다. 이러한 경험은 켈리 스스로에게 풍부한 심리학적 아이디어와 영감들을 불러일으켰고, 이후 이것은 그의 성격과 심리치료 이론으로 흡수되었다. 켈리가 프로이트식 연구방법을 버린 것도 이 시기라 할 수 있는데, 중서부인들이 성적 충동보다는 오랜 가뭄과 먼지 폭풍과 같은 자연적 조건과 열악한 경제적 환경 등에 더욱 많은 영향을 받는다는 임상적 경험을 하였기 때문이다.

제2차 세계 대전 동안 켈리는 해군의 항공심리학자로 활동하였고, 종전이 되자 군요원들의 심리적 문제를 돕기 위한 임상심리학자들이 필요하게 되어 여기에서 켈리는 주요한 역할을 하게 되었다. 1946년 오하이오(Ohio) 주립대학교에서 임상심리 교수로 재직하며 19년 동안 심리학에 중요한 이론적 공헌을 하게 되었다.

켈리는 1965년 브랜다이스(Brandeis) 대학교로 옮겼고, 행동과학 학과장 직무를 수행하게 되며 이로써 그의 학문적 관심과 열정을 마음껏 펼칠 수 있는 완벽한 여건을 만나게 되었다. 그러나 1년 뒤인 1966년 캘리는 세상을 떠나게 되었다. 그의 제자 브렌던 마허(Brendan Maher)는 스승 켈리가 수십 년간 써온 논문들을 모아서 1권의 책으로 묶어 1969년 출판하게 되었다. 켈리는 교사, 과학자 이론가로서 특출한 능력을 빛내며 미국 심리학자들 사이에서 지도자적 위치를 굳혔는데, 이러한 능력과 명성은 켈리를 국제적 무대로 불러와 말년에 그는 국제적인 일들에 많은 시간을 바쳤다. 1960년부터 1년 동안은 인간생태 기금(Human Ecology Fund)의 도움으로 세계를 여행하며 개인 구성개념 이론을 국제문제 해결에 응용하였다.

켈리는 방대한 창의적 재능을 지닌 심리학자, 임상심리학자로서의 훈련을 통해 끊임없는 영향력을 발휘했지만, 스스로는 자신의 그 어떤 것도 세상에 드러내는 것을 꺼려 했다. 이러한 탓에 다른 심리학자들에 비해 출판된 서적은 많지 않다. 그가 남긴 가장 잘 알려진 문헌으로는 1955년 총 12권으로 출판된 『개인 구성심리학(The Psychology of Personal Constructs)』이 있다. 이 저서는 켈리의 성격이론 형성과 임상적 기술 훈련에 대해 설명하고 있다.

2. 주요 개념

1) 개인 구성개념 이론

켈리 성격이론의 가장 중요한 개념으로는 개인 구성개념 이론이 있다. 켈리의 개인 구성개념 이론은 구성적 대안주의라는 철학적 사상을 바탕으로 한다. 구성적 대안주의는 절대적 · 객관적 진실이란 있을 수 없으며, 세계는 인간이 해석하고 구성하는 방법에 따라 존재한다고 한다. 즉, 개인에게 있어 현실에 대한 지각은 해석에 따라 늘 변화하는 것으로 본다. 켈리 성격이론의 철학은 이처럼 우리가 인지하는 세상의 객관적 실체나 절대적인 진리는 상상의 허구에 지나지 않는다고 본다. 대신 객관적 실체나 진리는 그것을 '구성'하는 관찰자의 마음속에 존재할 수 있다. '사상(event)'을 어떻게 구성하는가에 따라 세계가 달라지는데 켈리는 이러한 철학적 입장을 바탕으로 개인 구성개념 이론을 제시하였다. 켈리는 우리 인간이 어떤 사건을 해석하고 예언하는 데 사용하는 인지적 구조를 개인 구성개념(personal construct)이라고 불렀다. 개인 구성개념이란 개인이 세계 속에 있는 사건을 보는 방식, 즉 인생의 사건을 해석하고 설명하기 위해서 고안하는 지적인 가설을 뜻한다. 개인은 자신의 구성개념이 일상생활의 현실을 예언하고 설명할 것이라는 기대에 따라 행동하게 된다는 것이다. 개인은 과학자처럼 계속적으로 이러한 가설을 검증하게 된다. 즉, 개인은 자신의 구성개념에 따라 행동하고 또 행동한 결과를 평가하게 된다. 그러므로 이 세상에서 자신과 동일한 구성개념을 가진 타인은 없고, 자신과 똑같이 구성개념을 조직화하는 사람도 없는 것이다.

인간은 각자 세상을 이해하고 해석하는 방식을 가지고 성격연구에 있어서 핵심은 인간의 그러한 고유한 방식을 결정짓는, 즉 자기 자신만의 행동을 만들어 내는 데 사용되는 개인 구성개념을 확인하는 것이다. 인간은 수많은 상황과 사람들 사이의 다양한 관계들 속에서 거기에 부합하는 구성개념을 발달시켜 온다. 새로운 사람, 새로운 환경과 직면할 때 인간은 구성개념의 목록을 확장시킨다고 볼 수 있다. 또한 우리는 우리에게 영향을 주는 사람과 사건의 변화로 인해 정기적으로 구성개념을 바꾸거나 버릴 필요도 있다. 즉, 우리 인간은 모두 자신의 개인 구성개념을 계속 해서 끊임없이 수정해 가며 삶을 이어 간다고 할 수 있다.

개인적 구성개념의 예로서 일상생활에서 많은 사람들이 그들의 사상을 구성하는 데 이용하는 것으로는 흥분 대 침착, 세련과 저속, 지속적인 것 대 어리석은 것, 선 대 악, 종교적 대 비종교적, 호의적 대 적대적 등이 있다. 행동상의 구성개념의 예로는 서로 다른 사람들이 어떻게 똑같은 사상을 해석하는지 살펴볼 수 있다. 대학을 졸업한 한 젊은이가 대학원 진학을 포기하고 기타를 사 들고 히피사회에서 살기 위해 떠나는 것에 대해 그의 아버지는 이 사상을 고민되고 당황스럽게 해석하는 반면 그의 어머니는 부도덕한 것으로 해석할 수 있다. 그리고 에릭슨 이론에 정통한 그의 학교 상담교사는 그가 자신의 정체성(identity)을 추구하고 있다고 보며, 사회학 교수는 현대사회의 소비지향적 규범을 거부하는 것으로 보는 것이다. 젊은이 그 자신은 '이 시점에 그렇게 한 것은 나로서는 당연하다.'고 그 사상을 자연스럽게 분석한다. 켈리에 의하면 현실은 이러한 각자의 해석에 따른 구성개념을 통해 우리들 각자에게 맞게 여과된다고 본다(Hjelle & Ziegler, 1981).

2) 개인 구성개념 이론의 형식적 구조와 내용

개인 구성개념 이론은 인간이 환경에 대해 지각하고 해석하는 방법을 중요시한다. 즉, 과학자처럼 삶의 사상들을 예측하고 통제하며 현실에 대한 가설들을 세운다는 것인데, 켈리는 개인 구성개념의 이러한 형식적 구조를 설명하기 위해 1개의 기본 가정과 11개의 추론들을 제시하였다.

(1) 기본 가정: 통로화 과정

통로화 과정은 켈리의 주요 이론을 설명하는 기본 가정으로서 형식적 이론의 중심이 된다. 통로화 과정이란 "한 인간의 과정(process)은 그가 사건(event)을 예측하는 방식에 의해 심리적으로 통로화된다.(1955, p. 46)"라는 것인데, 인간은 미래의 일을 어떻게 예측하는가에 따라 어떻게 행동할 것인가를 결정한다는 것이다. 즉, 인간은 사건에 대한 그의 기대에 따라 행동하게 된다. 이것은 달리 말하면 켈리는 인간의 어떤 부분보다는 전인(whole individual)에 주로 관심을 보였다고 말한다.

켈리의 기본 가정에서 사용된 용어에 대한 설명은 다음과 같다(노안영, 강영신, 2018).

- 개인(person): 이 용어는 우리의 일차적 관심이 향하는 실체를 지적하는 데 사용된다. 개인의 어떠한 부분이나 어느 집단, 개인의 행동에서 비롯되는 어떠한 특별한 과정보다 우리가 일차적으로 고려해야 할 것이 개인이다.
- '통로화(channelized)': 우리가 개인의 과정을 넓은 빈 공간에서 허우적대는 것이기보다 통로화된 네트워크를 통해 조작하는 것으로 본다는 것이다. 즉, 인간의 과정(processes)을 허공에 떠도는 것이 아니라 일련의 통로를 통해 작용하는 것으로 본다. 이것은 인간 행동이 시간이나 상황을 통해 비교적 안정적이라는 뜻을 의미한다. 인간은 각기 자기 나름의 방식대로 구성개념을 사용하며, 인간의 과정을 통로화시키는 것은 그 사람 자신이 선택한 바로 그 방식이라고 한다.
- 과정(processes): 이 용어는 심리학의 주제인 일종의 정신에너지의 존재가 일차적으로는 어떤 과정이라는 것을 뜻한다. 인간이 내외적 힘에 의해서 유도되는 비활성적인 존재가 아니라 행동하고 변화하는 유기체라는 뜻이다. 즉, 인간은 일시적으로 활동하는 상태에 있는 것이 아니라 그 자체가 활동의 형태로 있다는 것이다.
- 심리적으로(psychologically): 이 용어는 우리가 다루는 영역의 유형을 의미한다. '심리적으로'라는 말은 과정이 그 예의 어떠한 것들 보다 심리적이라는 것이 아니라, 우리가 과정을 심리적으로 개념화한다는 것을 의미한다. 심리학은 인간 행동을 설명하기 위한 하나의 체계인 것이다.
- 방법(way): 구성개념과 같은 말이며 통로가 목적에 대한 수단으로서 확립되었다는 것을 의미한다. 통로는 개인이 목적 달성을 위해 만들어 낸 책략에 의해 설정된 것이다.
- 그(he): 구성개념화할 때의 개체성(individuality)을 강조한다. 즉, 방식의 주체를 강조하는 말이다. 각 개인은 다른 방식들을 만들고 이용하며 그가 선택한 방식이 그의 과정을 통로화한다.
- 사건(events): 인간은 결국 실제적 사건을 예견하는 것을 추구한다는 것이다. 심리적 과정을 현실과 관련하여 이해한다는 것을 뜻한다. 예견은 단지 그 자체를 위해 수행되지 않으며 미래의 현실이 보다 훌륭하게 설명될 수 있도록 수행

된다. 인간은 늘 현재를 통해 미래를 조망한다.

- 예측하는(anticipates): 인지이론 본래의 예측적이고 동기적인 특징을 말하는데 인간은 과학자와 같이 그 자신의 생에 영향을 미치는 사건을 쉽게 예측하기 위해서 현실을 예견하려고 한다는 것이다. 이런 관점은 켈리의 성격이론에서 인간 행동의 방향성(directionality)을 설명해 준다. 즉, 인간은 그들 나름의 구성개념을 통해 미래를 예측하기 위해 현재를 직시하게 된다.

(2) 11가지 추론들(노안영, 강영신, 2018; Kelly, 1955; Hjelle & Ziegler, 1981)

- 구성개념 추론: 개인은 사건의 검증을 해석하며 이로써 사건을 예견한다. 즉, 반복되는 사건들 간의 유사성은 미래에 일어날 사건을 어떻게 경험할 것인가를 예언하고 예견한다는 것이다.
- 개별성 추론: 사람마다 사건을 구성하는 방식이 다르다는 것이다. 개인이 모두 자신의 방식으로 사건을 지각하고 해석한다는 것으로 개인차를 강조한다.
- 조직화 추론: 개인마다 사건을 쉽게 예견하기 위하여 순서적 관계를 포괄하는 구성개념을 발전시킨다. 구성개념들 간의 관계성을 강조한 것으로, 개인은 구성개념들의 유사성과 차이점에 따라 구성개념들을 체계적 패턴으로 배열한다는 것이다.
- 이분법 추론: 개인의 구성개념 체계는 유한한 이분법적 구성개념들로 구성되어 있다. 구성개념이 양극적이라는 것을 뜻하며, 두 개의 서로 배타적인 대안적 구성개념을 가정한다.
- 선택 추론: 개인은 이분법적 구성개념에서 자신의 체계를 확장하고, 체계의 정의를 가장 분명하게 할 수 있는 대안을 스스로 선택한다. 개인에게 있어 선택의 자유를 가정하는 것이며, 개인은 자신에게 가장 잘 부합되는 대안적 구성개념을 선택하는 것을 말한다. 개인이 선택하는 구성개념은 그에게 예견되는 사건의 결과를 예언하도록 한다.
- 범위 추론: 구성개념은 사건의 유한한 범위를 예측할 때만 편의성을 가진다는 뜻이다. 구성개념의 편리함 또는 적용성의 범위를 강조한 것인데, 개인의 어떤

구성개념은 단순히 하나의 특정한 상황이나 사람의 범위로 제한될 수 있으며, 동시에 제한을 두지 않고 많은 상황과 많은 사람들에게 적용될 수도 있다는 것을 뜻한다.

- 경험 추론: 개인의 구성개념 체계는 어떤 사건들에 대해 반복적으로 해석함으로써 변화된다는 것이다. 따라서 이 추론은 경험에 대한 노출을 강조하고 인간은 끊임없는 많은 경험들을 통해 자신의 구성개념을 검증하며, 불필요하고 적절하지 않은 구성개념에 대해서는 수정하고 변화시키며 대체해 간다는 것이다.
- 조절 추론: 개인의 구성개념 체계에서 변화는 그 변화가 속한 편의성의 범위 내에서 구성개념의 투과성에 의해 제한된다. 구성개념 체계에서 변화가 일어나는 조건을 나타낸다. 이 추론은 한 개인의 상위 구성개념이 더욱 투과적일수록 그 구성개념이 통합하고 있는 하부 구조 내의 변화 가능성은 높아진다는 것을 말한다. 변화를 구성할 상위 구성개념이 없다면 그 개인의 체계 내에서는 변화가 일어날 수 없다. 즉, 개인은 새로운 사상을 구성하거나 오래된 사건을 재구성할 수 있어야 하며, 변화 자체를 구성할 수 있는 능력이 있어야 한다. 변화를 일으키기 위해서는 구성개념과 구성개념의 조정은 그 자신을 위한 사상이어서, 그의 체계 내에서 변화가 구성될 수 있는 개념적 틀을 가져야 한다.
- 분할 추론: 개인은 추론적으로 서로 비교할 수 없는 다양한 구성개념 하부 체계들을 연속적으로 적용할 수 있다. 구성개념들 간의 경쟁을 강조하며, 개인은 때로 자신의 전체적 구성개념 체계 내에서 모순되거나 비일관적인 하부 구성개념들을 가질 수 있다는 것을 뜻한다.
- 공통성 추론: 한 개인이 다른 사람과 유사한 경험을 구성하게 되면 될수록 두 사람의 심리적 과정도 비슷해진다는 것이다. 이 추론은 사건을 해석하는 사람들 사이의 유사성을 설명하는데, 각 개인이 가지는 구성개념은 독특하지만 같은 문화와 집단에 속한 사람들은 유사한 구성개념들을 가진다는 것을 뜻한다.
- 사회성 추론: 한 개인이 다른 사람의 구성개념 과정을 구성하게 되면, 그는 다른 사람이 포함된 사회적 과정에서 어떤 역할을 수행할 수 있다는 것이다. 이 추론은 인간관계 분야에 알맞으며 타인이 어떻게 생각하고 행동을 할 것인가

를 예측하려고 노력하며, 이에 따라 우리의 행동을 수정하고 결정하려고 하는 것을 뜻한다.

3) 역할 구성개념 검사

켈리는 개인 구성개념 형식의 내용과 구조를 평가하기 위해 역할 구성개념 검사(Role Construct Repertory Test: Rep test)를 개발하였다. 역할 구성개념 목록 검사는 개인의 삶에서 유의미한 사람들과의 비교분석을 통해 유사점과 차이점을 발견해 내고, 그것에 대한 차이를 분석함으로써 구성개념을 나타내 볼 수 있다는 것이다. 역할 구성개념 목록 검사는 한 개인의 구성개념 체계의 복잡성과 일생을 통한 구성개념의 변화를 탐색하기 위해 사용된다(Engler, 1999). 이러한 구성개념에서는 두 가지 주제를 생각해 볼 수 있는데 첫 번째 주제는 인간관계의 특성에 대한 것이다. 인간이 기본적으로 부드럽고 다정하며 호의적인 태도를 지니는지 아니면 그 반대로 이기적이고 냉정하며 거친 태도를 지니는지 등에 대한 내용을 포함한다. 이러한 주제는 구성개념 내에서는 서로 대립적인 사랑을 베푸는–자기 중심적인, 민감한–둔감한, 타인과 교류하는–타인에 대해 무관심한 등으로 표현된다. 두 번째 주제는 안정성에 대한 것이다. 구성개념에서는 의존적–건강한, 불안정한–자기 확신적인, 삶에 만족하는–불행한 등으로 표현된다(Pervin & John, 2001).

Rep test의 한 가지 버전을 보면, 자기 삶에서 중요한 역할을 하는 사람들을 서로 비교하는 것이다. 켈리는 역할(role)이란 개인의 인생에서 특정한 사람들이 하는 행동의 이해나 예상이라고 하였다. 즉, '어머니'라는 역할은 어머니들이 다양한 상황에서 어떻게 행동하는지에 대한 이해로 구성된다. Rep test의 첫 단계는 먼저 역할 목록을 작성하는 것이다. 당신 인생의 열다섯 가지 다른 역할들을 생각해 보고 각 다섯 가지 역할마다(〈표 16–1〉) 이 설명에 해당하는 사람의 이름을 적는다. 이름은 중복되면 안 되고 중복되는 경우는 두 번째 선택으로 결정한다. 15명을 모두 정한 후에는 타인과의 관계를 이해할 때 당신이 어떠한 중요한 개인 구성을 이용하는지를 비교, 대조하면 된다. 〈표 16–2〉에서 1에서 15번까지 문항에 적힌 숫자는

〈표 16-1〉의 1에서 15번까지의 역할 목록을 나타낸다. 세 숫자 중 처음 두 경우의 사람들이 어떻게 비슷한지, 세 번째 사람과는 어떻게 다른지를 생각해 보고 유사 칸과 대조 칸에 그대로 기록하면 된다. 15개의 유사/대조 부분은 이렇게 각각 하나의 구성을 만들게 된다. 답변의 분석은 많은 다양한 경로로 진행될 수 있다(McAdams, 2009).

4) 고정역할 치료

켈리는 역할과 새로운 역할의 형성을 특별히 강조하였는데 그에게 있어 역할이란 다른 사람의 눈이 되어 그 사람의 시각으로 또 다른 사람을 보려는 시도다. 다시 말해 그 사람의 구성개념으로 다른 이들을 보려는 것이라 하겠다. 따라서 역할을 수행하기 위해서는 다른 사람의 구성개념을 알기 위해 그 사람의 관점에 대한 지각이 먼저 요구된다. 예를 들어, '어머니'를 역할시연하기 위해서는 어머니가 세상을 보는 방식이 무엇인지를 파악하고 그것대로 지각하는 것이 우선적으로 요구된다는 것이다. 지각을 파악한 다음으로는 마치 어머니가 된 것처럼 행동해야 한다는 것이다(Mischel, 1997). 켈리는 역할시연 기법을 통해 사람들이 새로운 견해와 조망을 얻도록 돕고 보다 더 나은 생활방식을 획득하고 만들어 내기 위하여 치료절차를 고안했다. 이것을 켈리는 고정역할 치료(fixed role therapy)라 불렀다. 고정역할 치료는 내담자의 탐구정신을 촉진시키며 창조적 과정을 통해 개인 구성개념을 형성하도록 돕는 것이라 할 수 있다. 즉, 내담자 스스로 자신만의 새로운 방식으로 행동하고 사유하며 이해하게 함으로써 새로운 사람이 되도록 하는 것이다. 이처럼 고정역할 치료의 목표는 성격의 재구성이라 할 수 있다. 이것은 달리 말하면 인간이 사건을 해석하는 것에 있어 특별한 새로운 방식을 검증할 기회를 주는 것으로 볼 수도 있다(Pervin & John, 2001).

3. 성격의 형성과정

켈리는 인간이란 삶을 살아가며 기본적으로 세상을 막연히 사랑하거나 지배하기보다 '알려고 하며' 또한 '구성'하려 한다고 말한다. 켈리는 성격의 단위를 구성개념으로 보았다. 구성개념은 개인이 가지고 태어나는 것이 아니라 살아가면서 만나는 생활 사건들을 예측하기 위해 발달시키는 것이라 하였다. 그러나 구성개념이 어떻게 발달되는지는 그의 이론에서 구체적으로 설명되지는 않는다(Jankowicz, 1987; Katz, 1984; Solas, 1992; Warren, 1989). 인간은 단 한 가지의 구성개념으로 이해될 수 있는 것이 아니라, 그의 전체적 구성개념을 고려해야 한다고 하였다. 그러면서 동시에 각 개인에게 특유하게 나타나는 구성개념 체계를 강조하였다. 켈리에 의하면 인간은 환경을 구성하고 또 재구성하는 존재다. 인지적 인간으로서 환경을 해석하고 평가하며 가정하고 구성하며 또 재구성함으로써 세계를 해석한다. 즉, 인간은 환경에 의해 결정적으로 영향 받는 존재가 아닌 것으로 보았다. 켈리에게 있어 삶은 각기 다른 구성개념에 기초해 재해석되는 지속적인 움직임으로서, 인간은 반복되는 사건의 재검을 성공적으로 구성함에 따라 그들의 구성개념 체계를 바꾼다고 보았다. 이것은 인간의 성격이란 경험의 기능에 따라 시간적으로 변화할 수 있음을 의미한다.

4. 건강한 성격의 특성

켈리는 성격에 대한 명확한 정의를 내리지는 않고 각 개인의 구성개념 체계 그 자체로 보았다. 한 인간이 가진 성격의 독특성을 이해하기 위해서는'인간은 나름대로 사상을 구성한다는 점에서 서로 다르다'는 개체성 추론(individuality corollary)을 생각해 볼 수 있다. 사람들은 모두 제각각 자신의 특수한 구성개념이라는 프레임으로 현실을 해석하는데, 그 차이란 그들이 '서로 다른 관점'에서 사상을 해석하기 때문이다. 그리고 구성개념의 개체성과 더불어 인간은 '서로 다른 방식'으로 구성개념을 조직화하는데 "인간은 사상을 쉽게 예측하기 위해 구성개념들 간의 순서적 관계를 포괄하는 구성개념 체계를 독창적으로 발전시키게 된다."는 조직화 추론(organization corollary)에 잘 드러나 있다. 즉, 개인 구성개념의 종류와 수는 다양하면서 그것을 조직화하는 방법에 있어서도 서로 다르다는 것이다. 따라서 켈리의 성격이론에서 건강한 성격과 병리적 성격이란, 개인 구성개념의 건강과 병리에 대한 이해와 같다고 할 수 있다.

하나의 예를 들어 보면, '선 대 악'이라는 구성개념의 두 양극 내에 '성적 매력의 유 대 무'라는 두 양극의 구성개념이 포함되는 경우가 있다. 이때 선과 악의 구성개념이 성적 매력에 대한 구성보다 상위의 것이다. 이러한 개인 구성개념 체계의 남성이 만일 남성우월주의자라면 플레이보이 잡지의 여성 모델에 대해 '성적 매력이 있다'라고 해석하는 것은 상위적 개념으로 보아 '선'한 것으로 분석한 것이 된다. 그런데 이보다 더한 남성우월주의자의 구성개념 체계 속에서 '선'하다는 것은 '성적 매력이 있는 것' 이상의 것을 포함할 수 있는데, 예를 들어 그 여성 모델의 인터뷰 기사 자체를 '선'한 것으로 구성한다는 것이다. 그것은 그 기사가 그에게 통찰력을 주는 것으로 생각하기 때문이다. 이러한 경우 '성적 매력의 유무'와 '통찰력의 유무'라는 구성개념은 '선 대 악'이라는 상위 구성개념에 모두 종속된다(Hjelle & Ziegler, 1981). 이와 같이 인간은 각기 독특한 사상을 구성하면서 서로 상이한 순위의 구성개념 체계를 조직화한다. 즉, 켈리에게 있어 한 인간을 이해한다는 것은 그 사람이 어떻게 개인 구성개념을 조직화하는가를 안다는 것과 같으며, 인간 성격의 건강과 병리성은 개인 구성개념 체계의 건강과 병리성에 대한 이해와 같다. 덧붙여 켈리는 개인 구성개념 체계의 조직에 있어서 어느 것이 더 선호되고 우선되는지에 대한 경험적 증거나 이론적 근거는 분명하게 제시하지 않고 있다.

5. 성격이론의 적용

1) 켈리의 Rep test를 직접 해 봅시다. 자기 삶에서 중요한 역할을 하는 사람들을 서로 비교하여 구조화해 봄으로써 구성개념에 대해 간단히 알아볼 수 있을 것입니다. 각자의 개인 구성개념이 어떠한지 다른 사람들의 결과와도 비교해 보면 성격과 행동에서의 차이를 느낄 수 있을 것입니다.

먼저 Rep test의 첫 단계로서 1번에서 15번까지 각 역할에 해당하는 사람의 이름을 적습니다. 한 사람이 중복될 수도 있지만 가능한 서로 다른 사람을 적습니다. 해당 분류에 맞는 사람이 없을 경우에는 가장 비슷한 사람을 적습니다.

〈표 16-1〉

	역할 목록	
1	당신의 삶에 어머니 또는 어머니의 역할을 하는 사람	
2	당신의 삶에 아버지 또는 아버지의 역할을 하는 사람	
3	당신과 나이 차가 많지 않은 남자형제, 그런 남자형제가 없다면 그와 비슷한 사람	
4	당신과 나이 차가 많지 않은 여자형제, 그런 여자형제가 없다면 그와 비슷한 사람	
5	당신이 좋아하는 선생님이 있거나 당신이 좋아하는 사람의 선생님	
6	당신이 싫어하는 선생님이 있거나 당신이 싫어하는 사람의 선생님	
7	아내(남편)를 만나기 전에 친했던 여자(남자)친구 또는 현재 친한 여자(남자)친구	
8	당신의 아내(남편) 또는 친한 여자(남자)친구	
9	극도의 스트레스를 받는 동안에 당신이 헌신하는 직원 및 상사	
10	설명할 수 없지만 매우 친밀하면서도 당신을 싫어하는 것 같은 사람(거절하는 사람)	
11	지난 6개월 동안 당신이 가장 친해지고 싶었던 사람(추구하는 사람)	
12	가장 도와주고 싶거나 가장 미안하게 생각하는 사람(동정심 생기게 하는 사람)	
13	당신이 개인적으로 가장 똑똑하다고 생각하는 사람	

14	당신이 개인적으로 가장 성공했다고 생각하는 사람	
15	당신이 개인적으로 가장 흥미롭게 생각하는 사람	

다음으로 〈표 16-2〉에 제시된 각 번호마다의 세 사람 중 두 사람을 뽑아 그들은 어떤 점에서 비슷한지, 그리고 비슷한 점을 공유한 두 사람은 나머지 한 사람과는 어떤 점에서 다른지를 생각해 봅시다. 두 사람의 비슷한 점은 유사 칸에, 나머지 한 사람과의 차이점은 대조 칸에 적어 봅시다. 15개의 유사/대조 부분은 하나의 구성을 형성하게 되어 내가 주변 사람들을 구조화하는 구성개념을 발견할 수 있을 것입니다.

〈표 16-2〉

	'유사'와 '대조'로 대표되는 개인 구성	유사	대조
1	9, 11, 14		
2	10, 12, 13		
3	2, 5, 12		
4	1, 4, 8		
5	7, 8, 12		
6	3, 13, 6		
7	1, 2, 9		
8	3, 4, 10		
9	6, 7, 10		
10	5, 11, 14		
11	1, 7, 8		
12	2, 7, 8		
13	3, 6, 9		
14	4, 5, 10		
15	11, 13, 14		

출처: Kelly, G. (1955). *The Psychology of Personal Construct*. New York: W. W. Norton.

2) 켈리의 개인 구성개념 이론에 따르면 당신이 지금 현실에서 느끼고 있는 문제 상황들에 대한 어려움은 엄밀히 말하면 당신 자신이 구성한 것입니다. 이런 관점에서 현재 당신이 겪고 있는 하나의 일 혹은 사건을 예로 들어 불필요한 심리적 부담감을 덜 수 있도록 재구성해 봅시다.

(예: S양은 상냥한–공격적인(gentle-aggressive)이라는 구성개념 차원에서 자신을 '상냥한' 사람이라 생각한다. 늘 주변 사람들에게 상냥하게 다가가야 한다고 믿으며, 실제로 인간관계의 틀에서 상냥한 태도를 지니려 애쓰며 살아왔다. 그런데 언젠가부터 S양은 자신의 이러한 모습에서 피곤함을 느끼게 되었다. 이러한 심적 부담감을 덜기 위해서 S양은 '상냥하다는 것이 실제로 무엇을 의미하는 것'인지, '어떤 행동들이 상냥한 것을 나타내는 것'인지 생각해 보게 되었다. 그 결과 S양은 사람은 상냥하면서도 공격적일 수 있는 존재이며, 단지 상황에 따라 다르게 나타날 뿐이라는 것과 타인에게 상냥하게 대한다는 것은 진정으로 무엇을 의미하는 것인지에 대해 다시 한번 생각해 보게 되었고, 보다 폭넓은 시각도 배울 수 있었다. 이처럼 S양은 자신의 구성개념 체계에 대해 더 배우고 깨닫게 됨으로써 자신의 구성체계가 더 잘 기능하게 만들 수 있었고, 상냥한 사람으로 살아간다는 것에 대해 지녀왔던 심적 부담감 또한 덜 수 있게 되었다(Fransella, 1995 참조).

....

....

....

....

제17장

올포트의 성격이론

"우리의 지적 성숙은 더욱더 좋은 질문에 대한 우리의 대답에 스스로 덜 만족하게 느끼는 능력으로 판단된다."

"인생을 견디어 나갈 유일한 방법은 완성해야 할 과업을 갖는 것이다."

-G. W. Allport-

올포트(Gorden Willard Allport)는 뛰어난 특질 심리학자 중 하나이며, 각 개인이 지닌 그만의 특유성(uniqueness)을 밝혀 내는 것을 심리학의 가장 중요한 목표로 생각하였다. 개인의 특유성을 강조하는 입장 외에 올포트는 내면적 인지(internal cognitive)와 동기화의 과정이 행동에 영향을 주고 이것을 야기하는 방법에 대해서도 강조하였다.

올포트의 성격이론은 인간 행동을 인본주의적 연구방법과 성격주의적 연구방법으로 접근하고 있다고 할 수 있다. 그의 이론이 인간의 성장과 초월 및 자아실현을 위한 잠재력 등 인간의 모든 측면을 인지하고자 하는 것이라는 점에서 인본주의적이다. "삶을 유지하기보다 가치 있는 삶으로 만들려고 노력한 그러한 건전한 사람들의 연구에서부터 얻어진 이론은 거의 없다(Allport, 1955, p. 18)"와 같은 언급에서 보듯 올포트는 인본주의적 신념이 매우 강했다. 그리고 그 이론이 추구하는 목표가 실제적 인간의 성장과 발달을 이해하고 예측하는 노력이라는 점에서는 성격주의적이라 할 수 있다. 또한 어느 면으로 그는 사회학과 문학, 종교, 철학 등의 영역으로부터 이해하고 흡수한 것들을 종합하여 인간 성격이 지닌 복잡성과 고유한 특유성을 설명하고자 하였다. 각 인간의 행동은 개인적 특질(trait)의 독특한 형태에서부터 나온다는 것이 올포트의 성격학에 대한 믿음이기도 하다.

1. 올포트의 생애

올포트(Gordon Willard Allport, 1897~1967)

올포트는 1897년 미국 인디애나(Indiana)주의 몬티주마(Montezuma)에서 사 형제 중 막내로 태어났다. 마을 의사였던 아버지는 올포트의 탄생 직후 오하이오(Ohio)주로 이주했고 올포트는 애정과 신뢰, 개신교적 근로 윤리가 강조되는 가정환경 속에서 성장하였다. 어린 시절부터 학구적이었던 올포트는 하버드 대학교에서 심리학을 전공하고 있던 형의 권유로 하버드 대학교에 입학하여 몇 개의 심리학 과정을 이수하였지만, 결국 경제학과 철학을 전공하였다. 이후 하버드 대학원에서 심리학을 연구할 수 있는 기회를 얻고 1922년 박사학위를 취득하였다.

올포트가 22세 때 비엔나(Vienna)의 프로이트(Sigmund Freud)를 만난 일화는 그의 성격이론이 어떻게 형성되어 온 것인가에 대한 좋은 예화라 할 수 있다. 그들이 만나던 날, 프로이트는 올포트와 마주 앉은 후에도 아무 말 없이 침묵이 이어졌고, 지속되는 침묵을 더 견디기 힘들었던 올포트가 프로이트를 만나러 오는 버스 안에서 목격한 일에 대해 이야기하기 시작했다. 지나친 청결벽을 지닌 소년에 대한 이야기였는데, 차 안에서 소년은 그의 어머니에게 더럽고 꾀죄죄한 차림의 사람이 앉았던 자리에 앉지 않겠다고 불평하였다. 올포트는 소년의 그런 청결벽은 단정하고 깨끗한 느낌을 주는 소년의 어머니가 지닌 결벽증의 결과가 아닌가 하고 프로이트에게 물었다. 그러자 프로이트는 "그 소년이 바로 당신이 아닌가요?"라고 물었다. 이 사건은 올포트에게 깊은 인상을 남겼지만 심리분석의 기초인 무의식에 대해 회의를 느끼며 많은 증거를 의심하게 되었다. 심리학자들이 무의식적 성질에 대한 것보다 의식적인 동기에 더 노력을 기울였다면 인간을 더 잘 이해할 수 있었을 것이라는 믿음을 가지게 되었다. 또한 그 당시 심리학의 주류였던 행동주의 이론이 관찰 가능한 행동만을 강조하고 인간의 심층심리를 파헤치려는 노력이 부족하다는 견해를 가지게 되었다.

올포트는 대학원 과정 동안 인간 행동에 대해 다른 사람들과 구별되는 특별한 견해를 가지게 되었고, 1937년 『성격: 심리학적 해석(Personality: A Psychological Interpretation)』이라는 저서를 발표하여 많은 심리학자들의 지지를 끌어내었다. 올포트는 하버드에서 학자로서의 시간을 대부분 보냈으며 여러 전문적이고 명예로운 단체에서도 활발하게 활동하였다. 제2차 세계 대전 동안 올포트는 인간의 사기와 유언비어의 문제를 다루는 단체에서 근무하였으며, 1939년에는 미국 심리학회장으로 선출되었다.

올포트의 견해는 프로이트의 관점과는 많이 달랐으며 아들러의 견해에 보다 가까웠다고 할 수 있다. 인간 행동을 타고난 본능과 아동기의 경험과 억압된 콤플렉스 등으로 돌리는 환원주의적 입장을 거부하였으며, 성격이란 습관과 고착의 덩어리가 아니라 미래를 지향하면서 현재에 뿌리를 두는 조직화된 전체(whole)로 보았다. 그의 이러한 관점은 행동주의적 경험주의를 지향하던 그 당시 미국 심리학자들에게 낯선 것이긴 했지만 존중받았다.

올포트는 다작가였는데 많이 알려진 책으로는 『성격: 심리학적 해석(Personality: A Psychological Interpretation』(1937), 『개인과 그의 종교(The Individual and His Religion)』(1950) 『편견의 본질(The Nature of Prejudice)』(1954) 등이 있다. 그의 자서전은 『심리학 자서전의 역사(A History of Psychology in Autobiography)』 제5권에 실려 있으며, 1967년 매사추세츠 주 케임브리지에서 사망하였다.

2. 주요 개념

1) 특질

올포트는 모든 사람들이 제각각 서로 비슷하거나 다르게 행동하는 것을 설명하기 위한 가장 타당한 분석의 단위로 특질(trait)이라는 개념을 제시하였다. 그에 의하면 성격 특질이란 "많은 자극을 기능적으로 같게 만들고, 동등한 형태의 적응적 표현적 행동을 일으키고 이끄는 능력을 지닌 신경정신적 구조(neuropsychic struct)다" (Allport, 1961). 즉, 특질은 다양한 종류의 자극에 대해 동등한 양식의 반응을 보이는 하나의 성향(predisposition)이다. 올포트는 특질을 성격의 기본적인 단위로 보았으며, 특정 자극이나 반응에만 연결된 것이 아니라 환경에 반응하여 일관적이며 지속적인 방식을 지닌다고 하였다. 또한 특질은 사회적 상황과 관련되는 것으로서 '성격을 고정적이고 불변적인 것으로 취급하는 학설'에 대해 잘못되었다고 비판하였다 (Allport, 1961).

(1) 특질의 특성

올포트는 죽기 바로 전 1966년에 쓴 「특질의 재고(Traits Revisited)」라는 논문에서 성격 특질에 대한 특성을 다음과 같이 설명한다(Hjelle & Ziegler, 1981; Liebert & Liebert, 1998).

- 특질은 가공의 것이 아니라 인간 존재 안에 실재하는 주요 부분이다. 인간은 모두가 자신 안에 '일반화된 행동 경향성'이 실재하고 있다는 것이다. 예를 들어 '내성적', '외향적', '정직성', '비정직성', '공격성', '전쟁에 대한 공포' 등은 물리적 실체는 아니지만 허상이 아니라 인간 안에 분명하게 실재하는 것들이다.
- 특질은 습관보다 넓은 의미의 것으로서 더 일반화된 것이다. 아이가 이를 닦는 것은 부모의 칭찬으로 강화되면서 습관이 될 수 있다. 이때 아이가 이를 닦는

것 자체는 특질이 될 수 없지만, 이를 닦는 습관이 몇 년 지속되면서 습관보다 넓은 체계의 청결 특질이 될 수는 있다.

- 특질은 역동적이며 행동 결정적이다. 특질은 행동을 일으키는 원인이 되지만, 외부 자극에 의해 일으켜지기를 기다리는 것이 아니라, 자기의 특질을 분명히 나타낼 수 있는 자극적 상황을 찾는다. 하나의 예로 매우 사교적인 특질을 가진 사람은 가만히 앉아서 파티가 열리기를 기다리지 않고 적극적으로 파티를 찾아 나서거나 그 스스로 파티를 열어 사교적 특성을 발휘한다.
- 특질은 경험적으로 형성될 수 있다. 특질이 허상이 아니라 실재 하는 것이기에 올포트는 특질을 눈으로 관찰할 수는 없지만 과학적으로 실재함을 증명할 수 있다고 믿었다. 특질이 존재한다는 것은 피험자가 보여 주는 행동 관찰, 사례 기록, 전기, 분리된 반응 속에서 일관성 정도를 나타내는 통계적 기술 등을 통해서 입증될 수 있다.
- 특질은 다른 특질과 상대적 의미에서 독립적이다. 어떤 특질도 고립되어 있지 않고 서로 겹쳐진다. 특질들 간에는 서로를 구분하는 뚜렷한 경계가 없으며 대신 서로 상대적 의미에서만 독립적이다. 올포트(1960)는 통찰력과 유머라는 특질의 경우 이 둘은 서로 별개의 특질임에도 서로 매우 높은 상관관계를 가진다는 연구결과를 예로 들었다. 우리는 높은 통찰력을 가진 사람은 인간의 익살스러운 면을 지각할 수 있을 가능성이 높고, 이것을 유머감각으로 발전시켜 나갈 수 있을 것으로 생각할 수 있다. 그러나 올포트의 관점에서는 어떤 상황에 통합적인 형태로 반응하는 유기체의 경향성 때문에 특질이 겹치는 것으로 보는 것이 타당하다.
- 특질은 도덕적 혹은 사회적 판단과 동일한 것이 아니다. 정의감, 성실성, 탐욕 등의 특질들은 사회의 규범적 가치에 따른 판단을 받게 되지만 분명한 성격의 특질들이다. 인간 안의 특질을 찾았을 때 그 특질을 나타내는 중립적이고 가치 제거된 단어를 찾는 것이 이상적이다.
- 특질은 그것을 포함하는 성격이나 광범위한 인구 속에서의 특질의 분포라는 관점에서 보아야 한다. 예를 들어, 자기색정(autoeroticism)의 경우 다른 특질들

과 마찬가지로 특수성과 보편성의 두 측면을 가진다. 자기색정을 특수한 것으로 본다면, 그것을 특정 인간의 성격 내부에서 가지는 역할이라는 관점에서 연구할 수 있다. 반대로 신뢰성 있고 타당한 '자기색정'의 척도를 제작하고 척도상의 점수차를 연구함으로써 이 특질을 보편적으로 연구할 수도 있다.

- 어떤 특질이 행동이나 습관과 일치하지 않는다 해서 그 특질이 존재하지 않는다고 할 수 없다. 예를 들어, 내향적 성향의 사람이 어느 상황에서 외향적 성향을 보였다고 해서 그 사람 안에 내향성의 특질이 존재하지 않는 것이 아니다. 다만 내향성의 특질이 그 상황에서 밖으로 표출되지 않았을 뿐이다.

(2) 특질의 형태

특질에는 한 개인에게 고유한 것으로서 개인 특질(individual traits)과 같은 문화에 속한 사람들이 공유하는 것으로서 공통 특질(common traits)이 있다. 후에 올포트는 공통 특질을 특질로, 개인 특질을 개인적 성향(personal dispositions)이라고 고쳐 불렀다.

① 개인 특질

올포트는 특질이 개개인에게 파급되는 정도는 모두 다르다고 보았다. 특질이 파급되는 정도에 따라 개인 특질 혹은 개인적 성향에는 세 가지 유형이 있다.

- 주 특질: 개인에게 가장 지배적인 것으로서 행동을 지배하고 거의 모든 생활에 영향을 끼친다. 주 특질의 영향력은 매우 강해서 그 사람의 행동 전반에서 드러나 보이며 결코 감추어질 수 없다. 이러한 주 특질을 가진 사람은 바깥 세상에 널리 알려지는 유명인이 될 수밖에 없다. 올포트는 매우 소수의 사람만이 주 특질을 가진다고 보았다. 예를 들어, 주 특질로서 알베르트 슈바이처(Albert Schweitzer)는 '모든 살아 있는 개체를 경외'해야 한다는 주 경향성을 가지고 있었고, 레프 톨스토이(Lev Tolstoy)는 '생의 철저한 단순화'를 위한 열정을 지녔다고 할 수 있다. 마찬가지로 프로이트는 인생의 대부분을 심리학에 대한 관심에

두고 인간 심연의 동기를 파헤치는 데 바쳤다 할 수 있는데 이러한 사람들의 삶은 그들의 주 특질이 확산된 것이라 할 수 있다(Hjelle & Ziegler, 1981).

- 중심 특질: 주 특질보다 덜 지배적인 것으로서 타인을 언급할 때 떠올리게 되는 공격적인, 냉소적인 등의 그 사람만을 가리키는 특질이라 할 수 있다. 올포트는 그 사람을 특징짓는 중심 특질에는 보통 3개에서 10개 사이가 있다고 보았다.
- 이차적 특질: 뚜렷하게 나타나지 않으면서 일관성이 적고, 개인에게 가장 영향을 적게 주며 매우 약하다. 예를 들어, 음식에 대한 선호나 지엽적이고 특별한 상황적 입장에서 결정되는 개성이라 할 수 있는 것들이다. 공격적 성향의 중심 특질을 가진 사람이 어떤 상황에서는 매우 비공격적 성향을 보일 때가 있는데, 이런 경우 그 사람에게 있어 비공격적 성향은 이차적 특질이라 할 수 있다. 올포트는 인간에게는 다른 특질들보다 이차적 특질이 훨씬 더 많다고 하였다.

② 공통 특질

공통 특질은 같은 문화 안에 사는 사람들을 비교할 수 있는 것으로서, 사람들 사이의 비교는 공통 특질이 존재한다는 가정을 전제로 한다. 우리가 어떤 사람을 다른 어떤 사람보다 더 독선적이라거나 더 친화적이라고 말할 수 있다. 이것은 한 문화 안의 사람들은 비슷한 사회적 영향과 진화의 영향을 받게 되어 비슷한 적응 양식을 발달시키기 때문이다. 이런 예들에는 숙련된 언어의 사용이나 정치적 사회적 태도, 가치 경향성, 불안, 순응성 등이 있다. 같은 문화 내의 사람들은 이러한 공통 차원에서 다른 사람들과 어느 정도 비교될 수 있다(Hjelle & Ziegler, 1981).

올포트에 의하면 공통 특질은 보통 정규분포를 보인다고 한다. 즉, 공통 특질 검사를 그래프로 옮겨 보면 대부분의 사람들이 평균치를 나타내는 중앙에 몰리고, 나머지는 양극에 위치해 전체적으로 종 모양의 곡선을 이룬다는 것이다. 그러므로 공통 특질의 차원은 의미 있는 심리학원 차원에서 한 사람을 다른 사람과 비교할 수 있게 한다.

2) 패턴화된 개성

올포트는 공통 특질에 대해 위와 같은 횡적 비교를 근거 있는 것으로 인정하면서도 특질이 비교의 대상이 되는 두 사람에게 똑같은 방식으로 일어나지는 않는다고 하였다. 그것은 개별적 접근으로서 개개인이 가진 성격의 독특성, 즉 개인 특질에 의해서만이 정확히 파악될 수 있다고 한다. 올포트에 의하면 각각의 사람들은 동기, 특질, 개별적 스타일에 있어 자신만의 조직을 가지고 있으나 이것은 패턴화된 개성이며 두 사람에게 똑같이 반복되어 나타날 순 없는 것이다. 그러므로 올포트는 한 인간의 진정한 성격은 그 개인의 특질을 면밀히 조사할 때 찾아낼 수 있는 것인데, 인간의 특질은 고유한 패턴을 형성하기 위해서 상호작용하므로 그 개별적 부분에 대해서는 완전하게 설명할 수 없다고 본다. 이와 같이 올포트는 사람들 간에 비교될 수 없는 개별적인 중요한 특질들에 대해 '개별화된 특질'이라 불렀다. 그는 공통 특질에 초점이 맞추어진 연구는 인간이 어떤 존재인가에 대한 유사물만을 제시한다고 주장하였다. 즉, 모든 인간의 생각과 행동은 제각각 고유성을 지니는데 타인과 공유되는 행동과 개념은 개인의 밑바닥에 있으며, 성격적인 독특함으로 드러나는 각 개인의 개별화된 특질에 주목할 때 진정한 성격의 이해가 가능하다고 보았다(Alport, 1961).

3) 기능 자율성

올포트의 성격이론에서 가장 잘 알려지고 가장 논쟁이 되는 개념이 기능 자율성이다. 기능 자율성에는 지속적 기능 자율성(perseverative functional autonomy)과 고유자아 기능 자율성(propriate functional autonomy)이 있다. 지속적 기능 자율성은 기초적 수준으로서 낮은 수준의 습관적 행동과 연관 있는데 일상 과업을 수행하는 습관적 방식을 의미한다. 고유자아 기능 자율성은 지속적 기능 자율성보다 중요하며 성인의 동기 이해에 매우 중요하다. 어떤 동기를 지닐 것인지 포기할 것인지를 결정하며 자신의 정체감을 유지하는 조직화 과정이다. 올포트는 고유자아(proprium)라는 용어를 제안했는데, 이것은 한 인간이 지닌 성격의 총체적인 측면들의 합이라 할 수 있다.

올포트는 성격이란 역동적인 성장의 체계(growing system)이며, 성격이론은 동기의 성질 분석을 기초로 한다고 보았다(Allport, 1961). 올포트는 적절한 동기이론이 되기 위한 동기의 네 가지 필수조건을 제시하는데, 첫째, 동기의 현재성이 있다. 과거의 사실은 현재에 역동적으로 활발하게 작용한다는 것을 증명하지 않는 한 의미 없는 것으로서, 과거의 동기들이 역시 현재의 동기가 아닌 한 쓸모가 없다. 중요한 것은 각 개인의 현재 상태다. 둘째, 동기의 형태는 너무 다양하며 그것들의 공통분모를 찾아내기는 힘들다. 따라서 동기를 이해하기 위해서는 많은 동기 개념이 필요하다. 셋째, 동기는 각 개인의 장기적 계획과 같은 인지과정이 역동적인 힘을 지녔다고 본다. 올포트에 따르면 "당신은 앞으로의 인생에서 어떤 일들을 하길 원합니까?"와 같은 질문은 인간의 성격을 이해하는 의미 있는 질문이다. 넷째, 동기의 구체적 특수성이다. 올포트는 동기가 각 유기체 안에서 어떻게 그만의 독특성을 가지며 기능하는가에 초점을 맞추어야 한다고 하였다. 이러한 동기의 기능적 자율성은 올포트 특질 이론의 핵심을 이룬다. 기능적 자율성의 원리는 성인의 동기는 처음으로 그 동기가 나타났던 초기의 경험과 연결되어 있지 않다고 본다. 한 개인이 나타내는 현재의 동기는 기능적으로 자율적이며, 그 동기를 낳은 과거로부터 분리되어 있다는 것이다. 즉, 인간은 과거에 대해 역사적 의미로는 연속된 존재이지만 기능적으로는 자율적이라는 것이다. 이러한 관점은 성인의 성격 기능에 매우 중요한 의미를 지니는 것으로서, 초기 유아기와 아동기 발달 단계를 강조하는 정신분석적 입장과 조건화 경험에 초점을 두는 행동주의 학자들과는 매우 상반된 견해라 할 수 있다.

기능적 자율성은 어떤 하나의 행동이 처음에는 어떠한 이유들에서 비롯된 것이었다 하더라도, 시간이 지나면서 그 행동 자체가 목적이 되고 동기가 된다는 것이다. 한 청소년이 부모님의 권유에 못 이겨서 혹은 학교에서 요구하는 봉사시간을 채우기 위해 의무적으로 시작한 봉사활동이 수년의 시간이 흐르며 성인으로 성장해 가는 동안 어느덧 봉사라는 그것 자체의 의미를 깨닫게 되는 경우가 있다. 그럴 경우 청소년에서 성인으로 성장한 그 사람은 자신에게 의미를 주는 봉사라는 것 자체가 동기가 되고 목적이 되어 봉사활동을 하게 된다는 것이다. 올포트에 따르면 목적을 위한 수단이었던 것이 목적 그 자체가 된다는 것인데, 봉사활동을 하는 현재의 행위는 이전의 동기들에서 벗어나 자율적으로 기능한다는 것이다.

기능적 자율성의 다른 예들에는 자신의 평생을 다 보낸 거친 파도치는 바다로 다시 돌아가고 싶은 퇴역 선원, 안정적인 수입이 보장됨에도 수고를 들여 자신의 작품을 계속 다듬는 숙련공, 오케스트라단에서 퇴출되었음에도 계속 악기를 연주하는 음악가 등을 들 수 있다. 동기 본래의 이유는 없어지거나 바뀌었지만 그래도 동기는 여전히 남아 있는 것이다. 행동을 가져온 처음의 이유는 사라졌지만 행동은 계속 남아 이어진다는 것이다(Hjelle & Ziegler, 1981).

3. 성격의 형성과정

올포트는 성격의 형성과 발달은 학습에 의해 이루어진다고 보았다. 인간은 학습에 의해 자아를 형성하는데, 어떻게 성격을 형성하고 어떻게 사용하는가를 학습한다고 하였다. 즉, 인간의 성격은 인생의 여러 역할들을 언제, 왜, 무엇 때문에 수행하는가에 대한 학습을 통해 형성된다는 것이다. 그리고 올포트는 자아의 역사적 발달을 설명하면서 자아는 그 자체로서 내부에 엄청난 에너지를 가진 역동적 과정이 존재하는 것으로 보았다. 이런 면에서 올포트 성격이론에서의 성격 형성은 자아의 형성과정이라 할 수 있는데, 특별히 올포트는 고유자아 개념을 제시하였다. 올포트는 성격을 특질들의 단순한 묶음으로 보지 않고 특질, 태도, 가치, 동기, 경험 등을 통합하는 포괄적인 개념으로 보았는데 이것을 고유자아라 하였다. 고유자아는 우리가 우리 자신을 중심적으로 느끼는, 즉 인식된 자아(self as known)로 정의된다(Allport, 1968). 올포트에 의하면 성격은 비연속성을 가지는데 출생 때부터 청소년기까지의 성격과 성인기의 성격은 다르다고 보았다. 올포트의 고유자아는 성격의 독특한 통합성과 특질성을 이루는 기능으로서 다음과 같은 일곱 단계의 발달을 통해 형성되어 간다.

- 1단계–신체적 자아: 출생 후 15개월 정도에 나타나는 신체감은 매우 기본적인 것이어서 평상시 성인들은 의식하지 못하다가 몸이 아프다거나 병이 들었을 때 그 중요성을 자각한다. 신체적 감각과 느낌은 자신의 존재를 증명하며 자기 의식을 일생 동안 일깨워 준다.
- 2단계–자아정체감: 아이는 자신에게 일어나는 많은 유동적인 변화에도 불구하고 자기 자신이 같은 사람으로 존속한다는 사실을 깨달음으로써 정체감을 가지게 된다.
- 3단계–자아존중감: 올포트가 매우 중요하게 생각한 단계로서 아이는 자신의 성취에 대해 기뻐하며 자존감을 가지게 된다. 부모가 아이의 성취의욕을 꺾으면 자아존중감 형성이 위협받고 아이는 분노와 수치심을 가지게 된다.
- 4단계–자아확장감: 아이는 자신을 둘러싼 주변을 인식하고 자신의 세계에 속한 일부로서 자기 자신을 인식하게 된다. 나의 집, 나의 학교 등의 표현을 하게 된다.
- 5단계–자아상: 아이가 자신에 대한 이상적 이미지를 발달시키며 자신의 행동이 부모의 기대를 충족시키는가의 여부를 생각하게 된다. 아이의 자아상은 부모와의 상호작용으로 이루어지고 발달해 간다.
- 6단계–합리적 적응체로서의 자아: 일반적으로 초등학교를 다니는 시기이며 아이는 문제해결에 있어 이성과 논리적 사고를 하기 시작한다.
- 7단계–고유자아 추구: 청소년기는 고유자아 발달의 마지막 단계로서 이 시기에 청소년은 자기 삶의 장기적 목표와 계획을 세우기 시작하며 미래를 위한 계획을 형성한다.

4. 건강한 성격의 특성

올포트는 다른 성격이론가들이 신경증적 증상이나 병리적 특성들에 주목한 것과 달리 성격의 건강한 특성에 관심을 두었다. 그는 성격의 성숙이란 개개인이 각자 개별적인 방법으로 발달시켜 가는 적극적인 과정으로서, 계속적이며 평생에 걸친 생성(becoming)의 과정으로 보았다(Allport, 1955). 올포트의 성격에 대한 이러한 관점은 이후 성격이론 연구가 자존심(self-esteem)이나 능력과 같은 인간의 긍정적 속성에 주의를 집중하게 하는 데 기여를 하였다. 올포트는 성인기에 맞는 건강한 성인의 성격에 대한 분명한 준거를 제시하였다. 올포트가 제시하는 건강한 성격을 지닌 성숙한 인간은 먼저 자기 자신을 벗어나 넓게 확장된 자아감(sense of self)을 가진다. 자신의 요구나 욕망에 매여 있지 않으며 자신이 가치 있다고 느끼는 외적인 일들, 즉 직업, 가족, 인간관계, 정치적 · 사회적 문제, 종교 등 모든 영역에 관심을 가지고 참여하게 된다. 그리고 성숙한 인간은 다른 사람들과 우호적이고 따뜻한 관계를 맺으며 정서적 안정과 자기수용(self-acceptance)을 보인다. 또한 현실을 자신의 욕망과 상상에 맞도록 왜곡하지 않고 있는 그대로 지각하며, 객관적인 문제를 해결하는 적절한 기술을 가지고 있다. 문제지향적이 되어 완성해야 할 일이 우선일 때는 사사로운 욕망이나 충동을 누르고 자신을 완전히 망각할 정도로 일에 열중한다. 성숙한 성격의 이러한 측면을 올포트는 뇌 의사인 하비 쿠싱(Harvey Cushing)의 말을 빌려와 "인생을 견디어 나갈 유일한 방법은 완성해야 할 과업을 갖는 것이다."(Allport, 1961, p. 290)라고 말한다. 즉, 건강한 성격의 사람은 현실에 대처하는 자신만의 방법을 가지고 있으면서 어떤 경우에도 자신에게 진정으로 중요하고, 실제적인 목적을 위해 노력한다. 그리고 성숙한 인간은 자기 자신을 객관화할 수 있으며, 자기이해를 위한 유머와 통찰력이 있다. 즉, 성숙한 사람은 자기 자신을 하나의 객체로 바라볼 줄 아는데, 있는 그대로의 자기 자신과 자신이 기대하는 자신, 다른 사람들이 보는 자신 사이의 차이를 이해한다는 것이다. 올포트는 특히 유머를 자기 이해의 중요한 요소로서, 자신이나 다른 사람들의 아주 가소로운 삶의 상황적 측면들을 이해할 수 있게 한다고 하였다. 유머는 자신이 소중히 생각하는 일들을 웃어넘기면서도 여전히 그것을 소중하게 간직하게 하는 능력으로 보았다(Hjelle & Ziegler, 1981).

마지막으로 건강한 성격의 사람은 통합적인 삶의 철학을 가진다. 올포트는 성숙한 성격을 가진 사람은 깊이 간직한 가치관이 있고, 이것은 그의 삶에 통합적 기초로 작용한다. 즉, 통합된 삶의 철학은 한 인간이 살아가는 모든 과정 중에 실제로 의미와 중요성을 띠며 일종의 지배적인 가치 지향성을 보여 준다.

올포트는 그 자신이 제시한 성숙한 성격의 성인이 가지는 특성에 완전히 부합하는 인간은 거의 없다고 보았다. 그러나 성숙한 성격의 몇 가지 면들을 제시함으로써 건강한 성격의 특성을 설명하고 있다.

5. 성격이론의 적용

1) 올포트는 그 사람을 특징짓는 '중심 특질'은 보통 3개에서 10개 사이가 있다고 보았습니다. 내가 나 자신을 위한 추천서를 쓴다면 나를 가장 잘 소개하는 중심 특질로서 어떤 것들이 있는지 생각해 보고, 다섯 가지 이상 나열해 봅시다. (중심 특질의 예: 사교적, 친절한, 신중한, 낙천적, 감상적, 공격적, 독선적 등등)

....

....

....

....

2) 올포트의 '기능적 자율성'의 개념이 적용될 수 있는 경우들을 떠올려 보고, 자신이나 주변 사람들의 사례에서 하나의 예를 찾아 소개해 봅시다.

(예: K군은 부모님의 기대와 권유로 어릴 적부터 의사가 되고자 학업에 열중하게 되었고, 의학 관련 행사나 모임에도 참여하며 꿈을 키워 나갔다. K군은 이러한 자신의 모습을 칭찬하고 격려하는 부모님과 선생님 등 주변인들에 의해 더욱 자극 받으며 공부하여 의과대학

에 진학하였고, 결국 사회에서 인정받는 명의가 되었다. K군은 처음에는 주변인들의 기대와 권유에 영향 받아 의사가 되고자 하는 꿈을 현실화하고자 노력을 하였지만, 의대에 진학하여서는 의학 공부 자체가 K군을 매료시켰다. 의학 공부에 매진하면서 K군은 자신이 습득한 의학적 지식과 기술로써 훌륭한 의사가 되고 싶다는 열망을 가지게 되었다. 대학 진학 후 K군이 의학을 추구하는 것은 자신에 의해 동기화되었기 때문이다. 처음 의대에 진학하여 의학을 공부하고자 한 동기는 없어지고, 의학 공부 자체가 목적이 된 것이다. K군이 의사가 되고자 하는 현재의 열망은 이전의 동기들이 기능적으로 자율화된 것이라 할 수 있다.)

제18장

성격장애

우리 사회에는 매우 다양한 사람들이 존재한다. 동일한 상황을 겪을 때에도 사람들은 각자 자신들만의 생각과 행동으로 대처해 나간다. 이러한 개인 간 차이를 인정하기 때문에 사람들은 자신과 다른 생각과 행동을 나타내는 사람들을 이해하려고 노력한다. 하지만 상식적으로 이해되지 않는 사람들을 종종 만나게 된다. 개성이 강한 사람이라고 이해하기에는 병리적이고 부적절한 행동을 반복하여 주변 사람들과의 원만한 관계 형성이 어려운 사람, 즉 성격장애를 가진 이들이 있다.

성격장애(personality disorder)란 어린 시절부터 서서히 발달하여 성인기에 고착된 상태로 굳어진 개인의 성격 특성으로 병리적 양상이 나타나는 경우를 의미한다(APA, 2013). 성격장애를 가진 사람들은 자기감을 비롯한 정서경험, 목표, 공감능력, 친밀감 형성능력 등이 손상된 매우 경직된 내적 경험과 외부 행동을 보이게 된다(APA, 2013). 극단적이고 병리적 특성을 보이는 성격장애 사람들은 자신이나 타인에게 심각한 어려움과 심리적 고통을 유발시킨다. 자신들만의 독특하고 지속적인 내적 경험과 외부 행동 패턴을 가지기 때문에 예측이 매우 어렵다.

개인의 병리적 성격 특성 및 심리문제를 파악하기 위한 방법으로 미국정신의학회에서 제작한 DSM(Diagnostic and Statistical Manual and Mental Disorders)과 세계보건기구에서 제작한 ICD(Inter-national Classification of Disorders), 미국국립정신보건원에서 제작한 RDoC(Research Domain Criteria) 진단체계가 존재한다. 이 장에서는 미국정신의학회에서 2013년도에 출판한 『DSM-5』를 기준으로 성격장애를 살펴보고자 하였다.

DSM-5에서는 성격장애를 10개로 구분한 후 이를 다시 세 가지의 군집으로 분류하였다(APA, 2013). 기묘한 행동을 주요 특징으로 하는 A군에는 편집성, 분열성, 분열형 성격장애가 포함된다. 극적인 행동을 주요 특징으로 하는 B군에는 반사회성, 경계선, 연극성, 자기애성 성격장애가 포함되어 있다. 마지막 군집인 C군에는 높은 수준의 불안을 특징으로 하는데, 회피성과 의존성, 강박성 성격장애가 포함되어 있다.

DSM-5에서 제시한 성격장애로 진단되기 위한 몇 가지 기준은 다음과 같다(APA, 2013). 첫째, 개인의 지속적 내적 경험과 행동패턴이 그가 속한 사회문화적 기대에서 심하게 벗어나야 한다. 이러한 양식은 ① 인지(예: 자신, 타인, 사건을 지각하고 해석하는 방식), ② 정동(예: 정서반응의 범위와 강도, 불안정성, 적절성), ③ 대인관계 기능, ④ 충동조절 중 2개 이상의 영역에서 나타나는 경우에 해당한다. 둘째, 고정된 행동패턴이 융통성이 없으며, 개인생활과 사회생활 전반에서 널리 나타나야 한다. 셋째, 고정된 행동패턴이 사회적 · 직업적, 또는 다른 중요한 영역에 임상적으로 심각한 고통 혹은 기능의 장애를 초래하여야 한다. 끝으로 이러한 행동패턴이 변하지 않고 오랜 기간 지속되어 왔으며, 발병 시기는 적어도 청소년기나 성인 초기로 거슬러 올라갈 수 있어야 한다.

현재 DSM에 수록된 10개의 성격장애는 범주적 접근으로 분류되어 있으며, 몇 가지 가정을 기본으로 한다. 첫째, 문제가 되는 성격 특질은 있거나 없거나 둘 중의 하나다. 둘째, 한 개인이 성격장애를 가지고 있거나 없거나 둘 중 하나다. 셋째, 하나의 성격장애를 가진 사람은 그 외의 다른 성격문제는 뚜렷하게 나타내지 않는다. 하지만 이러한 범주적 접근의 분류는 성격장애를 진단하는 데 어려움을 가진다. 성격장애는 여러 면에서 중복되어 하나의 장애에 포함시키기 어려우며, 장애를 가진 사람을 진단하는 견해의 불일치가 많이 일어나기 때문이다. 또한 특정 개인이 하나 이상의 성격장애를 가지고 있는 것으로 진단 내려지기도 한다(APA, 2013).

이러한 범주적 접근의 한계를 극복하기 위한 방안으로 차원적 접근이 이루어질 필요성이 제기되고 있다(Morey, Skodol, & Oldham, 2014). 성격장애는 기능 장애 유형은 아닌 정도의 차이이며, 어떤 특징의 유무가 아닌 성격 특질의 심각도에 의한 분류가 이루어져야 한다는 것이다. 차원적 접근에서 각각의 특질은 문제가 되지 않는 수준에서 매우 문제가 되는 수준까지 연속선을 이룬다고 본다.

범주적 차원 분류가 문제가 있고 차원적 접근에 대한 기대가 커지면서 성격장애의 현재 분류 기준에 대한 임상 현장에서의 비난과 염려가 나타나고 있다. 이러한 논란에 대해 DSM을 개발한 Anderson 등(2014)은 추후 대안적 차원의 접근이 이루어질 가능성을 기술함으로써 미래에 이루어질 성격장애 분류 방향 변화에 가능성을 제시하였다.

1. 기묘한(A군) 성격장애

기묘한 성격장애에는 편집성, 조현성(분열성), 조현형(분열형) 성격장애가 포함된다. A군의 특성을 지닌 사람들의 대표적 특징은 괴상하거나 기이한 행동을 보인다는 것이다. 극도의 의심을 비롯한 사회적 고립과 특이한 사고를 보이며, 지각방식에서 조현병(정신분열증)의 증상과 유사해 보이지만 그 정도가 조현병만큼 심하지 않다. 기묘한 성격장애는 조현병(정신분열증)과 관련이 있다고 보고되고 있는데(Rosell et al., 2014), 기묘한 군집의 성격장애를 가진 사람은 조현병(정신분열증) 진단이 부가적으로 붙여지기도 한다(Triebwasser et al., 2012).

1) 편집성 성격장애

타인에 대한 불신과 의심을 주요 특징으로 하는 편집성 성격장애(paranoid personality disorder)를 가진 사람들은 다른 사람을 매우 불신하고 그들의 동기를 의심한다(APA, 2013). 일과 관련하여 다른 사람의 약점과 실수에는 매우 비판적이고, 자신의 잘못을 인지하는 능력은 부족하나 타인의 비판에는 매우 민감하게 반응하기도 한다(McGurk et al., 2013). 이들은 자신의 삶에 문제가 생기면 타인을 비난하기 쉬우며 반복적으로 앙심을 품기도 하는 특징을 보인다(Rotter, 2011).

편집성 성격장애의 진단기준은 다음과 같다. 타인의 동기를 악의에 찬 것으로 해석하는 등 광범위한 의심과 불신이 성인기 초기에 시작되어 여러 가지 상황에서 나타나야 한다. 또한 다음의 일곱 가지 특성 중 네 가지 이상의 항목이 충족될 경우 진단이 가능하다(APA, 2013). 첫째, 충분한 근거 없이 타인이 자신을 부당하게 이용하거나 속이고 있다고 의심한다. 둘째, 친구나 동료의 성실성이나 신용에 대해 부당하게 의심을 한다. 셋째, 정보가 악의적으로 이용될 것이라는 공포로 인하여 터놓고 이야기하는 것을 꺼려 한다. 넷째, 타인의 행동에서 자신을 비하하거나 위협하는 숨겨진 의미를 찾으려고 한다. 다섯째, 원한을 오랫동안 가지고 있으며, 자신에 대한 모욕이나 경멸을 용서하지 않으려고 한다. 여섯째, 타인이 자신의 인격이나 명예를 공격했다고 인식되면 즉각 반격한다. 일곱째, 이유 없이 배우자나 성적 상대자의 정절에 대해 반복적으로 의심한다.

정신역동적 입장에서 편집성 성격장애의 원인을 살펴보면, 무의식적인 동성애적 욕구에 기인한다고 보고되었다. 동성애적 욕구에 대한 불안 제거를 위해 자신들만의 방어기제를 사용한다는 것이다. 인지적 입장에서는 편집성 성격장애자들의 행동적 특징에 대해 설명하면서 그들이 지닌 독특한 신념과 사고과정에 초점을 두어 원인을 설명하고 있다(Beck & Freeman, 1990). 편집성 성격장애를 가진 사람들은 세 가지의 기본적 신념을 가지고 있다. 첫째, 사람들은 악의적이고 기만적이다. 둘째, 사람들은 기회만 있으면 나를 공격할 것이다. 셋째, 긴장하고 경계해야 나에게 피해가 없을 것이다.

2) 조현성(분열성) 성격장애

사회적 관계를 지속적으로 회피하고 감정표현을 거의 하지 않는 특징을 보이는 조현성(분열성) 성격장애(schizoid personality disorder)를 가진 사람들은 다른 사람들과의 관계를 맺는 데 있어 매우 어려움을 가진다(APA, 2013). 그들은 사회적으로 위축되고 고립되어 있으며, 다른 사람들과의 어울림이나 접촉을 거부하고, 자신들이 맺는 관계에서도 만족감을 찾지 못한다. 혼자서 외롭게 보내는 시간이 대부분이며 접촉을 필요로 하는 활동에는 참여하지 않으려고 한다. 사회적으로 접촉을 피하는 이유는 편집성 장애와는 다르게 불신이나 의심이 아닌 혼자 있고 싶은 생각이 크기 때문인 것으로 보고되고 있다(APA, 2013).

조현성 성격장애의 진단기준은 다음과 같다. 사회적 관계에서 고립되어 있으며 대인관계 상황에서의 감정표현이 제한되어 있는 특성이 성인기 초기부터 생활 전반에 걸쳐 나타나야 하며, 다음의 일곱 가지 특성 중 네 가지 이상의 항목을 충족시키는 경우에 해당한다(APA, 2013). 첫째, 친밀한 관계를 원하지도 즐기지도 않는다. 둘째, 항상 혼자서 하는 활동을 선택한다. 셋째, 다른 사람과 성경험을 갖는 일에 흥미가 없다. 넷째, 만약 있다고 하더라도 소수의 활동을 통해서만 즐거움을 느낀다. 다섯째, 직계가족 외에는 가까운 친구나 마음을 털어놓을 친구가 없다. 여섯째, 타인의 칭찬이나 비판에 무관심하다. 일곱째, 정서적 냉담, 무관심, 둔마된 감정반응이 나타난다.

조현성 성격장애의 원인에 대해 대상관계이론에서는 어린 시절 충족되지 못한 접촉 욕구로 인하여 증상이 초래된다고 보고하였다(Caligor & Clarkin, 2010). 조현성 성격장애를 가진 부모들은 자녀를 수용하지 않거나 학대하는 경우가 많이 발생하는데, 이러한 경험은 사랑을 주고받지 못하는 상황에 이르게 한다. 결국, 그들은 모든 관계를 회피하는 것으로 대처하게 되는 것이다. 인지적 입장에서는 조현성 성격장애에 대해 사고의 결함이 있다고 주장하면서, 이들의 생각이 모호하고 공허하기 때문에 정확한 지각에 도달하는 데 어려움을 가지며, 타인의 정서적 단서를 파악하지 못하여 정서에 반응하는 것이 어렵다고 한다(APA, 2013). 이들의 주요 신념으로는 "상관하지 마라. 내버려 두라."로 다른 사람과의 거리를 유지하려는 행동을 반복한다(조성호, 2000).

3) 조현형(분열형) 성격장애

친밀한 관계에서 극도의 불편함을 느끼고 기이한 사고와 지각 및 특이한 행동을 특징으로 하는 조현형(분열형) 성격장애(schizotypal personality disorder)를 가진 사람들은 조현성 성격장애와 비슷하지만 차이를 가진다(APA, 2013). 두 가지 성격장애 모두 대인관계에서 회피의 특징을 보이지만, 조현성 성격장애 사람들은 무관심하게 초연하고, 동떨어져 지내는 경향을 보이고 두드러지지 않는 모습이 일반적이다. 하지만 조현형 성격장애 사람들의 경우 정신증적 증상(인지적 혹은 지각적 왜곡)을 경험하는 경향이 있으며, 행동적 측면에서도 기괴함이 나타난다. 또한 친구가 없고 사회적 상황에서 극도의 불안감을 경험하며 남들이 보기에 기이하게 느껴지는 행동(행동과 외모가 평범하지 않음)을 한다.

조현형(분열형) 성격장애로 진단되기 위해서는 친밀한 대인관계에서의 현저한 불안감을 비롯한 인간관계에서의 제한된 능력, 인지적 또는 지각적 왜곡, 기이한 행동으로 인한 생활 전반에서의 대인관계 및 사회적응에서의 손상이 나타나야 한다. 이와 더불어 다음 아홉 가지 특성 중 다섯 가지 이상의 항목에서 충족될 경우 진단이 가능하다(APA, 2013). 첫째, 관계망상과 유사한 사고를 나타낸다. 둘째, 괴이한 믿음이나 마술적 사고를 지니고 있다. 셋째, 신체적 착각을 비롯한 특이한 지각에 대한 경험을 자주 한다. 넷째, 괴이한 사고와 언어가 나타난다. 다섯째, 의심이나 편집증적 사고가 나타난다. 여섯째, 부적절하거나 메마른 정동을 보인다. 일곱째, 괴이하고 엉뚱하거나 특이한 행동 혹은 외모가 나타난다. 여덟째, 직계가족 외에 가까운 친구나 마음을 털어놓을 수 있는 사람이 없다. 아홉째, 과도하게 사회적 불안을 가지고 있다.

조현형 성격장애 원인에 대해서 신경발달학적 입장에서 살펴보면 다음과 같다. 이러한 진단을 받은 사람들은 인지적 결함을 가지고 있으며(Cadenhead et al., 1999),

주의력장애(disorder of attention)를 보이기도 한다(Wilkins & Venables, 1992). 유전적 요인과 관련이 있다는 입장에서 살펴보면, 조현병 환자의 직계가족에서 유병률이 높으며, 이 장애를 지닌 사람의 가족에는 조현병 유병률 또한 높게 나타났다(Millon, 1983). 대상관계 입장에서 조현형 성격장애는 유아기 시절 경험한 부모와의 불안정 애착관계가 원인이 될 수 있다는 주장도 있다(조성호, 2000). 기질적으로 수동적 기질이기 때문에 부모의 애정과 관심을 받지 못하고, 그 결과 인간관계에 필요한 가장 기본적 애착 행동을 학습하지 못하게 되는 것이다. 인지적 입장에서는 조현형 성격장애자들이 "나는 결함이 많은 사람이다." "사람들이 나를 좋아하지 않는지 알고 있다."와 같은 독특한 사고와 다양한 인지적 왜곡을 가지고 있다고 본다(Beck & Freeman, 1990).

2. 극적인(B군) 성격장애

반사회성과 경계선, 연극성, 자기애성 성격장애는 극적인(B군) 성격장애로 분류된다. 이러한 특성을 지닌 사람들의 행동은 정서적이고 연극적이며, 감정 기복이 심하기 때문에 진정으로 마음을 주고받을 수 있는 주변 사람과의 관계 형성에서 큰 어려움을 가진다.

1) 반사회성 성격장애

지속적으로 다른 사람의 권리를 침범하고 무시하는 행위를 보이는 반사회성 성격장애(antisocial personality disorder)는 범죄 행동과 매우 밀접한 관련성을 가진다(APA, 2013). 진단이 되기 위한 나이가 최소 18세라는 점에서 아동 및 청소년기 행동에 대한 관찰이 필요하다. 반사회성 성격장애를 가진 사람들의 대부분이 15세 이전에 품행장애를 나타낸 경력이 있으며, 결석과 가출, 잔혹한 행동이나 기물 파손 등의 비행 양상을 보인다. 도저히 용납될 수 없는 행동을 하거나 한계를 넘어서는 대인관계 양상을 보인다는 측면은 심각한 사회적 문제를 야기시킨다. 다른 사람의 생명과 재산에 위해를 가할 뿐만 아니라 위협을 초래하는 범죄 행동이 나타나기 때문이다. 반사회성 성격장애로 진단된 사람들은 아동기에 주의력결핍 과잉행동장애(ADHD)를 나타내거나 청소년기 품행장애를 나타내는 경향을 보인다는 점에서 이러한 특성을 보이는 아동 및 청소년에 대한 접근이 이루어질 필요가 있다.

반사회성 성격장애의 평생 유병률은 남자의 경우 3%, 여자의 경우 1%로 보고된다. 반사회성 성격장애를 가진 사람들은 여러 가지 사건사고로 인하여 자주 체포되기 때문에 반사회적 패턴을 가진 사람들을 교소도에서 많이 만나 볼 수 있다(Pondé et al., 2014). 감옥에 있는 남성들 중 반사회적 성격을 가진 사람들은 과거 폭력범죄로 체포된 경우가 많다(De Matteo, Heilbrun, & Marczyk, 2005). 반사회성 성격장애 사람들의 범죄 행동은 40세가 넘어서면 감소하는 추세를 보이지만, 일부는 평생 범죄 활동을 지속하는 경우도 있다(APA, 2013).

반사회성 성격장애의 진단기준은 타인의 권리를 무시하거나 침해하는 행동이 생활 전반에서 나타나며, 이러한 패턴이 15세경부터 시작되어야 한다. 이와 더불어 다음 일곱 가지 특성 중 세 가지 이상이 충족될 때, 반사회성 성격장애로 진단될 수 있다(APA, 2013). 첫째, 법에서 정한 사회적 규범을 준수하지 않고 구속당할 만한 행동을 반복한다. 둘째, 반복적 거짓말과 가명 사용, 사기 행동을 보인다. 셋째, 충동성이 있고 미리 계획을 세우지 못한다. 넷째, 빈번하게 육체적 다툼이나 폭력에서 공격성이 드러난다. 다섯째, 자신이나 타인의 안전을 무시하는 무모성이 나타난다. 여섯째, 불성실하게 직업 활동을 하며, 채무 불이행과 같은 무책임한 행동이 지속적으로 나타난다. 일곱째, 타인에게 피해를 입히고도 무관심하거나 양심의 가책을 느끼지 못한다.

반사회성 성격장애는 환경적 요인에 대한 파악이 중요하다. 알코올 중독이나 반사회적 성격의 부모에게서 태어난 경우 반사회적 성격을 발달시킬 가능성이 매우 높을 수 있다(Cadoret & Cain, 1981). 또한 어린 시절의 신체적 학대 경험, 낙인 경험, 부모 간 갈등을 경험한 아동들은 반사회적 성격 특성이 나타날 수 있다(Farrington & West, 1990). 정신역동적 접근에서는 어머니와 유아 간 관계 형성 문제에서 반사회성 성격장애가 나타날 수 있다고 보고하였다. 부모 자녀 간 기본적 신뢰가 형성되지 못했기 때문에 폭력적이고 파괴적 방법으로 다른 사람들과 관계를 맺으려고 하는 시도가 반사회성 성격장애로 나타난다는 것이다. 인지적 입장에서는 "이 세상에는 강한 자만이 살아남는다."라는 비합리적 신념으로 인해 반사회성 성격이 나타날 수 있다고 설명하고 있다.

2) 경계선 성격장애

대인관계와 자기상 및 기분에서 반복적으로 불안정성을 느끼며, 충동 행동을 특징으로 하는 경계성 성격장애(borderline personality disorder)를 가진 사람들은 자신의 공허함과 무료함, 정체감 혼란 등의 만성적 감정을 해소하기 위한 목적으로 자신에게 해를 입혀 흉터와 타박상을 남기는 행위를 자주 한다(APA, 2013; Paris, 2010). 경계성 성격장애를 가진 사람들은 주변 사람들과의 감정 공유를 하지 않으려고 하기 때문에 대인관계에서 심각한 갈등 상황을 자주 경험하게 된다(Paris, 2005). 짧은 만남을 통해 상대방에 대한 이상화(idealization)를 보이기 때문에 관계에서의 경계를 침범하는 경우가 많으며(Lazarus et al., 2014), 버림받는 것에 대한 두려움 때문에 실제로 버림을 받지 않기 위해 필사적으로 노력을 기울인다(Gunderson, 2011).

경계선 성격장애로 진단되기 위해서는 대인관계 및 자아상, 정서의 불안정성과 더불어 심한 충동성이 생활 전반에서 나타나야 하며, 다음 특성 중 다섯 가지 이상 항목이 충족될 경우 진단이 가능하다(APA, 2013). 첫째, 상대방으로부터 버림받지 않기 위하여 필사적으로 노력을 한다. 둘째, 상대방에 대한 극단적 이상화와 평가절하가 반복되는 불안정한 대인관계 패턴이 나타난다. 셋째, 정체감 혼란이 심하고 지속적이다. 넷째, 자신에게 손상을 주는 충동성이 적어도 두 가지 이상 나타난다. 다섯째, 반복적 자살 행위 및 시늉, 자살 위협, 자해 행동이 나타난다. 여섯째, 현저한 기분 변화로 인한 정서적 불안정성이 나타난다. 일곱째, 만성적 공허감을 느낀다. 여덟째, 부적절하고 심한 분노를 느끼거나 분노 조절이 어렵다. 아홉째, 스트레스와 관련되는 망상적 사고나 극심한 해리 증상이 일시적으로 나타난다.

정신역동적 입장에서는 경계선 성격장애의 원인을 오이디푸스 갈등 이전의 어머니와의 부적절한 관계 경험에 있다고 본다. 유아기 분리-개별화 단계에서 심각한 갈등을 경험하게 되어 이 단계에서 고착되었다는 것이다(Kernberg, 1975). 분리-개별화 단계에 고착되는 이유에 대해서는 아이가 공격적 기질을 타고나 어머니와의 불안정한 정서적 관계를 형성하였거나 혹은 어머니가 아이에게 안정적으로 애정을 줄 수 없는 여건이기 때문이라고 생각한다. 인지적 입장에서는 경계성 성격장애자들이 가지는 그들만의 독특한 세 가지 믿음에 기인한 것으로 본다(Beck & Freeman, 1990). 첫 번째 믿음은 "세상은 위험하고 악의에 가득 차 있다."는 세상에 대한 부정적 믿음이다. 두 번째는 자신에 대한 것으로 "나는 힘없고 상처받기 쉬운 존재다."라는 믿음이다. 힘없고 나약한 자신이 악의에 찬 세상에 놓여 있다는 생각으로 인해 삶에 대한 불안과 두려움을 느끼게 된다는 것이다. 세 번째는 "나는 환영받지 못하는 존재다."라는 믿음이다. 이러한 사고는 상대방에게 충분히 의지하지 못하기 때문에 불안정한 관계 속에 놓여 있음을 의미하며, 그들로부터 거부와 버림을 받을지 모른다는 두려움에 사로잡히게 된다. 또한, 인지적 오류를 통한 자신의 경험과 외부 사건을 왜곡하여 받아들이는 경향을 보이기도 하는데, 타인에 대해 천사 혹은 악마라는 흑백논리적 사고는 타인에 대한 관계적 어려움의 원인으로 작용한다.

3) 연극성 성격장애

과도한 정서 표현과 관심추구 행동을 주요 특징으로 하는 연극성 성격장애(histrionic personality disorder)를 가진 사람들은 정서적 결핍으로 인해 자신의 감정을 과장되게 표현하고 끊임없이 누군가로부터 주목받기를 원한다(APA, 2013). 다른 사람에게 매력적이고 인상적으로 보이기 위해서 지속적으로 자신을 바꾸려고 하며, 관계의 깊이를 과장해서 표현하기 때문에 실제 어느 정도 아는 사이지만 자신과 매우 친밀한 관계라고 생각하는 경향을 가지고 있다. 연극성 성격장애 사람들은 다른 사람으로부터의 관심에 집착하므로 분리불안에 매우 취약한 특성을 보인다.

연극성 성격장애로 진단되기 위해서는 지나친 감정 표현과 관심 끌기와 같은 행동이 생활 전반에서 나타나야 하며, 이러한 특성이 성인기 초기에 시작되고 다음 특성 중 다섯 가지 이상 항목에서 충족될 경우 진단이 가능하다(APA, 2013). 첫째, 자신이 관심의 초점이 되지 못하는 상황이 발생하면 불편함을 느끼게 된다. 둘째, 성적으로 유혹적이거나 도발적인 행동을 나타낸다. 셋째, 감정의 변화가 빠르면 피상적 감정 표현을 보인다. 넷째, 다른 사람의 관심을 끌기 위한 방법으로 지속적으로 자신의 신체적 외모를 활용한다. 다섯째, 지나치게 인상적으로 말하지만 구체적 내용이 없는 대화 양식을 가진다. 여섯째, 자기 연극화, 과장된 감정 표현을 나타낸다. 일곱째, 피암시성이 높기 때문에 타인이나 환경에 쉽게 영향을 받는다. 여덟째, 실제 대인관계에 비해 더 친밀한 것으로 생각한다.

정신역동적 입장에서는 연극성 성격장애의 원인을 아동기에 차갑고 통제하는 부모에게서 사랑받지 못한다는 감정과 버려짐에 대한 두려움으로 인해 나타난 것으로 보았다(Horowitz & Lerner, 2010). 즉, 마음속 깊이 가지고 있는 상실에 대한 두려움을 방어하기 위해 극단적으로 행동하면서 다른 사람이 자신을 적극적으로 도와야 하는 위기 상황을 만들어 내는 것이다. 인지적 입장에서는 그들의 독특한 신념과 사고방식이 연극성 성격장애의 원인이 될 수 있다고 보았다. 대표적인 신념으로 "나는 부적절한 존재이며 혼자서는 삶을 영위해 나가는 것이 너무 힘이 들다." "나는 모든 사람으로부터 사랑을 받아야 한다." 등이 있다(Beck & Freeman, 1990).

4) 자기애성 성격장애

과대망상, 선망 욕구, 공감능력의 결여를 특징으로 하는 자기애성 성격장애(narcissistic personality disorder)를 가진 사람들은 자신의 탁월한 성공과 권력, 아름다움에 대하여 확신을 가지는 경우가 많으며, 주변 사람들로부터 지속적으로 관심을 기대한다(APA, 2013). 자신의 성취와 재능에 대해 많이 과장하여 다른 사람들이 자신을 우월하게 봐 주기를 기대한다. 매력적으로 보이기 때문에 단기적으로 매력적일 수 있으나 장기적 관계를 유지해 나가는 데 어려움이 있다(Campbell, Gilmore, & Cuskelly, 2003).

자기애성 성격장애로 진단되기 위해서는 공상이나 행동에서 웅대성, 칭찬에 대한 욕구, 공감의 결여가 생활 전반에서 나타나야 하고, 다음 특성 중 다섯 가지 이상 항목에서 충족될 경우 진단이 가능하다(APA, 2013). 첫째, 자신의 중요성에 대한 과장된 지각을 가지고 있다. 둘째, 무한한 성공과 권력, 아름다움에 대한 공상에 집착한다. 셋째, 자신이 특별하고 독특한 존재라고 믿는다. 넷째, 과도한 찬사를 요구한다. 다섯째, 특권의식을 가지고 있으며 자신은 특별한 대우를 받아야 한다고 생각한다. 여섯째, 대인관계가 착취적이며 자신의 목적 달성을 위해 타인을 이용한다. 일곱째, 타인의 감정과 욕구를 공감하는 능력이 결여되어 있다. 여덟째, 타인을 질투하거나 타인이 자신에 대해 질투한다고 믿는다. 아홉째, 거만하고 방자한 행동 및 태도를 보인다.

자기애성 성격장애의 원인에 대해 정신역동적 입장에서는 병적인 자기애로 인한 문제라고 보고 있다. 자기애란 심리적 에너지가 자신에게 향해져 자신의 신체를 성적인 대상으로 취급하는 태도로 정의될 수 있는데, 신생아 시기에는 자신의 몸에 관심이 집중되어 있으며 부모의 전폭적 애정과 보살핌을 받으면서 자신이 매우 중요한 존재라고 느끼는 일차적 자기애를 지니게 된다. 그 후, 자신과 외부 세계를 구분하면서 부모와의 상호작용을 통해서 이차적 자기애를 지니게 된다. 다른 사람에게 따뜻한 관심과 사랑을 베풀고 그들로부터 전달되어 온 사랑과 애정에 근거하여 자신의 가치감을 느끼게 되고 상호적 자기애를 발전시키게 된다. 하지만 유아기 시절 일차적 자기애(사랑이 자기 자신에게 집중되는 경우)에 고착되어 집중되는 경우 병적인 자기애가 될 수 있다. 인지적 입장에서는 "나는 매우 특별한 사람이다." "나 정도의 훌륭한 사람만이 나를 이해할 수 있다."라는 그들만의 독특한 신념과 사고를 가지고 있다는 것에 초점을 두고 있다(Beck & Freeman, 1990).

3. 불안한(C군) 성격장애

회피성과 의존성, 강박성 성격장애는 불안한(C) 성격장애로 분류된다. 이러한 특성을 지닌 사람들은 불안하고 겁먹은 행동을 나타내는 특징을 보인다(O'Donohue et al., 2007).

1) 회피성 성격장애

부적절감에 압도되고 부정적 평가에 극도로 민감해하며, 사회적 상황에서 불편감을 지속적으로 느끼는 특징을 가지는 회피성 성격장애(avodiant personality disorder)를 가지는 사람들은 거절에 대한 두려움이 매우 크므로 거절당할 상황 혹은 자신이 수용될 기회를 만들지 않으려고 한다(APA, 2013). 이들은 수치감에 대한 두려움과 자신감이 부족하기 때문에 새로운 상황에서 일어날 수 있는 어려움을 과도하게 생각하여 위험을 감수하거나 새로운 활동을 시도하려 하지 않는다. 전형적인 회피성 성격장애 사람들은 "나는 사회적으로 부적절하고, 바람직하지 못한 존재다." "나는 열등하며 다른 사람들이 나를 알게 되면 나를 거부하거나 비판할 것이다."라는 믿음을 갖는다.

회피성 성격장애로 진단되기 위해서는 사회적 억제, 부적절감, 부정적 평가에 대한 과민성이 성인기 초기 시작되고 여러 가지 상황이 나타나야 하며, 다음 특성 중 네 가지 이상 항목에서 충족될 경우 진단이 가능하다(APA, 2013). 첫째, 비난, 꾸중, 거절이 두려워 대인관계가 요구되는 직업 활동을 피하려고 한다. 둘째, 호감을 주고 있다는 확신이 서지 않으며 다른 사람과의 만남을 피하려고 한다. 셋째, 창피와 조롱을 당할까 봐 두려워 친밀한 사람과의 대인관계만으로 제한한다. 넷째, 사회적 상황에서 비난 혹은 거부당하는 것에 사로잡혀 있다. 다섯째, 부적절감 때문에 새로운 대인관계 상황에서 위축된다. 여섯째, 자신을 사회적으로 무능하며, 개인적 매력이 없고, 열등하다고 생각한다. 일곱째, 당황하는 모습을 보이는 것이 두려워 개인적 위험이 따르는 일이나 새로운 활동에 참여하지 않으려고 한다.

정신역동적 입장에서는 회피성 성격장애 사람들이 가지는 수치감으로 인하여 문제가 발생한다고 보고하였는데(Svartberg & McCullough, 2010), 배변 훈련과 같은 유아기 경험에 대한 수치심과 관계가 있다. 부모가 배변 사건에 대하여 반복적으로 벌을 주거나 비웃으면 유아는 부정적 자기상을 형성하게 된다. 그로 인한 삶 전반에 걸쳐 사랑받지 못하는 감정을 가지게 되고 타인의 사랑을 믿지 못하게 되는 것이다. 인지적 입장에서는 아동기 경험에서 유래된 부정적 신념과 관련이 깊다고 본다. 회피성 성격장애를 가진 사람들은 자신이 부적절하고 무가치한 사람이며 타인과의 관계에서 거부당하거나 비난당할 것이라는 믿음을 지니고 있다. "사람들은 나를 바보로 생각할 거야." "그들은 나를 싫어할 거야."와 같은 자동적 사고로 인하여 그러한 사회적 상황을 회피하게 되는 것이라고 보고 있다.

2) 의존성 성격장애

사람들에게 매달리고 복종적이며, 분리되는 것을 두려워하고, 지속적인 돌봄을 요구하는 특징을 지닌 의존성 성격장애(dependent personality disorder) 사람들은 부모나 배우자, 다른 친밀한 관계에 놓인 사람들에게 매달리거나 순종적으로 행동한다(APA, 2013). 매우 사소한 결정에 대해서도 본인 스스로 하지 못하고 남에게 의존하는 것이다. 분리되는 것에 대한 심각한 두려움을 가지기 때문에 친구나 가족들에게 필사적으로 매달린다.

회피성 성격장애 사람들의 경우 주도성을 가지는 데 어려움을 가지는 반면, 의존성 성격장애 환자들은 분리에 어려움을 가진다. 본인에게 무력감을 느끼므로 친밀한 관계가 끝나면 망연자실하고 허전함을 메우기 위하여 새로운 사람을 찾아 나서게 된다. 실제 파트너가 자신을 심리적 · 신체적으로 심각하게 학대하지만 그 파트너와 분리된 후 나타나는 두려움이 더 크게 작용하기 때문에 지속적으로 매달리는 경우도 발생한다(Loas, Cormier, & Perez-Diaz, 2011).

불안정 애착과 과도한 의존성은 매우 밀접한 연관성을 가지고 있는데(Pilkonis, 1988), 의존적 성향은 애착장애의 한 가지 예로 볼 수 있다. 누군가와 관계를 맺을 때 이들은 애착 대상에게 지나치게 의존하게 되고, 애착 대상을 잃을지도 모른다는 끊임없는 불안 속에서 살게 되는 것이다.

의존성 성격장애로 진단되기 위해서는 보호받고 싶은 과도한 욕구로 인하여 복종적이고, 매달리는 행동과 이별에 대한 두려움이 나타나야 하고, 다음 특성 중 다섯 가지 이상 항목에서 충족될 경우 진단이 가능하다(APA, 2013). 첫째, 타인의 많은 충고와 보장이 없으면 일상생활에 관한 일에 대해서도 결정을 내리지 못한다. 둘째, 자기 인생의 중요한 영역까지도 맡길 수 있는 사람이 필요하다. 셋째, 타인의 지지와 칭찬을 잃는 것에 대한 두려움으로 인해 반대 의견을 말하기가 어렵다. 넷째, 자신이 일을 혼자 시작하거나 수행하는 데 어려움이 따른다. 다섯째, 타인의 보살핌과 지지를 얻기 위하여 무슨 일이든지 다 할 수 있다. 여섯째, 혼자 있으면 불안하고 무기력해진다. 일곱째, 친밀한 관계가 끝나면 지지와 보호를 받기 위해 다른 사람을 급하게 찾으려고 한다. 여덟째, 스스로 돌보아야 하는 상황에서 버려지는 것에 대한 두려움에 과도하게 집착한다.

정신역동적 입장에서는 의존성 성격장애의 원인에 대해 심리성적 발달 단계의 고착현상, 즉 구강기에 고착된 결과라고 보았다. 구강기 시기에는 의존성, 불안감, 인내심 부족과 같은 성격 특성을 보인다는 것이 이를 설명하고 있다. 의존성은 공격성이 위장된 것으로 상대방에 대한 적대감을 방어하기 위한 타협책이라는 견해 또한 존재한다. 부모가 자녀에게 무의식적 적개심과 죄의식을 느낄 경우 반동형성을 통해 과잉보호를 하게 되는데, 자녀 또한 자신의 공격성과 적개심 방어를 목적으로 겉으로는 부모에게 의존하고 복종하는 행동이 나타나게 된다는 것이다(Gabbard, 1994). 인지적 입장에서 설명하는 의존성 성격장애자는 의존과 독립에 대한 흑백논리적 사고를 지니고 있다고 보고하고 있다. 그들에게 있어서 삶의 방식은 완전히 의존적이거나 독립적인 것 중 하나를 선택해야 한다고 본다. 결국 그들은 혼자 독립적으로 살아가는 것에 대한 심각한 두려움이 극단적으로 의존적인 삶을 선택하게 하는 것으로 본다.

3) 강박성 성격장애

순서, 완벽, 통제에 너무 몰입되어 있어 모든 융통성과 개방성, 효율성이 떨어지는 것이 주요 특징인 강박성 성격장애(obsessive-compulsive personality disorder) 사람들은 무엇이든지 완벽하게 하려는 걱정으로 인해 생산성이 매우 떨어진다(APA, 2013). 엄격한 개인 기준을 가지고 있기 때문에 자신이 하는 것에 대한 만족감이 낮으며, 다른 사람 또한 능력이 부족하여 일을 제대로 못한다고 확신하기 때문에 대인관계에서도 어려움을 가진다. 이러한 강박성 성격장애는 여성보다는 남성에게서 더 흔하게 나타난다(APA, 2013).

강박성 성격장애 사람들에게 가장 흔하게 나타나는 것은 다양한 형태의 불안 증세다. 완벽주의를 비롯한 규칙에 따른 도덕적 행동으로 인한 만성불안이 많이 나타나며, 자신이 제대로 무언가를 해 내었는지 잘못되지 않았나 반추하는 행동은 꾸물거림을 나타나게 한다. 나아가 만성불안이 공황장애로까지 나타날 수 있다는 측면은 강박성 성격장애의 위험성을 말해 준다.

강박성 성격장애로 진단되기 위해서는 정리정돈을 비롯한 완벽주의, 마음통제와 대인관계 통제에 집착하는 행동이 생활 전반에 나타나야 하며, 이로 인한 융통성, 개방성, 효율성을 상실한 경험이 있어야 한다. 다음 특성 중 네 가지 이상 항목에서 충족될 경우 진단이 가능하다(APA, 2013). 첫째, 사소한 세부 사항, 규칙, 형식에 집착하여 일의 큰 흐름을 잃어버린다. 둘째, 과제 수행을 방해하는 완벽주의를 보인다. 셋째, 일과 생산에 과도하게 몰두하여 여가 활동과 우정을 희생한다. 넷째, 지나치게 양심적이고 고지식한 면을 보이며 융통성이 없다. 다섯째, 낡고 무가치한 물건을 버리지 못한다. 여섯째, 자신만의 일하는 방식을 고수하며, 타인에게 일을 맡기거나 함께 일하지 못한다. 일곱째, 자신과 타인에게 지나치게 인색하다. 여덟째, 생각과 행동이 경직되고 완고하다.

정신역동적 입장에서는 강박성 성격장애의 원인에 대해 심리성적 발달 단계 중 항문기의 경험과 매우 밀접한 관련이 있다고 보고 있다. 오이디푸스 시기에 거세불안으로 인해 항문기의 안정된 상태로 퇴행한 것으로 보는 것이다. 환경적 요인으로 배변 훈련 과정에서 어머니의 강압적인 태도로 설명될 수 있다. 정확한 시간과 장소, 규칙적인 배변 훈련 경험이 청결, 완벽주의와 같은 강박성 성격 형성에 주요 요인이 되는 것이다. 인지적 입장에서는 그들만의 독특한 신념체계가 강박성 성격장애의 원인이 된다고 보고 있다. "실수를 하면 나의 인생은 실패한 것이다." "모든 행동의 결정에는 옳고 그름이 존재한다."와 같은 흑백논리적 사고와 불완전함이나 실패가 초래할 부정적 결과를 지나치게 과장하는 과잉일반화, 선택적 여과와 같은 인지적 오류가 바로 그것이다.

4. 성격이론의 적용

1) 성격 5요인 검사

번호	문항	전혀 그렇지 않다	별로 그렇지 않다	보통이다	약간 그렇다	매우 그렇다
1	거의 언제나 느긋한 편이다.					
2	나는 모임에서 분위기를 주도하는 인물이다.					
3	우울함을 거의 느끼지 않는다.					
4	쉽게 불안해진다.					
5	상식이나 어휘를 많이 아는 편이다.					
6	다른 사람들에게 관심이 많다.					
7	항상 무엇이든 할 준비가 되어 있다.					
8	여러 사람들 사이에서도 위축되지 않는다.					
9	상상력이 풍부하다.					
10	다른 사람의 기분을 잘 이해하는 편이다.					
11	세밀한 부분에도 주의를 기울인다.					
12	걱정을 많이 하는 편이다.					
13	대화를 먼저 시작하는 편이다.					
14	훌륭한 아이디어를 낼 때가 많다.					
15	따뜻하고 부드러운 마음을 가지고 있다.					
16	만약 내가 먼저 상대방을 제압하지 않는다면 상대방이 나를 무시할 것이다.					
17	사교모임에서 여러 다른 사람과 얘기를 나눈다.					

18	이해가 빠른 편이다.					
19	다른 사람들을 위해 시간을 잘 낸다.					
20	질서정연한 것을 좋아한다.					
21	마음이 쉽게 심란해진다.					
22	다른 사람의 시선이 나에게 집중되는 것을 꺼려 하지 않는다.					
23	어려운 단어를 많이 사용한다.					
24	다른 사람의 감정을 내 것처럼 느낀다.					
25	계획한 것을 그대로 실행한다.					
26	말을 많이 하지 않는 편이다.					
27	깊은 생각에 잠길 때가 많다.					
28	화를 잘 내는 편이다.					
29	사람들을 편안하게 해 준다.					
30	일에 대해서는 가혹하리만큼 열심히 한다.					
31	기분의 변화가 심하다.					
32	모임에서 나를 잘 드러내지 않는다.					
33	여러 아이디어로 가득 차 있다.					
34	다른 사람들에게 별로 관심이 없다.					
35	내 물건들을 잘 정돈하지 않는 편이다.					
36	사람들과 별로 할 이야기가 없다.					
37	감정의 기복이 심한 편이다.					
38	쉽게 짜증이 난다.					
39	추상적인 개념을 이해하기 어려울 때가 많다.					
40	다른 사람들의 기분을 상하게 행동할 때가 있다.					
41	자주 우울해진다.					
42	일을 엉망으로 만들 때가 많다.					
43	추상적인 관념에는 별 관심이 없다.					
44	나에게 주의가 집중되는 것이 싫다.					
45	물건들을 사용한 후에 제자리에 두는 것을 잘 잊는다.					

46	다른 사람들의 문제에 별로 관심이 없다.					
47	상상력이 풍부하지 못하다.					
48	다른 사람의 일에 대해 별로 걱정하지 않는다.					
49	모르는 사람들과 있을 때는 과묵해진다.					
50	해야 할 일을 태만히 한다.					

출처: Goldberg, L. R. (1999). IPIP(International Personality Item Pool)

신경증 요인: 1, 3, 4, 12, 21, 28, 31, 37, 38, 41

외향성 요인: 2, 8, 13, 17, 22, 26, 32, 36, 44, 49

개방성 요인: 5, 9, 14, 18, 23, 27, 33, 39, 43, 47

친화성 요인: 6, 10, 15, 19, 24, 29, 34, 40, 46, 48

성실성 요인: 7, 11, 16, 20, 25, 30, 35, 42, 45, 50

2) 영화 속 성격장애

영화 목록에 나와 있는 영화를 선정하여 감상한 후 작품의 주인공이 가진 성격 특성은 어떤 것인지 토론하고, 이들의 성격을 변화시키기 위한 방법에 대해 이야기해 봅시다.

〈토론 시 나눌 주제〉

1. 어떤 성격장애를 다룬 영화인가?

....

....

....

....

2. 영화 속에서 주인공의 성격장애는 어떻게 표현되고 있는가?

....

....

....

....

3. 나의 성격요소와 닮은 점(비슷한 점)은 어떤 것이 있는가?

....

....

....

....

4. 주인공이 성격장애 문제로 인하여 대인관계에서 나타난 문제점은 무엇인가?

....

....

....

....

5. 영화 속 제시된 성격장애 개선방안을 쓰고, 제시되지 않았다면 이를 개선시키기 위한 방안은 무엇이 있는가?

....

....

....

....

〈영화 목록〉

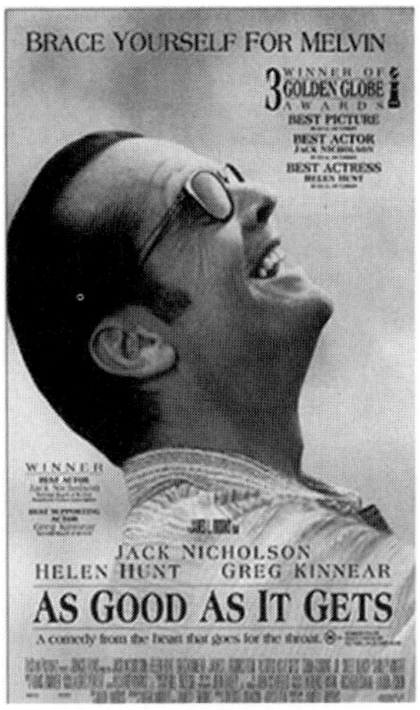

- 〈이보다 더 좋을 순 없다(As Good As It Gets)〉(1997), 감독: 제임스 L. 브룩스, 출연: 잭 니콜슨, 헬렌 헌트.
- 〈밥에게 무슨 일이 생겼나?(What About Bob?)〉(1991), 감독: 프랭크 오즈, 출연: 빌 머레이, 리처드 드레이퍼스.
- 〈처음 만나는 자유(Girl, Interrupted)〉(1999), 감독: 제임스 맨골드, 출연: 위노라 라이더, 안젤리나 졸리.

- 〈아메리칸 사이코(American Psycho)〉(2000), 감독: 메리 해론, 출연: 크리스찬 베일, 윌렘 대포.
- 〈컨스피러시(Conspiracy Theory)〉(1997), 감독: 리처드 도너, 출연: 멜 깁슨, 줄리아 로버츠.
- 〈레옹(Leon)〉(1994), 감독: 릭 베송, 출연: 장 르노, 나탈리 포트만.

참.고.문.헌

제1장 성격이해의 기초

권석만(2015). 현대 성격심리학–이론적 이해와 실천적 활용. 서울: 학지사.

권석만(2017). 인간 이해를 위한 성격심리학. 서울: 학지사.

김완일, 김옥란(2016). 성격심리학. 서울: 학지사.

김춘경, 이수연, 이윤주, 정종진, 최웅용(2016). 상담의 이론과 실제(2판). 서울: 학지사.

노안영, 강영신(2018). 성격심리학(2판). 서울: 학지사.

안창규, 채준호(1997). NEO-PI-R의 한국표준화를 위한 연구. 한국심리학회지, 9(1), 443-473.

Adler, A. (1966). *Menschenkenntnis*. Frankfurt/M.

Allport, G. (1961). *Pattern and growth in personality*. New York: Holt, Rinehart and Winston.

Allport, G. W., & Odbert, H. S. (1936). Trait-names: A psycho-lexical study. *Psychological Monographs, 47*(1, Whole No. 211).

Cattell, R. B. (1943). The description of personality: Basic traits resolved into cluster. *Journal of Abnormal and Social Psychology, 38*, 476-506.

Cattell, R. B. (1950). *Personality: A Systematic Theoretical and Factual Study*. McGraw-Hill.

Carver, C. S., & Scheier, M. F. (2012). *Perspectives on personality*. 김교헌 역(2012). 성격심

리학. 서울: 학지사.

Gardner, H. (2011). *Frames of mind: The theory of multiple intelligences*. Basic Books.

Maslow, A. H. (1971). *The farther reaches of human nature*. Arkana/Penguin Books.

Mischel, W. (1976). *Introduction to personality* (3rd ed.). New York: Holt, Rinehart & Winston.

Pervin, L. A., & John, O. P. (1996). *Personality: Theory & Research*. New York: John Wiley & Sons.

Rychman, R. M. (2013). *Theories of personality* (8th ed.). Belmont, CA: Wadsworth/Thomson Learning.

제2장 프로이트의 성격이론

권석만(2015). **현대 성격심리학–이론적 이해와 실천적 활용**. 서울: 학지사.

권석만(2017). **인간 이해를 위한 성격심리학**. 서울: 학지사.

김교현(2015). **성격심리학**. 서울: 학지사.

김완일, 김옥란(2016). **성격심리학**. 서울: 학지사.

김창대, 김진숙, 이지연, 유성경(2015). **대상관계이론 입문**. 서울: 학지사.

이재창, 정진선, 문미란(2009). **자신과 타인의 이해를 위한 성격 심리학**. 서울: 태영출판사.

조성호(1999). 한국판 방어유형 질문지 타당화 연구. **한국심리학회지: 상담 및 심리치료**, 11(2), 115-137.

최영민(2017). **대상관계이론으로 쉽게 쓴 정신분석**. 서울: 학지사.

Blos, P. (1979). *Adolescent passage*. International Universities Press.

Cramer, P. (1987). The development of defense mechanisms. *Journal of Personality, 55*(4), 597-614.

Freud, S. (1933). Anxiety and instinctual life. *New introductory lectures on psychoanalysis*, 106.

Freud, S. (1957). Repression. *Standard Edition, 14*, 141-158.

Freud, S. (1990). *The Letters of Sigmund Freud to Eduard Silberstein, 1871-1881*. Harvard University Press.

Gay, P. (1988). *Freud: A life for our time.* New York, NY: W. W. Norton & Company.

Gay, P. (1989). *A godless Jew: Freud, atheism, and the making of psychoanalysis.* Yale University Press.

McAdams, D. P. (2006). *The person: An introduction to personality psychology.* Harcourt Brace Jovanovich. 정석환, 김선영, 박경은, 현채승 역(2016). **인간과 성격의 이해.** 서울: 시그마프레스.

Miserandino, M. (2011). *Personality psychology: Foundations and findings.* 정영숙, 조옥귀, 조현주, 장문선 역(2014). **최신 연구에 기초한 성격 심리학.** 서울: 시그마프레스.

Sandler, J., Kawenoka, M., Neurath, L., Rosenblatt, B., Schnurmann, A., & Sigal, J. (1962). The classification of superego material in the Hampstead Index. *The Psychoanalytic Study of the Child, 17*(1), 107-127.

제3장 융의 성격이론

김춘경, 이수연, 이윤주, 정종진, 최웅용(2016). **상담학 사전(1-5권).** 서울: 학지사.

박종수(2013). '분석심리학과 상담', 양명숙 외 16인 공저(2013). **상담이론과 실제.** 서울: 학지사.

이부영(1999). **우리 마음속의 어두운 반려자: 그림자.** 서울: 한길사.

이부영(2006). **분석심리학.** 서울: 일조각.

이죽내(1997). '분석심리치료', 윤순임 외 14인 공저(1995). **현대 상담심리치료의 이론과 실제.** 서울: 중앙적성출판사.

이죽내(2005). **융 심리학과 동양사상.** 서울: 하나의학사.

정종진(2016). '분석심리학적 상담', 김춘경 외 4인 공저(2016). **상담의 이론과 실제(2판).** 서울: 학지사.

Jaffe, A. (Ed.) (1962). *Erinnerungen Traeume, Gedanken von C. G. Jung.* 이부영 역(2012). **회상, 꿈 그리고 사상.** 서울: 집문당.

Casement, A. (2001). *Carl Gustav Jung.* 박현순, 이창인 역(2007). **칼 융.** 서울: 학지사.

Jacobi, J. (1959). *Complex, Archetype, Symbol in the Psychology of C. G. Jung.* 유기룡, 양선규 역(1986). **C. G. Jung 콤플렉스, 원형, 상징.** 대구: 경북대학교 출판부.

Jaffe, A. (Ed.) (1962). *Erinnerungen Traeume, Gedanken von C. G. Jung.* 이부영 역(2012).

회상, 꿈 그리고 사상. 서울: 집문당.

Jung, C. G. (1953). *Psychology and Alchemy*, Volume 12. London: Routledge & Kegan Paul.

Jung, C. G. (1956). *Symbols of Transformation*. Princeton, New Jersey: Princeton University Press.

Jung, C. G. (1958). *Answer to Job*. Princeton, New Jersey: Princeton University Press.

Jung, C. G. (1960). *Psychology and religion*. 이은봉 역(2001). **심리학과 종교**. 서울: 창.

Jung, C. G. (1961). *Memories, dreams, reflections* (A. Jaffe, Ed., & R. G. Winston, Trans.). New York: Vintage Books.

Jung, C. G. (1968). *Man and his Symbols*. 정영옥 역(1995). **사람과 상징**. 서울: 도서출판 까치.

Jung, C. G. (1973). *Experimental Researches*, Volume 2. London: Routledge & Kegan Paul.

Scharf, R. (2011). *Theories of psychotherapy and Counseling: Concepts and Cases*. 천성문, 김진숙, 김창대, 신성만, 유형근, 이동귀, 이동훈, 이영순, 한기백 역(2013). **심리치료와 상담이론: 개념 및 사례(5판)**. 서울: Cengage Learning.

Schultz, D. P., & Schultz, S. E. (2013). *Theories of personality* (10th ed.). Belmont, CA: Wadsworth.

Stokes, J. (2000). Psychodynamic (Jungian) Counseling and Psychotherapy. In Palmer, S. (ed.). (2000). *Introduction to Counseling and Psychotherapy*. 김춘경, 이수연, 최웅용, 홍종관 역(2004). **상담 및 심리치료의 이해**. 서울: 학지사.

Thibaudier, V. (2011). *100% Jung*. 김유빈 역(2018). **알기 쉬운 융 심리학 읽기**. 서울: 학지사.

Wehr, G. (1969). *C. G. Jung*. 김현진 역(1999). **융**. 서울: 한길사.

제4장 아들러의 성격이론

권석만(2017). **인간 이해를 위한 성격심리학**. 서울: 학지사.

김천수(2017). 개인심리학 이론에 근거한 사회적 관심 척도 개발 및 타당화. 전남대학교 대학원 박사학위논문.

김춘경, 이수연, 이윤주, 정종진, 최웅용(2016). **상담의 이론과 실제(2판)**. 서울: 학지사.

김필진(2007). **아들러의 사회적 관심과 상담**. 서울: 학지사.

정민(2006). 대학생의 인생과제를 중심으로 한 생활양식 검사의 개발. 전남대학교 대학원 박사학위논문.

Adler, A. (1923). *The Practice and The Theory of Individual Psychology*. 정명진 역(2017). 개인 심리학에 관한 아들러의 생각. 서울: 학지사.

Adler, A. (1927). *Menschenkenntnis*. 홍혜경 역(2016). 아들러의 인간이해. 서울: 학지사.

Adler, A. (1929). *The Science of Living*. 박일귀 역, 김춘경 해설(2015). 행복해지는 관심. 서울: 학지사.

Adler, A. (1931). *What Life Should Mean To You*. 김문성 역(2011). ALFRED ADLER 심리학이란 무엇인가?. 서울: 스타북스.

Adler, A. (1931). *What Life Should Mean To You*. 설영환 역(2015). A. 아들러 심리학 해설. 서울: 선영사.

Adler, A. (1931). *What Life Should Mean To You*. 한성자 역(2017). 아들러 인생방법 심리학. 서울: 학지사.

Adler, A. (1933). *Der Sinn des Lebens*. 김세영 역(2017). 삶의 의미. 서울: 부글북스.

Ansbacher, H. L., & Ansbacher, R. R. (1956). *The Individual Psychology of Alfred Adler*. Oxford. England: Basic Books.

Liebert, R. M., & Liebert, L. L. (1998). *Liebert & Spiegler's Personality: strategies and issues* (8th ed.). 조현춘, 조현재, 문지혜 역(2002). 성격심리학. 서울: 시그마프레스.

Lundin, L. (1989). *Alfred Adler's Basic Concepts and Application*. 노안영, 강만철, 오익수, 김광운, 송현중 역(2001). 애들러 상담이론-기본 개념 및 시사. 서울: 학지사.

Mosak, H. H., & Maniacci, M. (1999). *A Primer of Adlerian psychology: The Analytic Behavioral-Cognitive Psychology of Alfred Adler*. Philadelphia: Taylor & Francis.

Myers, J. E., & Sweeney, T. J. (2004). The indivisible self: An Evidence-Based Model of Wellness. *Journal of individual Psychology, 60*, 234-244.

Watts, R. E., & Pietrzak, D. (2000). Adlerian "encouragement" and the therapeutic process of solution-focused brief therapy. *Journal of counseling and development, 78*, 442-447.

제5장 에릭슨의 성격이론

김춘경(2004). 아동상담-이론과 실제. 서울: 학지사.

김춘경, 이수연, 이윤주, 정종진, 최웅용(2016). 상담학 사전(1~5권). 서울: 학지사.

Erikson, E. (1963a). *Childhood and society* (2nd ed.). New York: Norton.

Erikson, E. (1963b). *Youth: Chang and challenge*. New York: Norton.

Erikson, E. (1964). *Insight and responsibility*. New York: Norton.

Erikson, E. (1968). *Life cycle. In International Encyclopedia of the Social Science* (Vol. 9, pp. 286-292). New York: Crowell Collier & Macmillan.

Erikson, E. (1970). Autobiographic notes on the identity crisis. *Daedalus, 99*, 730-759.

Erikson, E. (1974). *Dimensions of a new identity: The 1973 Jefferson lectures in the humanities*. New York: W. W. Norton & Company, Inc.

Erikson, E. (1975). *Life history and the historical moment*. New York: Norton.

Erikson, E. (1980). *Identity and the life cycle*. New York: Norton.

Evans, R. (1967). *Dialogue with Erik Erikson*. New York: Harper& Row.

Hjelle, L. A., & Ziegler, D. J. (1981). *Personality Theories: Basic assumptions, research and applications* (7th ed.). 이훈구 역(1983). 성격심리학. 서울: 법문사.

Lawrence, A. P. (2003). *The Science of Personality* (2nd ed.). 정영숙, 안현희, 유순화 역(2005). 성격심리학. 서울: 박학사.

Liebert, R. M., & Liebert, L. L. (1998). *Liebert & Spiegler's Personality: strategies and issues* (8th ed.). 조현춘, 조현재, 문지혜 역(2002). 성격심리학. 서울: 시그마프레스.

Ryckman, R. M. (2000). *Theories of personality* (7th ed.). *Belmont*. CA: Wadsworth.

Schultz, G. (1977). *Growth Psychology: Models of Healthy Psychology*. 이상우, 정종진 역(1984). 인간성격의 이해. 서울: 중앙적성출판사.

제6장 클라인의 성격이론

권석만(2015). 현대 성격심리학-이론적 이해와 실천적 활용. 서울: 학지사.

김춘경, 이수연, 이윤주, 정종진, 최웅용(2016). 상담학 사전(1~5권). 서울: 학지사.

최영민(2017). 대상관계이론을 중심으로 쉽게 쓴 정신분석이론. 서울: 학지사.

Eagle, M. N. (1984). Recent developments in psychoanalysis: *A critical evaluation*. Harvard University Press.

Gabbard, C. (1996). Foot laterality in children, adolescents, and adults. *Laterality:*

Asymmetries of Body, Brain and Cognition, 1(3), 199-206.

Gomez, L. (1997). *An introduction to object relations*. 김창대, 김진숙, 이지연, 유성경 역 (2008). 대상관계이론 입문. 서울: 학지사.

Grosskurth, P. (1986). *Melanie Klein: Her life and her work*. New York: Aronson.

Hinshelwood, R. D. (1994). The relevance of psychotherapy. *Psychoanalytic Psychotherapy, 8*(3), 283-294.

Klein, M. (1935). A contribution to the psychogenesis of manic-depressive states. *The International Journal of Psycho-Analysis, 16*, 145.

Mitchell, S. A., & Black, M. J. (1995). *Freud and beyond*. New York: Basic Books.

Segal, J. (2004). *Melanie Klein*. Sage.

St. Clair, M. (1996). *Object relations and self psychology: An introduction*. 안석모 역(2010). 대상관계이론과 자기심리학. 서울: 센게이지러닝코리아.

제7장 코헛의 성격이론

권석만(2015). 현대 성격심리학-이론적 이해와 실천적 활용. 서울: 학지사.

권석만(2017). 인간 이해를 위한 성격심리학. 서울: 학지사.

김영애(2016). (자기성장을 위한) 성격심리학. 서울: 시그마프레스.

김준(2013). Heinz Kohut의 인간이해와 기독교상담. 복음과 상담, 20, 9-35.

박경순(2009). 코헛과 자기심리학. Journal of Psychotherapy, 9(1), 129-141.

정석환(1999). 코헛의 자기심리학과 목회상담. 신학논단, 27, 319-348.

최의헌(2001). Kohut의 자기 이해. 한국기독교상담학회지, 2, 105-126.

홍이화(2011). 하인즈 코헛의 자기심리학 이야기 I. 서울: 한국심리치료연구소.

Goldberg, A. (1982). Obituary: Heinz Kohut. *International Journal of Psychoanalysis, 63*, 257-258.

Kohut, H. (1966). Forms and transformations of narcissism. *Journal of the American Psychoanalytic Association, 14*(2), 243-272.

Kohut, H. (1968). The evaluation of applicants for psychoanalytic training. *The International journal of psycho-analysis, 49*, 548.

Kohut, H. (1971). *The Analysis of the Self*. New York: Int.

Kohut, H. (1977). *The restoration of the self*. New York: Internaational Universities Press.

Kohut, H., & Seitz, P. F. (1963). *Concepts and theories of psychoanalysis, 1*, 337-374, na.

Kohut, H., & Wolf, E. (1978). The disorders of the self and their treatment. Repr. *The search for the self: Selected writings of Heinz Kohut, 1981*, 359-386.

Mitchell, S. A., & Black, M. J. (1995). *Freud and beyond*. 이재훈, 이해리 역(2002). **프로이트 이후**. 서울: 한국심리치료연구소.

Siegel, A. M. (1996). *Heinz Kohut and the Psychology of the Self*. 권명수 역(2002). **하인즈 코헛과 자기 심리학**. 서울: 한국심리치료연구소.

St Clair, M. (1996). *Object relations and self psychology: An introduction*. 안석모 역(2010). **대상관계이론과 자기심리학**. 서울: 센게이지러닝코리아.

Strozier, C. B. (1986). Psychohistory. *Behavioral & Social Sciences Librarian, 5*(1), 3-19.

Waterhouse, J. W. (1903). Echo and Narcissus, cgGohYq-VdecNw at Google Cultural Institute maximum zoom level, 퍼블릭 도메인, https://commons.wikimedia.org/w/index.php?curid=21878879.

Watson, P. J., Biderman, M. D., & Sawrie, S. M. (1994). Empathy, sex role orientation, and narcissism. *Sex Roles, 30*(9-10), 701-723.

Watson, P. J., Hickman, S. E., & Morris, R. J. (1996). Self-reported narcissism and shame: Testing the defensive self-esteem and continuum hypotheses. *Personality and Individual Differences, 21*(2), 253-259.

Wolf, E. S. (1988). *Treating the self: Elements of self psychology*. New York: Guilford.

제8장 볼비의 성격이론

Ainsworth, M. D. S., Blehar, M. C., Waters, E., & Wall, S. (1978). *Patterns of attachment: Assessed in the Strange Situation and at Home*. Hillsdale, NJ: Erlbaum.

Belsky, J. (2005). The developmental and evolutionary psychology of intergenerational transmission of attachment. *Attachment and bonding: A new synthesis*, 169-198.

Berthelot, N., Ensink, K., Bernazzani, O., Normandin, L., Luyten, P., & Fonagy, P. (2015). Intergenerational transmission of attachment in abused and neglected mothers: The role of trauma specific reflective functioning. *Infant Mental Health Journal*, *36*(2), 200-212.

Bowlby, J. (1940). The influence of early environment in the development of neurosis and neurotic character'. *International Journal of Psycho-Analysis*, *21*, 154-178.

Bowlby, J. (1969). *Attachment and loss: Attachment* (vol. 1). London: Hogarth Press.

Bowlby, J. (1982). Attachment and loss: Retrospect and prospect. *American journal of Orthopsychiatry*, *52*(4), 664.

Bowlby, J. (1988a). *Clinical applications of attachment: A secure base.* London: Routlege, 85.

Bowlby, J. (1988b). Developmental psychiatry comes of age. *The American Journal of Psychiatry*, *145*(1), 1.

Bowlby, J., Ainsworth, M., Boston, M., & Rosenbluth, D. (1956). The effects of mother-child separation: A follow-up study. *British Journal of Medical Psychology, 29*, 211-249.

Bretherton, I. (1990). Communication patterns, internal working models, and the intergenerational transmission of attachment relationships. *Infant mental health Journal*, *11*(3), 237-252.

Collins, N. L., & Read, S. J. (1990). Adult attachment, working models, and relationship quality in dating couples. *Journal of personality and social psychology*, *58*(4), 644-663.

Cole, M., Cole, S. R., & Lightfoot, C. (2005). *The development of children.* Basingstoke: Macmillan.

Cpagett. (2016). Strange Situaiton. StoryboardThat, 18 Oct. 2016, 3, www.storyboardthat.com/storyboards/cpagett/strange-situation.

Harlow, H. F., & Zimmermann, R. R. (1959). Affectional responses in the infant monkey. *Science, 130*(3373), 421-432.

Holmes, J. (1993a). *John Bowlby and attachment theory.* London: Routledge.

Holmes, J. (1993b). Psychotherapeutic aspects of the acute psychiatric admission ward, *Psychoanalytic Psychotherapy* (in press).

Levine, A., & Heller, R. (2010). *Attached.* 이후경 역(2011). 그들이 그렇게 연애하는 까닭. 서울: 랜덤하우스코리아.

Main, M., Kaplan, N., & Cassidy, J. (1985). Security in infancy, childhood, and adulthood: A move to the level of representation. *Monographs of the society for research in child development*, 66-104.

Matas, L., Arend, R. A., & Sroufe, L. A. (1978). Continuity of adaptation in the second year: The relationship between quality of attachment and later competence. *Child development*, 547-556.

Verhage, M. L., Schuengel, C., Madigan, S., Fearon, R. M., Oosterman, M., Cassibba, R., Bakermans-Kranenburg, M. J., & van IJzendoorn, M. H. (2016). Narrowing the transmission gap: A synthesis of three decades of research on intergenerational transmission of attachment. *Psychological Bulletin, 142*(4), 337.

제9장 스키너의 성격이론

권석만(2017). **인간 이해를 위한 성격심리학**. 서울: 학지사.

김춘경, 이수연, 이윤주, 정종진, 최웅용(2016). **상담학 사전(1~5권)**. 서울: 학지사.

오세진, 임영식(1999). Skinner의 급진적 행동주의: 개념, 원리 및 방법론적 특성에 관한 분석. **사회과학연구**, 2, 45-60.

오세철(1981). 비에프 스키너의 급진적 행동주의와 문화설계. **현상과 인식**, 5(1), 224-247.

임의영(1993). **스키너의 행동주의적 인간관**. 서울: 문학과 지성사.

최성규(2000). B. F. Skinner 행동주의의 철학적 관점에 기초한 사회과학 패러다임 비판. **정서 · 학습장애연구**, 16(1), 1-25.

한성열(2000). **에릭슨, 스키너, 로저스의 노년기의 의미와 즐거움**. 서울: 학지사.

Nye, R. D. (1991). *Three Psychologies: Perspectives from Freud, Skinner, and Rogers*. 이영만, 유병관 역(2002). **프로이트, 스키너, 로저스: 심리학과 인간이해**. 서울: 중앙적성출판사.

Skinner, B. F. (1948). *Walden Two*. 이장호 역(2006). **스키너의 월든 투**. 서울: 현대문화.

Skinner, B. F. (1971). *Beyond Freedom and Dignity*. 정명진 역(2008). **자유와 존엄을 넘어서**. 서울: 부글북스.

Skinner, B. F. (1974). *About Behaviorism*. 이신영 역(2017). **스키너의 행동심리학**. 서울: 교양인.

Slater, L. (2004). *Opening of Skinner's Box*. 조증열 역(2008). **스키너의 심리상자 열기**. 서울: 에코의 서재.

Watson, G. (1982). *Free Will*. 최용철 역(1990). **자유의지와 결정론**. 서울: 서광사.

Zuriff, G. E. (1980). "Radical Behaviorist Epistemology". *Psychological Bulletin, 87,* 337-350.

제10장 밴듀라의 성격이론

권석만(2017). 인간 이해를 위한 성격심리학. 서울: 학지사.

김춘경, 이수연, 이윤주, 정종진, 최웅용(2016). 상담학 사전(1~5권). 서울: 학지사.

송석재(2006). 반두라의 자기조절의 도덕교육. 경기: 한국학술정보.

이은우(2005). 대학생의 정서지능, 자기 효능감, 심리적 안정감이 대학생활에 미치는 영향. 계명대학교 대학원 석사학위논문.

한성열(2000). 노년기의 의미와 즐거움. 서울: 학지사.

Bandura, A. (1977). *Social learning theory*. 변창진, 김경린 역(2003). 사회적 학습이론. 서울: 한국학술정보.

Bandura, A. (1982). Self-efficacy mechanism in agency. *American Psychologist, 37*, 122-147.

Bandura, A. (1986). *Social foundations of thought and action: A social cognitive theory*. Englewood Cliffs, NJ: Prentice-Hall.

Bandura, A. (1995). *Self Efficacy in Changing Societies.* 윤운성, 정정옥, 가경신 역(2004). 변화하는 사회 속에서의 자기효능감. 서울: 학지사.

Bandura, A., Grusec, J. E., & Menlove, F. L. (1966). "Observational Learning as a Function of Symbolization and Incentive Set." *Child Development, 37,* 499-506.

Bandura, A., Ross, D., & Ross, S. A. (1961). Transmission of aggression through imitation of aggressive models. *Journal of Abnormal and Social Psychology, 63*, 575-582.

Brown, I., Jr., & Inouye, D. K. (1978). Learned helplessness through modeling: The role of perceived similarity in competence. *Journal of personality and social psychology, 36*, 900-908.

Coates, B., & Hartup, W. W. (1969). "Age and Verbalization in Observational Learning." *Developmental Psychology, 1,* 556-562.

Hicks, D. J. (1971). "Girls' Attitudes toward Modeled Behaviors and the Content of

Imitative Private Play" *Child Development, 42,* 139-147.

Jeffrey, D. B. (1974). "A Comparison of Effects of External Control and Self-Control on the Modification and Maintenance of Weight." *Journal of Abnormal Psychology, 83,* 404-410.

Oettingen, G. (1995). Cross-cultural perspective on self-efficacy beliefs. In A. Bandura (Ed.), *Self-efficacy in changing societies* (pp. 149-176). New York: Cambridge University Press.

Sanderson, W. C., Rapee, R. M., & Barlow, D. H. (1989). The influence of an illusion of control on panic attacks induced via inhalation of 5.5% carbon dioxide enriched air. *Archives of general psychiatry, 46*, 157-162.

Taylor, S. E. (1989). *Positive illusions: Creative self-deception and the health*. New York: Wiley.

White, J. (1982). *Rejection*. MA: Addison-Wesley.

Wood, R., & Bandura, A. (1989). Social cognitive theory of organizational management. *Academy of management review, 14*, 361-384.

제11장 매슬로의 성격이론

김춘경, 이수연, 이윤주, 정종진, 최웅용(2016). **상담학 사전(1~5권)**. 서울: 학지사.

노안영, 강영신(2018). **성격심리학(2판)**. 서울: 학지사.

Davis, J., Lockwood, L., & Wright, C. (1991). Reasons for not reporting peak experience. *Journal of Humanistic Psychology.*

Greeley, A. (1974). Ecstasy: *A Way of Knowing*. Englewood Cliffs, NJ: Prentice-Hall.

Hall, M. H. (1968, July). A conversation with Abraham H. Maslow. *Psychology Today, 2*(92).

Hjelle, L. A., & Ziegler, D. J. (1981). *Personality Theories: Basic assumptions, research and applications* (7th ed.). 이훈구 역(1983). **성격심리학**. 서울: 법문사, 35-37, 54-57.

Keutzer, C. (1978). Whatever turns you on: Triggers to transcendent experiences. *Journal of Humanistic Psychology, 18*, 77-80.

Lawrence, A. P. (2003). *The Science of Personality* (2nd ed.). 정영숙, 안현희, 유순화 역

(2005). 성격심리학. 서울: 박학사.
Liebert, R. M., & Liebert, L. L. (1998). *Liebert & Spiegler's Personality: strategies and issues* (8th ed.). 조현춘, 조현재, 문지혜 역(2002). 성격심리학. 서울: 시그마프레스.
Maslow, A. (1962). *Toward a psychology of being.* Princeton: Van Nostrand.
Maslow, A. (1963). Self-actualizing people. in G. B. Levitas (Ed.), *The world of psychology* (Vol. 2.). New York: Braziller.
Maslow, A. (1964). *Religions, values and peak experience.* Columbus, Ohio: Ohio State University Press.
Maslow, A. (1966). *The psychology of science.* Chicago: Regnery.
Maslow, A. (1967). A theory of Meta motivation: The Biological Rooting of the Value-Lifes. *Journal of Humanistic Psychology, 7*, 93-127.
Maslow, A. (1968). *Toward a psychology of being* (2nd ed.). Princeton: Van Nostrand.
Maslow, A. (1970). *Motivation and personality* (2nd ed.). New York: Harper & Row.
Maslow, A. (1971). *The farther reaches of human nature.* New York: Viking.
Ryckman, R. M. (2000). *Theories of personality* (7th ed.). Belmont, CA: Wadsworth.
Thomas, L., & Cooper, P. (1980). Incidence and psychological correlates of intense spiritual experiences. *Journal of Transpersonal Psychology, 2*(1), 75-85.

제12장 로저스의 성격이론

김춘경, 이수연, 이윤주, 정종진, 최웅용(2016). 상담의 이론과 실제(2판). 서울: 학지사.
노안영, 강영신(2018). (인간 이해 및 성장을 위한) 성격심리학(2판). 서울: 학지사.

Kirschenbaum, H. (1979). *On becoming Carl Rogers.* New York: Delacorte Press.
Mearns, D., Thorne, B., & McLeod, J. (2013). *Person-centred counselling in action.* Sage.
Pervin, L. A., & John, O. P. (2001). *Personality: Theory and research* (8th ed.). New York: John Wiley & Sons.
Rogers, C. R. (1959). *A theory of therapy, personality, and interpersonal relationships: As developed in the client-centered framework* (Vol. 3, pp. 184-256). New York: McGraw-Hill.

Rogers, C. R. (1961). *On becoming a person: A therapist's view of psychology*. Boston: Houghton Mifflin.

Rogers, C. R. (1963a). The actualizing tendency in relation to 'motives' and to consciousness. In M. Jones (Ed.), *Nebraska Symposium on Motivation* (pp. 1-24). Lincoln, NE: University of Nebraska Press.

Rogers, C. R. (1963b). The concept of the fully functioning person. *Psychotherapy: Theory, Research and Practice, 1*(1), 17-26.

Rogers, C. R. (1986). Reflection of feelings. *Person-Centered Review, 1*(4), 375-377.

Rogers, C. R., & Sanford, R. C. (1989). Client-centered psychotherapy. In H. I. Kaplan & B. J. Sadock (Eds.), *Comprehensive textbook of psychiatry* (Vol. 5). Baltimore, MD: Williams & Wilkins, pp. 1482-1501.

Stephenson, W. (1953). *The study of behavior*. Chicago: University of Chicago Press.

Thorne, B., & Sanders, P. (2012). *Carl Rogers*. London: Sage.

제13장 번의 성격이론

우재현(1998). **교류분석(TA) 프로그램**. 대구: 정암서원.

이성태(2017). **인간관계론(3판)**. 경기: 양성원.

제석봉, 최외선, 김갑숙, 윤대영(2010). **현대의 교류분석**. 서울: 학지사.

최웅용(2016). '교류분석', 김춘경 외 4인 공저(2016). **상담의 이론과 실제(2판)**. 서울: 학지사.

Berne, E. (1947). *The Mind in Action*. New York: Simon & Schuster.

Berne, E. (1961). *Transactional Analysis in Psychotherapy*. New York: Grove Press.

Berne, E. (1964). *Games People Play: the Psychology of Human Relations*. New York: Grove Press.

Berne, E. (1966). *Principles of group treatment*. New York: Oxford University Press.

Berne, E. (1970). *Sex in human loving*. New York: Simon and Schuster.

Berne, E. (1972). *What Do You Say After You Say Hello?*. New York: Grove Press. 송희자, 이성구 역(2017). **당신은 인사 후에 무슨 말을 하십니까? 인간 운명의 심리학**. 경기: 아카데미아.

Berne, E. (1975). *A Layman's Guide to Psychiatry and Psychoanalysis*. New York: Grover Press.

Clarkson, P. (1991). *Transactional Analysis Psychotherapy*. London: Routledge.

Federn, P. (1952). *Ego Psychology and the psychosis*. New York: Basic Book.

Goulding, M., & Goulding, R. (1979). *Changing Lives Through Redecision Therapy*. New York: Brunner-Mazel.

Harris, T. (1967). *I'm OK, You're OK*. New York: Harper & Row.

James, M., & Jongeward, D. (1971). *Born to win, Reading.* Mass: Addison-Wesley.

Klein, M. (1949). *The Psycho-Analysis of Children*. London: Hogarth Press.

Steiner, C. (1974). Script People Live: Transactional Analysis. *Bulletin, 5*(18), 133-135.

Stewart, I., & Joines, V. (2012). *TA Today: A New Introduction to Transactional Analysis* (2nd ed.). 제석봉, 최외선, 김갑숙 역(2016). **현대의 교류분석(2판)**. 서울: 학지사.

제14장 엘리스의 성격이론

권석만(2015). **현대 성격심리학-이론적 이해와 실천적 활용**. 서울: 학지사.

권석만(2017). **인간 이해를 위한 성격심리학**. 서울: 학지사.

김완일, 김옥란(2016). **성격심리학**. 서울: 학지사.

Ellis, A. (1996). *My philosophy of psychotherapy.* New York: Albert Ellis Institute for rational Emotive Behavior Therapy.

Ellis, A. (2000). Spiritual goals and spiritual values in psychotherapy. *Journal of Individual Psychology, 56,* 277-284.

Ellis, A., & Dryden, W. (1997). *The practice of rational-emotive therapy* (2nd ed.). New York: Springer.

Ellis, A., & MacLaren, C. (1995). *Rational emotive behavior therapy: A therapist's guide* (2nd ed.). 서수균, 김윤희 역(2007). **합리적 정서행동치료**. 서울: 학지사.

Ellis, A., & Whiteley, J. M. (1979). *Theoretical and empirical foundations of rational-emotive therapy.* Monterey, CA: Brooks/Cole.

Jones, R. G. (1968). *A factored measure of Ellis' irrational belief system with personality and maladjustment correlates.* Wichita, KS: Test System.

Kuhn, T. S. (1977). Objectivity, value judgment, and theory choice. *Arguing About Science,* 74-86.

Lichtenberg, J. W., Johnson, D. D., & Arachtingi, B. M. (1992). Physical illness and subscription to Ellis's irrational beliefs. *Journal of Counseling & Development, 71*(2), 157-163.

Warren, J. M. (2010). The Impact of Rational Emotive Behavior Therapy on Teacher Efficacy and Student Achievement. *Journal of School Counseling, 8*(11), 1-28.

제15장 벡의 성격이론

권석만(2015). **현대 성격심리학-이론적 이해와 실천적 활용.** 서울: 학지사.

권석만(2017). **인간 이해를 위한 성격심리학.** 서울: 학지사.

김완일, 김옥란(2016). **성격심리학.** 서울: 학지사.

이장호, 정남운, 조성호(2005). **상담심리학의 기초.** 서울: 학지사.

Beck, A. T. (1964). Thinking and depression: II. Theory and therapy. *Archives of general psychiatry, 10*(6), 561-571.

Beck, A. T. (1967). *Depression: Causes and treatment.* Philadelphia: University of Pennsylvania Press.

Beck, A. T. (1976). *Cognitive therapy and the emotional disorder.* New York, NY: International University Press.

Beck, J. S. (2001). A cognitive therapy approach to medication compliance. In J. Kay (Ed.), *Integrated treatment of psychiatric disorders* (pp. 113-141). Washington, DC: American Psychiatric Publishing.

Beck, J. S. (2005). *Cognitive therapy for challenging problem: What to do when the basics don't work.* New York: Guilford Press.

Beck, J. S. (2011). *Cognitive behavior therapy* (2nd ed.). 최영희, 최상유, 이정흠, 김지원 역(2017). **인지행동치료-이론과 실제.** 서울: 하나의학사.

Beckham, E. E., Leber, W. R., Watkins, J. T., Boyer, J. L., & Cook, J. B. (1986).

Development of an instrument to measure Beck's cognitive triad: The Cognitive Triad Inventory. *Journal of Consulting and Clinical Psychology, 54*(4), 566-567.

DeRubeis, R. J., Siegle, G. J., & Hollon, S. D. (2008). Cognitive therapy versus medication for depression: treatment outcomes and neural mechanisms. *Nature Reviews Neuroscience, 9*(10), 788-796.

Dobson, D., & Dobson, K. S. (2009). *Evidence-based practice of cognitive-behavioral therapy.* New York, NY: Guilford Press.

Leung, P. W., & Poon, M. W. (2001). Dysfunctional schemas and cognitive distortions in psychopathology: A test of the specificity hypothesis. *The Journal of Child Psychology and Psychiatry and Allied Disciplines, 42*(6), 755-765.

Marjorie, E. (1993). *Aron T. Beck.* 권석만 역(2007). **아론 벡.** 서울: 학지사.

Schwarz, N. (1990). *Feelings as information: Informational and motivational functions of affective states.* Handbook of motivation and cognition: Foundations of social behavior. New York, Guilford Press.

제16장 켈리의 성격이론

김춘경, 이수연, 이윤주, 정종진, 최웅용(2016). **상담학 사전(1~5권).** 서울: 학지사.

노안영, 강영신(2018). **성격심리학(2판).** 서울: 학지사.

Engler, B. (1999). *Personality theories* (5th ed.). New York: Houghton Mifflin Company.

Fransella, F. (1995). *George Kelly.* 이훈진 역(2008). **조지 켈리.** 서울: 학지사.

Hjelle, L. A., & Ziegler, D. J. (1981). *Personality Theories: Basic assumptions, research and applications* (7th ed.). 이훈구 역(1983). **성격심리학.** 서울: 법문사.

Jankowicz, W. (1987). *Whatever became of George Kelly? Applications and implications. American Psychologist, 42,* 481-487.

Katz, J. O. (1984). *Personal construct theory and the emotions: An Interpretation in terms of primitive constructs.* British Journal of Psychology, 75, 315-327.

Kelly, G. (1955). *The Psychology of Personal Constructs, Vols. 1 and 2.* New York: W. W. Norton.

Kelly, G. (1958). Man's construction of his alternatives. In G. Lindzey (Ed.), *Assessment of human motives*. New York; Rinehart and Winston.

Kelly, G. (1961). *A nonparametric method of factor analysis for dealing with theoretical issues*, Unpublished manuscript, Mimeograph, Ohio State University.

Kelly, G. (1969). Clinical psychology and personality. In B. Maher (ED.), *Clinical psychology and personality: The selected papers of George Kelly*. New York: Wiley.

Kelly, G. (1970). A brief instruction to personal construct theory. In D. Bannister (Ed.), *Perspectives in personal construct theory*. New York: Academic Press.

Lawrence, A. P. (2003). *The Science of Personality* (2nd ed.). 정영숙, 안현희, 유순화 역 (2005). 성격심리학. 서울: 박학사.

Liebert, R. M., & Liebert, L. L. (1998). *Liebert & Spiegler's Personality: strategies and issues* (8th ed.). 조현춘, 조현재, 문지혜 역(2002). 성격심리학. 서울: 시그마프레스.

McAdams, D. P. (2009). *The Person: An Introduction to the science of personality psychology* (5th ed.). 정석환, 김선영, 박경은, 현채승 역(2016). 인간과 성격의 이해. 서울: 시그마프레스.

Mischel, W. (1997). *Introduction to personality* (7th ed.). 손정락 역(2002). 성격심리학. 서울: 시그마프레스.

Pervin, L. A., & John, O. P. (2001). *Personality: Theory and research* (8th ed.). New York: John Wiley & Sons.

Solas, J. (1992). Ideological dimension implicit in Kelly's theory of personal constructs. *International Journal of Personal Construct Psychology, 5*, 377-391.

Warren, W. (1989). Personal construct theory and general trends in contemporary philosophy. *International Journal of Personal Construct Psychology, 2*, 287-300.

제17장 올포트의 성격이론

김춘경, 이수연, 이윤주, 정종진, 최웅용(2016). 상담학 사전(1~5권). 서울: 학지사.

Allport, G. (1937). Personality: *A Psychological Interpretation*. New York: Holt, Rinchart and Winston.

Allport, G. (1950). *The Individual and His Religion,* New York: Macmillan.

Allport, G. (1955). *Becoming Basic considerations for a psychology of personality*. New Haven. Conn: Yale University Press.

Allport, G. (1960). *Personality and social encounter: Selected essays.* Boston: Beacon Press.

Allport, G. (1961). *Pattern and growth in personality.* New York: Holt, Rinehart and Winston.

Allport, G. (1968). *The person in psychology: Selected essays.* Boston Beacon, Press.

Bischof, L. J. (1970). *Interpreting Personality theories* (2nd ed.). New York: Harper & Row.

Hjelle, L. A., & Ziegler, D. J. (1981). *Personality Theories; Basic assumptions, research and applications* (7th ed.). 이훈구 역(1983). 성격심리학. 서울: 법문사.

Lawrence, A. P. (2003). *The Science of Personality* (2nd ed.). 정영숙, 안현희, 유순화 역(2005). 성격심리학. 서울: 박학사.

Liebert, R. M., & Liebert, L. L. (1998). *Liebert & Spiegler's Personality: strategies and issues* (8th ed.). 조현춘, 조현재, 문지혜 역(2002). 성격심리학. 서울: 시그마프레스.

Schultz, G. (1977). *Growth Psychology: Models of Healthy Psychology.* 이상우, 정종진 역(1984). 인간성격의 이해. 서울: 중앙적성출판사.

제18장 성격장애

권석만(2013). 현대이상심리학(2판). 서울: 학지사.

권석만(2017). 인간 이해를 위한 성격심리학. 서울: 학지사.

유태용, 이기범, Ashton, M. C. (2004). 한국판 HEXACO 성격검사의 구성 타당화 연구. 한국심리학회지: 사회 및 성격, 18(3), 61-75.

조성호(2000). 분열성 성격장애와 분열형 성격장애. 서울: 학지사.

American Psychological Association. (2013). *Diagnostic and statistical manual of mental disorders* (5th ed.). Washington, DC: Author.

American Psychological Association. (2013). *The people behind DSM-5.* Washington, DC:

Author.

Anderson, J., Snider, S., Sellbom, M., Krueger, R., & Hopwood, C. (2014). A comparison of the DSM-5 Section II and Section III personality disorder structures. *Psychiatry Research, 216*(3), 363-372.

Beck, A. T. (2004). Cognitive therapy, behavior therapy, psychoanalysis, and pharmacotherapy: A cognitive continuum. In M. J. Mahoney, P. De-Vito, D. Martin, & Freeman (Eds.), *Cognition and psychotherapy* (2nd ed., pp. 197-220). New York: Springer Publishing.

Beck, A. T., & Freeman, A. (1990). *Cognitive therapy of personality disorders.* New York: Guilford.

Cadenhead, K. S., Perry, W., Shafer, K., & Braff, D. L. (1999). Cognitive functions in schizotypal personality disorder. *Schizophrenia Research, 37*(2), 123-132.

Cadoret, R. J., & Cain, C. (1981). Environmental and genetic factors in predicting adolescent antisocial behavior in adoptees. *Psychiatric Journal of the University of Ottawa, 6,* 220-225.

Caligor, E., & Clarkin, J. F. (2010). An object relations model of personality and personality pathology. *Psychodynamic psychotherapy for personality disorders: A clinical handbook,* 3-35.

Campbell, J., Gilmore, L., & Cuskelly, M. (2003). Changing student teachers' attitudes towards disability and inclusion. *Journal of Intellectual and Developmental Disability, 28*(4), 369-379.

De Matteo, D., Heilbrun, K., & Marczyk, G. (2005). Psychopathy, risk of violence, and protective factors in a noninstitutionalized and noncriminal sample. *International Journal of Forensic Mental Health, 4*(2), 147-157.

Farrington, D. P., & West, D. J. (1990). The Cambridge study in delinquent development: A long-term follow-up of 411 London males. *In Kriminalität* (pp. 115-138). Heidelberg: Springer-Verlag.

Gabbard, G. O. (1994). *Psychodynamic psychiatry in clinical practive.* Washington, DC: American Psychiatric Press.

Goldberg, L. R. (1993). The structure of phenotypic personality traits. *American psychologist, 48*(1), 26-43.

Goldberg, L. R. (1999). A broad-bandwidth, public domain, personality inventory measuring the lower-level facets of several five-factor models. *Personality psychology in Europe, 7*(1), 7-28.

Gunderson, J. G. (2011). Borderline personality disorder. *New England Journal of Medicine, 364*(21), 2037-2042.

Horowitz, M. J., & Lerner, U. (2010). Treatment of histrionic personaliyt disorder. In J. F. Clarkin, P. Fonagy, & G. O. Gabbard (Eds.), *Psychodynamic psychotherapy for personality disorder: A clinical handbook* (pp. 289-310). Arlington, VA: American Psychiatric Publishing.

Kernberg, O. F. (1975). *Borderline conditions and pathological narcissism.* New York: Jason Aronson.

Lazarus, S. A., Cheavens, J. S., Festa, F., & Rosenthal, M. Z. (2014). Interpersonal functioning in borderline personality disorder: a systematic review of behavioral and laboratory-based assessments. *Clinical Psychology Review, 34*(3), 193-205.

Loas, G., Cormier, J., & Perez-Diaz, F. (2011). Dependent personality disorder and physical abuse. *Psychiatry research, 185*(1), 167-170.

McGurk, S. R., Mueser, K. T., Mischel, R., Adams, R., Harvey, P. D., McClure, M. M., ... & Siever, L. J. (2013). Vocational functioning in schizotypal and paranoid personality disorders. *Psychiatry research, 210*(2), 498-504.

Millon, T. (1983). *Modern psychopathology: A biosocial approach to maladaptive learning and functioning*. Waveland PressInc.

Morey, L. C., Skodol, A. E., & Oldham, J. M. (2014). Clinician judgments of clinical utility: A comparison of DSM-IV-TR personality disorders and the alternative model for DSM-5 personality disorders. *Journal of Abnormal Psychology, 123*(2), 398-405.

O'Donohue, W., Fowler, K. A., & Lilienfeld, S. O. (Eds.). (2007). *Personality disorders: Toward the DSM-V.* Los Angeles: Sage Publications.

Paris, J. (2005). Borderline personality disorder. *Canadian Medical Association Journal, 172*(12), 1579-1583.

Paris, J. (2010). Effectiveness of different psychotherapy approaches in the treatment of borderline personality disorder. *Current Psychiatry Reports, 12*(1), 56-60.

Pilkonis, P. A. (1988). Personality prototypes among depressives: Themes of dependency and autonomy. *Journal of Personality Disorders, 2*(2), 144-152.

Pondé, M. P., Caron, J., Mendonça, M. S., Freire, A. C., & Moreau, N. (2014). The relationship between mental disorders and types of crime in inmates in a Brazilian prison. *Journal of forensic sciences, 59*(5), 1307-1314.

Rosell, D. R., Futterman, S. E., McMaster, A., & Siever, L. J. (2014). Schizotypal personality disorder: a current review. *Current psychiatry reports, 16*(7), 452-471.

Rotter, M. (2011). *Embitterment and personality disorder.* In M. Linden & A. Maercker (Eds.), *Embitterment: Societal, psychological and clinical perspectives* (pp. 177-186). New York: Springer-Verlag Publishing.

Svartberg, M., & McCullough, L. (2010). *Cluster C personality disorders: Prevalence, phenomenology, treatment effects, and principles of treatment.* In J. F. Clarkin, P. Fonagy, & G. O. Gabbard (Eds.), *Psychodynamic psychotherapy for personality disorders: A clinical handbook* (pp. 337-367). Arlington, VA: American Psychiatric Publishing.

Triebwasser, J., Chemerinski, E., Roussos, P., & Siever, L. J. (2012). Schizoid personality disorder. *Journal of personality disorders, 26*(6), 919-926.

Wilkins, S., & Venables, P. H. (1992). Disorder of attention in individuals with schizotypal personality. *Schizophrenia bulletin, 18*(4), 717-723.

찾.아.보.기

인명

내용

저자 소개

김춘경(Kim, Choon-Kyung)

경북대학교 아동학부 교수

김숙희(Kim, Sook-Hee)

경북대학교 아동학부 외래교수

최은주(Choi, Eun-Joo)

대구교육대학교 교육학과 외래교수

류미향(Ryu, Mi-Hyang)

대구교육대학교 교육학과 외래교수

조민규(Cho, Min-Kyu)

경북대학교 아동학부 외래교수

장효은(Jang, Hyo-Eun)

경북대학교 아동학부 외래교수

활동을 통한
성격심리학의 이해
Personality Psychology

2018년 10월 25일 1판 1쇄 발행
2026년 1월 20일 1판 7쇄 발행

지은이 • 김춘경 · 김숙희 · 최은주 · 류미향 · 조민규 · 장효은
펴낸이 • 김 진 환
펴낸곳 • (주) 학지사
04031 서울특별시 마포구 양화로 15길 20 마인드월드빌딩 5층
대표전화 • 02) 330-5114 팩스 • 02) 324-2345
등록번호 • 제313-2006-000265호
홈페이지 • http://www.hakjisa.co.kr
인스타그램 • https://www.instagram.com/hakjisabook/

ISBN 978-89-997-1660-7 93180

정가 20,000원

저자와의 협약으로 인지는 생략합니다.
파본은 구입처에서 교환하여 드립니다.

이 책을 무단으로 전재하거나 복제할 경우 저작권법에 따라 처벌을 받게 됩니다.

출판미디어기업 **학지사**

간호보건의학출판 **학지사메디컬** www.hakjisamd.co.kr
심리검사연구소 **인싸이트** www.inpsyt.co.kr
학술논문서비스 **뉴논문** www.newnonmun.com
원격교육연수원 **카운피아** www.counpia.com
대학교재전자책플랫폼 **캠퍼스북** www.campusbook.co.kr